Reinhard Kreckel / Karin Zimmermann

Hasard oder Laufbahn

Akademische Karrierestrukturen im internationalen Vergleich

Hochschulforschung Halle-Wittenberg

Herausgegeben für das Institut für Hochschulforschung (HoF) von
Peer Pasternack

Reinhard Kreckel / Karin Zimmermann

Hasard oder Laufbahn

Akademische Karrierestrukturen im internationalen Vergleich

Akademische Verlagsanstalt
Leipzig 2014

Bibliografische Information der Deutschen Nationalbibliothek
Die Deutsche Nationalbibliothek verzeichnet diese Publikation in der Deutschen Nationalbibliografie; detaillierte bibliografische Angaben sind im Internet über http://dnb.d-nb.de abrufbar.

GEFÖRDERT VOM

Bundesministerium
für Bildung
und Forschung

Die Publikation (FKZ M 511400) und die zugrundeliegende Forschungsarbeit (FKZ M 508800) wurden vom Bundesministerium für Bildung und Forschung (BMBF) gefördert

Akademische Verlagsanstalt Leipzig 2014

Collegienstraße 62, 06886 Lutherstadt Wittenberg, institut@hof.uni-halle.de, http://www.hof.uni-halle.de

Umschlag: Volker Hopfner, Leipzig
Satz: Argwohn Leipzig (www.argwohn-lektorat.de)

ISBN 978-3-931982-84-3

Inhaltsübersicht

Inhalt

Einleitung

Max Weber hat in seinem berühmten Vortrag „Wissenschaft als Beruf" den Weg zur Universitätsprofessur in Deutschland als einen „wilden Hasard" charakterisiert. Das Gegenbild dazu war für ihn der berufliche Weg der Hochschullehrer in den USA, den er als eine stark bürokratisierte Angestelltenlaufbahn darstellte (Weber [1919]1988: 482-485). Heute, nahezu hundert Jahre später, ist vieles anders geworden. Dennoch prägt das Weber'sche Spannungsfeld zwischen Risiko und Prekarität einerseits, fester Laufbahn- oder gar Kaderplanung anderseits weiterhin die Universitäten und Forschungseinrichtungen von heute, und zwar mit beträchtlichen Unterschieden von Land zu Land.

Denn trotz aller Standardisierungstendenzen in der globalisierten akademischen Welt des 21. Jahrhunderts existieren noch immer unterschiedlichste nationale akademische Karrierewege nebeneinander. Deren Strukturen werden selbst von arrivierten Professoren und Professorinnen oft als kaum durchschaubar empfunden. Die Undurchsichtigkeit und teilweise Inkompatibilität der sehr unterschiedlich geprägten akademischen Karrierewege in den verschiedenen Ländern erweisen sich auch für Personalmanager, die ausländische Wissenschaftlerinnen und Wissenschaftler rekrutieren wollen, ebenso für deutsche Wissenschaftler und Wissenschaftlerinnen, die im Ausland lehren oder forschen möchten, als gravierende Mobilitätshemmnisse. Sie behindern den europaweiten und internationalen Austausch und Wettbewerb.

Mit der vorliegenden Publikation werden, ausgehend von der institutionellen Differenzierung der nationalen Wissenschaftssysteme, vergleichende Strukturanalysen zu den Karrieremodellen sowie zum Ist-Stand und zur Entwicklung des wissenschaftlichen Personals in den verschiedenen Karrierestufen für ausgewählte Länder vorgelegt: Deutschland, USA, Großbritannien, Frankreich, Österreich, Schweiz, Schweden, Niederlande und Ungarn. Mit dem Ziel, nicht nur den Informationsdefiziten sondern auch der Intransparenz entgegen zu wirken, wurde aus den Länderstudien eine international vergleichende Übersicht mit einem tabellarischen Glossar entwickelt. Das Glossar bildet im Ergebnis der Strukturanalysen die Voraussetzung dafür, die unterschiedlichen akademischen Karrierestufen der einzelnen Länder miteinander vergleichbar zu machen.[1]

Glossar und Länderstudien wollen Studierende, Wissenschaftler und Wissenschaftlerinnen ebenso wie die in Hochschulen und Hochschulpolitik entscheidungsrelevanten Akteure und Akteurinnen über akademische Laufbahnmodelle, Karriereoptionen und -hemmnisse im Vergleich der ausgewählten Länder informieren.

Angesichts der großen Unterschiedlichkeit der nationalen Systeme kann ein solches Glossar nicht die Form eines Lexikons annehmen, das unterschiedliche Termini alphabetisch aneinander reiht. Um die nationalen Karrierestrukturen miteinander vergleichen zu können, sind im ersten Schritt die verschiedenen nationalen Karrieremodelle in ihrer jeweiligen Eigenart zu charakterisieren (Kapitel 1 bis 9). Erst dann können Berührungspunkte, tatsächliche oder vermeintliche Gemeinsamkeiten und Unterschiede herausgearbeitet und in einer länderübergreifenden Matrix systematisiert werden, die einen sinnvollen Vergleich von Karrierestufen und akademischen Bezeichnungen ermöglicht (Kapitel 10).

Der Glossarteil stützt sich dementsprechend auf die Ergebnisse der Länderanalysen und fasst sie in ihren zentralen Punkten zusammen, die für das Verständnis der zum Teil großen Unterschiede zwischen den Hochschulsystemen der untersuchten Länder notwendig sind. Im Einzelnen betrifft dies

- erstens die Systematisierung der verschiedenen Varianten der Differenzierung der Hochschulsektoren der Länder, die meistens einen Universitäts- und einen Fachhochschulbereich kennen (Kapitel 10.1),
- zweitens die Entwicklung der vergleichenden Typologie der wissenschaftlichen Personalstellen, um die äußerst variantenreichen Bezeichnungen und Zuordnungen in der offiziellen Statistik der verschiedenen Länder auf ein vergleichbares Niveau zu bringen (Kapitel 10.2), sowie daraus folgend
- drittens die Berechnung der empirischen Verteilung der Personalkategorien, die die Grundlagen für die Darstellung der Personalstrukturen im Ländervergleich liefern (Kapitel 10.3).

---

[1] Die Publikation der Ergebnisse sowie die zugrundeliegende Forschungsarbeit wurden vom Bundesministerium für Bildung und Forschung (BMBF) gefördert: Förderkennzahl M 508800.

Weiterhin enthält das länderübergreifende Schlusskapitel Informationen zu den Gehaltsstrukturen an Universitäten verschiedener Länder (Kapitel 10.4), Informationen über die Anteile von Frauen (Kapitel 10.5) sowie von ausländischen Wissenschaftlern und Wissenschaftlerinnen (Kapitel 10.6) jeweils beim Karrierezugang (Promotion) und beim erfolgreichen Karriereabschluss (Professur). Sie sind wichtige Indikatoren, um die Karrierechancen des Junior Staff bzw. des wissenschaftlichen Nachwuchses in einem akademischen System einschätzen zu können.

Bei den zugrundeliegenden Länderstudien knüpfen wir an eine frühere Untersuchung an, die in den Jahren 2006 und 2007 am Institut für Hochschulforschung (HoF) durchgeführt worden war und unter dem Titel „Zwischen Promotion und Professur. Das wissenschaftliche Personal in Deutschland im Vergleich mit Frankreich, Großbritannien, USA, Schweden, den Niederlanden, Österreich und der Schweiz“ (Kreckel 2008a) publiziert ist.

Für die vorliegende Publikation wurden die Länderanalysen zu Frankreich, Großbritannien, USA, Schweden, den Niederlanden, Österreich und der Schweiz aktualisiert und neu bearbeitet. Mit Ungarn kommt ein weiteres Länderbeispiel hinzu. Die Einbeziehung eines osteuropäischen Landes bei der Auswahl für die Länderstudien hat vor allem exemplarischen Charakter, da Osteuropa zurzeit eher ein Herkunfts- als ein Zielgebiet für Wissenschaftler und Wissenschaftlerinnen ist. Diese Annahme hat sich bei der Ausarbeitung der Länderstudie Ungarn (Kapitel 9) bestätigt. Insofern wäre zukünftig, unter der Voraussetzung einer weitaus verbesserten Datenlage der offiziellen Hochschul- und Personalstatistik als dies im ungarischen Beispiel derzeit der Fall ist, ein weiteres akademisches Karrieremodell zu rekonstruieren: Das in Russland im 19. Jahrhundert unter starkem französischem Einfluss entstandene und in der Sowjetunion fortentwickelte *Akademie-Modell.* Wie am ungarischen Beispiel deutlich wird, sind die Versuche, sich vom russischen bzw. sowjetischen System abzukehren, noch keineswegs abgeschlossen. Ebenso wie in anderen osteuropäischen Ländern ist auch in Ungarn eine Neuorientierung an westlichen Mustern der Forschungsuniversität im Gange. Die derzeitige Realität ist jedoch eher von einer Doppelorientierung gekennzeichnet, in der die ungarischen Wissenschaftler und Wissenschaftlerinnen nach individuellen Lösungen suchen, um möglichst beiden Logiken gerecht werden zu können.

Aus deutscher Sicht, die der Auswahl der Länder zugrunde liegt, sind in erster Linie die wissenschaftlich führenden west- und nordeuropäischen Länder sowie die deutschsprachigen Nachbarstaaten von Interesse, mit denen die Wissenschaftskontakte und der personelle Austausch besonders intensiv sind, wie Großbritannien, Frankreich, Niederlande, Schweden, Österreich und Schweiz.

Für den akademischen Arbeitsmarkt gelten zunehmend globale Wettbewerbsbedingungen. Daher ist die Einbeziehung der USA nach wie vor ein Muss. Einerseits weil sie ein bevorzugtes Ziel für deutsche Wissenschaftlerinnen und Wissenschaftler sind, die entweder vorübergehend oder auf Dauer eine akademische Position im Ausland anstreben. Andererseits wird, wie die Länderstudien belegen, das US-amerikanische Stufenmodell – nach der Promotion vom Assistant Professor über den Associate Professor zum Full Professor – immer attraktiver für die westeuropäischen Konkurrenzländer. Das kommt insbesondere in der Tenure Track-Problematik bzw. den Debatten dazu in Europa zum Ausdruck. Die Inkompatibilitäten der nationalen Karrieremuster und Personalstrukturen werden zum Problem, wenn sie auf das amerikanische Karrierestufenmodell bezogen werden, ohne dass dabei die Unterschiede in den Rahmenbedingungen der Struktur der Hochschulsektoren berücksichtigt werden.

Solchen Fehlverständnissen sollen die präsentierten Länderstudien mit Glossar entgegenwirken. Weit verbreitete Irrtümer wie die, dass in Deutschland der britische *Lecturer* gerne mit dem deutschen *Lektor* gleichsetzt oder mit dem US-amerikanischen *Lecturer* verwechselt oder der französische *Maître de Conférences* für eine Art Pedell gehalten wird, können damit vermieden werden.

Unserem Vergleichsrahmen, der für die Länderstudien zu entwikkeln war und in dem Glossar in die Länder vergleichende strukturelle Darstellung mündet, liegen die folgenden Überlegungen zu Grunde:

Es geht in der vorliegenden Studie zentral um den Vergleich von Positionen und Karrierestrukturen für Wissenschaftler und Wissenschaftlerinnen im akademischen Bereich, also an Hochschulen und, wo es sie gibt, an außeruniversitären akademischen Forschungseinrichtungen. Das heißt, das gesamte Feld von Forschung und Entwicklung bzw. Innovation (F&E) im Wirtschaftssektor und in der staatlichen Ressortforschung wird in den Länderstudien nicht berücksichtigt.

Im Mittelpunkt stehen damit die *Universitäten* als die akademischen Kerninstitutionen, in denen Lehre, Forschung und Nachwuchsqualifizierung in Verbindung miteinander stattfinden. Für andere akademische Einrichtungen, die entweder primär der Lehre dienen (z.B. Fachhochschulen) oder primär der Forschung (z.B. Max-Planck-Institute), fungiert die universitäre Karrierestruktur typischerweise als ein wichtiges Bezugssystem, an dem sich die Karrierestrukturen mehr oder weniger eng orientieren. Die übrigen akademischen Einrichtungen werden deshalb nur in so weit mit in den Blick genommen, wie sie neben den Universitäten alternative akademische Karrieremöglichkeiten bieten bzw. soweit die Informations- und Datenlage eine Einbeziehung erlaubt.

In allen westlichen Gesellschaften sind die Universitäten, die sich zunehmend als Forschungsuniversitäten verstehen, der zentrale Bestandteil des Wissenschaftssystems. Gleichzeitig stellen sie ein westliches Exportmodell von globaler Geltung dar, das beispielsweise auch in den nicht-westlichen Wissenschaftskulturen Asiens Fuß fasst. Das kann vor allem am zunehmenden Erfolg von globalen Universitäts-Rankings wie dem Shanghai-Ranking und dem Times Higher Education World University Ranking abgelesen werden. US-amerikanische und britische Forschungsuniversitäten nehmen dort regelmäßig die Spitzenplätze ein, die deutschen und französischen Universitäten liegen mit deutlichem Abstand dahinter. Das heißt, Forschungsuniversitäten stehen heute in einem auch öffentlich wahrgenommenen weltweiten Wettbewerb.

In Deutschland, England, Frankreich und den USA sind leistungsfähige Wissenschaftssysteme mit eigenständigen akademischen Karrierestrukturen entstanden, die in den letzten beiden Jahrhunderten in der weltweiten Wissenschafts- und Forschungslandschaft eine dominierende Stellung innehatten. In Deutschland hat sich ein *Habilitations-Modell*, in England ein *Tenure-Modell*, in Frankreich ein kombiniertes *Habilitations-und-Tenure-Modell*, in den USA ein *Tenure Track-Modell* durchgesetzt. Sie haben bis heute für die anderen hier betrachteten Länder eine Orientierungsfunktion und wirken dort als Referenzmodelle. Zumindest sind die empirisch vorfindbaren akademischen Personalstrukturen, bei nationalen Varianten, stark von diesen Referenzmodellen geprägt.

Gleichzeitig stehen diese selbst unter Reformdruck – einerseits wegen des Wettbewerbs um Spitzenleistungen in der Forschung, andererseits wegen des permanenten Anstiegs der Studierendenzahlen.[2] Das

[2] In einem Zeitraum von nur rund fünfzehn Jahren, zwischen 1995 und 2011, hat sich die Studienanfängerquote im Durchschnitt der OECD-Länder von 39% eines Altersjahr-

hat die Hochschulen in ein „Spitze-Breite-Dilemma“ (Kreckel 2010) gebracht und bildet einen Hintergrund für das zu beobachtende Ringen um konkurrenzfähige Wettbewerbsmodelle, bei denen Drittmittelorientierung, Flexibilisierung und Leistungskontrolle eine wichtige Rolle spielen. Die Veränderungen im Zuge dieser Reformen haben häufig noch keinen quantitativ spürbaren Niederschlag in der Personalstatistik gefunden. So liegt beispielsweise der Anteil der Juniorprofessuren in Deutschland bei unter einem Prozent des hauptberuflichen wissenschaftlichen Personals der Universitäten. Ähnliches gilt für die erst vor wenigen Jahren eingeführte Personalstrukturreform an den österreichischen Universitäten. Personalstrukturen sind bekanntlich Generationenphänomene, in denen sich Änderungen nur langsam auswirken.

Den Neuerungen und Neuentwicklungen der akademischen Karrierewege wird bei der Darstellung der Situation in den einzelnen Ländern besondere Aufmerksamkeit gewidmet – jeweils im dritten Gliederungspunkt der Länderkapitel. Hier werden die fast überall geführten Tenure Track-Diskussionen und Lösungsmöglichkeiten für das ‚Nachwuchsproblem‘ aufgegriffen. Dies dürfte gerade für den mobilitätsoffeneren, in der Regel jüngeren Teil des akademischen Personals relevant sein, an den sich die vorliegende Untersuchung auch richtet.

Das methodisch Besondere der Vorgehensweise bei den Länderstudien ist, dass von der deutschen Situation als *tertium comparationis* ausgegangen wird (zum tertium comparationis ausführlich Kreckel 2008a: 35-85). Im Vergleich mit anderen Ländern wird dem deutschen Wissenschaftssystem eine Sonderrolle insofern zugeweisen, als im ersten Kapitel die Gegebenheiten in Deutschland, insbesondere die innere Logik der Personalstruktur des deutschen Wissenschaftssystems, verständlich gemacht wird. Die gerade bei deutschen Lesern und Leserinnen als mehr oder weniger selbstverständlich vorausgesetzten (impliziten) Hintergrundannahmen über das eigene System sollen explizit werden, bevor wir die Situation in Deutschland mit der in den anderen

ganges auf 60% erhöht, in Deutschland von 26% auf 46% (OECD 2013, Tab. C3.2a.). Auch wenn die verfügbaren OECD-Daten methodisch nicht unumstritten sind, die explosionsartige Ausdehnung der Hochschulpartizipationsrate war in den letzten Jahren nahezu überall spürbar; nirgends hat sie zu einer analogen Zunahme des hauptamtlichen Lehrpersonals der Hochschulen geführt. In Deutschland hat von 1995 bis 2010 die Zahl der Studierenden an Hochschulen um 18,6% zugenommen, das aus Haushaltsmitteln finanzierte hauptamtliche wissenschaftliche Personal lediglich um 12,4% (nach: Statistisches Bundesamt, Fachserie 11, Reihe 4.4, verschiedene Jahrgänge).

Ländern konfrontieren. Das Deutschland-Kapitel steht daher am Anfang der Darstellung der insgesamt neun Länderstudien.

Das Beispiel Deutschland dient sodann als Kontrastfolie, die die Eigentümlichkeiten, die Vor- und Nachteile anderer Wissenschaftssysteme im Vergleich erkennbar macht. In der Darstellung folgt nach Deutschland mit den USA ein Modell mit Tenure Track, das im Prinzip für alle folgenden Länderkapitel ein maximal kontrastierendes Länderbeispiel darstellt, gefolgt vom britischen Tenure-Modell. Danach wird Frankreich behandelt, das durch eine Kombination aus Tenure- und Habilitations-Modell gekennzeichnet ist. Viele Ähnlichkeiten mit Deutschland sind in den anschließend dargestellten Nachbarländern Österreich und Schweiz erkennbar, bevor schließlich Schweden und die Niederlande mit großer Hochschulautonomie in Sachen Personal und Stellen aufwarten und für Ungarn die Bemühungen der Anpassung an diese doch sehr unterschiedlichen westlichen Modelle sichtbar werden.

Wie die Länderbeispiele somit insgesamt verdeutlichen, ist das westliche Exportmodell der westeuropäischen Länder und der USA nicht monolithisch zu sehen, sondern als Bestandteil eines umkämpften Terrains, auf dem die nationalen Universitätssysteme auch miteinander konkurrieren. Welche Karrierestrukturen sich im Zuge einer, wie wir empirisch feststellen können, in Gang befindlichen internationalen Standarisierung des Wettbewerbs zwischen den dominanten Systemen letztendlich durchsetzen werden, ist eine Frage, die wir offen lassen müssen. Insbesondere die ländervergleichende Systematisierung im Glossar (10. Kapitel) lässt zumindest Rückschlüsse zu.

In den einzelnen Länderkapiteln werden jeweils zuerst die Rahmenbedingungen der institutionellen Differenzierung des Wissenschaftssystems dargestellt, gefolgt von der Darstellung der statistisch geführten Stellenkategorien und einer Beschreibung der Ist-Situation des wissenschaftlichen Personals. Danach werden die Karrierewege, Einstellungs- und Berufungsvoraussetzungen sowie die Tenure Track-Problematik primär für Universitäten bzw. Forschungsuniversitäten der einzelnen Länder behandelt.

1 Deutschland

1.1 Institutionelle Differenzierung des deutschen Wissenschaftssystems

Das deutsche Wissenschaftssystem gliedert sich in einen akademischen und einen nicht-akademischen Bereich. Der nicht-akademische Bereich umfasst die Forschungs- und Entwicklungsaktivitäten im Wirtschaftssektor und in der staatlichen Ressortforschung.[3] Im nicht-akademischen Bereich sind rund 50 Prozent des im Wissenschaftssystem tätigen wissenschaftlichen Personals beschäftigt.[4] Die andere Hälfte ist im akademischen Bereich tätig.

Der akademische Bereich des deutschen Wissenschaftssystems weist eine duale Struktur auf. Er besteht aus einem Hochschulsektor, der akademische Forschung und Lehre verbindet, und einem Sektor der betriebsförmig organisierten akademischen Forschung an staatlich geförderten außeruniversitären Forschungseinrichtungen. Zurzeit gibt es in Deutschland 241 außeruniversitäre Max Planck-, Leibniz-, Fraunhofer- und Helmholtz-Institute bzw. -Zentren und 417 Hochschulen.

Der Hochschulsektor ist binär strukturiert. Neben einigen Hochschulen mit Spezialaufgaben und relativ geringer Studierendenzahl, die im Folgenden nicht weiter berücksichtigt werden, besteht der Hochschulsektor in Deutschland zurzeit aus 233 Fachhochschulen, bei denen die Lehre im Vordergrund steht, und 111 Universitäten, für die Forschung und Lehre als gleichgewichtige Ziele gelten.[5]

---

[3] Die staatliche Ressortforschung umfasst die Forschungseinrichtungen des Bundes und der Länder. Dem staatlichen Sektor wird in der Wissenschaftsstatistik auch der quantitativ unbedeutende Sektor der Forschung in „privaten Institutionen ohne Erwerbszweck" zugeordnet. Der staatliche, nicht-akademische Bereich wird hier nicht behandelt.

[4] Vgl. BMBF, Bundesbericht Forschung und Innovation 2010, Tabellen 32, 36, 38; vgl. auch Kreckel 2009.

[5] Neben den 111 Universitäten gibt es weitere 73 spezialisierte, den Universitäten gleichgestellte Kunst-, Pädagogische oder Theologische Hochschulen; neben den 204 regulären Fachhochschulen bestehen 29 Verwaltungsfachhochschulen (Statistisches Bundesamt 2011: 16). An diesen Einrichtungen waren im Wintersemester 2010/11 insgesamt 4,0% der Studierenden immatrikuliert; 65,1% studierten an Universitäten, 30,9% an Fachhochschulen (Statistisches Bundesamt 2011a: 8).

Die weitere zentrale Aufgabe der Universitäten, die als einzige über das Promotions- und das Habilitationsrecht verfügen, ist die Qualifizierung des akademischen Nachwuchses. Die Universitäten gelten im deutschen Wissenschaftssystem daher als ‚akademische Kerninstitutionen' und prägen den akademischen Bereich strukturell wie auch quantitativ. An den Universitäten sind 77 Prozent der im akademischen Bereich hauptberuflich beschäftigten Wissenschaftlerinnen und Wissenschaftler tätig, jeweils 11,5 Prozent an Fachhochschulen und an außeruniversitären Forschungseinrichtungen.[6]

Entlang dieser institutionellen Differenzierung des Wissenschaftssystems unterscheidet sich zwischen den Universitäten, Fachhochschulen und außeruniversitären akademischen Forschungseinrichtungen auch die Personalstruktur. Diese und die jeweilige quantitative Ist-Situation des wissenschaftlichen Personals werden im folgenden Abschnitt für alle drei Bereiche dargestellt (vgl. Kapitel 1.2). Die Stellen- und Ist-Situation in den Universitäten als dem akademischen Kernbereich verdient dabei besondere Aufmerksamkeit, da sich nur dort (nicht an Fachhochschulen und außeruniversitären Forschungseinrichtungen) die ‚voll' ausgeprägte akademische Personalstruktur findet. Sie formiert sich im deutschen Wissenschaftssystem über ein historisch tradiertes *Habilitationsmodell*, das die akademischen Karrierepfade auch heute noch stark beeinflusst (vgl. Kapitel 1.3).

1.2 Stellenkategorien und Ist-Situation des wissenschaftlichen Personals in Deutschland

Zu den Strukturmerkmalen des deutschen Habilitationsmodells gehört, dass erst mit der Habilitation (oder einem Äquivalent) die Befähigung zu selbständiger Forschung und Lehre an einer Universität anerkannt ist. Im deutschen Habilitationsmodell gelten daher alle Lehr- und Forschungstätigkeiten vor der Habilitation eo ipso als unselbständig. Folglich werden die für Nichthabilitierte vorgesehenen Stellen innerhalb der universitären Personalstruktur in der Regel als befristete Positionen verstanden, die der Qualifikation des wissenschaftlichen Nachwuchses

[6] Angaben für 2010 nach Statistisches Bundesamt (2011); GWK, Chancengleichheit in Wissenschaft und Forschung, Heft 22, 2011, Tab. 9.2.5 (ohne Doktoranden und Postdoktoranden).

dienen. Hieraus resultieren die folgenden personalstrukturellen Merkmale des akademischen Kernbereichs:

- Die Positionen für selbständig forschende und lehrende Hochschullehrerinnen und Hochschullehrer, die in aller Regel unbefristet und in Vollbeschäftigung sind, sind in der universitären Personalstruktur ausschließlich den Professorinnen und Professoren vorbehalten (*Senior Staff*). Mit weniger als 15 Prozent ist ihr Anteil am hauptberuflichen wissenschaftlichen Personal an den Universitäten gering.
- Für Professuren weist das aktuelle Hochschulrecht die Besoldungsstufen W2 und W3 auf.[7] Die Verbeamtung auf Lebenszeit, ersatzweise ein unbefristetes Angestelltenverhältnis, sind der Regelfall, wobei (mit dem Professorenbesoldungsreformgesetz, ProfBesReformG 2002) die zeitliche Befristung von (Erst-)Berufungen auf Professuren ermöglicht wurde und gelegentlich auch praktiziert wird. Statusrechtlich sind W2- und W3-Professoren und -Professorinnen gleichgestellt – ähnlich dem Associate und dem Full Professor in den USA.
- Das zweite Hauptmerkmal des akademischen Kernbereichs besteht darin, dass ca. 80 Prozent des hauptberuflichen wissenschaftlichen Personals auf in Forschung und Lehre unselbständigen Mittelbaupositionen beschäftigt sind; zwei Drittel davon auf befristeten Qualifikations- und/oder Drittmittelstellen. Nur ein kleiner Teil des Mittelbaupersonals ist auf unterschiedlichen Positionen dauerhaft tätig (als Akademische Räte, Lehrkräfte für besondere Aufgaben u.ä.).
- Die in anderen Ländern übliche Kategorie des *Junior Staff*, das heißt hauptberuflich und selbständig lehrende und forschende Hochschullehrer und -lehrerinnen unterhalb der Vollprofessur, fehlt in der deutschen universitären Personalstruktur – abgesehen von den wenigen Juniorprofessuren – bisher fast völlig. Veränderungen dieser Situation werden insbesondere im Kontext einer Tenure Track-Debatte erwartet (vgl. Kapitel 1.3).

[7] Bis in die 1970er Jahre hinein waren es die Besoldungsstufen H2, H3 und H4 bzw. HS2, HS3 und HS4, danach erfolgte bei den Professuren (bis 2002) die Abstufung C2, C3 und C4.

1.2.1 *Wissenschaftliches Personal an Universitäten in Deutschland*

Die in der Übersicht 1-1 dargestellte Ist-Situation des wissenschaftlichen Personals an den Universitäten in Deutschland in Vollzeitäquivalenten (VZÄ) enthält sowohl absolute Angaben als auch prozentuale Anteile.[8] Auf dieser Basis lässt sich in der dann folgenden Übersicht 1-2 die Struktur des wissenschaftlichen Personals an Universitäten graphisch darstellen. Beide Übersichten können zusammen gelesen werden. Um Entwicklungsverläufe andeuten zu können, wurden die Vergleichsjahre 1998, 2005 und 2010 gewählt.

Wie den Übersichten 1-1 und 1-2 zu entnehmen ist, dargestellt in Vollzeitäquivalenten (VZÄ), hat der Umfang des wissenschaftlichen Personals an den Universitäten im Vergleichszeitraum (1998, 2005 und 2010) insgesamt zugenommen. Es betrifft das hauptberufliche und das nebenberufliche wissenschaftliche Personal. Beim nebenberuflichen wissenschaftlichen Personal sind die VZÄ von circa 6.000 im Jahr 1998 auf mehr als 11.000 VZÄ im Jahr 2010 gestiegen (was einem ein Anstieg um circa 55.000 Stellen entspricht). Beim hauptberuflichen wissenschaftlichen Personal sind in dem Zeitraum rund 25.000 Stellen hinzugekommen, die VZÄ von rund 104.000 auf über 140.000 gestiegen.

In der Kategorie hauptberufliches wissenschaftliches Personal hat sich die Zahl der selbständigen Hochschullehrer seit 1998 kaum verändert. Es ist ein Anstieg bei den höchsten Positionen (C4/W3-Professuren) zu verzeichnen, während die darunter liegenden C3/W2- und C2-Professuren rückläufig sind. Im Bereich des Junior Staff ist die 2002 eingeführte Kategorie der Juniorprofessur mit 1.211 Stellen im Jahr 2010 (ca. 0,7 Prozentanteil am hauptberuflichen wissenschaftlichen Personal) gering,[9] während die Dozenten kontinuierlich (um ca. 1.500 Stellen) abnahmen.

Der Anteil selbständiger Hochschullehrer (Senior und Junior Staff) insgesamt lag im Jahr 2010 bei geringen 13,3 Prozent des haupt- und

---

[8] Gemäß den Gepflogenheiten der amtlichen Statistik wird teilzeitbeschäftigtes Personal mit dem Faktor 0,5 gewichtet, nebenberufliches Personal mit dem Faktor 0,2 (vgl. Statistisches Bundesamt 2012a: 10).

[9] Die in Übersicht 1-1 für das Jahr 2010 verzeichneten 1.211 Juniorprofessuren enthalten nur die in der amtlichen Hochschulstatistik für die Universitäten gezählten Stellen, nicht die Juniorprofessuren an Theologischen, Pädagogischen, Kunst- und Verwaltungsfachhochschulen.

nebenamtlichen wissenschaftlichen Personals der Universitäten (abs. 20.541 VZÄ-Stellen).

Das weitere deutsche Spezifikum der universitären Personalstruktur ist, dass ca. 80 Prozent des hauptberuflichen wissenschaftlichen Personals unterhalb der Professur in Mittelbaupositionen beschäftigt sind, die als in Forschung und Lehre unselbständig gelten (abhängiges wissenschaftliches Personal). Hier sind die Zahlen deutlich gestiegen (von 84.123 VZÄ in 1998 auf 122.707 VZÄ in 2010), was insbesondere auch im Zusammenhang mit der starken Zunahme von drittmittelfinanzierten wissenschaftlichen und künstlerischen Mitarbeiterinnen und Mitarbeitern gesehen werden muss (vgl. Kapitel 1.2.4).

Zum hauptberuflichen wissenschaftlichen Personal auf befristeten Qualifikationsstellen unterhalb der Professur gehört auch die Position der wissenschaftlichen Assistentinnen und Assistenten auf Zeit. Hierbei handelt es sich um die früheren, i.d.R. auf sechs Jahre befristeten Habilitationsstellen (in der Besoldungsgruppe C1). Sie sind von knapp 11.000 VZÄ in 1998 auf ca. 2.000 in 2010 zurückgegangen, während es Mitte der 1990er Jahre noch rund 17.000 C1-Stellen gab.[10] Der starke Rückgang ist mit dem Auslaufen der C1-Stellen für Habilitierende zu erklären, an deren Stelle als ein alternativer wissenschaftlicher Karriereweg (vgl. Kapitel 1.3.3) seit Inkrafttreten des Professorenbesoldungsreformgesetzes von 2002 die Stellen für Juniorprofessorinnen und -professoren in der Besoldungsgruppe W1 treten sollten. Entsprechend müssen die Qualifikationsvoraussetzungen für die Professur an den Universitäten im Rahmen des deutschen Habilitationsmodells nach wie vor mehrheitlich auf befristeten Qualifikationsstellen erworben und neben der wissenschaftlichen Qualifikation zusätzlich Lehraufgaben wahrgenommen werden.

Hinsichtlich der Wahrnehmung von Lehraufgaben sind beim hauptberuflichen Personal in der Kategorie Lehrkräfte für besondere Aufgaben Stellen hinzugekommen. Diese ansteigende Tendenz gilt auch für die nebenberuflich Lehrenden und insbesondere für die nebenberuflichen wissenschaftlichen Hilfskräfte.

Hinsichtlich der Wahrnehmung von Lehraufgaben schließt sich unter dem Stichwort *Lecturer* eine neuere hochschulpolitische Diskussi-

[10] Die verbliebenen C1-Stellen, Juniorprofessuren, Nachwuchsgruppenleitungen, Heisenberg-Stipendien und DFG-Förderungen der eigenen Stelle zusammengenommen ergibt, dass die explizite und als solche deklarierte Postdoc-Förderung (überwiegend Hochschullehrernachwuchs) seit Mitte der 1990er Jahre auf ein Viertel gesunken ist.

Übersicht 1-1: Wissenschaftliches Personal an deutschen Universitäten, 1998, 2005, 2010

Kategorie	Dienstbezeichnung/ Besoldungsgruppe	1998		2005		2010	
		VZÄ abs.	VZÄ in %	VZÄ abs.	VZÄ in %	VZÄ abs.	VZÄ in %
Wissenschaftliches Personal insgesamt		**114.048**	**100,0**	**125.705**	**100, 0**	**154.626**	**100,0**
Hauptber. Wiss. Personal zusammen		**107.424**	**94,2**	**117.080**	**93,1**	**143.051**	**92,5**
I (a) Lehrstuhlinhaber	C4 u. entspr./W3	9.908	8,7	11.151	8,9	11.740	7,6
I (b) Sonst. Senior Staff	C3/W2 C2 – auf Dauer (a.D.) Gastprof.	8.375	7,3	8.110	6,5	6.862	4,4
II (a) Dozenten u.ä	C2 – auf Zeit (a.Z.) Hochschuldozent Universitätsdozent	2.067	1,8	1.195	0,9	837	0,6
II (b) Juniorprofessur	Juniorprofessor	-	-	576	0,5	1.102	0,7
Selbständige Hochschullehrer zusammen		**20.350**	**17,8**	**21.032**	**16,8**	**20.541**	**13,3**
III (a) Wiss. u. künstl. Mitarbeiter (i.d.R. unbefristet)	Ak. Rat, OR, Dir. – a.D. Lektor – a.D. Lehrkr. f. bes. Aufg. – a.D. Studienrat/Stud.-Dir. i.H. Fachlehrer, Techn. Lehrer	21.788	19,1	24.465	19,5	22.408	14,5

Kategorie	Dienstbezeichnung/ Besoldungsgruppe	1998		2005		2010	
		VZÄ abs.	VZÄ in %	VZÄ abs.	VZÄ in %	VZÄ abs.	VZÄ in %
III (b) Wiss. u. künstl. Mitarbeiter, (Haushaltsmittel, i.d.R. befristet)	Oberassistent Hochschulassistent Oberingenieur Akad. Mitarb. Wi./kü. Assistent Wi./kü./ Mitarb. – a.Zt. Ak. Rat, OR, Dir. – a.Zt. Lehrkr. f. bes. Aufg. – a.Zt. Lektor – a.Zt.	43.024*	37,8	45.035*	35,8	51.550*	33,4
III (c) Wiss. u. künstl. Mitarbeiter (Drittmittel / Studiengebühren, i.d.R. befristet)	wie III (b), jedoch aus Drittmitteln bzw. Studiengebühren finanziert	22.262*	19,5	26.548*	21,1	48.552*	31,4
Abhängiges Wiss. Personal zusammen		**87.074**	**76,4**	**96.048**	**76,4**	**122.510**	**79,3**
IV (a)	Nebenberufliche Professoren	223	0,2	192	0,2	245	0,2
IV (b)	Lehrbeauftragte/sonst. nebenberuflich Lehrende	3.748	3,3	5.728	4,6	6.939	4,5
IV (c)	Examiniertes Hilfspersonal	2.653	2,3	2.705	2,2	4.391	2,8
Nebenberufl. Wiss. Personal zusammen		**6.624**	**5,8**	**8.625**	**6,9**	**11.575**	**7,5**

Quelle: Statistisches Bundesamt (2011) sowie (2006) und frühere Jahrgänge: Bildung und Kultur. Personal an Hochschulen. Fachserie 11, Reihe 4.4 sowie Sonderauswertungen des Statistischen Bundesamts zur Hochschulpersonalstatistik für die Jahre 1998, 2005 und 2010; eigene Berechnungen.

* Extrapolierte Zahlenangaben, siehe dazu Anhang, Übersicht 10-7

Übersicht 1-2: Struktur des wissenschaftlichen Personals an deutschen Universitäten, 1998, 2005, 2010 (in %)

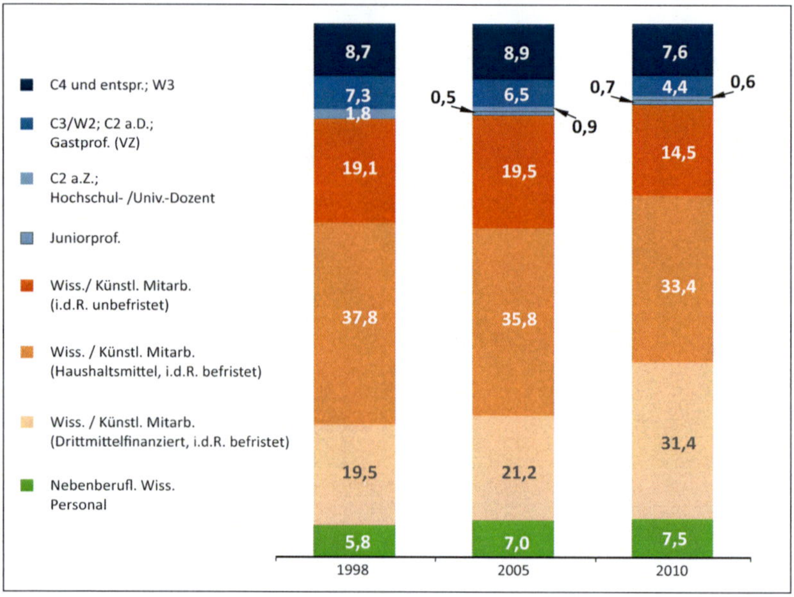

Quelle: Eigene Darstellung in VZÄ auf Basis der in Übersicht 1-1 verwendeten Daten.

on um stärker bzw. ausschließlich mit Lehraufgaben betrautes Personal an (vgl. Kapitel 1.3.5).

Die strukturelle Darstellung (in der Übersicht 1-2) verdeutlicht nochmals: erstens, dass die selbständigen Hochschullehrenden nur einen kleinen Teil des wissenschaftlichen Personals der Universitäten ausmachen (2010: 13,3%), und zweitens, dass der Anteil der in Forschung und Lehre selbständigen Hochschullehrenden im Vergleich zum abhängigen wissenschaftlichen Personal sinkt. Dabei ist allein der Anteil in der Kategorie Wissenschaftliche Mitarbeiter und Mitarbeiterinnen seit 1998 um 11,3 Prozent gestiegen und macht 2010 in VZÄ fast 80 Prozent des gesamten wissenschaftlichen Personals aus.

1.2.2 *Wissenschaftliches Personal an deutschen Fachhochschulen*

An den Fachhochschulen ist ähnlich wie an den Universitäten im betrachteten Zeitraum 1998, 2005 und 2010 ein Anstieg des wissenschaftlichen Personals zu beobachten. Die folgenden Übersichten 1-3 und 1-4 sind wie bei den Universitäten in Vollzeitäquivalenten (VZÄ) für die Vergleichsjahre 1998, 2005 und 2010 dargestellt.

Die Zunahme des Fachhochschulpersonals betrifft sowohl das hauptberufliche wissenschaftliche Personal (um ca. 8.000 VZÄ-Stellen) als auch das nebenberufliche (um ca. 6.000 VZÄ-Stellen bzw. ca. 30.000 Personen).

Im Unterschied zu den Universitäten ist an den Fachhochschulen eine deutliche Zunahme der selbständigen Hochschullehrer zu verzeichnen (um ca. 3.000 VZÄ). Zu einem kleinen Teil ist das darauf zurückzuführen, dass in den letzten Jahren auch die Fachhochschulen begonnen haben W3-Professuren einzuzuführen. Hauptsächlich beruht die starke Zunahme von Hochschullehrerpositionen an Fachhochschulen aber auf einer deutlichen Erhöhung der Zahl der herkömmlichen Fachschulprofessuren (W2 bzw. C2 und C3 auf Dauer sowie hauptberufliche Gastprofessuren). Beim abhängigen wissenschaftlichen Personal der Fachhochschulen ist (wie an den Universitäten) ein Anstieg (um ca. 5.200 VZÄ) zu verzeichnen. Er ist insbesondere auf Erhöhungen in der Kategorie wissenschaftliche Mitarbeiter und Mitarbeiterinnen zurückzuführen. An dem im Vergleich zu den Universitäten relativ hohen Anteil beim Senior Staff (Professuren) am hauptberuflichen wissenschaftlichen Personal der Fachhochschulen wird deutlich, dass der für Universitäten charakteristische akademische Mittelbau weitgehend fehlt, andererseits sind hier die höchsten Anstiege zu verzeichnen. Da es an den Fachhochschulen im Prinzip keine Qualifikationsstellen gibt, ist der hohe Anstieg in der Gruppe der wissenschaftlichen Mitarbeiter und Mitarbeiterinnen auch ein Indikator für die zunehmende Aktivität der Fachhochschulen auf dem Gebiet der Drittmittelforschung (vgl. Kapitel 1.2.4).

Charakteristisch für den Lehrkörper an Fachhochschulen ist weiterhin ein hoher Anteil an nebenberuflichem wissenschaftlichen Personal, der sich zwischen 1998 und 2010 merklich, um ca. 6.000 VZÄ (also rund 30.000 Personen), erhöht hat und damit im Alltag der Fachhochschullehre sehr stark präsent ist.

Übersicht 1-3: Wissenschaftliches Personal an deutschen Fachhochschulen, 1998, 2005, 2010

Kategorie	Dienstbezeichnung/ Besoldungsgruppe	1998		2005		2010	
		VZÄ abs.	VZÄ in %	VZÄ abs.	VZÄ in %	VZÄ abs.	VZÄ in %
Wissenschaftliches Personal Insgesamt		**17.874**	**100,0**	**21.819**	**100,0**	**31.973**	**100,0**
Hauptber. Wiss. Personal zusammen		**14.516**	**81,2**	**17.290**	**79,2**	**22.700**	**70,9**
I (a) Lehrstuhlinh.	C4 u. entspr./W3	-	-	-	-	49	0,2
I (b) Sonst. Senior Staff	C3/W2 C2 – auf Dauer (a.D.) Hauptberufl. Gastprof.	12.377	69,7	12.895	59,2	14.907	46,7
II Dozenten u.ä	C2 – auf Zeit Hochschuldozent Universitätsdozent	294	1,1	807	3,7	668	2,1
Selbständige Hochschullehrer zusammen		**12.671**	**70,8**	**13.702**	**62,7**	**15.624**	**48,8**
III (a) Wiss. u. künstl. Mitarbeiter (i.d.R. unbefristet)	Ak. Rat, OR, Dir. Lektor Lehrkr. f. bes. Aufg. – a.D. Studienrat/Stud.-Dir. i.H. Fachlehrer, Techn. Lehrer	1.135	6,4	1.945	8,9	2.294	7,2
III (b) Wiss. u. künstl. Mitarbeiter, (Haushaltsmittel, i.d.R. befristet)	Oberassistent Hochschulassistent Oberingenieur Akad. Mitarb. Wi./kü. Assistent Wi./kü./ Mitarb. – a.Zt. Lehrkr. f. bes. Aufg. – a.Zt.	393*	2,2	930*	4,3	1.734*	5,4
III (c) Wiss. u. künstl. Mitarbeiter (Drittmittel / Studiengebühren, i.d.R. befristet)	wie III (b), jedoch aus Drittmitteln bzw. Studiengebühren finanziert	318*	1,8	715*	3,3	3.049*	9,5
Abhängiges Wiss. Personal zusammen		**1.844**	**10,4**	**3.590**	**16,5**	**7.077**	**22,1**
IV (a)	Nebenberufliche Professoren	23	0,1	9	0,04	18	0,06
IV (b)	Lehrbeauftragte/sonst. nebenberuflich Lehrende	2.928	16,4	3.978	18,2	8.091	25,3
IV (c)	Examiniertes Hilfspersonal	408	2,3	545	2,5	1.166	3,6
Nebenberufl. Wiss. Personal zusammen		**3.359**	**18,8**	**4.532**	**20,8**	**9.275**	**29,0**

Quelle: Statistisches Bundesamt (2011) sowie (2006) und frühere Jahrgänge: Bildung und Kultur. Personal an Hochschulen. Fachserie 11, Reihe 4.4 sowie Sonderauswertungen des Statistischen Bundesamts zur Hochschulpersonalstatistik für die Jahre 1998, 2005 und 2010; eigene Berechnungen.

* Extrapolierte Zahlenangaben, vgl. dazu Anhang, Übersicht 10-7

Übersicht 1-4: Struktur des wissenschaftlichen Personals an deutschen Fachhochschulen, 1998, 2005, 2010 (in %)

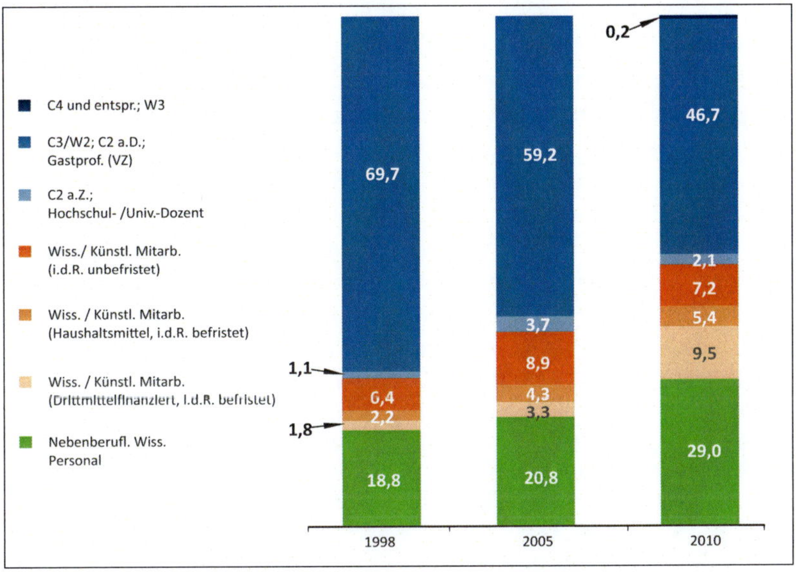

Quelle: Eigene Darstellung in VZÄ auf Basis der in Übersicht 1-3 verwendeten Daten der offiziellen Hochschulstatistik.

Der deutliche Anstieg des Lehrpersonals an den Fachhochschulen ist zum Teil mit einer Ausweitung des Fachhochschulsektors zu erklären. Die Zahl der Fachhochschulen ist von 166 im Jahr 2005 auf 204 im Jahr 2010 gestiegen. Die Zahl der Studierenden an Fachhochschulen (ohne Verwaltungsfachhochschulen) hat sich im gleichen Zeitraum um ca. 150.000 Studierende erhöht (Statistisches Bundesamt 2011: 21). Die Fachhochschulen fangen einen beträchtlichen Teil des im Zeichen der Bildungsexpansion zunehmenden Studierendenanteils auf.[11] Sie halten damit (auch) den Universitäten den Rücken frei für die Wahrnehmung von Forschungs- und Nachwuchsförderungsaufgaben.

Die grafische Darstellung auf der Grundlage von Vollzeitäquivalenten (VZÄ) verdeutlicht nochmals die resultierende Struktur des wis-

[11] Rund ein Drittel aller Erstsemester nimmt ein Fachhochschulstudium auf: Im Jahr 1998 schrieben sich 31,4% aller Studienanfänger in Deutschland an Fachhochschulen (incl. Verwaltungsfachhochschulen) ein, im Jahr 2010 betrug ihr Anteil 38,7% (berechnet nach: Statistisches Bundesamt 2011a: 14).

senschaftlichen Personals an Fachhochschulen ebenfalls im Vergleich der Jahre 1998, 2005 und 2010.

Die strukturelle Darstellung zeigt im Zeitverlauf eine deutliche Verschiebung der relativen Personalanteile an den Fachhochschulen: Die Kategorie der selbständigen Hochschullehrer macht zwar auch 2010 nach wie vor den größten Teil des wissenschaftlichen Personals aus. Aber der Anteil der Kategorien des abhängigen wissenschaftlichen Personals wie auch des nebenberuflichen wissenschaftlichen Personals hat deutlich zugenommen. Dieses Anwachsen des wissenschaftlichen Mittelbaus ist weitgehend auf die steigende Einwerbung von Drittmitteln und damit auf die zunehmende Forschungstätigkeit an den Fachhochschulen zurückzuführen. In der starken Zunahme des Anteils an nebenberuflichem Lehrpersonal deutet sich außerdem eine Verschiebung der Gewichte im Bereich der Lehre an den Fachhochschulen an.

1.2.3 Wissenschaftliches Personal an außeruniversitären deutschen Forschungseinrichtungen

Die staatlich geförderten außeruniversitären akademischen Forschungseinrichtungen sind in Deutschland in vier organisatorischen Verbünden zusammengefasst, für die die öffentlich-rechtlichen Beschäftigungsbestimmungen gelten:[12]

- 80 Max-Planck-Institute,
- 87 Institute der Leibniz-Gemeinschaft (ehemals Blaue Liste),
- 18 Einrichtungen der Helmholtz-Gemeinschaft Deutscher Forschungszentren,
- 60 Institute der Fraunhofer Gesellschaft zur Förderung der angewandten Forschung e.V.[13]

Unterschiede zwischen den vier Forschungsorganisationen werden entlang der Aufgaben wie folgt beschrieben (BMBF 2006: 31-85; Bundesbericht Forschung und Innovation 2012: 59-61):

[12] Nur sie werden in diesem Abschnitt berücksichtigt. Entsprechend der OECD-Klassifikation (OECD 2003: 69) handelt es sich dabei um die 'borderline' academic research institutions. Staatliche Ressortforschung, von Verbänden, Vereinen, Stiftungen, Parteien u.a. getragene Forschungsinstitute und die Forschung in privaten Wirtschaftsunternehmen bleiben unberücksichtigt.

[13] Angaben zur Anzahl der Forschungsinstitute: Bundesbericht Forschung und Innovation 2012: 59-61.

Die *Max-Planck-Gesellschaft* (MPG) widmet sich in ihren 80 Instituten der Grundlagenforschung, wobei vorrangig innovative Forschungsrichtungen aufgegriffen werden, die an den Hochschulen noch keinen oder keinen ausreichenden Platz finden, wegen ihres interdisziplinären Charakters nicht in das Organisationsgefüge der Hochschulen passen oder einen personellen und apparativen Aufwand erfordern, der von Hochschulen nicht erbracht werden kann.

Die *Fraunhofer-Gesellschaft zur Förderung der angewandten Forschung e.V.* (FhG) führt als Trägerorganisation für Einrichtungen der angewandten Forschung Vertragsforschung für die Industrie, Dienstleistungsunternehmen und die öffentliche Hand aus und bietet Informations- und Serviceleistungen an. Sie orientiert sich an der Umsetzung von Forschungsergebnissen in Produkte, Verfahren und Dienstleistungen und trägt im Rahmen strategischer Forschung zu Innovationen im öffentlichen Nachfragebereich und in Schlüsseltechnologien bei.

Die *Helmholtz-Gemeinschaft Deutscher Forschungszentren* (HGF) bearbeitet große und drängende Fragen von Gesellschaft, Wissenschaft, Wirtschaft durch strategisch ausgerichtete Forschung in den Natur- und Ingenieurswissenschaften, erforscht Systeme hoher Komplexität unter Einsatz von Großgeräten und Infrastrukturen und verbindet Forschung und Technologieentwicklung mit innovativen Anwendungen.

Die Institute der *Leibniz-Gemeinschaft* (WGL) weisen eine größere inhaltliche und strukturelle Vielfalt auf. Gemeinsam ist ihnen ihre überregionale Bedeutung, das gesamtstaatliche wissenschaftspolitische Interesse an ihrer Tätigkeit und die interdisziplinäre, die Grundlagenforschung mit Anwendungsnähe verbindende Arbeitsweise.

Die in den vier Verbünden zusammengeschlossenen außeruniversitären Institute verfügten im Jahr 2010 über Einnahmen in Höhe von insgesamt 5,9 Mrd. € und beschäftigten 37.809 (in VZÄ berechnete) Wissenschaftler und Wissenschaftlerinnen (Statistisches Bundesamt 2012d: 42, 49). Dabei entfallen ca. 40 Prozent der Einnahmen (ca. 2,4 Mrd. €) und des wissenschaftlichen Personals (14.725 VZÄ) in 2010 allein auf die 16 Großforschungseinrichtungen der Helmholtz-Gemeinschaft (HGF).

Der Anteil der Leitungs- bzw. Direktorenpositionen (analog W2/W3) am wissenschaftlichen Personal der außeruniversitären Forschungseinrichtungen ist insgesamt gering. Im Jahr 2010 beispielsweise waren es 1.352 Personen (vgl. Übersicht 1-5), was einem Anteil von 3,3 Prozent am gesamten wissenschaftlichen Personal der außeruniversitären Forschungsinstitute entspricht. Die Leitungspositionen werden auf der Grundlage des Hausberufungsverbotes und nach strikten Auswahlkriterien aus dem In- oder Ausland besetzt, meist hatten die Berufenen bereits zuvor eine Universitätsprofessur inne. In der Regel werden sie als Professoren bzw. Professorinnen ohne Lehrverpflichtung (über Honorarprofessuren oder gemeinsame Berufungen) an einer benachbarten Universität kooptiert. Auf diesem Wege können sie an Promotionen und Habilitationen mitwirken, da das Promotions- und Habilitationsmonopol bei den Universitäten liegt. Die Berufung erfolgt in der Regel unbefristet, die Bezahlung in der Vergütungsgruppe S entspricht C4 bzw. W3. Die zweite Leitungsebene (Abteilungsleitung) ist in der Regel nach C3 bzw. W2 eingestuft.

Unterhalb der S-Ebene findet sich der weit überwiegende Teil des wissenschaftlichen Personals, das nach dem (alten Bundesangestellten Tarif) BAT Ib bzw. Stufe 14 und 15 des neuen Tarifvertrags für den öffentlichen Dienst bzw. der Bundesländer (TVöD bzw. TV-L) vergütet wird. Im Jahr 2010 zählten dazu in allen vier Forschungsorganisationen 13.223 Personen, was einem Anteil von ca. 32 Prozent am wissenschaftlichen Personal insgesamt entspricht. Weitere ca. 32 Prozent (abs. 13.187) der Forschenden in dieser Kategorie der wissenschaftlichen Mitarbeiter und Mitarbeiterinnen fanden sich im Jahr 2010 in den angestelltentariflich darunter liegenden Vergütungskategorien (BAT IIa bzw. 12 und 13 TVöD).

Entsprechend dieses hohen Personalanteils in der Kategorie der wissenschaftlichen Mitarbeiterinnen und Mitarbeiter beschäftigen die außeruniversitären Institute in beträchtlichem Umfang befristetes Personal. Verlässliche Angaben über das Verhältnis von befristeten und unbefristeten Stellen, und inwieweit diese drittmittelfinanziert sind, liegen für die außeruniversitären Forschungsinstitute nicht vor (vgl. Wissenschaftsrat 2001: 18). Punktuell lassen sich konkrete Angaben für einzelne Organisationen ermitteln: So stellte sich das Verhältnis zwischen befristeter und unbefristeter Beschäftigung zum Beispiel in den Instituten der Max-Planck-Gesellschaft Anfang 2006 so dar, dass 1.250 wissenschaftliche Mitarbeiterinnen und Mitarbeiter auf Drittmit-

Übersicht 1-5: Wissenschaftliches Personal der außeruniversitären deutschen Forschungseinrichtungen, 2005, 2010

Vergütungsgruppe	MPG Anzahl (in Pers.)		FhG Anzahl (in Pers.)		WGL Anzahl (in Pers.)		HGF Anzahl (in Pers.)		Gesamt Anzahl (in Pers.)	
	2005	**2010**	**2005**	**2010**	**2005**	**2010**	**2005**	**2010**	**2005**	**2010**
S (C4/W3)	262	274	63	72	170	207	213	272	708	825
S (C3/W2)	216	339	5	9	41	78	41	101	303	527
Zusammen S	**478**	**613**	**68**	**81**	**211**	**285**	**254**	**373**	**1.011**	**1.352**
BAT I 15 Ü TVöD (B2, B3)	50	27	313	235	189	109	332	234	884	605
BAT I a, 15 TVöD	453	509	663	733	432	406	1.010	1.079	2.558	2.727
BAT I b, 14 TVöD	2.892	1.414	3.449	2.549	924	1.992	4.512	3.936	11.777	9.891
Zusammen BAT I etc.	**3.395**	**1.950**	**4.425**	**3.517**	**1.545**	**2.507**	**5.854**	**5.249**	**15.219**	**13.223**
BAT II a, 12 und 13 TVöD	421	2.495	510	2.892	1.721	4.602	1.068	3.198	3.720	13.187
Postdoktoranden	1.109	1.315	0	0	832	1.499	835	1.638	2.776	4.452
Doktoranden	2.549	3.745	0	295	1.332	2.417	2.164	2.808	6.045	9.269
Wiss. Personal insg.	**4.079**	**7.555**	**510**	**3.187**	**3.885**	**8.518**	**4.067**	**7.644**	**12.541**	**26.908**
Studentische Hilfskräfte	1.160	1.504	2.753	1.933	1.067	1.924	802	1.416	5.782	6.777
Insgesamt	**7.952**	**10.118**	**5.003**	**6.785**	**5.641**	**11.310**	**10.175**	**13.266**	**28.771**	**41.483**

Quelle: BLK (2006) und GWK (2011); eigene Berechnungen.

telbasis beschäftigt waren (32,5 Prozent) und 2.595 (67,5 Prozent) auf Planstellen. Von den insgesamt 4.326 Wissenschaftlerinnen und Wissenschaftlern an Max-Planck-Instituten hatten 66 Prozent Zeitverträge. Der Anteil der befristeten Beschäftigungsverhältnisse auf Drittmittelstellen betrug 98 Prozent, während unter den institutionell geförderten Stellen 53 Prozent befristet waren.[14]

Die Max-Planck-Institute wie andere außeruniversitäre Institute widmen sich zunehmend auch der Qualifizierung des wissenschaftlichen Nachwuchses. Dies lässt sich statistisch an den gestiegenen Stel-

[14] Alle Angaben zur MPG in diesem Abschnitt beruhen auf der schriftlichen Auskunft der Generalverwaltung der Max-Planck-Gesellschaft, München, Januar 2007; vgl. Kreckel (2008a: 67-69).

len für Promovierende und Postdocs an außeruniversitären Einrichtungen belegen: Die Zahl der ausgewiesenen Qualifizierungsstellen für Doktoranden stieg von ca. 6.000 (2005) auf über 9.000 (2010), die Zahl der Postdoktoranden von knapp 2.800 auf fast 4.500 (vgl. Übersicht 1-5). Angesichts des anhaltenden Trends zur Einrichtung von Doktoranden-, Postdoc- und Nachwuchsgruppenleiterstellen ist zu vermuten, dass der Anteil an befristeten Qualifikationsstellen in dem Bereich der außeruniversitären Forschung künftig zunimmt.

1.2.4 Aus Drittmitteln finanziertes wissenschaftliches Personal der deutschen Hochschulen

Das Verhältnis zwischen den Grundmitteln für Lehre und Forschung und den eingeworbenen Drittmitteln der Hochschulen verschob sich in Deutschland kontinuierlich zu Gunsten der Drittmittel. An den Universitäten stieg die Drittmittelfinanzierung seit dem Jahr 1998 stetig an und hat sich zwischen 1998 und 2010 um rund acht Prozent auf fast 29 Prozent (um ca. 35.000 drittmittelfinanzierte Stellen) erhöht.15 Die vermehrte Drittmittelfinanzierung betrifft an den Universitäten im Bereich des hauptberuflichen wissenschaftlichen Personals insbesondere die wissenschaftlichen Mitarbeiter und Mitarbeiterinnen. Im Jahr 2010 waren es bereits 58.104 drittmittelfinanzierte Stellen. Damit gehörten 97,2 Prozent des insgesamt durch Drittmittel finanzierten, in der Regel befristet beschäftigten hauptberuflichen wissenschaftlichen Personals zur Gruppe der wissenschaftlichen Mitarbeiterinnen und Mitarbeiter. An den Universitäten sind mittlerweile über 39 Prozent der wissenschaftlichen Mitarbeiterinnen und Mitarbeiter auf Drittmittelbasis beschäftigt, während der Anteil der Drittmittelfinanzierung bei den selbständigen Hochschullehrern und -lehrerinnen nach wie vor gering ist, aber zwischen 2005 und 2010 von 341 auf 1.173 Stellen merklich angestiegen ist, was zum Teil eine Auswirkung der Exzellenzinitiative sein dürfte (vgl. Sondermann et al. 2008: 20ff.). Der Anteil des aus Drittmitteln finanzierten nebenberuflichen Lehrpersonals liegt nach

[15] Im Jahr 1995 betrug der Drittmittelanteil der deutschen Hochschulen an den laufenden Grundmitteln (ohne Verwaltungseinnahmen) lediglich 14,4%, im Jahr 2003 bereits 18,8 %, im Jahr 2009 schon 26,1% (Statistisches Bundesamt (2012), Fachserie 11, Reihe 4.3.2 – 2000, 2009, 2010); eigene Berechnung, in Anschluss an Kreckel (2008b: 82); vgl. zur Thematik auch Münch (2007: 25f.).

wie vor im Bereich von zehn Prozent und bleibt damit weiterhin niedrig.16

Der Drittmittelanteil bei den primär lehrorientierten Fachhochschulen ist insgesamt wesentlich geringer, aber auch dort war zwischen 1998 und 2010 ein Anstieg von 3 auf 7,5 Prozent zu verzeichnen. An den Fachhochschulen betrifft der zwischen 1998 und 2010 zu verzeichnende deutliche Anstieg drittmittelfinanzierter Stellen beim hauptberuflichen wissenschaftlichen Personal ebenfalls in erster Linie die stark angewachsene Kategorie der wissenschaftlichen Mitarbeiterinnen und Mitarbeiter, von denen 2010 nahezu 43 Prozent auf Drittmittelbasis beschäftigt waren. Sowohl beim hauptberuflich lehrenden Personal als auch beim nebenberuflichen Lehrpersonal bleibt der Drittmittelanteil an den Fachhochschulen weiterhin gering, bei leichten Zuwächsen auf niedrigem Niveau.[17]

Im Zuge dieser Entwicklungen sind rund 40 Prozent der an Universitäten und Fachhochschulen beschäftigten wissenschaftlichen Mitarbeiter und Mitarbeiterinnen Drittmittelbeschäftigte mit Forschungsaufgaben. Sie stehen damit für die Lehre nur eingeschränkt zur Verfügung. Da wissenschaftliche Forschung zunehmend „projektförmig" (Torka 2009) organisiert ist und zeitlich begrenzt finanziert wird, erscheint die jeweilige Projektlaufzeit als das nahe liegende äußerste Befristungslimit für Drittmittelpersonal.

Im Jahr 2011 verfügte die DFG über einen durch Bund (67 Prozent) und Länder (32,7 Prozent) öffentlich finanzierten Etat von 1,93 Mrd. € (DFG 2012a: 207-208). Ungefähr die Hälfte davon entfällt auf die Förderung koordinierter Programme, wozu (zum Stichtag 1. Juli 2012) 108 Schwerpunktprogramme, 232 Sonderforschungsbereiche, 218 Forschergruppen und 218 Graduiertenkollegs zählten (DFG 2012a: 207). Dabei handelt es sich in der Regel um gesonderte Forschungseinheiten in den Universitäten, die zeitlich befristet gefördert und daher auch hauptsächlich von befristetem Forschungspersonal getragen werden,

[16] Der Zuwachs an drittmittelfinanzierten Stellen beim nebenberuflichen Personal an den Universitäten betrug zwischen 1998 und 2010 3,2%. Er betrifft insbesondere die wissenschaftlichen Hilfskräfte und die Lehrbeauftragten: von den im Jahr 2010 insgesamt 7.667 drittmittelfinanzierten nebenberuflichen Stellen entfallen 81,8% auf wissenschaftliche Hilfskräfte und 17,6% auf nebenberufliche Lehrbeauftragte (eigene Berechnungen nach Sonderauswertungen des Statistischen Bundesamts zur Hochschulpersonalstatistik für die Jahre 1998, 2005 und 2010).

[17] Eigene Berechnungen nach Sonderauswertungen des Statistischen Bundesamts zur Hochschulpersonalstatistik für die Jahre 1998, 2005 und 2010.

das außerhalb des Universitätsetats geführt wird und keine Lehraufgaben zu übernehmen hat.

Es ist unverkennbar, dass die befristete Beschäftigung von (Nachwuchs-)Forschenden auf Drittmittelbasis mit der beschriebenen Logik der zeitlich limitierten Qualifizierungsphase unterhalb der Professur (vgl. dazu Kapitel 1.3.2) durchaus vereinbar ist. Probleme entstehen allerdings dann, wenn insbesondere für langjährig projektierte und kostspielige Schwerpunktförderungen (z.B. Sonderforschungsbereiche, Exzellenzinitiative) hoch qualifizierte und erfahrene Forscher oder Forscherinnen benötigt werden, die nicht als bloßer Nachwuchs gelten können. Hier versucht das Wissenschaftszeitvertragsgesetz (WissZeitVG) eine salomonische Lösung zu finden, indem es die Befristung an die Laufzeit der jeweiligen Projekte bindet. Dadurch werden in den Hochschulen Drittmittelkarrieren unterhalb der Professur möglich, ohne dass daraus regelrechte Dauerbeschäftigungen und klare Aufstiegsmöglichkeiten entstehen.

1.2.5 Sondersituation der Hochschulmedizin in Deutschland

Die Hochschulmedizin stellt in mehrfacher Hinsicht einen Sonderfall dar.[18] So nimmt die medizinische (und zahnmedizinische) Promotion unter den universitären Doktorgraden eine gewisse Sonderstellung ein. Der Bezug zwischen Habilitation und Berufung auf eine Professur ist im medizinischen Bereich weniger deutlich ausgeprägt. Vielmehr gilt die Habilitation hier auch als ein wichtiger Baustein für Chefarztkarrieren außerhalb der Universitäten. Weitere Besonderheiten ergeben sich aus der internen Differenzierung zwischen theoretischen und klinischen Fächern medizinischer Fakultäten und der Aufgabe der Krankenversorgung. Die Fakultäten und die Universitätsklinika sind verpflichtet sich arbeitsteilig zu unterstützen, was zu einer spezifischen Verzahnung zwischen akademischer und klinischer Personalstruktur führt.[19]

Während in den theoretischen Instituten der medizinischen Fakultäten die allgemeine Struktur des wissenschaftlichen Personals nach

[18] Die Besonderheiten erforderten eine eigene Untersuchung, während hier lediglich auf Kontraste zwischen den Personalstrukturen im medizinischen und nichtmedizinischen Bereich hingewiesen werden kann.

[19] Siehe die grafische Darstellung zur Verzahnung der akademischen und klinischen Positionen bei Kreckel 2008a: 56.

jeweiligem Landeshochschulgesetz gilt, macht der klinische Betrieb zwei Besonderheiten erforderlich: Professoren und Professorinnen inklusive Juniorprofessorinnen und -professoren müssen zusätzlich zu den üblichen Berufungsvoraussetzungen die Facharztqualifikation nachweisen. Wissenschaftliche Mitarbeiter und Mitarbeiterinnen haben, neben Aufgaben in Lehre und Forschung, im Universitätsklinikum Aufgaben der Krankenversorgung sowie sonstige Aufgaben auf dem Gebiet des öffentlichen Gesundheitswesens und der Schulen für nichtärztliche medizinische Berufe zu erfüllen.

In den Bereichen Humanmedizin/Gesundheitswissenschaften waren im Jahr 2010 rund 47.700 wissenschaftliche Mitarbeiter und Mitarbeiterinnen beschäftigt, die zu ca. 72 Prozent aus Grundmitteln (Haushalts- und Hochschulpaktmittel) und zu ca. 24 Prozent aus öffentlichen und privaten Drittmitteln finanziert wurden (Statistisches Bundesamt 2011: 127ff.).

Die Organisation der Hochschulmedizin befindet sich in den deutschen Ländern noch immer im Umbruch (vgl. Wissenschaftsrat 1999 und 2010). Kliniken verselbständigen sich, was dazu führt, dass wissenschaftliche Mitarbeiter und Mitarbeiterinnen teilweise aus den Universitätshaushalten auf besondere Klinikstellen überführt werden. Bereits in der Vergangenheit ist es den Medizinischen Fakultäten und Universitätsklinika schwer gefallen, den Anforderungen an Forschung, Lehre, Weiterbildung und Krankenversorgung gleichermaßen in vollem Umfang gerecht zu werden. Seit Mitte der 1990er Jahre bestimmten zunehmend ökonomische Gesichtspunkte die Debatte um die Entwicklung der Hochschulmedizin, seither werden von den Leitern der Universitätskliniken, die in der Regel Professoren in den Medizinischen Fakultäten sind, Leistungen in der Lehre, der Forschung, der Krankenversorgung sowie im Klinikmanagement erwartet.

1.3 Karrierepfade an deutschen Universitäten

Das im 19. Jahrhundert entstandene *Habilitationsmodell* beeinflusst die akademischen Karrierepfade im deutschen Wissenschaftssystem auch heute noch stark. Eine zwölf- und mehrjährige Qualifikationszeit zwischen Studienabschluss und Habilitation, das relativ hohe Lebensalter der Habilitierenden, die späte Selbstständigkeit in Lehre und Forschung sowie die ungeklärte Situation der nicht berufenen Privatdozenten und -dozentinnen haben immer wieder zu Kritik und besonders in den 1990er und 2000er Jahren zu Neuerungsversuchen geführt. Hierzu gehören:

- die Juniorprofessur und die in diesem Zusammenhang diskutierte Tenure Track-Problematik (vgl. Kapitel 1.3.3);
- die forschungsorientierte Position des Nachwuchsgruppenleiters bzw. der Nachwuchsgruppenleiterin (vgl. Kapitel 1.3.4);
- die in den Landeshochschulgesetzen einiger Bundesländer vorgesehenen neuen Personalkategorien mit einem Aufgabenschwerpunkt in der Lehre, die unter den Begriffen Lecturer, Lektor, Lehrprofessur u.ä. diskutiert werden (vgl. Kapitel 1.3.5);
- verstärkte Bemühungen um Berufungen aus dem Ausland im Kontext einer Internationalisierung der deutschen Universitäten (vgl. Kapitel 1.3.6).

Die genannten Neuerungen verstehen sich in der deutschen wissenschaftspolitischen Diskussion immer ausgehend von dem

- tradierten Karrieremodell der an Universitäten auf befristeten Stellen promovierenden und habilitierenden wissenschaftlichen Mitarbeiterinnen und -mitarbeiter (vgl. Kapitel 1.3.2).
- Dieses Karrieremodell ist in eine Reihe von normativen Prämissen eingebettet, die das traditionelle Berufungsgeschehen an deutschen Universitäten prägen (vgl. Kapitel 1.3.1).

1.3.1 Berufungsvoraussetzungen bei Universitätsprofessuren in Deutschland

Die *Habilitation* als traditioneller Weg zur Universitätsprofessur, das *Hausberufungsverbot,* das bis heute bedeutsame *Lehrstuhl- bzw. Fachvertretungsprinzip* sowie das *Konstrukt der Qualifikationsstelle* sind die vier Eckpfeiler, die zusammen genommen die innere Logik der Karrierepfade im deutschen Wissenschaftssystem noch immer stark prägen (vgl. Musselin 2005: 69ff.; Janson et al. 2007: 40; Kreckel 2008b: 45ff.; Boockmann 1999: 210ff.):

1. Durch die Einführung der *Habilitation* als Zugangsvoraussetzung zur Professur wurde an den deutschen Universitäten des 19. Jahrhunderts der alteuropäische Brauch außer Kraft gesetzt, der es

jedem Inhaber eines Doktorgrades gestattet hatte, an jeder europäischen Universität lehren zu können (ius ubique docendi). Das heißt, mit der Einführung der Habilitation hat die Promotion an deutschen Universitäten ihre herausgehobene Bedeutung für die akademische Laufbahn verloren. Die Habilitation gilt seither de facto als der wichtigste Qualitätsausweis für Universitätsprofessuren, der nur in besonderen Ausnahmefällen durch habilitationsäquivalente Leistungen ersetzt werden kann. Der Umstand, dass im deutschen Hochschulrecht die Habilitation als Berufungsvoraussetzung schon seit langem durch das undeutliche Kriterium der zusätzlichen wissenschaftlichen Leistungen ersetzt worden ist, hat daran wenig geändert.[20]

2. Das zweite deutsche Spezifikum ist das *Hausberufungsverbot*, durch das alle Bemühungen zur Einführung einer Hochschullehrerkarriere vor Ort tabuisiert werden. Sämtliche Hochschulgesetze der deutschen Bundesländer regeln, dass die Berücksichtigung hausinterner Bewerber für die Berufung auf eine Professur nur in „begründeten Ausnahmefällen“ zulässig ist. Ursprünglich gegen nepotistische Missbräuche (bis hin zur faktischen Erblichkeit des Professorenamts im 18. Jahrhundert) gerichtet, ist der Mobilitätszwang für angehende Professoren und Professorinnen mittlerweile zu einem tiefsitzenden, bis vor kurzem auch rahmenrechtlich verankerten Glaubenssatz des deutschen Hochschulsystems geworden. Dem Hausberufungsverbot wird üblicherweise eine hohe wettbewerbs- und qualitätssichernde Wirkung beigemessen. Es gilt bei der erstmaligen Berufung auf eine Professur,[21] richtet sich aber faktisch auch gegen universitätsinterne Beförderungen von W2 nach W3.[22]

[20] Die wichtigste Ausnahme von dieser Regel bilden die ingenieurwissenschaftlichen Fakultäten, die von je her einen großen Teil ihrer Professuren mit nicht Habilitierten aus der Industrie besetzen.

[21] Eine gewisse Ausnahme bildet die neue Tenure Track-Regelung bei Juniorprofessuren, die allerdings bisher nur äußerst selten Anwendung findet. Auch sie behält die Norm bei, dass vor der regulären Berufung auf eine Professur zumindest ein Hochschulwechsel stattgefunden haben muss (vgl. Federkeil/Buch 2007; Hermann 2007).

[22] Diese Regelung wurde zwar durch die (später vom Bundesverfassungsgericht für nichtig erklärte) 5. HRG-Novelle von 2002 und das nachfolgende Gesetz zur Änderung dienst- und arbeitsrechtlicher Vorschriften im Hochschulbereich (HdaVÄndG) vom 27.12.2004 aufgehoben, in der Berufungspraxis hat sie jedoch weiterhin erhebliche Bedeutung.

3. Die Zählebigkeit der Habilitation und des Hausberufungsverbotes als handlungsleitende Normen sind eingebettet in ein weiteres, de jure ebenfalls weitgehend überholtes Strukturmerkmal der traditionellen deutschen Universität, das *Lehrstuhl- und Fachvertretungsprinzip*, das seinen Ursprung in der in der zweiten Hälfte des 19. Jahrhunderts entstandenen Personalunion von Ordinarius und Institutsdirektor hat. Von ihm hängt insbesondere die große Bedeutung ab, die Berufungs- und Rufabwehrverhandlungen in Deutschland zukommt. Dabei geht es nicht nur um die Höhe der Bezüge u.ä., sondern vor allem auch um finanzelle und apparative Ausstattungsfragen und damit um das universitätsinterne Gewicht des vertretenen Fachgebietes, aber auch um die personelle Ausstattung der zu besetzenden Professur. Das ist hier von besonderem Belang, denn es bedeutet, dass wissenschaftliche Mitarbeiter und Mitarbeiterinnen dabei als Teil der Ausstattung der Professur verstanden werden (vgl. Detmer/Metzler 2012). Die zugesagten Mitarbeiterstellen besetzt der/die Neuberufene selbst. Vom Erfolg der ad personam geführten Berufungs- und Rufabwehrverhandlungen hängt somit nicht nur das Einkommen und das Ansehen eines Professors oder einer Professorin ab, sondern auch die Infrastruktur und Arbeitsfähigkeit des vertretenen Faches. Wird ein Fachgebiet nicht durch eine vollwertige Professur vertreten, sondern „nur“ durch eine Dozentur oder Juniorprofessur, dann gilt es als gefährdet. Das heißt, Berufungs- und Bleibeverhandlungen sind nicht nur eine persönliche Angelegenheit; sie haben gleichzeitig eine große strukturelle Bedeutung für die betroffene Universität.
4. So wird verständlich, dass die Universitäten kein ausgeprägtes Interesse an der dauerhaften Besetzung von Mitarbeiterstellen haben können. Nicht nur das erwünschte *„permanente turnover von Köpfen und Ideen“* (Enders/Schimank 2001: 171) würde dadurch blockiert, sondern auch die Erfolgsaussichten für künftige Berufungsverhandlungen. Mitarbeiterstellen werden deshalb vorzugsweise als befristet zu besetzende *Qualifikationsstellen* für den wissenschaftlichen Nachwuchs verstanden.

1.3.2 Der akademische Mittelbau und die Befristungsproblematik in Deutschland

Aufgrund der inneren Logik der etablierten Karrierepfade ist der so genannte wissenschaftliche Mittelbau an deutschen Universitäten durch einen außerordentlich hohen Anteil an befristeten Beschäftigungsverhältnissen gekennzeichnet. Nach den Angaben der amtlichen Statistik waren an deutschen Universitäten im Jahr 1998 70,0 Prozent, im Jahr 2005 69,7 Prozent und im Jahr 2010 sogar 77,4 Prozent der in Vollzeit beschäftigten Mittelbauangehörigen in einem definitiv befristeten Arbeitsverhältnis beschäftigt.[23] Bei den Teilzeitbeschäftigten, für die keine aussagefähigen Daten verfügbar sind, dürfte der Befristungsanteil noch höher liegen. Die deutliche Zunahme der befristeten Beschäftigungsverhältnisse im Mittelbau muss im Zusammenhang mit der oben erörterten steigenden Drittmittelrate gesehen werden.

Der bis heute sehr hohe Stellenwert befristeter Qualifikationsstellen an deutschen Universitäten ist (nur) historisch nachzuvollziehen. Nach der Einführung der Habilitation und dem Bedeutungsverlust des Doktorats als Zugangsvoraussetzung zur Professur ist gegen Ende des 19. Jahrhunderts die Position des *etatisierten wissenschaftlichen Assistenten* entstanden (vgl. z.B. Bock 1972). Wie der Name sagt, handelt es sich um die Assistenz des Lehrstuhlinhabers, die der Qualifikation des Assistenten, der Assistentin dienen soll, der/die sich in einer die Forschung und Lehre betreffenden unselbständigen Position befindet. Gleichgültig, ob solche Mittelbaustellen heute die Bezeichnung *Assistent auf Zeit*, *Wissenschaftlicher Mitarbeiter auf Zeit*, *Akademischer Rat auf Zeit* o.ä. tragen, stets sind es unselbständige und befristete Positionen zur wissenschaftlichen Qualifikation. Dabei verleiht das Attribut *Qualifikation* der Tatsache der Stellenbefristung einerseits die soziale Legitimität, andererseits ist das Suffix *auf Zeit* systemnotwendig, um eine mögliche Verstetigung des akademischen Mittelbaus und somit die schleichende Unterlaufung des Hausberufungsverbotes zu verhindern. In dieser historisch tradierten Denkweise gelten alle Stellenkategorien, die unterhalb der Professur wissenschaftliche Dauerpositionen schaffen, als unerwünscht. Wo sie dennoch auftreten, z.B. in Form von Funktionsstellen oder als Dauerstellen für *Lektoren*, *Lehrkräfte für besondere Aufgaben*, *Studienräte im Hochschuldienst*, *Akademische Räte*,

[23] Eigene Berechnungen nach den Daten der Sonderauswertungen des Statistischen Bundesamts für die Jahre 1998, 2005 und 2010.

Oberräte, *Direktoren* u.ä., sollen sie nur als seltene Ausnahmen gelten (Enders 1996: 47, 99f.). Für den öffentlichen Dienst in Deutschland gilt die arbeitsrechtliche Faustregel, dass eine unbefristete Beschäftigung einem unkündbaren Arbeitsverhältnis nahezu gleichkomme und damit die gewünschte Flexibilität der Stellenbesetzung im wissenschaftlichen Mittelbau verloren gehe (Wissenschaftsrat 2004: 12ff.). Deshalb werden nebenberuflich (und somit befristet) tätige Lehrpersonen wie *Lehrbeauftragte*, *Tutoren* oder *Honorarprofessoren* als weniger problematisch empfunden. Sie haben im traditionellen deutschen Universitätssystem immer nur eine marginale Rolle gespielt.

Befristete Qualifikationsstellen mit Assistentenaufgaben waren und sind in Deutschland nicht nur für Promovierte vorgesehen, die die Habilitation anstreben, sondern auch für Doktoranden. Die Promotion auf einer regulären, häufig geteilten, befristeten wissenschaftlichen Mitarbeiterstelle gilt als der traditionelle Hauptzugang zur akademischen Karriere. Die Promotion auf Stipendienbasis bzw. in Graduiertenkollegs, wie sie als letzte Phase des Studiums in den meisten westlichen Ländern üblich ist, galt in Deutschland bisher nur als zweitbester Weg, und auch die Drittmittelstelle wird als weniger karrierenah wahrgenommen als die reguläre Promotionsstelle an einer Professur. Die mit der Übernahme einer (oftmals auf einer persönlichen Berufungszusage basierenden) Qualifikationsstelle entstehende *Meister-Lehrlings-Konstellation* wird in Deutschland herkömmlicherweise als erster Schritt zur wissenschaftlichen Laufbahn gesehen. Für die ‚Lehrlinge' ändert sich auch nach erfolgter Promotion nur, dass sich die Befristung ihrer Stelle nochmals verlängert: de facto bleiben die promovierten Doktoren und Doktorinnen *Assistenten* (vgl. Bochow/Joas 1987; Enders 1998). Sie gelten damit weiterhin als wissenschaftlicher Nachwuchs und nicht als Hochschullehrer mit selbständiger Lehr- und Forschungsbefugnis.

Auch dies erklärt sich historisch. In dem nie ganz aufhebbaren Zielkonflikt zwischen den Kernaufgaben der Lehre, Forschung und Nachwuchsqualifikation stand für den akademischen Mittelbau eindeutig die Qualifizierungsaufgabe im Vordergrund. Von daher kann die Unabhängigkeit in Forschung und Lehre prinzipiell nur durch die Voll- bzw. Lebenszeitprofessur erlangt werden. Sie wird klassisch durch die förmliche Habilitation bzw. in Ausnahmefällen durch habilitationsäquivalente Leistungen sowie durch eine externe Berufung nachgewiesen. Die Phase zwischen Promotion und Habilitation steht somit primär unter den Vorzeichen von Qualifikation und Mobilität, nicht von Lehre und Forschung: Die Lehre ist per definitionem sekundär, was z.B. an dem vergleichsweise niedrigen Lehrdeputat der Inhaber und Inhaberinnen von Qualifikationsstellen von meist vier Semesterwochenstunden abzulesen ist. Die Forschung ist in erster Linie Qualifikationsforschung. Mit dem Ende der Qualifikationsphase ist auch das Ende der Beschäftigungsmöglichkeiten auf einer regulären Haushaltsstelle an der eigenen Universität erreicht. Dafür hat bisher das Hausberufungsverbot gesorgt.

Die in den letzten Jahren vermehrt auftretenden Drittmittelstellen für wissenschaftliche Mitarbeiterinnen und Mitarbeiter fügen sich bruchlos in die Qualifikationsstellenlogik ein: Auch sie dienen der Nachwuchsförderung, sie erhöhen die Forschungsleistung und das Ansehen des jeweiligen Faches – und sie werden, ebenso wie die regulären Qualifikationsstellen, normalerweise befristet besetzt. Der Weg zu einer festen Hochschullehrerposition in Deutschland setzt auch hier die Habilitation bzw. eine äquivalente Forschungsleistung und die Berufung an eine andere Hochschule voraus.

Für Habilitierte gab es bis zur gesetzlichen Einführung der neuen W-Besoldung noch die Möglichkeit, für einige Jahre befristet als Oberassistenten/-assistentinnen oder Universitätsdozenten/-dozentinnen an ihrer Universität beschäftigt zu bleiben. Diese Möglichkeit besteht seit Einführung der W-Besoldung im Jahr 2002 nicht mehr. Privatdozenten/Privatdozentinnen, denen es nach Auslaufen ihrer befristeten Mitarbeiterstelle nicht gelingt, auf eine Professur berufen zu werden, auf eine der raren unbefristeten Mittelbaustellen zu kommen oder im außeruniversitären Bereich eine Forschungsstelle zu erhalten, sind in der Regel auf eine befristete Drittmittelbeschäftigung angewiesen, wenn sie im akademischen Bereich bleiben wollen. Im Sinne der traditionellen Logik des deutschen Universitätssystems ist das konsequent: Inhaber einer Lehrbefugnis sind keine Qualifikanten mehr und können folglich nach dieser Betrachtungsweise auch keinen Anspruch auf eine Qualifikationsstelle erheben.[24]

Das unter Kapitel 1.3.1 und 1.3.2 skizzierte nahezu hermetische Karrieresystem der deutschen Universitäten ist immer wieder kritisiert worden. In den letzten Jahren ist es zu einer Reihe von Reformansätzen und Änderungsvorschlägen gekommen, auf die im Folgenden eingegangen werden soll.

[24] Zu der zunehmend geäußerten Unzufriedenheit mit der Situation des prekär beschäftigten befristeten Lehrpersonals vgl. z.B. Schlosser et al. 2006.

1.3.3 Die Juniorprofessur und die Tenure Track-Problematik in Deutschland

Die Juniorprofessur (oft mit dem US-amerikanischen *Assistant Professor* als Vorbild verglichen) wurde 2002 mit der fünften Novelle des Hochschulrahmengesetzes (HRG) eingeführt und ist seit 2007 in allen Landeshochschulgesetzen rechtlich verankert. Hinsichtlich Berufungsverfahren, mitgliedschaftsrechtlicher Stellung, akademischen Mitwirkungsrechten, passivem und aktivem Wahlrecht sowie Titelführung etc. gibt es in den Landesgesetzen einige Unterschiede. Das Spektrum reicht von der eher als eingeschränkt zu bezeichnenden Neuerung der Gleichstellung von Habilitation und Juniorprofessur in den meisten Bundesländern[25] über die Definition der Juniorprofessur als Regelfall (in Brandenburg, Bremen und Rheinland-Pfalz) bis hin zur Möglichkeit der Abschaffung der Habilitation in einigen Ländern (Berlin, Mecklenburg-Vorpommern) (Buchholz et al. 2009: 154).

Intendiert war die Juniorprofessur in der neuen Besoldungsstufe W1 als Position innerhalb der Gruppe der Hochschullehrer unmittelbar nach der Promotion und ohne die Habilitation in die weisungsunabhängige Forschung und Lehre zu führen. Doch teilt die Juniorprofessur mit dem traditionellen Weg über die Habilitation das entscheidende Merkmal, dass es sich ebenfalls um eine definitiv befristete Qualifikationsstelle handelt.

Die Juniorprofessur soll nach (zwei) Evaluationen im Zeitraum von i.d.R. insgesamt sechs Jahren für die Berufung auf eine W2- oder W3-Professur auf Dauer qualifizieren. Dabei gilt auch hier das Hausberufungsverbot für hausintern rekrutierte Juniorprofessoren bzw. -professorinnen. Das heißt, auch bei positiver Evaluation müssen diese nach Ablauf der Befristung die Universität wechseln bzw. verlassen. Nur für Juniorprofessorinnen und -professoren, die von auswärts berufen wurden, ist die anschließende Berufung auf eine W2- bzw. W3-Professur auf Dauer an derselben Universität möglich. Das Hausberufungsverbot soll demnach bei der Juniorprofessur nur dann nicht gelten, wenn nach der Promotion die Hochschule gewechselt oder eine mindestens zweijährige wissenschaftliche Tätigkeit außerhalb der berufenden Hochschule nachgewiesen wird. In den Hochschulgesetzen der meisten Bundesländer ist jedoch eine Abschwächung des Hausberufungs-

[25] Dies betrifft Baden-Württemberg, Bayern, Niedersachsen, Nordrhein-Westfalen, Saarland, Sachsen, Sachsen-Anhalt, Schleswig-Holstein und Thüringen.

verbotes insofern festzustellen, dass eine Professur nicht zwingend öffentlich ausgeschrieben werden muss, wenn ein/e Juniorprofessor/in der eigenen Hochschule berufen werden soll (Bloch et al. 2011: 167).

Eine *Tenure Track-Regelung* als Option der Weiterbeschäftigung auf einer Dauerstelle bzw. auf einer regulären W2- oder W3-Professur nach positiver Evaluation und ohne Berufungsverfahren ist in den Hochschulgesetzen der Bundesländer nicht vorgesehen (ebd.). Auch in der Praxis ist die Ausschreibung von Juniorprofessuren mit einer expliziten Tenure Track-Option bisher eher die Ausnahme geblieben (Bloch et al. 2011: 174-180). Eine Tenure Track-Vereinbarung traf z.B. im Jahr 2006 nur auf etwa jede zehnte von den damals knapp 800 Juniorprofessuren zu (Federkeil/Buch 2007: 7). Neben der geringen Zahl an Juniorprofessuren, ca. fünf Prozent der Universitätsprofessuren (2010), wurden die Hausberufungsverbotsregel, mangelnde finanzielle und personelle Stellenausstattung und intransparente Evaluationskriterien als kritische Punkte in mehreren Untersuchungen zur Juniorprofessur herausgestellt (Federkeil/Buch 2007, Buch et al. 2004; Federkeil/Buch 2007; Buchholz et al. 2009; Teuteberg 2006; Mugabushaka et al. 2006; Rössel/Landfester 2003 und 2004). Ein wesentlicher Grund für die von Juniorprofessorinnen und -professoren wahrgenommenen Unsicherheiten und Risiken sind die fehlenden Optionen auf Weiterbeschäftigung bzw. Berufung nach Ablauf der Juniorprofessur. Die Habilitation bzw. der Plan zu habilitieren erscheinen hier als ein Mittel der Risikominimierung. So gab ein Drittel bis fast die Hälfte von befragten Juniorprofessorinnen und -professoren an, zu habilitieren bzw. habilitieren zu wollen (vgl. z.B. Buch et al. 2004). Obgleich diese Befragungsergebnisse schon älteren Datums und hochschulstatistisch nicht validiert sind,[26] lässt sich feststellen, dass in der Praxis eine hohe Unsicherheit besteht, eine grundlegende Abkehr von der Habilitation als Berufungsvoraussetzung für die Lebenszeitprofessur nicht stattzufinden scheint und derzeit offen ist, ob die die Juniorprofessur als neuer Qualifikationsweg als Äquivalent zur Habilitation künftig auf höhere Akzeptanz trifft.

Ursprünglich war bis 2010 die Einrichtung von 6.000 Juniorprofessuren geplant (Statistisches Bundesamt 2011). Die tatsächliche Entwicklung hat damit nicht Schritt gehalten. Wie in Übersicht 1-1

[26] Während empirische Studien auf eine sehr hohe Habilitationsabsicht hinweisen, zeigt die amtliche Statistik, dass z.B. im Jahr 2009 nur 12 Stelleninhaber bzw. -inhaberinnen von Juniorprofessuren habilitierten.

dargestellt, gab es 2010 de facto rund 1.100 Juniorprofessorinnen und -professoren an deutschen Hochschulen. Die Frage, inwieweit die Juniorprofessur die traditionelle Habilitation abzulösen beginnt, wie es ursprünglich beabsichtigt war, ist nicht eindeutig zu beantworten, da belastbare Angaben zur Anzahl der Juniorprofessoren und -professorinnen, die weiterhin auch eine Habilitation anstreben, nicht zur Verfügung stehen. Laut Angaben des Statistischen Bundesamts (2011) ist die Zahl der in Deutschland jährlich abgeschlossenen Habilitationen seit 2004 rückläufig, während die pro Jahr besetzten Juniorprofessuren eine steigende Tendenz aufweisen. Das deutet darauf hin, dass zahlreiche Juniorprofessorinnen und -professoren mittlerweile auf die Habilitation verzichten. Dabei gibt es zum Teil große disziplinabhängige Unterschiede, ebenso wie bei der Frage der Akzeptanz der Juniorprofessur in den verschiedenen Fachkulturen.[27] Seit 2007 sind insgesamt etwas höhere Steigerungsraten bei den Juniorprofessuren zu erkennen, was möglicherweise mit der Einrichtung von Juniorprofessuren im Rahmen der Exzellenzinitiative zusammenhängen dürfte (vgl. Sondermann et al. 2008).

In jüngster Zeit hat mit der allgemeinen Diskussion über die prekäre Situation des wissenschaftlichen Nachwuchses in Deutschland auch die Juniorprofessur wieder erhöhte politische Aufmerksamkeit gefunden, u.a. mit der Forderung, ein neues Bund-Länder-Programm aufzulegen, um die Zahl der Juniorprofessuren möglichst mit Tenure Track-Regelung zu erhöhen.[28]

Andere Anstöße zur Belebung der Tenure Track-Thematik gehen mehr und mehr von einzelnen Hochschulen aus. Zum Beispiel das *Faculty Tenure Track-Modell* der Technischen Universität München, das in enger Anlehnung an das US-amerikanische Vorbild seit 2012 in Kraft ist: Die W1-Juniorprofessur wird aufgegeben. Stattdessen wird der *Assistant Professor* mit optionalem Karriereaufstieg (Tenure

---

[27] Naturwissenschaften: 31%, Sprach- und Kulturwissenschaften: 24%, Rechts-, Wirtschafts- und Sozialwissenschaften: 21%, Humanmedizin: 6%, Ingenieurwissenschaften: 8%, Kunst- und Kunstwissenschaft: 3%, Zentrale Einrichtungen: 4%, Sport: 1% (Statistisches Bundesamt 2011: 33).

[28] Ausgelöst u.a. durch die Publikation „Wissenschaftliche Karrieren“ des HIS (Jaksztat et al. 2010), in der in konzentrierter Form, die bereits bekannten Mängel (Planbarkeit der wissenschaftlichen Karriere, berufliche Sicherheit, Personalentscheidungen sowie Vereinbarkeit von Familie und Beruf etc. (ebd.: 55) aufgelistet werden. Der Deutsche Bundestag debattierte z.B. am 2.12.2010 zu „fehlenden Aktivitäten der Bundesregierung hinsichtlich der Zukunftsängste des wissenschaftlichen Nachwuchses“ (Deutscher Bundestag 2010).

Track) eingeführt. Assistant Professors werden nach W2 besoldet, mit den gleichen Rechten und Pflichten wie reguläre Professoren und Professorinnen, allerdings mit reduziertem Lehrdeputat. Nach zwei Zwischenevaluationen soll, in der Regel nach sechs Jahren, eine unabhängige externe Tenure-Evaluation über das Aufrücken in eine feste W3-Professur (als *Associate Professor*) oder das Auslaufen des Beschäftigungsverhältnisses entscheiden. Auch der weitere interne Aufstieg zum W3-Full Professor ist möglich. Wie die TU München ankündigte, sollen bis 2020 insgesamt 100 neue W2-Assistenzprofessuren geschaffen werden und insgesamt 30 Prozent aller frei werdenden Professuren nach dem Tenure Track-Verfahren besetzt werden. Die TU München nennt als ein zentrales Motiv die Verbesserung der Erfolgsaussichten „im weltweiten Wettbewerb um die besten Wissenschaftstalente".[29]

1.3.4 Die Nachwuchsgruppenleitung in Deutschland

Als Förderinstrument in der Postdoc-Phase neben der Juniorprofessur wurde mit den 2000er Jahren die „Leitung einer selbständigen Nachwuchsgruppe" in größerem Umfang eingeführt, wobei das Emmy-Nöther-Programm der DFG eine Vorreiterrolle übernommen hat.[30] Die Leitung einer Nachwuchsgruppe (vorwiegend) an einer Hochschule oder an einem außeruniversitären Forschungsinstitut gilt als besonders renommierter Weg zur Professur. Dieses ausschließlich drittmittelfinanzierte Förderinstrument richtet sich an „*besonders forschungsstarke und relativ junge Wissenschaftler – die zukünftige Forschungselite, was auch durch das Labelling des Emmy-Nöther-Programms der DFG als ‚Exzellenzinitiative für den wissenschaftlichen Nachwuchs' (...) deutlich wird*" (Böhmer 2010: 64). Aus Drittmitteln der DFG werden ca. zwei Drittel der derzeit insgesamt 550 Stellen für Nachwuchsgrup-

---

[29] Technische Universität München, TUM – Berufs- und Karrieresystem. Statut zum Qualitätsmanagement. München 2012: http://www.tum.de/die-tum/stellenangebote/tum-faculty-tenure-track/ (Zugriff 17.8.2012). Auch die bisherige Kategorie der dauerhaften W2-Professur (in Bayern Extraordinariat) soll wegfallen.

[30] Unter der Bezeichnung selbstständige Nachwuchsgruppen wurde das Förderinstrument 1969 von der Max-Planck-Gesellschaft (MPG) an deren Instituten erstmals implementiert; die Volkswagen Stiftung nutzte dieses Förderinstrument zwischen 1996 und 2002 und die Deutsche Forschungsgemeinschaft seit 1999 in Form des Emmy Noether-Programms, seit 2002 fördern auch die Institute der Helmholtz-Gemeinschaft (HGF) Nachwuchsgruppenleiterinnen und -leiter, seit 2004 auch an Universitäten (Böhmer/Hornbostel 2009: 15).

penleiterinnen und -leiter finanziert (Gülker 2010: 4). Um frühzeitig, mit guter Ausstattung und eigenem Team weitgehend autonom forschen und sich zur Übernahme wissenschaftlicher Leitungsfunktionen qualifizieren zu können, steht einer Nachwuchsgruppenleitung für die Dauer von i.d.R. fünf Jahren ein eigenes Budget von zwischen 200.000 und 250.000 € pro Jahr zur Verfügung, in dem neben der eigenen Stelle weitere Personal- und Sachkosten enthalten sind (Böhmer/Hornbostel 2009: 15).

In ihrer Untersuchung der verschiedenen drittmittelfinanzierten Förderprogramme für die Nachwuchsgruppenleitung kommen Böhmer und Hornbostel (2009: 72) zu dem Schluss, dass sich die Nachwuchsgruppenleitung als ein alternativer Qualifizierungsweg zur Professur insgesamt bewährt habe. Insbesondere wird hinsichtlich der Berufungshäufigkeit ein deutlicher Fördereffekt festgestellt: Die Chance der ehemals Geförderten, auf eine Lebenszeitprofessur berufen zu werden, ist fünfmal größer als die der nicht geförderten, gleichwohl hoch qualifizierten, Bewerberinnen und Bewerber. Der hohe Berufungserfolg der Ehemaligen wird insbesondere auf einen Labelling-Effekt zurückgeführt: Zunächst sorgen die hohen Zugangsvoraussetzungen und das externe Auswahl- und Begutachtungsverfahren für eine Selektion des Bewerberinnen- und Bewerberkreises. Das bei der Förderung erworbene Qualifikationsprofil – „*eine hohe Forschungsorientierung, ein hohes Maß an Autonomie, eine gute materielle Ausstattung, eine überwiegend freiwillige Integration in die Lehre sowie eine frühe Übernahme von Führungsverantwortung*“ (ebd.) – wirkt als „*Alleinstellungsmerkmal*“. Es wird in Berufungsverfahren hoch bewertet und verschafft Wettbewerbsvorteile. Dennoch bleibt den befragten Nachwuchsgruppenleiterinnen und -leitern das „*Risiko des Scheiterns auf der letzten Stufe*“ bewusst (Böhmer 2010: 70). Um dieses zu minimieren, greife mehr als die Hälfte der Nachwuchsgruppenleiterinnen und -leiter auf die Habilitation zurück (ebd.).

Somit scheint sich das Instrument der Nachwuchsgruppenleitung von dem der Juniorprofessur in einem Punkt nicht zu unterscheiden: In beiden Fällen bleibt die beharrende Kraft des universitären Habilitationsmodells weiter wirksam, so dass die neuen Karrierewege eher als Äquivalent zur und nicht als Ersatz für die klassische Habilitation verstanden werden.

Obwohl die Juniorprofessur im Vergleich mit dem Emmy-Noether-Programm der DFG im Ergebnis empirischer Analysen und Befragungen i.d.R. schlechter abschneidet (vgl. z.B. bereits Rössel/Landfester 2004: 64; Böhmer 2010), ist auch die Nachwuchsgruppenleitung mit einer Reihe von Nachteilen bzw. Unsicherheiten verbunden. Diese zeigen sich, neben der hohen Habilitationsneigung, an den oft fehlenden Promotionsprüfungsrechten, in der ungeklärten statusrechtlichen Verortung gegenüber den Universitätsprofessoren und -professorinnen und in der geringeren institutionellen Integration in die Hochschulstrukturen (Böhmer 2010: 71). Andererseits ermöglicht vor allem die externe Drittmittelförderung eine relativ intensive Konzentration auf die Forschung und relative Unabhängigkeit von Lehr- und Gremienverpflichtungen (ebd.: 74).

1.3.5 Die Kategorien Lecturer, Lektor, Lehrprofessur

Gewissermaßen als ein vierter Weg zur Professur neben Habilitation, Juniorprofessur und Nachwuchsgruppenleitung wird auch die Einführung der Kategorie des *Hochschullehrers mit Schwerpunkt Lehre* (Lecturer, Lektorate neuer Art, Lehrprofessuren u.ä.) diskutiert.[31]

Umstritten beim Lecturer ist insbesondere, ob es sich dabei um eine befristete oder unbefristete Position handelt und ob Lecturers nur Lehraufgaben wahrnehmen oder auch Zeit für die Forschung und Weiterqualifizierung bekommen sollen. Im Sinne der insbesondere in Großbritannien üblichen Lecturers und Senior Lecturers könnte es sich um eine Personalkategorie handeln, deren Angehörige eine forschungsgebundene Lehre betreiben, aber ihr professionelles Selbstverständnis nicht primär daraus beziehen, die Forschung ihres jeweiligen Faches mitzubestimmen. Die Berufung auf eine Professur sollte dann, wie auch in Großbritannien, für in Forschung und Lehre bewährte Lecturers selbstverständlich möglich, aber (ähnlich wie dort) keineswegs die Regel sein. Damit Forschung möglich bleibt und mit der Lecturer- bzw. Lektoren-Kategorie keine berufsbiografische Sackgasse eingeführt wird, wäre ein gesicherter Forschungsanteil im Zeitbudget

[31] Lecturer: Personalkategorie mit Betonung des Lehrprofils, die z.B. 2006 vom deutschen Hochschulverband (DHV) vorgeschlagen wurde, um zusätzliche personelle Ressourcen im Bereich der Lehre zu schaffen. Ein Überblick über den Diskussionsstand zum Thema Lecturer in Deutschland findet sich in Kleinwächter (2006). Vgl. z.B. die Ergebnisse der von BMBF und DFG am 4./5.11.2006 gemeinsam veranstalteten Konferenz „Karrierewege in Wissenschaft und Forschung“: http://www.dfg.de/download/pdf/dfg_im_profil/geschaeftsstelle/publikationen/karrierewege_beilage_duz_06.pdf (letzer Zugriff 13.11.2013).

vorzusehen. Dies wäre gegeben, wenn ein Lecturer etwa 12 Wochenstunden Lehrverpflichtung hätte – damit stünden rein rechnerisch ca. 25 Prozent der Arbeitszeit für Forschungsarbeiten zur Verfügung (vgl. Wissenschaftsrat 2007).

Ähnlich argumentiert der Deutsche Hochschulverband, der zudem eine explizite Differenzierung zwischen Junior- und Senior-Lecturer vorschlägt und dabei an der Habilitation festhält:

> *„Einstellungsvoraussetzungen für den ‚Junior-Lecturer' sind ein abgeschlossenes Hochschulstudium und eine weitere wissenschaftliche Qualifikation, im Regelfall die Promotion mit Prädikat. Wissenschaftler mit Habilitation oder erfolgreich absolvierter Juniorprofessur können als ‚Senior-Lecturer' eingestellt werden. Wenn die Fakultät in einem förmlichen Verfahren eine damit vergleichbare Qualifikation feststellt, kann im Einzelfall der ‚Junior-Lecturer' nach Auslaufen des Dienstverhältnisses als ‚Senior-Lecturer' weiterbeschäftigt werden*" (Deutscher Hochschulverband 2006: 2).

Mehrere Bundesländer haben unterdessen in ihren Hochschulgesetzen Stellenkategorien eingeführt bzw. neu definiert, die einer solchen Funktionsbestimmung inklusive der Differenzierung zwischen Junior- und Senior-Lecturer nahe kommen. Der befristet einzustellende Akademische Rat in Baden-Württemberg, Hessen, Niedersachsen und Nordrhein-Westfalen z.B. ähnelt dem schwedischen Junior-Lecturer: Einstellungsvoraussetzung ist die Promotion, und dem Stelleninhaber ist Gelegenheit zu eigener wissenschaftlicher Qualifikation zu geben. Der Akademische Oberrat in Nordrhein-Westfalen und Bayern benötigt zur Einstellung die gleichen Voraussetzungen, wie sie für die Berufung auf eine Universitätsprofessur gegeben sein müssen, so dass hier eine starke Ähnlichkeit zum britischen Senior Lecturer gegeben ist. In Nordrhein-Westfalen kann zudem einer Lehrkraft für besondere Aufgaben die „akademische Bezeichnung ‚Lecturer'" verliehen werden, sofern Lehraufgaben zur selbständigen Wahrnehmung übertragen worden sind.

Über die üblichen Lektorenaufgaben im Bereich der Fremdsprachenvermittlung hinausgehend hat sich die Kategorie des Lecturers bzw. des Lektors/der Lektorin landeshochschulgesetzlich bislang in Deutschland nicht durchgesetzt. Lediglich in drei Landeshochschulgesetzen ist diese Kategorie mit der Option der selbständigen Wahrnehmung von Aufgaben vorhanden. Während Lektorinnen bzw. Lektoren etwa in Niedersachsen und Nordrhein-Westfalen lediglich Aufgaben zur selbstständigen Lehre übertragen werden können, besteht in Bremen für Lektoren und Lektorinnen die Möglichkeit, selbständige Aufgaben auch in der Forschung wahrzunehmen (Bloch et al. 2011: 171).

Die Uneinheitlichkeit und Unsicherheit bei der Einführung von „Lecturers" bzw. „Lektoren neuer Art" an deutschen Universitäten dürfte nicht zuletzt auch mit terminologischen Unklarheiten und Unkenntnissen zusammenhängen: Lecturer und Senior Lecturer sind z.B. im britischen Universitätssystem (vgl. Kapitel 3) eigenständige Hochschullehrer und Hochschullehrerinnen mit selbständigen Forschungs- und Lehraufgaben, in der Regel in unbefristeter Stellung. Eine angemessene deutsche Übersetzung dafür ist Universitätsdozent. Andererseits bezieht sich die Bezeichnung Lecturer in den USA auf die unterste Kategorie von Lehrenden an Hochschulen, deutlich unter dem Assistant Professor und dem Instructor (vgl. Kapitel 2). In den USA sind die Lecturers in der Regel befristet tätig und haben nur Lehr-und keine Forschungsaufgaben. Die für den USA-Lecturer angemessenste deutsche Übersetzung ist entweder „Lehrbeauftragter" oder – sofern es sich um Sprachlehrer bzw. -lehrerinnen handelt – „Lektor".

Personalkategorien einzuführen, die ausschließlich oder überwiegend der Wahrnehmung von Aufgaben entweder in der Lehre oder in der Forschung dienen, ist eine Entwicklung, die sich infolge der mit der Föderalismusreform entstandenen größeren Gestaltungsspielräume hinsichtlich der Personalstruktur in den seither geänderten Hochschulgesetzen der Länder abzeichnet.[32] Personalkategorien für hauptberufliches Lehrpersonal sind unter den Bezeichnungen Professur, Juniorprofessur, Lehrprofessur, Dozentur oder Juniordozentur zu finden. Gleichwohl wird lediglich im Hochschulgesetz Bayerns sowie Schleswig-Holsteins explizit die Bezeichnung Lehrprofessur, ausschließlich in Sachsen-Anhalt die Bezeichnung Universitätsdozentur und in Baden-Württemberg Hochschul- bzw. Universitätsdozentur sowie Juniordozentur aufgeführt. Diese Dozenturen sind mit Aufgabenschwerpunkten in der Lehre verbunden, wobei in Baden-Württemberg die erste Berufung in das Amt des Juniordozenten/der Juniordozentin erfolgt (Bloch et al. 2011: 169f.). Damit zeichnet sich in den Landeshochschulgesetzen mit den lehrorientierten Personalkategorien insgesamt zwar kein neuer Karriereweg ab. Die Möglichkeit einer ersten Berufung in die Dozentur bzw. Juniordozentur könnte aber in diese Richtung weisen.

[32] Eine ähnliche Entwicklung ist in Österreich mit der Einführung der Mittelbaupositionen des Senior Lecturer und des Senior Scientist zu beobachten (vgl. Kapitel 5).

Der Wissenschaftsrat hat mit seinen Empfehlungen aus dem Jahr 2007 einen weitgehend kohärenten Vorschlag unterbreitet. In seinen „Empfehlungen zu einer lehrorientierten Reform der Personalstruktur" an Universitäten ist eine Karriereoption vorgesehen, die über die Juniorprofessur entweder mit dem Schwerpunkt Lehre oder Forschung in die Professur mit Schwerpunkt Lehre (12 Semesterwochenstunden) oder in die übliche Professur (bei 8 SWS Lehre) münden kann.

1.3.6 Personalrekrutierung aus dem Ausland

Die erörterten Neuerungsansätze konzentrieren sich auf akademische Karrierewege, die sich primär an Deutsche (bzw. Bildungsinländerinnen und -inländer) richten, aber auch von ausländischen Nachwuchswissenschaftlerinnen und -wissenschaftlern begangen werden können. Wie insbesondere anhand der Tenure Track-Problematik deutlich wurde, wird der deutsche wissenschaftliche Arbeitsmarkt zunehmend auch als ein internationaler Arbeitsmarkt begriffen: Erstens gelten Auslandserfahrungen, internationale Fachkontakte, englischsprachige Publikationen u.ä. schon länger als wichtige Qualifikationsmerkmale, zweitens können sich wissenschaftliche Dauerstellen im Ausland als echte Alternativen zu einer akademischen Karriere innerhalb des deutschen Wissenschaftssystems erweisen, und drittens wird, im Zuge des „globalen Wettbewerbs um die besten Köpfe", die Gewinnung wissenschaftlich qualifizierten Personals aus dem Ausland zu einem immer stärker beachteten wissenschaftspolitischen Ziel (vgl. Empfehlungen des Aktionsrat Bildung 2012), das beispielsweise auch dem oben dargestellten Tenure Track-Modell der TU München zu Grunde liegt.

Ein Indikator für die zunehmende Internationalisierung der deutschen Universitäten ist der Anteil der Promotionen von Ausländern und Ausländerinnen. Sie sind in Deutschland zwischen 1990 und 2010 von 6,6 auf 15,0 Prozent gestiegen,[33] und auch bei den Habilitationen steigt der Ausländeranteil: zwischen 2005 und 2010 von 4,6 Prozent auf 7,0 Prozent.[34] Auch beim wissenschaftlichen Personal ist eine Erhöhung des Personals mit einer ausländischen Staatsangehörigkeit festzustellen: bei den Professuren von 5,8 Prozent (2005) auf 7,6 Prozent (2010)

[33] Berechnet nach: Statistisches Bundesamt: Prüfungen an Hochschulen. Fachserie 11, Reihe 4.2, verschiedene Jahrgänge; zu Daten für 2012 vgl. Statistisches Bundesamt (2013), Fachserie 11, Reihe 4.2, Abschnitt 8.

[34] Berechnet nach: Statistisches Bundesamt (2006: 276); (2011: 283).

und beim sonstigen hauptberuflichen Personal von 8,5 Prozent auf 12,2 Prozent (im gleichen Zeitraum).[35]

Da sich die beschriebenen Entwicklungen auf einen relativ kurzen Zeitraum beziehen, ist mit Trendaussagen vorsichtig umzugehen. Aber sie deuten an, dass die allseits propagierte Internationalisierung im Kontext einer zunehmenden Wettbewerbsorientierung der deutschen Universitäten ein weiterer Weg ist, der zur allmählichen Veränderung des traditionellen Laufbahnmodells beiträgt.

1.4 Fazit

Die unter 1.3.3 bis 1.3.5 dargestellten Reformansätze zielen alle mehr oder weniger explizit darauf, den Stellenwert der Habilitation im deutschen Universitätssystem zu relativieren. Da die Reformansätze mit systemfremden Eigenschaften verbunden sind, sind sie mit starken beharrenden Kräften konfrontiert. Erstens stellen sie in Gestalt der Tenure Track-Debatte das traditionelle Hausberufungstabu neu zur Diskussion. Sie werten zweitens das deutsche Doktorat so weit auf, dass es die Habilitation als Zugangsvoraussetzung zur Professur entbehrlich machen könnte. Die dritte Problemzone liegt beim Übergang zum Doktorat: Die Promotionsphase wird im Zuge der Bologna-Diskussion in immer mehr Ländern als ein dritter Studienzyklus begriffen, wodurch die deutsche Tradition der Promotion auf einer Haushaltsstelle, umgangssprachlich „Assistentenstelle", unter Druck gerät. Als vierte Herausforderung kommt zunehmend der Internationalisierungsprozess von Forschung und Lehre hinzu (vgl. Kapitel 1.3.6).

Mit der Internationalisierung sind auch die Wissenschafts- und Forschungssysteme aller anderen im Folgenden dargestellten Länder konfrontiert. Bei strukturell zum Teil sehr unterschiedlichen Universitätssystemen stehen auch sie vor der Aufgabe, in dem traditionellen Spannungsfeld von Forschung, Lehre und Nachwuchsqualifizierung nach Lösungen der Tenure Track-Problematik zu suchen.

Entsprechend dem eingangs skizzierten Prinzip des maximalen Kontrasts zu Deutschland, und wie sich zeigt auch zu vielen anderen Ländern, wird als nächstes die Situation in den USA behandelt.

[35] Berechnet nach: Statistisches Bundesamt (2006: 37); (2011: 30).

2 USA

2.1 Institutionelle Differenzierung des Wissenschaftssystems der USA

Wie in der Länderstudie für Deutschland sowie bei allen anderen folgenden Länderstudien unterscheiden wir zunächst den nicht-akademischen vom akademischen Bereich des Wissenschaftssystems.

Im nicht-akademischen Bereich, d.h. im Wirtschaftssektor, Staatssektor und Private-Non-Profit-Sektor, wurden in den USA im Jahr 2008 insgesamt 87,2 Prozent der Bruttoinlandsausgaben für Forschung und Entwicklung (F&E) getätigt. Auf den Hochschulsektor entfielen 12,8 Prozent (BMBF 2012: Tab. 16).[36] Ein wichtiger Unterschied zu Deutschland ist, dass im akademischen Bereich der USA keine duale akademische Forschungsstruktur besteht: „*In den USA, ... (ist es) niemals zur Gründung großer, leistungsstarker Forschungseinrichtungen außerhalb der Universitäten gekommen*“ (Schreiterer 2008: 194).[37] Das heißt, akademische Forschung findet in den USA grundsätzlich nur an den Universitäten statt. Alle sonstigen Forschungs- und Entwicklungsaktivitäten werden entweder im Wirtschafts- oder im Staatssektor durchgeführt, sowie in geringem Umfang in Einrichtungen des PNP-Sektors. Ein Spezifikum des US-Wissenschaftssystems ist, dass ein beträchtlicher Teil der wissenschaftlichen Grundlagenforschung nicht in akademischen Einrichtungen, sondern in staatlicher Eigenregie betrieben wird, in *Federal Laboratories* und *Federal Research and Development Centers* (*intramural public research units*), und *in staatlichen Ressortforschungseinrichtungen* sowie in geringerem Umfang auch in *von Stiftungen getragenen Forschungsinstituten*. Die akademische Grundlagenforschung an den Hochschulen vollzieht sich

[36] In Deutschland lag der Anteil der Hochschulen an den Bruttoinlandsausgaben für F&E (BAFE) im Jahr 2008 mit 16,7% wesentlich höher. Rechnet man die F&E-Ausgaben der außeruniversitären akademischen Forschungseinrichtungen hinzu, die es in den USA nicht gibt, so beläuft sich der BAFE-Anteil des gesamten akademischen Bereichs auf insgesamt 27,2% (berechnet nach BMBF 2012, Tab. 1 und 28).

[37] Zu diesem USA-Kapitel vgl. die auch historisch verortete frühere Darstellung bei Kreckel 2008a: Zwischen Promotion und Professur, Kap. III, 3, das dort von Gero Lenhardt und Manfred Stock verfasst wurde.

ganz überwiegend in Form von Drittmittelprojekten, teils in speziellen, mit Bundes- oder Stiftungsmitteln finanzierten universitären Research Units.[38] Allerdings sind daran keineswegs alle US-Hochschulen beteiligt, sondern nur eine relativ kleine Zahl von Research & Doctoral Universities. Auf diese wird hier ausführlicher eingegangen, da sie mit den deutschen, am Prinzip der Verbindung von Forschung und Lehre orientierten Universitäten am ehesten vergleichbar sind.

Eine strenge binäre Differenzierung zwischen (per definitionem forschenden) Universitäten und vornehmlich lehrenden Fachhochschulen wie in Deutschland existiert in den USA nicht, sondern eine sehr viel komplexere Differenzierung der Hochschullandschaft. Zunächst muss zwischen öffentlichen Hochschulen (37 Prozent), gemeinnützigen Privathochschulen (37 Prozent) und profitorientierten Privathochschulen (26 Prozent) unterschieden werden. Es ist in den USA üblich, die Hochschulen nach dem jeweils dort vergebenen höchsten Studienabschluss zu klassifizieren. Dahinter steht die für das gesamte US-Hochschulsystem konstitutive scharfe organisatorische Unterscheidung zwischen dem Undergraduate-Studium (bis zum Bachelor) und dem Graduiertenstudium, das zum Master, zum PhD oder zu einem Professional Degree führen kann.

Laut der Carnegie Classification, dem offiziellen Hochschulregister, in dem alle US-Hochschulen erfasst und unterschiedlichen Kategorien zugeordnet werden, gab es im Jahr 2010 in den USA insgesamt 4.635 Hochschuleinrichtungen. Darunter sind jedoch lediglich 297 Hochschulen (6,4 Prozent) als Research Universities bzw. Doctoral Universities ausgewiesen.[39] Nur hier kann neben dem Bachelor- und dem Mastergrad auch ein Forschungsdoktorat (PhD) erworben wer-

---

[38] Zu den Federal Laboratories und Federal Research and Development Centers und zu den von Stiftungen getragenen Forschungseinrichtungen vgl. Kreckel 2008a, Kap. III, 3.3. Laufend aktualisierte Überblicksdarstellungen des US-Forschungssystems finden sich unter: http://erawatch.jrc.ec.europa.eu/erawatch/opencms/information/country_pages/us/country; sowie: http://www.nsf.gov/statistics/natlpatterns/ (letzter Zugriff 13.11.2013).

[39] Darunter sind die obersten drei Kategorien der Carnegie Classification zu verstehen: Research Universities (very high research activity), Research Universities (high resarch activity) und Doctorate/Research Universities (bzw. Doctorate Granting Universities). Zu letzteren zählen alle Hochschulen, die im Jahr mindestens 20 Forschungsdoktorate vergeben; Professional Doctorates (wie JD, MD) sind dabei ausgeschlossen, ebenso die Special Focus Institutions: http://classifications.carnegiefoundation.org/descriptions/basic.php (letzter Zugriff 13.11.2013).

den.[40] Das heißt, die „Research & Doctoral Universities" sind die hauptsächlichen Orte der akademischen Forschung in den USA.[41] Rund 28 Prozent der Studierenden sind dort eingeschrieben.[42] Des Weiteren gibt es 727 Master's Colleges and Universities (bzw. Comprehensive Universities), an denen neben dem Bachelor- auch der Mastergrad vergeben wird. Dort sind ca. 23 Prozent der Studierenden immatrikuliert. Der dritte Hochschultypus, der ein Postgraduiertenstudium anbietet, sind die 850 Special Focus Institutions bzw. Professional Schools, an denen in der Regel im Anschluss an einen Bachelor-Abschluss eine berufsorientierte Ausbildung für Ärzte, Juristen, Theologen, Ingenieure, Managementberufe und andere Professionen geboten wird. Sie werden von ca. 3 Prozent der Studierenden besucht.[43] Im reinen Undergraduate-Bereich gibt es 809 Liberal Arts and Science Colleges, die Schreiterer (2008) als *„Herzstück und Ikone der amerikanischen Hochschule"* (ebd.: 137) beschreibt. Die meisten sind kleine Residential Colleges mit eigener Campus-Kultur, an denen nach vier Jahren der Bachelor-Grad vergeben wird (daher auch Four-Year-Colleges). Sie werden von ca. 7 Prozent der Studierenden besucht.[44] Die restlichen knapp 40 Prozent der US-amerikanischen Studierenden verteilen sich auf 1.920 Two-Year-Colleges, die meist öffentliche Community Colleges oder private Junior Colleges sind. Sie bieten zweijährige Kurse für High School-Absolventen und Absolventinnen an. Sie verleihen keine

---

[40] Vielfach sind innerhalb dieser Universitäten auch eine oder mehrere meist ebenfalls forschungsintensive Professional Schools vorhanden (z.B. Harvard Law School, Harvard Medical School).

[41] Nach den Erhebungen der National Science Foundation hat es im Jahr 2009 unter den rund 4500 US-Hochschulen nur rund 700 gegeben, die mehr als 150 000 $ Drittmittel pro Jahr eingenommen haben – bei einer nationalen Gesamtsumme von 56,5 Mrd. Dollar Forschungsmitteln an Hochschulen. Diese sind zu 98% an die rund 300 Universitäten mit Promotionsrecht geflossen. Knapp 60% dieser Forschungsmittel waren Bundesmittel (vgl. NSF 2012e: Tab. 77): http://www.nsf.gov/statistics/nsf11313/pdf/tab77.pdf (letzter Zugriff 13.11.2013).

[42] Zum Vergleich: Im WS 2010/11 waren an deutschen Universitäten 65,2%, an Pädagogischen, Theologischen und Kunsthochschulen 2,6%, an Fachhochschulen (und Verwaltungsfachhochschulen) 32,2% der Studierenden eingeschrieben (Statistisches Bundesamt 2011a: 15f.).

[43] Daneben haben alle größeren Research & Doctoral und Comperehensive Universities eigene Professional Schools, über deren Studierendenzahl die amtliche Statistik keine Auskunft gibt.

[44] Die meisten größeren Universitäten verfügen über eigene Residential Colleges, in denen die traditionelle College-Kultur gepflegt wird, z.B. im Harvard College.

vollen akademischen Grade, sondern lediglich einen Associate Degree und entsprechen am ehesten den deutschen Berufsfachschulen.[45]

Im Unterschied zu Deutschland, wo es (bislang) keine allgemein anerkannten Rangabstufungen zwischen Hochschulen des gleichen Typs (Universitäten, Fachhochschulen, Musikhochschulen usw.) gibt, sind in den USA für alle Hochschularten hierarchische Klassifikationen und Rangordnungen eine Selbstverständlichkeit und ein wichtiges Distinktionsmerkmal. Nicht die in Deutschland geläufige Gleichheitsfiktion prägt hier die Wahrnehmung, sondern die Vorstellung vom Qualitätswettbewerb zwischen Hochschulen und der daraus resultierenden Ungleichheit. Die Carnegie Classification, die U.S. News & World Report-Rankings und andere Ranglisten werden dabei als quasiobjektive Informationen über den unterschiedlichen Leistungstand der Hochschulen sehr ernst genommen.

Es bedeutet, dass von den über 4.500 Hochschuleinrichtungen der USA nur die wenigsten als Forschungsuniversitäten gelten können. Es ist bekannt, dass ca. 80 Prozent der staatlichen Forschungsfördermittel an die 100 forschungsstärksten Universitäten der Carnegie Classification gehen, 96 Prozent an die stärksten 200 Universitäten (Schreiterer 2008: 195f.; UNESCO 2010: 45). Auch die alljährlichen U.S. News & World Report-Rankings, in denen knapp 300 „National Universities" bewertet werden, kommen zu einem ähnlichen Befund: Beim USNWR-Ranking 2012 wurden insgesamt 202 Universitäten als „forschungsaktiv" eingestuft und in die Rangliste aufgenommen. Die Spitzenplätze werden im USNWR-Ranking von privaten Not-for-profit-Universities mit großem Stiftungskapital (1. Harvard, 2. Princeton, 3. Yale, 4. Chicago, 5. M.I.T., 6. Stanford usw.) besetzt, erst auf dem einundzwanzigsten Rang folgt mit der University of California at Berkeley die erste Universität in staatlicher Trägerschaft.[46] Auf den untersten Rängen finden sich Hochschulen wie die Immaculata University oder die South Dakota State University, die außerhalb kaum jemand

[45] Quelle: http://classifications.carnegiefoundation.org/summary/basic.php (letzter Zugriff 13.11.2013). In der Carnegie Classification sind außerdem 32 Tribal Colleges aufgeführt. Zum US-amerikanischen Hochschulsystem vgl. z.B. Lenhardt 2005; Schuster/Finkelstein 2006; Janson et al. 2007; Schreiterer 2008.

[46] In der aktuellen hochschulpolitischen Diskussion in den USA ist der befürchtete Bedeutungsverlust der (zunehmend von Haushaltskürzungen betroffenen) staatlichen Forschungsuniversitäten ein viel erörtertes Thema (vgl. Cole 2009: 470ff.; National Research Council of the National Academies 2012).

kennt.[47] Das heißt, dass sich für die übergroße Mehrzahl der US-amerikanischen Hochschulen das Problem der Einheit von Forschung und Lehre nicht stellt, da sie reine Lehranstalten sind.

Für alle US-amerikanischen Hochschulen hat die Qualität von Lehre und Studium allerdings einen hohen Eigenwert – schon allein deshalb, weil Studiengebühren (tuition) in den USA generell einen substanziellen Teil der Hochschulfinanzierung ausmachen und weit über den in Kontinentaleuropa verbreiteten „Studienbeiträgen“ liegen. Private Spitzenuniversitäten der Ivy League verlangen von ihren Studierenden etwa 40.000 US Dollar (ca. 30.000 €) pro Jahr. Bei den staatlichen Universitäten gibt es subventionierte Sondertarife für Landeskinder. In Berkeley, der forschungsstärksten staatlichen Universität, betragen die jährlichen Gebühren für Studierende aus Kalifornien knapp 12.000 Dollar, für alle anderen rund 35.000 Dollar. An der sehr viel bescheideneren South Dakota State University z.B., die auf Platz 200 des U.S. News & World Report-Ranking steht, werden immer noch ca. 7.500 Dollar für Einheimische, ca. 9.500 für Studierende aus anderen Ländern veranschlagt.[48]

2.2 Stellenkategorien und Ist-Situation an akademischen Einrichtungen in den USA

2.2.1 Das idealtypische Tenure Track-Modell der akademischen Karriere in den USA

Ungeachtet der starken Ausdifferenzierung von Hochschulen unterschiedlichen Typs und unterschiedlichen Rangs orientiert sich die Personalstruktur der US-amerikanischen Hochschulen an einem einheitlichen Karrieremuster, das als *Tenure Track-Modell* bezeichnet werden kann. Es soll zunächst als ein idealtypisches Karrieremuster beschrieben werden. Es fungiert (mit gewissen Ausnahmen) vor allem im Bereich der Two-Year-Colleges und bei den For-Profit-Hochschulen, als Standardmodell für alle US-Hochschulen, vom einfachen Two-Year-

[47] Quelle: http://colleges.usnews.rankingsandreviews.com/best-colleges/rankings/national-universities/ (letzter Zugriff 13.11.2013). Das USNWR-Ranking ist primär auf die Bewertung der Lehrqualität ausgerichtet.

[48] Alle Zahlenbeispiele sind den Homepages der genannten Hochschulen entnommen.

College mit Gymnasial- oder Fachschulniveau bis zur renommierten Forschungsuniversität. Es geht von der Normvorstellung aus, dass der Hochschullehrerberuf von hauptberuflichen und vollzeitbeschäftigten Hochschullehrerinnen und Hochschullehrern unterschiedlicher Rangstufen (full-time instructional faculty) ausgeübt wird.

Die amtliche US-amerikanische Hochschulpersonalstatistik unterscheidet dementsprechend sechs Rangstufen für Hochschullehrer und -lehrerinnen. Die Karriereleiter ist dabei in zwei Teilbereiche untergliedert. Auf den oberen drei Positionen finden sich die *Tenured Faculty* und die *Tenure Track Faculty* bzw. *Tenure Line Faculty*:[49]

An der Spitze der Hierarchie steht der *Full Professor* (1), gefolgt vom *Associate Professor* (2). Diese beiden Rangstufen entsprechen etwa denen der W3- und W2-Professuren an deutschen Universitäten. Full Professors und Associate Professors sind selbständige Hochschullehrer und -lehrerinnen mit allen akademischen Rechten und Pflichten. Die beiden Positionen unterscheiden sich vornehmlich durch das im Durchschnitt höhere Gehalt und das höhere Ansehen des Full Professors voneinander. Sowohl Full Professors als auch Associate Professors sind in der Regel in Vollzeit und mit Tenure, also unbefristet beschäftigt.[50] Sie werden als *Senior Staff* (bzw. im amerikanischen Sprachgebrauch als *Senior Faculty*) verstanden.

Als *Junior Staff* gilt der Assistant Professor. *Assistant Professors* (3) unterscheiden sich in ihren akademischen Rechten und Pflichten in der Regel nicht vom Senior Staff. Allerdings werden sie grundsätzlich zunächst befristet angestellt, jedoch mit der Aussicht auf eine spätere Festanstellung (Tenure Track). Die Festanstellung mit Tenure ist typischerweise mit der Beförderung zum Associate Professor verbunden. Die Tenure-Zusage ist keine bloße Formalität. Sie wird erst nach einer Bewährungszeit von vier bis sieben Jahren und nur aufgrund einer mehr oder weniger strengen Leistungsüberprüfung („Tenure Evaluation") gewährt oder auch verweigert. Im klassischen Tenure Track-Modell gilt der hochschulinterne Aufstieg nach erfolgreicher Evaluation

[49] Das Wort Faculty hat im amerikanischen Sprachgebrauch eine Doppelbedeutung: Einerseits bezieht es sich, wie auch in Europa, auf Fakultäten als organisatorische Untereinheiten von Hochschulen. Andererseits werden auch die Angehörigen des regulären Lehrkörpers einer Hochschule als Faculty bezeichnet, synonym mit Teaching Staff.

[50] Tenure impliziert einen Kündigungsschutz, der die Möglichkeit der strukturbedingten Kündigung oder der Entlassung aufgrund nachgewiesenen Fehlverhaltens nicht ausschließt und deshalb eher an ein deutsches Angestelltenverhältnis erinnert als an das sicherere Beamtenverhältnis.

als das Normale, ein Scheitern als Ausnahme. Ein förmliches „Hausberufungsverbot“, wie in Deutschland, kennt man in den USA nicht. Für Assistant Professors gilt vielmehr das Prinzip „up or out“ (Aufstieg oder Ausstieg).

Der untere Bereich der Karriereleiter bezieht sich auf die *Non-Tenure Track Faculty* (Cross/Goldenberg 2009: 19ff.), die oftmals auch als *Contingent Faculty*[51] oder *Adjunct Faculty*[52] bezeichnet wird, ohne volle Mitgliedschaftsrechte in den Fakultätsgremien. Auf dieser Ebene befinden sich die *Instructors* (4) und die *Lecturers* (5). In beiden Fällen handelt es sich um reines Lehrpersonal ohne Tenure Track-Zusage, das überwiegend auf der Basis befristeter, allerdings verlängerbarer Verträge beschäftigt ist. Instructors und Lecturers sind keine selbständigen Hochschullehrer und -lehrerinnen. Sie sind am ehesten mit den deutschen Lehrbeauftragten, Lektoren und Lehrkräften für besondere Aufgaben zu vergleichen und dürfen auf keinen Fall mit den britischen Lecturers (vgl. Kapitel 3) verwechselt werden. Als Instructors werden vielfach Doktoranden eingestellt, die für eine befristete Zeit bestimmte Lehraufgaben übernehmen. Nach der Promotion ist der Aufstieg zum Assistant Professor nur über ein formelles Bewerbungs- und Besetzungsverfahren möglich und keineswegs die Regel. Hinzu kommt schließlich die Residualkategorie *Other Faculty/No Academic Rank* (6). Dahinter verbirgt sich vor allem befristet tätiges ergänzendes Lehrpersonal aller Qualifikationsstufen mit dem Status *Adjunct Faculty* oder *Visiting Faculty*, das am ehesten den nebenberuflichen Lehrbeauftragten, Gast- und Honorarprofessoren sowie den Vertretungsprofessuren in Deutschland vergleichbar ist.

Zusätzlich zu dieser sechsstufigen Hierarchie der akademischen Ränge muss die Kategorie der *Graduate Student Assistants* angesprochen werden, die in der amtlichen Statistik nicht zu den Hochschullehrern gerechnet werden, die aber – ähnlich wie Wissenschaftliche Hilfskräfte und Tutoren in Deutschland – aktiv an der Lehre beteiligt sind. Vor allem an den Forschungsuniversitäten spielen die dort ausgebildeten graduierten Studierenden im Lehr- und Forschungsbetrieb eine beachtliche Rolle. Sie arbeiten gleichsam als Lehrlinge in der

---

[51] Zu Deutsch etwa: ungesichertes oder auch prekär beschäftigtes Lehrpersonal an Hochschulen ohne Tenure-Perspektive (vgl. dazu den Contingent Faculty Index: AAUP 2006; Cross/Goldenberg 2009).

[52] Zu Deutsch etwa: Zusätzliches Lehrpersonal oder Ergänzungspersonal. In den profitorientierten Privatuniversitäten setzt sich der Lehrkörper überwiegend aus Adjunct Faculty zusammen (vgl. Althaus 2009, insbes. Kap. 17).

wissenschaftlichen Praxis mit und erweitern so ihre Qualifikationen. Die Grenzen zwischen der Beschäftigung als Teil der Qualifizierung graduierter Studierender und der als verfügbarer preiswerter Lehrkraft sind offenkundig nicht leicht zu ziehen.

2.2.2 Wissenschaftliches Personal in unterschiedlichen Hochschultypen der USA

Es handelt sich bei der soeben dargestellten Personalstruktur, wie gesagt, um ein idealtypisches Karrieremuster, nicht um die Beschreibung der Ist-Situation. Das Karrieremuster ist nirgendwo gesetzlich festgeschrieben, sondern hat eher gewohnheitsrechtlichen Charakter. So etwas wie ein Hochschulrahmengesetz oder Hochschulgesetze der Länder gibt es in den USA nicht. Die Hochschulen sind im Hinblick auf die Ausgestaltung ihrer Personalstruktur prinzipiell autonom, halten sich aber weitgehend an einen gemeinsamen Rahmen.[53] Insbesondere über die drei oberen Kategorien von Professuren besteht ein landesweiter Konsens. Hinsichtlich der Non-Tenure Track Faculty gibt es hingegen eine Vielzahl von Varianten und Bezeichnungen (vgl. z.B. Cross/Goldenberg 2009: 20f.). Die Stufen 4 bis 6 des Rangstufenmodells (siehe Kapitel 2.2.1) werden in der folgenden Darstellung der Ist-Situation an den US-amerikanischen Hochschulen zu einer einzigen Kategorie zusammengefasst. Dabei ist zu betonen, dass die amtliche Hochschulpersonalstatistik der USA sich an dem soeben skizzierten idealtypischen Personalmodell orientiert, das von der normativen Leitvorstellung des vollzeitbeschäftigten Lehrpersonals an Hochschulen (full-time instructional faculty) ausgeht.[54] Das in Teilzeit und in der Regel befristet beschäftigte wissenschaftliche Personal und das Forschungspersonal wird in der offiziellen US-Statistik nicht detailliert erfasst.

---

[53] Eine wichtige Rolle bei der Normierung der Personalstruktur an den US-Hochschulen spielen die von der Standesorganisation der Hochschullehrer und -lehrerinnen, der American Association of University Professors (AAUP), fortgeschriebenen Recommended Regulations on Academic Freedom and Tenure, an denen sich die Hochschulen weitgehend orientieren. http://www.aaup.org/AAUP/pubsres/policydocs/contents/RIR.htm?PF=1 (letzter Zugriff 13.11.2013); zur Vielfalt an Tenure-Systemen an US-amerikanischen Hochschulen vgl. Park et al. 2011: 340-371.

[54] siehe: NCES, Digest of Education Statistics 2011: Table 278 (für 1993/94, 1999/2000, 2007/08, 2009/10).

Übersicht 2-1: Full-Time Instructional Faculty nach Position und Hochschulart in den USA, 2009/2010 (in %)

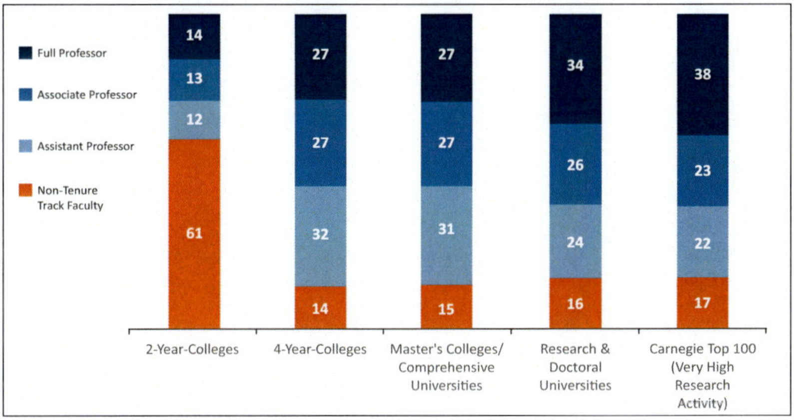

Quelle: NCES, Tables Library: Table 36 (für 2009/10).[55]

Aus der Übersicht 2-1 geht hervor, dass mit Ausnahme der 2-Year-Colleges alle US-Hochschulen ein sehr ähnliches Personal- und Laufbahnprofil aufweisen: Die übergroße Mehrzahl der hauptberuflichen Hochschullehrer und -lehrerinnen in den USA sind Professoren und Professorinnen mit gleichen akademischen Rechten und Pflichten, entweder mit Tenure oder auf dem Tenure Track. Das heißt, die Hierarchien innerhalb der US-Hochschulen sind flach, zwischen den einzelnen Hochschulen und Hochschularten sind sie hingegen steil.

Bei den Hochschulen am oberen Ende der Rangskala, bei den Research & Doctoral Universities, liegt der Anteil der Vollprofessoren, die einen Lehrstuhl (chair) innehaben, sogar erkennbar höher als bei den anderen Hochschularten. Das gilt in noch stärkerem Maße für die hier eigens ausgewiesene Spitzenkategorie der 108 in der Carnegie-Classification als „universities with very high research activity" bezeichneten Hochschulen.[56] Dieser Umstand erklärt sich unter anderem dadurch, dass US-Spitzenuniversitäten einen beträchtlichen Teil ihrer Professuren nicht über das Tenure Track-Verfahren besetzen, sondern durch die externe Berufung von bereits etablierten Wissenschaftlerin-

[55] http://nces.ed.gov/datalab/tableslibrary/searchresults.aspx?type=search&keywords=&datasource=0&releaseyear=2009-2011&showlike=no&type_get=get (letzter Zugriff 13.11.2013).

[56] Siehe: The Carnegie Classification of Institutions of Higher Education: http://classifications.carnegiefoundation.org/ (letzter Zugriff 13.11.2013).

nen und Wissenschaftlern aus dem In- und Ausland, für die häufig nur ein full professorship in Frage kommt.

Umgekehrt verhält es sich am anderen Ende der US-Hochschullandschaft, bei den (in Übersicht 2-1 nicht separat erfassten) kommerziellen Universitäten (for-profit universities), die ganz überwiegend nur Associate Degrees und Bachelor Degrees vergeben und sich nicht als Stätten der Forschung verstehen. Dort, z.B. bei der University of Phoenix oder der DeVry University mit ihren zahlreichen örtlichen Filialen, setzt sich der Lehrkörper ganz überwiegend aus adjunct faculty zusammen, also: aus befristet tätigen Honorarkräften und Lehrbeauftragten, und es gibt nur sehr wenige fest angestellte Professorinnen und Professoren (vgl. Althaus 2009; Schreiterer 2008: 120ff.).

2.2.3 Die Erosion der „full-time instructional faculty positions"

Für alle Hochschultypen in den USA gilt die gleiche normative Leitvorstellung, dass die Studierenden grundsätzlich von Professorinnen und Professoren ausgebildet werden sollten (full-time instructional faculty), die entweder eine Dauerstellung innehaben (Tenure) oder auf dem Weg dorthin sind (Tenure Track). Teilzeitbeschäftigtem und befristetem Lehrpersonal wird daher nur eine ergänzende Rolle zugebilligt (adjunct faculty). Analoges gilt für die Graduate Student Assistants, die als wissenschaftliche Hilfskräfte Tutorenfunktionen u.ä. übernehmen. In der vom US-amerikanischen National Center for Education Statistics (NCES) geführten amtlichen Hochschulpersonalstatistik spiegelt sich diese normative Vorstellung wider: Die Statistik informiert detailliert über das Lehrpersonal in Vollzeitbeschäftigung, hingegen nur sporadisch über die Teilzeitbeschäftigung und die Graduate Student Assistants.

Dieses Problem wird seit geraumer Zeit in der US-amerikanischen Hochschuldiskussion, insbesondere von der Association of American University Professors (AAUP) und der American Federation of Teachers (AFT), in der Hinsicht thematisiert,[57] dass nicht nur an den kommerziellen Hochschulen, sondern an den US-amerikanischen

[57] Siehe dazu den jährlich erscheinenden „Annual Report on the Economic Status of the Profession" der AAUP: http://www.aaup.org/AAUP/comm/rep/Z/default.htm (letzter Zugriff 13.11.2013) sowie AFT, American Academic. The State of the Higher Education Workforce 1997-2007: http://www.aft.org/pdfs/highered/aa_highedworkforce0209.pdf (letzter Zugriff 13.11.2013).

Hochschulen insgesamt der Anteil der Tenure- und Tenure Track-Stellen immer mehr zurückgeht, während andererseits die „contingent faculty“ – die vollbeschäftigten Hochschullehrer und -lehrerinnen ohne Tenure-Perspektive und das Teilzeit-Lehrpersonal in ungesicherter Position – immer stärker zunimmt (Ehrenberg 2012: 193-216). Diese Entwicklung wird als Bedrohung der akademischen Freiheit und der Qualität der Lehre gesehen. Dabei wird auf der Grundlage der in der Übersicht 2-2 wiedergegeben Daten argumentiert. Aus ihnen geht hervor, dass die US-amerikanischen Hochschulen sich in den letzten Jahrzehnten allmählich immer mehr vom traditionellen Muster der Full-Time Tenure Line Faculty entfernt haben: Im Jahr 1975 befanden sich noch 45 Prozent der Hochschullehrer und -lehrerinnen in der Tenure Line während es 2009 nur noch 25 Prozent waren. Der Anteil der Teilzeitbeschäftigten an den US-amerikanischen Hochschulen hat sich im gleichen Zeitraum fast verdoppelt und auch das wissenschaftliche Vollzeit-Personal ohne Tenure Track-Perspektive ist deutlich gewachsen. Das ist insgesamt eine ernst zu nehmende strukturelle Veränderung.[58]

Übersicht 2-2: Tenure Line- und Contingent Faculty-Positionen an US-Hochschulen, 1975, 1995, 2003, 2009 (in %)

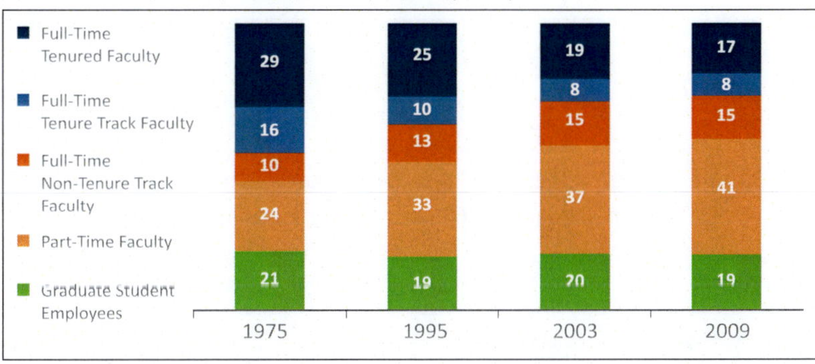

Quelle: AAUP, Trends in Instructional Staff Employment Status, 1975-2009,[59] (verschiedene Hochschularten, Kopfzahl).

[58] Zudem läuft der langfristige Trend auf eine allmähliche Abkehr vom Leitbild der full-time instructional faculty hinaus: Im Jahr 1971 betrug der Anteil der Vollbeschäftigten unter den Hochschullehrern (ohne Graduate Assistants) 77%, im Jahr 2011 waren es lediglich 50%: http://trends.collegeboard.org/college-pricing/figures-tables/percentage-instructional-faculty-employed-full-time-over-time (letzter Zugriff 13.11.2013).

[59] Siehe: http://www.aaup.org/NR/rdonlyres/7C3039DD-EF79-4E75-A20D-6F75BA01BE84/0/Trends.pdf (letzter Zugriff 13.11.2013).

Dennoch ergibt sich aus dieser Darstellung ein etwas überzeichnetes Bild. Für einen direkten Vergleich mit den Verhältnissen an deutschen Universitäten kann es aus folgenden Gründen nicht ohne weiteres herangezogen werden:

1. In der AAUP-Darstellung wird das wissenschaftliche Personal aller Hochschularten, vom Two-Year-College bis zur Research & Doctoral University, unterschiedslos zusammengerechnet.
2. In der AAUP-Personalstatistik werden nicht Vollzeitäquivalente erfasst, sondern Personen – ohne Rücksicht darauf, ob diese vollbeschäftigt, teilzeitbeschäftigt oder nur marginal tätig sind, wie etwa die Graduate Student Assistants.
3. In der benutzten amtlichen Hochschulpersonalstatistik geht es in erster Linie um die Instructional Faculty (Lehrpersonal). Dahingegen kommt das nicht in der Lehre tätige Forschungspersonal (Drittmittelpersonal, Postdocs) nicht in den Blick. Gerade an den Forschungsuniversitäten spielt es aber eine überaus wichtige Rolle.

Mit anderen Worten, die Sichtweise der AAUP und der AFT, die als berufsständische Organisationen die Interessen *aller* Hochschullehrer und-lehrerinnen vertreten, ist für die Einschätzung der spezifischen Situation an den nur knapp sieben Prozent der Research & Doctoral Universities nicht differenziert genug. Der Situation an den Research & Doctoral Universities wenden wir uns nun zu.

2.3 Besonderheiten der akademischen Karriere an US-amerikanischen Research & Doctoral Universities

2.3.1 Wissenschaftliches Personal an US-Research & Doctoral Universities

Die kleine Gruppe der ca. 300 Research & Doctoral Universities in den USA ist mit den deutschen Universitäten am ehesten vergleichbar. Wie bereits betont, spiegelt sich in der amtlichen Hochschulpersonalstatistik die normative Vorstellung von der Full-Time Instructional Faculty als Regelfall wider: Die Statistik informiert ausführlich über die wissenschaftliche Kernbelegschaft in Vollzeitbeschäftigung, hingegen nur sporadisch über die akademische Randbelegschaft in Teilzeitbeschäftigung.

Ein Überblick über die Verteilung der Full-Time Instructional Faculty an den Research & Doctoral Universities der Jahre 1998, 2003 und 2009 findet sich in Übersicht 2-3 (Spalten 4, 6, 8). Ersichtlich ist, dass das hauptberufliche wissenschaftliche Personal zu über 80 Prozent von Tenure Line-Professuren gestellt wird.

Dieser Befund muss modifiziert und die Lehrenden in Teilzeitbeschäftigung mit in den Blick genommen werden. Sie sind vor allem bei den Kategorien Instructor, Lecturer und No Rank zu finden, außerdem bei den Graduate Student Assistants. Aufgrund der schwierigen Datenlage ist es nur möglich, für zwei länger zurückliegende Jahre (1998 und 2003) einigermaßen verlässliche Aussagen zu machen.[60] Bei den beiden oberen Professorenrängen war die Teilzeitquote in diesen Jahren verschwindend gering, bei den Assistant Professors mit rund 10 Prozent etwas höher. Bei den drei Rängen unterhalb der Tenure Line lag die Teilzeitrate 1998 bei etwa einem Drittel, 2003 bei rund der Hälfte aller Beschäftigten, was dem oben in Übersicht 2-2 dokumentierten allgemeinen Trend an den US-Hochschulen entspricht. Hinzu kommen die Graduate Assistants, die generell teilzeitbeschäftigt sind.

Im Unterschied zu den Angaben oben in Übersicht 2-2 wurden in der folgenden Übersicht 2-3 für die Jahre 1998 und 2003 Vollzeitäquivalente (VZÄ) berechnet (Spalten 5 und 7).[61] Dabei wurden die auch in Deutschland üblichen Gewichtungsfaktoren verwendet. Die grundsätzliche Aussage, dass das Gros der Lehre an US-Research & Doctoral Universities von regulären Professorinnen und Professoren der drei oberen Ränge bestritten wird, bestätigt sich auch hier. Allerdings war zwischen 1998 und 2003 ein merklicher Rückgang des VZÄ-Anteils der Tenure Line-Hochschullehrer und-lehrerinnen (von 74 Prozent auf 67 Prozent) zu verzeichnen, freilich auf sehr hohem Niveau.

Die (in Übersicht 2-2) dokumentierte tendenzielle Erosion der Tenure Line-Positionen bestätigt sich somit auch für die Research & Doctoral Universities. Ein Seitenblick auf die deutschen Universitäten, wo der Anteil der selbständigen Hochschullehrer am wissenschaftlichen VZÄ-Personal im Jahr 2010 bei etwa 13 Prozent liegt, lässt erkennen, dass es sich hier um zwei völlig unterschiedliche Universitätswelten handelt.

[60] Siehe: http://necs.ed.gov/programs/digest/d11/tables/dt11_267.asp.

[61] Neuere Daten, die eine VZÄ-Berechnung ermöglicht hätten, waren nicht verfügbar.

Übersicht 2-3: Wissenschaftliches Personal an US-Research & Doctoral Universities, 1998, 2003, 2009

1	2	3	4	5	6	7	8
Rang	Kategorie	Beschäftigungs-status	1998 VZ (Pers.)	1998 VZ+TZ (VZÄ)	2003 VZ (Pers.)	2003 VZ+TZ (VZÄ)	2009 VZ (Pers.)
1	Full Professor	i.d.R. Tenure	34,9%	30%	32,5%	27%	33,8%
2	Associate Professor	i.d.R. Tenure	26,9%	23%	24,1%	20%	26,5%
3	Assistant Professor	überw. Tenure Track	23,8%	21%	23,5%	20%	24,4%
1-3	**Tenure Line Positions insgesamt**		**85,6%**	**74%**	**80,1%**	**67%**	**84,7%**
4	Instructor	i.d.R. befristet	6,1%	8%	5,3%	7%	5,1%
5	Lecturer	i.d.R. befristet	3,1%	4%	4,7%	6%	7,8%
6	Other/No Rank	i.d.R. befristet	5,1%	6%	10,0%	13%	2,5%
7	Graduate Student Employees	befristet	-	8%	-	8%	-
1-7	**Insgesamt:**		**100%**	**100%**	**100%**	**100%**	**100%**

Quelle: Eigene Berechnungen, verschiedene Quellen[62] (Personen und Vollzeitäquivalente, in Prozent).

Eine wichtige strukturelle Veränderung jüngeren Datums, von der speziell die Research & Doctoral Universities betroffen sind, ist die Zunahme von befristet beschäftigtem Vollzeit-Lehrpersonal ohne Tenure Track-Perspektive (Rangstufen 4 bis 6). Eine Auswertung der amtlichen Hochschulstatistik durch Ehrenberg (2012: 195ff.) ergibt, dass zwischen 1995 und 2007 der Anteil der Hochschullehrer und -lehrerinnen in Vollzeitstellung ohne Tenure Track deutlich zugenommen hat. An den staatlichen Research & Doctoral Universities von 24 auf 35 Prozent, an privaten nicht-profitorientierten Research & Doctoral Universities von 18 auf 46 Prozent. Ehrenberg weist darauf hin, dass es

[62] Quellen: NCES, Digest of Education Statistics 2001: Table 230 (für 1998); NCES, Digest of Education Statistics 2011: Table 267 (für 2003); NCES, Tables Library: Table 24 (für 2009); AFT 2009: The State of the Higher Education Workforce 1997 - 2007 (für den Anteil der Graduate Student Employees. Für das Jahr 1998 wurde der Mittelwert der Angaben für 1997 und 1999 verwendet. Berechnung der Vollzeitäquivalente (VZÄ): Für part-time instructional faculty (Rang 1 bis 6): Gewichtungsfaktor 0,5; für graduate student employees (bzw. graduate assistants) Gewichtungsfaktor 0,2. Da die Vollzeitäquivalente nur auf dem Weg der Interpolationen von unterschiedlichen Datensätzen mit nicht völlig kongruenten Grundgesamtheiten möglich ist, dürfen die VZÄ-Angaben in der Tabelle nur als Angaben über Größenordnungen gelesen werden. Die Prozentzahlen werden daher gerundet dargestellt.

gerade bei den letzteren – zu denen die zwanzig Spitzenuniversitäten des USNWR-Rankings gehören – eine erkennbare Strategie sei, besonders forschungsaktive Tenure Line-Professoren von der Lehre im Undergraduate-Bereich freizuhalten. Als Kompensation dafür werde zunehmend Vollzeit-Personal mit kurzfristigen, allerdings immer wieder verlängerbaren Verträgen eingestellt, also: reine „Lehrprofessoren" (vgl. Cross/Goldenberg 2009). Hierin scheint sich eine allmähliche Modifizierung des traditionellen Tenure Track-Modells abzuzeichnen.

2.3.2 Berufungsvoraussetzungen bei Professuren und die Tenure Track-Praxis in den USA

Wie (unter 2.2.1) bei der idealtypischen Darstellung des allgemeinen Tenure Track-Modells deutlich geworden ist, hat sich an den US-Hochschulen weder eine Hausberufungsverbotsnorm noch die Habilitation als förmliche postdoktorale Qualifikation herausgebildet. Auch das aus Deutschland bekannte Lehrstuhlprinzip hat, wegen der flacheren Professorenhierarchie und dem Fehlen einer zur Professur gehörenden Personalausstattung, an den US-amerikanischen Hochschulen keine Struktur prägende Bedeutung. Das gilt auch für die Research & Doctoral Universities. Von Universität zu Universität gibt es bei der Besetzung von Professuren und bei der Handhabung des Tenure Track-Systems zwar beträchtliche Verfahrensunterschiede. Dennoch lassen sich einige gemeinsame Merkmale benennen:

- Grundsätzlich gibt es an den Research & Doctoral Universities zwei Rekrutierungswege:
  - entweder die externe Berufung (oder auch „Abwerbung") bereits etablierter Wissenschaftler und Wissenschaftlerinnen aus dem In- oder Ausland, die in der Regel direkt auf einer vollen Professur mit Tenure eingestellt werden, teilweise mit sehr hohem Gehalt und geringer Lehrverpflichtung,
  - oder die (interne oder externe) Berufung jüngerer Wissenschaftler und Wissenschaftlerinnen zum Assistant Professor mit Tenure Track-Option. Gerade bei den Spitzenuniversitäten gibt es eine ausgeprägte Tendenz, vorzugsweise Absolventen und Absolventinnen gleichrangiger Spitzenuniversitäten zu Assistant Professors zu berufen (vgl. Schuster/Finkelstein 2006; Janson et al. 2007; Musselin 2005 und 2010; Burris 2004).

- An den Research & Doctoral Universities ist für die Berufung zum Assistant Professor ein reguläres Ausschreibungs- und Berufungsverfahren unter Beteiligung einer Berufungskommission üblich. Häufig finden Bewerbungsgespräche am Rande großer Fachkonferenzen statt, die gewissermaßen als Rekrutierungsbörsen fungieren. Das Vorliegen einer abgeschlossenen Forschungspromotion (PhD) ist die Mindestvoraussetzung. Je größer das Ansehen einer Universität bzw. eines Faches, umso höher die Anforderungen an zusätzliche Publikationsleistungen von besonderer Qualität. Insbesondere an den Spitzenuniversitäten wird zunehmend auch eine mehrjährige erfolgreiche Weiterqualifikation im Rahmen einer Postdoc-Tätigkeit (s.u.) erwartet. Hier sind die Leistungserwartungen bei der Berufung von Assistant Professors mit Tenure Track immer anspruchsvoller geworden. Vom Niveau her sind sie der deutschen Habilitation durchaus gleichwertig. An den Universitäten mit geringerer Reputation sind die Hürden entsprechend niedriger.
- Normalerweise erfolgt die Ernennung zum Assistant-Professor mit Tenure Track für einen befristeten Zeitraum, meistens sechs oder sieben Jahre, der nur in Ausnahmefällen überschritten werden kann und als Probezeit verstanden wird. Innerhalb dieser Frist gibt es typischerweise zwei Qualitätssicherungsstufen, die mit unterschiedlicher Strenge gehandhabt werden:
  - Meistens im dritten oder vierten Jahr ist eine interne *Tenure Review* üblich, bei der – vielfach unter Einbeziehung externer Gutachter und Gutachterinnen – der erreichte Leistungsstand beurteilt wird. An den Spitzenuniversitäten kommt es dabei vor allem auf die Forschungsleistung der Assistant Professors an, an den weniger angesehenen Universitäten stärker auf den Lehrerfolg. Vor allem an einigen privaten Spitzenuniversitäten (z.B. Harvard) ist bereits das Bestehen der dort besonders streng gehandhabten Tenure Review mit der Beförderung zur Associate Professur verbunden, allerdings ohne Tenure. An anderen (z.B. Cornell University) führt ein Misserfolg bei der ersten Tenure Review zur Beendigung des Dienstverhältnisses.
  - Gegen Ende der vollen Sechs- bis Siebenjahresfrist kommt es in der Regel zu einer förmlichen *Tenure Evaluation* mit zahlreichen externen und internen Gutachten, die vor allem über die besondere Qualität der Forschungsleistungen zu befinden haben. Ist das Verfahren erfolgreich abgeschlossen, wird dem oder

der Betreffenden „Tenure" verliehen, meist verbunden mit der Beförderung zum Associate Professor in unbefristeter Stellung. In Fällen, in denen eine Dauerposition nicht zur Verfügung steht, können Assistant Professors, die die Tenure Evaluation erfolgreich durchlaufen haben, als „tenurable" eingestuft und unter Umständen befristet weiterbeschäftigt werden (Janson et al. 2007: 80f.).
- Je nach Renommee und Tradition der einzelnen Universitäten und der dort vertretenen Fächer sind die Erfolgsquoten bei der Tenure Evaluation sehr unterschiedlich. So gehört es beispielsweise zum Selbstverständnis der Harvard University, im Tenure Track-Prozess nur äußerst selten eine positive Tenure-Entscheidung zu treffen. Man spricht hier von einer, je nach Fach unterschiedlichen, Erfolgsquote von 15 bis 20 Prozent. An anderen Spitzenuniversitäten, etwa an der Stanford University, wird dagegen von einer faktischen Tenure Track-Erfolgsquote von 60 bis 70 Prozent gesprochen.[63]
- An vielen Universitäten ist auch ein verkürzter Tenure-Prozess bzw. eine vorgezogene Tenure Evaluation möglich, z.B. zur Abwehr eines externen Rufes oder aufgrund besonderer wissenschaftlicher Verdienste.

• Der interne Aufstieg vom Associate Professor zum Full Professor macht in der Regel ein *Post-Tenure Review* erforderlich, die meistens nach etwa sechs Jahren stattfindet und auch wiederholt werden kann. Auch hier werden externe Gutachten eingeholt, dennoch handelt es sich eher um einen Vorgang der internen Kooptation im Kollegenkreis, bei dem offene Eklats gerne vermieden werden.

Insgesamt sind Verallgemeinerungen über die Tenure Track-Aussichten in den USA – abgesehen von der Feststellung, dass die Konkurrenz generell schärfer geworden ist und die Leistungsanforderungen an den Spitzenuniversitäten sehr hoch sind – nicht sehr sinnvoll. Die Leistungs- und Anforderungsprofile sind insbesondere zwischen den finanzstarken Spitzenuniversitäten und den Research & Doctoral Universities am unteren Ende der Prestigeskala höchst unterschiedlich,

[63] Es handelt sich hier um Zahlenangaben von Insidern. Genauere Informationen sind nicht verfügbar, u.a. weil viele Assistant Professors sich bereits vor Ablauf der Probezeit und vor der Tenure Evaluation erfolgreich an einer anderen Universität in eine Position mit Tenure bewerben.

auch haben lokale Traditionen einen beträchtlichen Einfluss auf das tatsächliche Geschehen.

2.3.3 *Forschungspersonal, Drittmittelforschung und die Rolle der Postdocs in den USA*

Bisher ging es primär um die Instructional Faculty, das Lehrpersonal, der US-Research & Doctoral Universities, über das die amtliche Hochschulstatistik ausführlich Auskunft gibt. Das nicht oder nur marginal in der Lehre tätige akademische Forschungspersonal ist dagegen sehr viel schwerer zu fassen. Denn die tatsächliche Zahl der *Postdocs* die (neben den Graduate Research Assistants) die Forschung an den Universitäten in erster Linie durchführen, wird in der amtlichen Hochschulpersonalstatistik nicht deutlich sichtbar. Gelegentlich werden die Postdocs sogar als die „invisible university" (NAS 2000: 43) tituliert.

Wie (unter Kapitel 2.1) erwähnt, gibt es in den USA keine außeruniversitären akademischen Forschungseinrichtungen wie z.B. in Frankreich und Deutschland. Die akademische Forschung findet an den Research & Doctoral Universities, vor allem an den rund hundert US-Spitzenuniversitäten, statt. Sie vereinigen nahezu 80 Prozent der verfügbaren Forschungsfördermittel auf sich.[64] Die von der National Science Foundation (NSF) geführte US-Forschungsstatistik weist die Eigentümlichkeit auf, dass sie nur die Forschungsaktivitäten im Bereich Science, Engineering und Health (SEH: Natur- und Ingenieurwissenschaften, Medizin- und Gesundheitswissenschaften, Psychologie, Sozialwissenschaften) systematisch berücksichtigt, nicht jedoch den Bereich der geistes-, rechts- und erziehungswissenschaftlichen Forschung. Nach NSF-Angaben wurden im Jahr 2009 allerdings nur 4,2 Prozent der Forschungsausgaben an US-Hochschulen für Geistes-, Rechts- und Erziehungswissenschaften getätigt.[65] Aus monetärer Sicht kann dies außer Acht gelassen werden. Dabei bleiben jedoch die wich-

[64] Eine Auswertung der NSF-Rangliste der Forschungsausgaben der US-Hochschulen ergibt im Jahr 2009 für die 100 höchstplatzierten Universitäten einen Anteil von 77,8% an der Summe der insgesamt für die akademische Forschung verausgabten Mittel (vgl. NSF 2012e: Tab. 27): http://www.nsf.gov/statistics/nsf11313/pdf/tab27.pdf (letzter Zugriff 13.11.2013).

[65] Siehe NSF (2012g: Tab. 77): http://www.nsf.gov/statistics/nsf11313/pdf/tab77.pdf (letzter Zugriff 13.11.2013).

tigen geisteswissenschaftlichen Forschungs- und Publikationsaktivitäten (oft ohne kostspielige externe Projektförderung) unterbelichtet.

Nach NSF-Angaben gab es im SEH-Bereich der Research & Doctoral Universities im Jahr 2009 insgesamt 57.714 Postdocs, von denen 89 Prozent (51.372 Personen) an den hundert Universitäten mit den meisten Postdocs angesiedelt waren. Einsam an der Spitze stand dabei die Harvard University, das „Mekka der Postdocs", wo mit insgesamt 5.594 Personen fast jeder zehnte US-Postdoc beschäftigt war. Hinzu kommen weitere 14.029 *nonfaculty research staff with doctorates*, d.h. promoviertes Forschungspersonal außerhalb der Professorenränge und ohne Tenure Track-Option.[66]

Zur besseren Einordnung dieser Zahlen: Im Jahr 2009 waren an den 108 Spitzenuniversitäten der Carnegie Classification (research universities with very high research activity) insgesamt 103.005 hauptberufliche Full, Associate und Assistant Professors tätig.[67] Diese Zahl ist zwar nicht direkt mit den NSF-Postdoc-Daten vergleichbar, sie lässt aber die Größenordnungen sichtbar werden: An den US-amerikanischen Spitzenuniversitäten existiert eine Art „unsichtbarer Mittelbau" von promovierten Forschungsmitarbeiterinnen und -mitarbeitern in befristeter und abhängiger Stellung ohne Tenure Track-Perspektive, und zwar ungefähr in einem Zahlenverhältnis von eins zu zwei bis zwei zu drei zu den Professuren (Kreckel 2013). Dieses „Postdoc-System" (Xie/Killewald 2012: 24f.) besteht weitgehend unabhängig neben der offiziellen Struktur der Instructional Faculty. Wer sind diese Postdocs und wie ist ihre Situation einzuschätzen?

Folgt man der einzigen bis jetzt vorliegenden Bestandsaufnahme zum Thema, der Denkschrift der National Academy of Sciences aus dem Jahr 2000, Enhancing the Postdoctoral Experience for Scientists and Engineers,[68] so sind die folgenden Merkmale hervorzuheben:

Die Postdoc-Tätigkeit wird ausdrücklich als weitere „Lehrzeit" (apprenticeship) im Anschluss an die Promotion verstanden, als eine

---

[66] Siehe NSF (2012f: Tab. 70 und 71): Graduates Students and Postdoctorates in S&E 2009: http://www.nsf.gov/statistics/gradpostdoc/ (letzter Zugriff 13.11.2013).

[67] Quelle: NCES, Tables Library: Table 36 (für 2009/10): http://nces.ed.gov/datalab/tableslibrary/searchresults.aspx?type=search&keywords=&datasource=0&releaseyear=2009-2011&showlike=no&type_get=get (letzter Zugriff 13.11.2013).

[68] National Academy of Sciences (2000): Enhancing the Postdoctroral Experience for Scientists and Engineers: http://www.nap.edu/catalog.php?record_id=9831 (letzter Zugriff 13.11.2013). Eine Neubearbeitung ist für 2013 angekündigt: The State of the Postdoctoral Experience for Scientists and Engineers Revisited.

„training or transitional period preparatory to a (...) full-time research career“ (NAS 2000: 43).

- Sie dient der Forschung und wissenschaftlichen Weiterqualifizierung nach der Promotion.
- Sie ist eine Vollzeit-Tätigkeit.
- Sie wird befristet ausgeübt, in der Regel nicht länger als fünf Jahre.
- Sie wird unter der Anleitung eines Mentors einer Mentorin oder Advisers ausgeübt.

In immer mehr Wissenschaftsbereichen (z.B. Physik, Chemie, Life Sciences) ist eine erfolgreich absolvierte Postdoc-Phase bereits zur notwendigen Voraussetzung für die Berufung auf eine Professur geworden.[69]

Über die Finanzierung der Postdocs an Research & Doctoral Universities läßt sich sagen, dass sie zu über 60 Prozent aus dem US-Bundeshaushalt erfolgt, davon zu etwa 50 Prozent als Federal Research Grants, zu 10 Prozent als Stipendien (fellowships und traineeships). Über die restlichen 40 Prozent ist wenig Genaues bekannt. Zum Teil handelt es sich auch hier um Research Grants (also Drittmittel) aus der Wirtschaft, von Stiftungen und öffentlichen Geldgebern. Ein ebenfalls nicht genau bezifferbarer Teil sind aus dem Inland und vor allem aus dem Ausland finanzierte Postdoc-Stipendiaten und Stipendiatinnen.[70] Mit aller Vorsicht kann zusammenfassend festgehalten werden, dass sich ungefähr ein Fünftel der Postdocs an US-amerikanischen Universitäten über ein Stipendium finanziert. Sie werden vielfach als *Postdoctoral Fellows* bezeichnet (vgl. z.B. das schwedische Beispiel, Kapitel 7). Deren akademischen Rechte und Pflichten und der Grad ihrer Einbindung in den Forschungsbetrieb unterscheiden sich von Fall zu Fall und von Ort zu Ort. Manchmal werden sie eher wie Graduate Students, manchmal eher wie Kolleginnen und Kollegen behandelt.

Bei der großen Mehrzahl der Postdocs in den USA, die dort vielfach unter der Bezeichnung *Postdoctoral Associates* laufen, verhält es sich anders: Sie sind abhängige wissenschaftliche Mitarbeiter und

[69] „A postdoctoral appointment is a virtual prerequisite for those wishing to carry out long-term, independent research in life sciences, physics, chemistry, and a growing number of other fields.“ (NAP 2000: 11).

[70] Die prozentualen Anteile wurden berechnet nach NSF (2012f: Tab. 70): http://www.nsf.gov/statistics/gradpostdoc/ (letzter Zugriff 13.11.2013).

Mitarbeiterinnen in einem Drittmittelprojekt, das üblicherweise von einem Professor, einer Professorin oder Senior Researcher als Principal Investigator (PI) geleitet und verantwortet wird. Sie selbst gehören nicht zur Faculty. Auch eigene Projektmittel können Postdocs, als noch unselbständige Forscher und Forscherinnen ohne feste akademische Position, in der Regel nicht einwerben. Die Situation der projektmittelfinanzierten Postdocs in den USA ist somit der der promovierten wissenschaftlichen Mitarbeiter und Mitarbeiterinnen in einem deutschen DFG-Projekt recht ähnlich. Folgende Unterschiede springen allerdings ins Auge:

- Postdoc-Stellen werden in den USA nicht, wie in Deutschland, als Drittmittelstellen zentral im Hochschulhaushalt geführt, sondern sie werden projektspezifisch mit dem jeweiligen Geldgeber abgerechnet. Deswegen tauchen sie vielerorts auch nicht in der Universitäts-Personalstatistik auf und bleiben „unsichtbar".
- Es gibt keine verbindlichen Tarifvorgaben für die Bezahlung der Postdocs, die sich weitgehend nach den örtlichen Gegebenheiten richtet. Angaben der National Postdoctoral Association (NPA) entsprechend liegen die Postdoc-Bezüge fünf Jahre nach der Promotion im Median 44 Prozent unter denen von anderen Promovierten.[71]
- Im Unterschied zu Deutschland können in den USA Professoren und Professorinnen, die als Projektleitung (PI) fungieren, ihr Gehalt ganz oder teilweise aus Projektmitteln finanzieren. Ihr Lehrdeputat wird dann in der Regel von befristet eingestellten und weniger kostspieligen Adjuncts übernommen („buying out").
- Ebenfalls im Unterschied zu den deutschen Universitäten gibt es an den US-Research & Doctoral Universities keine aus dem Haushalt finanzierten Qualifikationsstellen für promovierte wissenschaftliche Mitarbeiterinnen und Mitarbeiter in befristeter und unselbständiger Position.
- Der vielleicht auffälligste Unterschied zu anderen Ländern ist der sehr viel höhere Ausländeranteil bei den Postdocs an den US-Research & Doctoral Universities in den USA.

[71] NPA (2012): Fact Sheet: http://www.nationalpostdoc.org (letzter Zugriff 13.11.2013).

2.3.4 *Akademisches Personal aus dem Ausland*

Zum einen kann man davon ausgehen, dass der Anteil der Postdocs am wissenschaftlichen Personal der Research & Doctoral Universities in den letzten Jahrzehnten überproportional zugenommen hat; auf ihren Schultern ruht ein Großteil der universitären Forschung. Zum anderen ist der zunehmende und außerordentlich hohe Ausländeranteil unter den Postdocs ein bemerkenswerter Umstand: Im Jahr 1987 waren 24.819 Postdocs im SEH-Bereich der Universitäten tätig, darunter 10.723 Ausländer und Ausländerinnen (43,2 Prozent). Im Jahr 2009 wurden 57.714 Postdocs gezählt, darunter 30.658 mit befristetem Visum (53,1 Prozent).[72] Über ausländische Postdocs mit permanenter Aufenthaltserlaubnis liegen keine Informationen vor. Der tatsächliche Anteil dürfte noch höher liegen.[73] In anderen Worten: die Forschung an den US-Spitzenuniversitäten wird zu einem wesentlichen Teil von befristet tätigen ausländischen Wissenschaftlerinnen und Wissenschaftlern getragen. In der akademischen Öffentlichkeit der USA werden deshalb Rückgänge und mögliche Einschränkungen bei der Zuwanderung von Postdocs mit Sorge registriert und als Gefährdung der wissenschaftlichen Leistungskraft der Universitäten angesehen.[74]

Eine Besonderheit des US-amerikanischen Hochschulsystems ist, dass der Ausländeranteil auf der Ebene des Bachelor-Abschlusses nur 2,9 Prozent ausmacht, beim Masterabschluss jedoch 10,5 Prozent und bei der Forschungspromotion (i.d.R. PhD) sogar 29,7 Prozent, bei großen Fächerunterschieden.[75] Bei der Gruppe der Postdocs, der neben Absolventen und Absolventinnen der US-amerikanischen Universitäten auch die im Ausland Promovierten angehören, liegt der Ausländeranteil deutlich über 50 Prozent. Daran lässt sich erkennen, dass die amerikanischen Research & Doctoral Universities vor allem für bereits

[72] Berechnet nach: NSF (2012f), Graduates Students and Postdoctorates in S&E, verschiedene Jahrgänge: http://www.nsf.gov/statistics/gradpostdoc/ (letzter Zugriff 13.11.2013).

[73] Die National Postdoctoral Association schätzt ihn auf 60% (NPA 2012).

[74] Vgl. dazu die Denkschrift des National Research Council of the National Academies (2012): Research Universities and the Future of America.

[75] Vgl. NSF (2012h: Tab. 301 und 304), Angaben für 2009, Bachelor- und Masterabschluss (Kategorie: nonresident aliens): http://www.nsf.gov/statistics/nsf11306/data_table.cfm; NSF (2012c: Tab. 16), Forschungspromotion (Kategorie temporary visa holders): http://www.nsf.gov/statistics/nsf11306/appendix/pdf/tab16.pdf (Zugriff 11/2012).

Graduierte und Promovierte aus dem Ausland attraktiv sind, und zwar überwiegend zum Zweck der wissenschaftlichen Weiterqualifikation. Wie Enders/Bornmann (2002) feststellten, handelt es sich bei der internationalen Mobilität Promovierter eher um „Intermezzi zwischenzeitlicher Auslandstätigkeit und seltener um einen langfristigen ‚Verbleib' im Ausland." (ebd.: 70)

Über den Ausländeranteil an den Faculty Positions der US-Research & Doctoral Universities gibt es keine verlässlichen Daten. Immerhin findet man für den SEH-Bereich an den US-Hochschulen einen Anteil von 22,9 Prozent im Ausland geborener Full-Time Faculty,[76] die in den USA promoviert haben. Über aus dem Ausland stammende Professoren und Professorinnen, die sich nicht in den USA qualifiziert haben, und für Fächer außerhalb des Science-Engineering-Health-Bereiches liegen keine belastbaren Angaben vor. Dennoch kann man festhalten:

- Das Promotionsstudium und die Postdoc-Phase in den USA fungiert für eine große Zahl von ausländischen Nachwuchswissenschaftlerinnen und -wissenschaftlern als wichtige, in manchen Fächern nahezu obligatorische Stufe der akademischen (Weiter-)Qualifikation auf dem Weg zu einer Professur im eigenen Land oder auf dem internationalen akademischen Arbeitsmarkt.
- Ein nicht unbeträchtlicher Teil von Ausländern und Ausländerinnen verbleibt aber auch auf Dauer an den US-Research & Doctoral Universities und erhöht deren Internationalität und Leistungspotenzial.

Es wäre somit verfehlt, das US-amerikanische Hochschulsystem und seine Personalstruktur als ein weitgehend geschlossenes nationales System zu verstehen. Aufgrund seiner hegemonialen Stellung und auch wegen der imponierenden Finanz- und Leistungskraft seiner Spitzenuniversitäten weist es eine hohe internationale Attraktivität und Offenheit auf. Es wirkt international zunehmend als Vorbild, unter anderem auch deshalb, weil es überall auf der Welt immer mehr Universitätsprofessoren und -professorinnen gibt, die in den USA promoviert haben oder dort Postdocs gewesen sind. Man darf allerdings nicht aus dem Auge verlieren, dass sie während ihres US-Aufenthaltes typischerweise nur die Doctoral & Research Universities, die „Spitze des Eisbergs",

[76] Zu drei Fünfteln handelt es sich dabei um Promovierte, die die US-Staatsbürgerschaft angenommen haben, zu zwei Fünftel um Ausländer (vgl. NSF 2012d): http://www.nsf.gov/statistics/seind12/c5/c5s3.htm (letzter Zugriff 13.11.2013).

kennen gelernt haben und deshalb dazu neigen, die zahllosen unbedeutenden Hochschulen unterhalb der Wasserlinie zu ignorieren, ohne die das US-amerikanische Wissenschaftssystem als Ganzes nicht zu verstehen ist.

2.4 Fazit

Das US-amerikanische Tenure Line- bzw. Tenure Track-System wird in anderen Ländern, auch in Deutschland, vielfach als nachahmenswertes Vorbild betrachtet, weil es weltweit führende Spitzenuniversitäten hervorgebracht hat und gleichzeitig an dem Leitbild festhält, dass die akademische Lehre und Forschung ganz überwiegend von hauptberuflichen Professoren und Professorinnen auf Tenure- bzw. Tenure Track-Positionen getragen wird. Das Tenure Track-Verfahren an amerikanischen Research & Doctoral Universities ist in seinen Funktionen dem in vielen mittel- und osteuropäischen Ländern üblichen Habilitations-Verfahren durchaus ähnlich. Beide sind Bestandteil einer Evaluationskultur, die den Zugang zur akademischen Senior Staff-Ebene an formalisierte Leistungsnachweise bindet.

Es sollte allerdings nicht übersehen werden, dass das Tenure Line-System in den USA in den letzten Jahrzehnten eine gewisse Erosion erlebt hat. Zum einen hat sich in der gesamten US-Hochschullandschaft der Anteil der Tenure Line-Professuren schrittweise verringert und die relative Bedeutung von befristet tätigem und nebenberuflichem Lehrpersonal ohne Tenure Track-Option, die sogenannte Contingent oder Adjunct Faculty, hat zugenommen. Zum anderen ist auffällig, dass gerade an den US-Research & Doctoral Universities neben dem nach wie vor strukturprägenden Tenure Line-System für Hochschullehrer und -lehrerinnen ein weniger sichtbares Postdoc-System für Nachwuchsforschende in befristeten Beschäftigungsverhältnissen entstanden ist. Es fungiert zugleich als Magnet und als Ausbildungsstätte für Wissenschaftlerinnen und Wissenschaftler aus der ganzen Welt.

3 Großbritannien

3.1 Institutionelle Differenzierung des britischen Wissenschaftssystems

Heute wird gerne von der „Anglo-American University" (Marginson 2006) als Modell und Leitbild für die weltweite Hochschulentwicklung gesprochen. Das mag als Trendaussage und als Beschreibung normativer Orientierungen zutreffen. Aber die beträchtlichen faktischen Unterschiede zwischen den britischen und den US-amerikanischen Hochschulen, die auch die akademischen Karrierestrukturen betreffen, werden dabei nicht ausreichend berücksichtigt (vgl. dazu Kreckel 2012, 2013; vgl. auch Kreckel 2008a: 124ff.).[77]

Bei der folgenden Kurzdarstellung des britischen Wissenschaftssystems wird, wie in den anderen Länderabschnitten dieses Bandes, wieder von der Unterscheidung zwischen dem akademischen und dem nicht-akademischen Bereich von Forschung und Entwicklung ausgegangen. Im nicht-akademischen Bereich (Wirtschaftssektor, Staatssektor und PNP-Sektor) wurden in Großbritannien im Jahr 2009 insgesamt 72,1 Prozent der Bruttoinlandsausgaben für F&E getätigt, für den Hochschulsektor waren es 27,9 Prozent (BMBF 2012: Tab. 16). Die Ausgaben für den Hochschulsektor sind in Großbritannien mehr als doppelt so hoch als z.B. in den USA, wo hingegen der Anteil der Grundlagenforschung im Wirtschaftssektor deutlich höher ist (vgl. Kapitel 2.1).[78]

Ähnlich wie in den USA besteht auch in Großbritannien keine duale akademische Forschungsstruktur. Die für die Vergabe von Forschungsmitteln zuständigen (und in ihrer Funktion der DFG vergleichbaren)

[77] Die bei Kreckel 2008a im Länderkapitel Großbritannien (S. 124ff.) auch historisch verortete Darstellung geht auch auf die Besonderheiten Schottlands ein, die an dieser Stelle nicht eigens berücksichtigt werden können. Anstelle der unhandlichen offiziellen Bezeichnung „United Kingdom of Great Britain and Northern Ireland" verwenden wir hier die in der deutschen Umgangssprache gängige Bezeichnung „Großbritannien" bzw. die Adjektivform „britisch".

[78] In Deutschland lag 2009 der Anteil der F&E-Ausgaben für akademische Forschung (Hochschulen und außeruniversitäre akademischen Forschungseinrichtungen) bei insgesamt 27,2%, also etwa in der gleichen Höhe wie in Großbritannien (berechnet nach BMBF 2012, Tabellen 1 und 28).

fachspezifischen Research Councils unterhalten zwar einige größere, z.T. aus ehemaligen staatlichen Ressortforschungseinrichtungen hervorgegangene Forschungsinstitute unterschiedlicher Größe, aber: *„Im Gegensatz zu Deutschland verfügt Großbritannien kaum über außeruniversitäre Forschungseinrichtungen. Grundlagenforschung findet vor allem an den britischen Hochschulen statt*" (Roos 2005: 3).

Eine eindeutige binäre Differenzierung zwischen forschenden Universitäten und lehrenden Fachhochschulen gibt es in Großbritannien seit dem Inkrafttreten des Further and Higher Education Act von 1992 offiziell nicht mehr. Damals wurden alle britischen Polytechnics und eine Reihe weiterer Institutions of Higher Education, die (mit stark berufsorientiertem Studienangebot, geringer Forschungsorientierung und hohem Lehrdeputat) den deutschen Fachhochschulen sehr ähnlich waren, zu Universitäten erklärt. Weitere kamen in den Folgejahren hinzu. Heute existieren in Großbritannien formal gleichberechtigt 57 „Old" Universities, die es bereits vor 1992 gab und die deshalb auch Pre-1992-Universities genannt werden, sowie 64 „New" Universities bzw. Post-1992-Universities. Außerdem gibt es 50 Colleges of Higher Education ohne vollen Universitätsstatus, meist kleinere Einrichtungen oder Spezialhochschulen mit relativ geringer Studierendenzahl.[79]

Von einer Gleichheit der Universitäten in Großbritannien kann allerdings weder vor noch nach 1992 die Rede sein. Die in Kontinentaleuropa verbreitete Gleichheitsfiktion hat dort nie ganz gegolten, da Oxford und Cambridge immer eine Sonderstellung eingenommen haben. Beginnend mit den 1980er Jahren ist von der britischen Regierung ein gezielter Qualitätswettbewerb zwischen allen alten und neuen Universitäten angekurbelt worden, bei dem das Verfahren des Research Assessment Exercise (RAE, vgl. dazu Kapitel 3.3.1) eine strategische Rolle gespielt hat. Als Resultat ist eine stratifizierte Hochschulstruktur von formal gleichberechtigten, aber in ihrer Ausstattung und Leistungsfähigkeit höchst ungleichen Universitäten und sonstigen Institutions of Higher Education entstanden. An der Spitze stehen forschungsorientierte Universitäten, die Mittelgruppe bilden Universitäten, die über

[79] Zu den 35 im Jahr 1992 höhergestuften ehemaligen Polytechnics sind im Laufe der Jahre weitere 31 neue Universitäten hinzugekommen, meist durch die Aufwertung von größeren Colleges of Higher Education. Die Zahlenangaben variieren, je nachdem, inwieweit die verschiedenen Hochschulen innerhalb der University of London und der University of Wales separat gezählt werden. So spricht UniversitiesUK von insgesamt 165 Institutions of Higher Education in Großbritannien im Jahr 2011, davon 131 in England: http://universitiesuk.ac.uk/UKHESektor/Pages/Overview (Zugriff 12/2012).

einige forschungsstarke Departments verfügen, am unteren Ende stehen die vornehmlich lehrorientierten Universitäten sowie kleinere Colleges of Higher Education ohne größere Forschungsaktivitäten. Der überwiegende Teil der New Universities und einige Old Universities gehört zur letztgenannten Gruppe der Lehruniversitäten. In der Konsequenz ist an den britischen Universitäten eine Zielverschiebung von der Lehre hin zur Forschung als erstem Leitwert zu beobachten, wobei nahezu alle neuen Universitäten, aber auch ein nicht unerheblicher Teil der insgesamt 57 großen alten Universitäten kaum Chancen im Forschungswettbewerb haben.

Die im RAE erfolgreichsten 24 Universitäten, alles alte Universitäten (darunter Oxford und Cambridge), haben sich zur Vertretung ihrer Interessen zur *Russel Group* zusammengeschlossen. Sie alleine vereinigen ca. 75 Prozent der öffentlichen Forschungsmittel und ca. 60 Prozent aller Promotionen auf sich.[80] Zwölf weitere, ebenfalls forschungsorientierte alte Universitäten haben sich in der sog. *1994 Group* verbündet. Vier ehemalige Mitglieder dieser Gruppe sind 2012 in die angesehenere Russel Group aufgestiegen. Außerdem gibt es die Bündnisse *Million+* (früher *Coalition of Modern Universities*) und *University Alliance*, in denen jeweils rund zwanzig ehemalige Polytechnics und sonstige New Universities vereinigt sind.[81] Dies verdeutlicht, dass trotz der neuen Wettbewerbsordnung die alten Zugehörigkeiten und Hierarchien nicht unwirksam geworden sind.

3.2 Stellenkategorien und Ist-Situation des wissenschaftlichen Personals in Großbritannien

3.2.1 Das britische Tenure-Modell der akademischen Karriere

Unabhängig von der faktischen Stratifizierung orientiert sich die Personalstruktur der britischen Hochschulen an einem einheitlichen Karrieremuster, das als Tenure-Modell bezeichnet werden kann. Ebenso wie in den USA wird in Großbritannien von der Normvorstellung ausgegangen, dass die akademische Lehre in den Händen von hauptberuf-

[80] Siehe: http://www.russellgroup.ac.uk/research/ (letzter Zugriff 13.11.2013).

[81] Mitgliederlisten: http://www.universitiesuk.ac.uk/UKHESector/Pages/OverviewSector.aspx#Q5 (Zugriff 12/2012).

lichen und eigenverantwortlichen Hochschullehrern und -lehrerinnen liegen soll. Allerdings kennt das britische Hochschulsystem keinen Tenure Track. Die Eingangsstufe in die Laufbahn als selbständiger Hochschullehrer ist nicht, wie in den USA, der Assistant Professor, der erst nach einer mehrjährigen strengen Probe- und Evaluierungsphase in eine Dauerstellung übernommen werden kann, sondern der Lecturer, für den bereits nach kurzer Probezeit die unbefristete Anstellung als Hochschullehrer/-lehrerin üblich ist, mit der Möglichkeit des internen Aufstieges bis zur Professur. Das heißt, in Großbritannien gilt für alle Hochschullehrer und -lehrerinnen, nicht nur für den Senior Staff, das normative Leitbild der Lebenszeitstellung (tenure).

Das Tenure-Prinzip, das allen britischen Hochschullehrern eine beamtenähnliche Unkündbarkeit garantiert hatte, ist zwar 1988 als Rechtsanspruch formell abgeschafft worden. In der Realität und in der Umgangssprache wirkt es aber fort, da die Kündigung von unbefristet besetzten Hochschullehrerstellen praktisch nicht vorkommt (Fulton/ Holland 2001: 310).

Für die Hochschullehrer und -lehrerinnen an allen britischen Hochschulen gilt heute offiziell eine im Jahr 2003 zwischen Gewerkschaften, Arbeitgebern und Regierung ausgehandelte Personal- und Gehaltsstruktur mit einer komplexen, gleitenden Skala von insgesamt 51 Karrierestufen, in der die althergebrachten Hochschullehrerpositionen unterhalb der Professur nicht mehr explizit vorkommen (JNCHES, Joint Negotiation Committee for Higher Education Staff: 2003, 2008, 2011).[82] Aber im alltäglichen Gebrauch existiert nach wie vor die alte idealtypische Rangordnung der Universitäten, an der sich seit 1992 auch die neuen Universitäten zunehmend orientieren. Sie verläuft vom *Lecturer* über den *Senior Lecturer* und *Reader* bis zum *Professor*:[83]

[82] Die Komplexität der geltenden 51-Stufen Skala rührt unter anderem daher, dass sie dazu beitragen sollte, die unterschiedlichen Personal- und Gehaltsstrukturen der ehemaligen Polytechnics und der Old Universities in ein gemeinsames Schema zu bringen. An den Polytechnics hatte es praktisch keine Professorinnen und Professoren gegeben, sondern den Rang des Principal Lecturer oberhalb der im Vergleich zu den alten Universitäten geringer vergüteten Positionen der Lecturers und Senior Lecturers.

[83] Eine Ausnahme stellen die beiden sehr wohlhabenden Ancient Universities Oxford und Cambridge dar, wo es vorkommen kann, dass die Position eines einfachen Lecturers, verbunden mit einem gut dotierten Fellowship an einem angesehenen College, gegenüber einer Professur an einer Universität vorgezogen wird. Insbesondere bei der University of Oxford fällt auf, dass der Professorenanteil am wissenschaftlichen Personal mit nur 4,7% weit unter dem Durchschnittswert der alten Universitäten liegt; in Cambridge beträgt er 12,0% (HESA 2012: Table 5).

- Die Eingangsstufe in die britische Hochschullehrerlaufbahn ist die Position des *Lecturer*, die im Deutschen am besten mit Hochschuldozentur übersetzt werden kann. Es handelt sich dabei um selbständig lehrende und forschende Hochschullehrer und -lehrerinnen, die nicht mit den gleichnamigen Lecturers an US-amerikanischen Hochschulen verwechselt werden dürfen, die weisungsgebunden und ohne Tenure-Perspektive sind. Zum Lecturer an einer britischen Hochschule wird man nach erfolgreicher Bewerbung auf eine öffentliche Ausschreibung, heute normalerweise nach der Promotion, teilweise aber auch schon während der Promotionsphase. Bei erstmaliger Berufung zum Lecturer wird in der Regel eine dreijährige Probezeit vereinbart. Das Nichtbestehen der Probezeit ist allerdings sehr selten. Nach erfolgreichem Abschluss der Probezeit wird der Lecturer unbefristet beschäftigt. Das Amt des Lecturers ist in zwei Stufen aufgeteilt: Die Eingangsstufe mit relativ geringem Gehalt ist die des *Lecturer A* (vormals: Assistant Lecturer). Nach einer universitätsinternen Entscheidung erfolgt, im Normalfall nach vier Jahren, die Beförderung zum *Lecturer B*, die nur in ganz seltenen Fällen versagt wird. Aber selbst dann kann der oder die Betroffene während der gesamten Universitätslaufbahn Lecturer A (mit relativ geringem Einkommen) bleiben. Sehr viel häufiger (und durchaus angesehen) sind lebenslange Universitätskarrieren auf der Stufe des Lecturer B, die mit jährlichen Gehaltserhöhungen zu einem guten Einkommen führen. Nach mehreren Jahren erfolgreicher Arbeit in Forschung und Lehre kann es in einer Art Bewährungsaufstieg zur Beförderung zum *Personal Senior Lecturer* und damit zum Aufstieg in die Senior Staff-Ebene ohne förmliches Ausschreibungsverfahren kommen.[84]
- Die Stufe oberhalb der Lecturer-Ebene wird von den *Senior Lecturers* und den *Readers* eingenommen. Senior Lecturerships werden in der Regel öffentlich ausgeschrieben, Readerships nur ausnahmsweise. Ausgeschriebene Stellen können intern oder extern besetzt werden, ein Hausberufungsverbot besteht nicht. In der Position des

[84] Im Zuge der Umsetzung der JNCHES-Vereinbarung von 2003 wurden in der Statistik die Lecturers A der alten Universitäten in Lecturer 1, die Lecturers B in Lecturer 2, die Senior Lecturers und Readers in Lecturer 3 umbenannt. Die Lecturers der Post-1992-Universities und Colleges wurden der Lecturer-1-Ebene zugeordnet, die Senior Lecturers der Lecturer-2-Ebene und die Principal Lecturers, die es nur dort gegeben hatte, der Lecturer-3-Ebene (JNCHES 2008: 19). Professoren gab es vor 1992 an diesen Einrichtungen nur in Ausnahmefällen.

Senior Lecturers verbleiben viele Dozentinnen und Dozenten bis zum Ruhestand. Aufgrund besonderer Leistungen in Forschung und Lehre können Senior Lecturers zum Reader ernannt werden.[85] Einen Gehaltsunterschied zwischen Senior Lecturer und Reader gibt es allerdings nicht. Die Position des Readers zeichnet sich gewöhnlich durch eine besonders starke Forschungsorientierung bei gleichzeitiger Entlastung in der Lehre aus. Der Titel Reader ist dem Professorentitel an Reputation nahezu gleichgestellt. In jüngster Zeit ist zu beobachten, dass bei öffentlichen Ausschreibungen der etwas antiquiert anmutende Titel Reader gelegentlich durch die amerikanische Bezeichnung Associate Professor ersetzt wird, um die herausgehobene Bedeutung und die „Internationalität" der zur besetzenden Position zu unterstreichen. Der Titel *Principal Lecturer*, den es an den vormaligen Polytechnics an Stelle der Professur gab, wurde im Zuge der Vereinheitlichung der Status- und Gehaltsstrukturen durch die JNCHES-Regelung aus dem Jahr 2003 auf der universitären Senior Lecturer-Ebene verortet und kommt allmählich außer Gebrauch.

- Die *Professur* wird auch in Großbritannien als die Krönung einer akademischen Karriere angesehen, aber sie wird nur von einer Minderheit des Lehrkörpers erreicht. Traditionellerweise gab es an den alten Universitäten pro Fach nur einen oder allenfalls zwei Professoren. Erst in den letzten Jahren beginnt man an den forschungsorientierten Universitäten, sich dem amerikanischen Muster des „full professor" anzunähern und den Anteil der Professuren zu erhöhen (vgl. Kapitel 3.2.2). In der Stellenstruktur der Universität verankerte Professuren (*established chairs*) werden in der Regel öffentlich ausgeschrieben und entweder intern oder extern besetzt. Ein Hausberufungsverbot besteht auch hier nicht. Daneben gibt es *personal chairs* – persönliche Professuren, die an verdiente Hochschullehrer und -lehrerinnen intern vergeben werden können.

Mit der skizzierten idealtypischen Statusstruktur ist im britischen Universitätssystem keine ausgeprägte Funktionsdifferenzierung verbunden. Zwischen den Professorinnen und Professoren und den Hochschullehrenden unterhalb der Professur gibt es im Hinblick auf Rechte und Pflichten in Lehre und Forschung keine grundlegenden

[85] In Ausnahmefällen können auch Lecturers zum Reader ernannt werden, eine festgelegte Abfolge gibt es nicht.

Unterschiede. Es gilt das traditionelle normative Leitbild der akademischen Kollegialität. Junge Lecturers und gestandene Professoren werden als gleichberechtigte Hochschullehrer angesehen. Die Lehre wird von beiden ebenso unabhängig angeboten und die Pflichten bei Prüfungen, der Betreuung von Graduate Students und Doktoranden sowie in der Forschung sind im Prinzip die gleichen. In der Praxis ist es heute allerdings vielfach so, dass forschungs- bzw. drittmittelstarke Hochschullehrende teilweise oder ganz von Lehraufgaben befreit sind, während andere entsprechend mehr Lehraufgaben zu übernehmen haben. Lediglich in Verwaltung und Management gibt es, jedenfalls auf der höchsten Entscheidungsebene des Senats, der weitgehend den Professorinnen und Professoren vorbehalten ist, gewisse Unterschiede. Aber auch die Aufgabe des Head of Department (Institutsdirektor) kann durchaus von einem erfahrenen Lecturer oder Senior Lecturer wahrgenommen werden. Dies stößt schon deshalb nicht auf Erstaunen, weil dem Professorentitel als solchem (wie auch dem Doktortitel) in der britischen Gesellschaft weit weniger Gewicht beigemessen wird als in Mittel- und Osteuropa.

- Für akademische Tätigkeiten unterhalb der Hochschullehrerebene gibt es in Großbritannien keine eindeutigen Begrifflichkeiten. Man behilft sich in der amtlichen Statistik mit häufig wechselnden Bezeichnungen, wie *Researchers*, *Other Ranks* oder *Assisting Academics*, und es gibt auch die diffuse Kategorie *Atypical Staff*. Hinter diesen undeutlichen Bezeichnungen verbergen sich zum einen die befristet auf Drittmittelbasis tätigen Research Assistants, Research Associates oder Doctoral Fellows, die den Postdocs in USA vergleichbar sind, zum anderen reines Lehrpersonal, das etwa den deutschen Lehrbeauftragten oder Lektoren entspricht und meist befristet und in Teilzeit oder auch stundenweise tätig ist.

Diese Unübersichtlichkeit im Personalbereich unterhalb der Hochschullehrerstellen liegt unter anderem daran, dass es in Großbritannien die in Deutschland geläufige Vorstellung von der haushaltsfinanzierten Assistenten- bzw. Qualifikationsstelle, die zur personellen Ausstattung einer Professur gehört, nicht gibt. Auch haushaltsfinanzierte Promotionsstellen sind nicht üblich. Stattdessen weisen die britischen Research Councils den forschungsstarken Universitäten „Research Studentships“ zu, die als Stipendien an Doktoranden vergeben werden (vgl. Kapitel 3.3.2).

3.2.2 *Stratifikatorische Differenzierung von britischen Hochschularten*

Es ist nicht ganz einfach, sich einen Überblick über die Ist-Situation der tatsächlichen Verteilung des wissenschaftlichen Personals auf unterschiedliche Statusebenen zu verschaffen, da die britischen Hochschulen bei der Gestaltung ihrer Personalstrukturen (ebenso wie bei der Besetzung von Hochschullehrerstellen) autonom sind. Sie orientieren sich zwar weitgehend an der zuvor erwähnten 51-stufigen Personal- und Gehaltsskala. Bei der Zuordnung des wissenschaftlichen Personals zu den einzelnen Rangstufen gibt es allerdings in den einzelnen Hochschulen recht unterschiedliche Vorgehensweisen (vgl. JNCHES 2011), die nur schwer zu vereinheitlichen sind. Zudem hat die von der Higher Education Statistics Agency (HESA) geführte offizielle Hochschulpersonalstatistik in den letzten Jahren mehrfach die Zuordnungskriterien geändert und schließlich die oben beschriebenen idealtypischen Statusbezeichnungen ganz aufgegeben, so dass Zeitvergleiche nur sehr eingeschränkt möglich sind.

In der folgenden Übersicht 3-1 wird deshalb auf das seit dem Jahr 2009 in der amtlichen Statistik verwendete vierstufige Schema zurückgegriffen (1. Professors, 2. Senior Academics, 3. Academics, 4. Assistant Academics).[86]

Die ersten drei Kategorien entsprechen im Großen und Ganzen der traditionellen Unterscheidung von Professors, Senior Lecturers bzw. Readers und Lecturers. Die vierte Kategorie ist heterogen und umfasst das gesamte weitere wissenschaftliche Personal, dessen gemeinsames Merkmal ein Einkommen unterhalb des üblichen Niveaus für Lecturers an den alten Universitäten ist, darunter u.a. wissenschaftliches Personal mit ausschließlich Lehraufgaben und drittmittelfinanzierte Projektmitarbeiter und -mitarbeiterinnen.[87] Des Weiteren bezieht sich

[86] Seit 2009 gibt es nur noch zwei Hochschullehrerkategorien in der amtlichen Hochschulpersonalstatistik: Professor und Not a Professor (HESA 2012: Table 5, 9, 10). Die drei unteren Rangstufen der HEFCE-Statistik wurden nicht direkt erhoben, sondern aus der 51-stufigen Gehaltsskala rekonstruiert: Senior Academics liegen auf den Tarifstufen 48-51, Academics auf den Stufen 35-47, Assistant Academics darunter. Professors sind von der Gehaltsskala ausgenommen, da die Höhe ihrer Bezüge frei verhandelt wird (HEFCE 2012a: 47).

[87] Die unbestimmbare Kategorie des atypical staff with academic role und die low activity academic contracts (mit unter 25% vollzeitäquivalenter Arbeitszeit) bleiben unberücksichtigt (vgl. HEFCE 2012a: 7, 48).

die Übersicht lediglich auf die englischen Hochschulen, weil nur für sie nachvollziehbare Daten vorhanden sind. Da aber rund 84% aller britischen Hochschulen in England liegen und auch die Hochschulen in Schottland, Wales und Nordirland analoge Personalstrukturen aufweisen, können diese Angaben als weitgehend repräsentativ für das gesamte Vereinigte Königreich gelten.

Übersicht 3-1: Akademische Positionen nach Hochschulart in Großbritannien, 2010/2011 (in %)

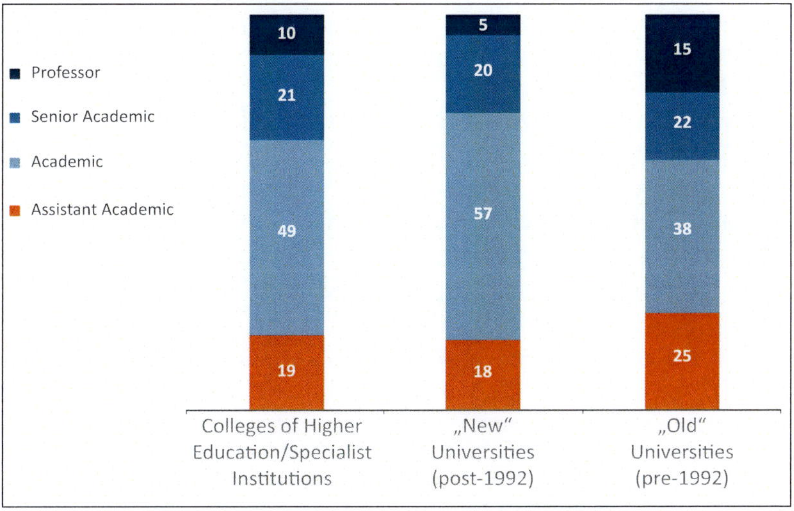

Quelle: HEFCE 2010[88] (Personen in %, ohne geringfügig Beschäftigte).

Die in Übersicht 3-1 in der ersten Säule dargestellte Kategorie der nichtuniversitären Hochschulen (Colleges of Higher Education/Specialist Instituitions) ist sehr inhomogen zusammengesetzt, da sie sowohl sehr leistungsstarke und renommierte Spezialhochschulen wie auch einfache Higher Education Colleges enthält. Deshalb sind die Zahlenangaben für sie wenig aussagekräftig. Bei der in der zweiten Säule erfassten Gruppe der *New Universities* kann davon ausgegangen werden, dass es sich hier überwiegend um Hochschulen mit starker Lehrorientierung handelt, während alle forschungsstarken Universitäten (z.B. die der

[88] HEFCE, Higher Education Funding Council for England (2010): Staff employed at HEFCE-funded HEIs: Publications: http://www.hefce.ac.uk/pubs/year/2010/201006/ (letzter Zugriff 13.11.2013).

Russel Group) zu den *Old Universities* in der dritten Säule gehören. Der Unterschied zwischen der zweiten und dritten Säule macht sofort deutlich, welcher Logik das heutige britische Hochschulwesen folgt: Je forschungsintensiver eine Universität ist, desto größer ist einerseits der Anteil des Senior Staff (Professuren, Senior Lecturers und Readers), während die lehrintensiven Universitäten sich ganz überwiegend auf die Gruppe der Lecturers stützen. Auf der anderen Seite ist an den Old Universities der Anteil der Assistant Academics besonders hoch, weil es nur dort zahlreiche Drittmittelbeschäftigte gibt. Es besteht somit ein deutlicher Zusammenhang zwischen Forschungsorientierung, Drittmittelaufkommen und dem Anteil des (überwiegend befristet tätigen) Forschungspersonals.[89]

Im akademischen Jahr 2010/11 hatten lediglich 35 Prozent der Assistant Academics an englischen Hochschulen einen unbefristeten Arbeitsvertrag und 65 Prozent von ihnen waren in Vollzeit beschäftigt. Bei den Hochschullehrern und -lehrerinnen auf den beiden obersten Rängen liegt der durchschnittliche Anteil der unbefristeten Beschäftigungsverhältnisse (tenure) dagegen bei deutlich über 90 Prozent, ebenso bei der Vollzeitbeschäftigung. Bei der Kategorie der Academics (hauptsächlich Lecturers), zu denen auch die Lecturers on Probation zählen, liegen die Tenure- und die Vollzeit-Anteile mit jeweils 80 Prozent ebenfalls sehr hoch.[90]

3.2.3. Befristung und Teilzeitbeschäftigung an britischen Hochschulen

Die Teilzeit- und Befristungsproblematik ist in der hochschulpolitischen Diskussion in Großbritannien ein wichtiges Thema, vor allem für die Hochschulgewerkschaft UCU (Universities and Colleges Union, vormals AUT). Im Zeitvergleich lässt sich einerseits feststellen, dass das reguläre wissenschaftliche Personal an britischen Hochschulen im

[89] Diese Trendaussage bestätigt sich beim Vergleich mit einem älteren Jahrgang der amtlichen Statistik, in dem noch zwischen Research-oriented Universitie und Other Universities unterschieden wurde: Für die ersteren findet man im Jahr 2004/05 in der Kategorie Researchers einen Personalanteil von 41%, für die letzteren von nur 11%. An den Other Universities befanden sich insgesamt 59% des wissenschaftlichen Personals auf der Lecturer-Stufe, bei den Forschungsuniversitäten 24% (HEFCE 2006: 9).

[90] Angaben nach HEFCE (2012a:14f.). Nach Hochschularten differenzierende Daten sind nicht verfügbar.

Jahr 2003 noch zu 71,8 Prozent vollzeitbeschäftigt war. Im Jahr 2010 war dieser Anteil auf 65,2 Prozent zurückgegangen.[91] Andererseits hat sich der in der offiziellen Hochschulpersonalstatistik ermittelte Anteil des wissenschaftlichen Personals mit unbefristeten Verträgen zwischen 2003 und 2010 von 55,4 Prozent auf 66,7 Prozent erhöht, was nicht für einen Präkarisierungsprozess spricht (UCU 2007: 10; HESA 2012: Table 9, Table B). Erst eine etwas detailliertere Datenanalyse anhand der folgenden Übersicht 3-2 gestattet es, den Kern des Problems genauer zu lokalisieren.

Die Übersicht 3-2 lässt zwar keine Differenzierung nach Hochschularten und nach akademischen Positionen zu. Dennoch macht sie sichtbar:

- Der noch in den 1990er und Anfang der 2000er Jahre beobachtete Trend eines kontinuierlichen Rückgangs von unbefristeten Beschäftigungsverhältnissen im Bereich des regulären wissenschaftlichen Personals an britischen Hochschulen (AUT 2002, 2004) scheint sich umzukehren. Darin deutet sich eine Rückkehr zum traditionellen britischen Modell des Tenured Academic Staff an.
- Das gilt vor allem für die traditionellen, für Forschung *und* Lehre zuständigen Hochschullehrenden („normale" Lecturers, Senior Lecturers und Professors), für die mittlerweile zu fast 90 Prozent das Tenure-Modell zutrifft.
- Aber auch bei den Kategorien *teaching only* und *research only* haben die Dauerbeschäftigungsverhältnisse stark zugenommen, allerdings ausgehend von einem deutlich niedrigeren Ausgangsniveau.
- Die Gruppe des reinen Lehrpersonals (*teaching only*) ist als einzige weit überproportional gewachsen; um rund 55% zwischen 2003 und 2010. In immer stärkerem Maß handelt es sich dabei um Teilzeit-Lehrpersonal, allerdings überwiegend mit entfristeten Verträgen.
- In der Kategorie *research only* sind zum einen die typischen Merkmale des Drittmittelpersonals (Vollzeittätigkeit und Befristung) deutlich zu erkennen. Zum anderen hat aber der Anteil von entfristeten Stellen in den vergangenen Jahren auffällig zugenommen. Das heißt, für immer mehr Forscherinnen und Forscher an britischen Universitäten ist die Position als Research Assistant oder Re-

[91] Angaben nach UCU (2007: 8) und HESA (2012: Table 9). Die in UCU zitierten Befunde für frühere Jahre sind wegen Änderungen im statistischen Verfahren nicht vergleichbar.

search Associate nicht mehr nur eine Durchgangsstation auf dem Weg zu einer regulären und dauerhaften akademischen Tätigkeit in Forschung und Lehre oder zu einer außerakademischen Tätigkeit, sondern ein Schritt zu einer Forscherkarriere innerhalb der Universität.

Übersicht 3-2: Regulär und atypisch beschäftigtes akademisches Personal an britischen Hochschulen, 2003, 2005, 2010

	2003			2005			2010		
Tätigkeit	**Insgesamt**	Davon: **Auf Dauer**	Davon: **Vollzeit**	**Insgesamt**	Davon: **Auf Dauer**	Davon: **Vollzeit**	**Insgesamt**	Davon: **Auf Dauer**	Davon: **Vollzeit**
Forschung und Lehre	80.795	84,4%	85,1%	84.010	87,7%	84,7%	94.760	89,6%	80,1%
Nur Forschung	36.185	8,9%	82,5%	37.310	15,3%	83,1%	40.740	31,1%	82,8%
Nur Lehre	29.095	33,9%	21,2%	41.575	41,0%	18,7%	45.005	61,5%	17,5%
Alle akademischen Standardverträge*	**146.075**	**55,4%**	**71,8%**	**162.895**	**59,1%**	**67,5%**	**180.505**	**66,7%**	**65,2%**
Alle atypischen akad. Verträge	**k.A.**	**-**	**-**	**80.035**	(alle auf Zeit)	(alle Teilzeit)	**78.340**	(alle auf Zeit)	(alle Teilzeit)
%-Anteil der atyp. akad. Verträge	k.A.	-	-	33,0%	-	-	30,2%	-	-
Alle akad. Verträge**	**k.A.**	**-**	**-**	**242.930**	**-**	**-**	**258.845**	**-**	**-**

Quelle: UCU 2007: 3-11 und HESA 2012: Tables 9, B, L; eigene Berechnungen, Angaben in Personen.

* Akademisches Personal mit dem Tätigkeitsprofil „Neither Teaching nor Research" wurde in der Tabelle nicht berücksichtigt. Der Anteil liegt unter 1% und kann daher außer Betracht bleiben

** Etwa 2% der erfassten Personen verfügten am Stichtag (1. Dezember) über mehr als einen regulären bzw. atypischen Vertrag. Es handelt sich im strengen Sinne nicht um eine Zählung von Personen, sondern von Arbeitsverträgen (vgl. HEFCE 2012a: 8)

In diesen Befunden deutet sich somit zum einen eine tendenzielle Rückkehr zum Prinzip der Dauerbeschäftigung in Hochschullehrerpositionen an, zum anderen ein fortschreitender Prozess der Entflechtung von Forschung und Lehre an britischen Universitäten (vgl. dazu Kapitel 3.3.1).

Allerdings müssen die statistischen Angaben über das wissenschaftliche Personal mit regulären Arbeitsverträgen an britischen Hochschulen mit großer Vorsicht behandelt werden, da fast ein Drittel (2010) der Verträge des Personals mit akademischen Aufgaben als atypische Verträge eingestuft sind. Es handelt sich dabei um nebenberufliche Vertragsverhältnisse der unterschiedlichsten Art, deren gemeinsamer Nenner lediglich ihre Befristung und ihre Sozialversicherungspflichtigkeit ist. Darunter fallen zum Beispiel Werk- und Honorarverträge, Lehraufträge mit Stunden- oder einer Vergütung pro Semester, wissenschaftliche Hilfskrafttätigkeiten u.ä., aber auch Gastprofessuren, Stand-by Lecturers oder temporäre Vertretungskräfte. Diese höchst unterschiedlichen Varianten atypischer Tätigkeit, von geringfügiger Beschäftigung bis zu substanziellen Beiträgen in Lehre und Forschung,[92] lassen sich nicht genauer aufschlüsseln. Insofern ist die Einschätzung (Kreckel 2008a: 150) weiterhin zutreffend, dass mit der Kategorie der atypisch Beschäftigten eine statistische Dunkelzifferproblematik gegeben ist, die den Einblick in die Gesamtsituation des akademischen Personals an britischen Universitäten erschwert.

3.3 Forschung und Lehre an britischen Universitäten

3.3.1 Die Entflechtung von Forschung und Lehre in Großbritannien

Durch den Further and Higher Education Act 1992 wurden die Polytechnics und weitere primär der Lehre verpflichtete Hochschuleinrichtungen als New Universities in den Universitätssektor aufgenommen.[93] Bereits einige Jahre davor hatte eine Phase zunehmender staatlicher Steuerung und formaler Angleichung der britischen Hochschulen bei gleichzeitiger wettbewerblicher Differenzierung begonnen (vgl. Pechar 2006; Clark 1995: 61ff.). Drei Elemente dieses Prozesses seien hier besonders hervorgehoben:

- Der erste Schritt war das Einfrieren, dann die schrittweise Verringerung der staatlichen Finanzzuweisungen an die Universitäten in der

[92] Siehe dazu: http://www.hesa.ac.uk/index.php?option=com_content&task=view&id=2368&Itemid=161 (letzter Zugriff 13.11.2013).

[93] Durch den Further and Higher Education Act 1992 wurden auch die Colleges of Higher Education in das einheitliche System der Higher Education Institutions aufgenommen, ohne allerdings Universitätsstatus zu erlangen.

Zeit der Regierung Thatcher. Allein zwischen 1979/80 und 1983/84 wurden die staatlichen Zuweisungen an die Universitäten um durchschnittlich 13 Prozent gekürzt (Perkin 1987: 42). Ähnliches geschah mit den Polytechnics. Diese Einschnitte führten u.a. zur Reduktion von Studienplätzen und von Lehrpersonal (Nichtwiederbesetzung von Stellen, vorgezogener Ruhestand, in Einzelfällen Kündigungen). Das traditionelle Tenure-Recht für die unbefristet beschäftigten Hochschullehrenden wurde durch den Education Reform Act 1988 außer Kraft gesetzt.

- Der zweite Schritt war die Aufspaltung der regulären staatlichen Haushaltsmittel der Universitäten, die bisher (wie auch in Deutschland üblich) undifferenziert für Lehre und Forschung zugewiesen worden waren. Es wurden nun die Finanzströme für die Lehre und für die Forschung separiert, und zwar im Größenverhältnis von ungefähr 4 zu 1.[94] Dadurch sollte eine stärker leistungsbezogene Mittelvergabe und eine Differenzierung zwischen primär forschungs- und primär lehrorientierten Universitäten bzw. Departments erreicht werden. Der Weg dazu war das Research Assessment Exercise (RAE), die objektivierende Messung der Forschungsleistungen von Universitätsinstituten (departments) durch ein formalisiertes Peer-Review-Verfahren, das erstmals 1986 und zuletzt 2008 durchgeführt wurde. Das RAE soll 2014 in revidierter Form unter dem neuen Namen Research Excellence Framework (REF) erneut stattfinden.[95] Auf der Grundlage der Resultate des RAE werden den als leistungsstark eingestuften Universitäten Forschungsmittel (research capability funding) zugewiesen. Den nicht Erfolgreichen werden sie nicht gewährt. Da seit 1992 auch die bisherigen Polytechnics in ihrer neuen Eigenschaft als New Universities in das Research Assessment Exercise einbezogen wurden, wurde das RAE zu einem Schlüsselinstrument der Differenzierung zwischen Universitäten. Die Teilnahme am RAE ist zwar freiwillig, die Nichtbeteiligung von Hochschulen bzw. des (individuellen) wissenschaftlichen Personals signalisiert aber, dass sie nicht forschungsaktiv bzw.

[94] Vgl. Fulton/Holland (2001: 304); für die jüngste Zeit: http://www.guardian.co.uk/education/table/2009/mar/05/university-funding-research-england-table (letzter Zugriff 13.11.2013).

[95] Träger des Verfahrens sind heute die Higher Education Funding Councils für England (HEFCE), Schottland (SHEFC), Wales (HEFCW) und das Department of Employment and Learning für Nordirland (DELNI). Zum RAE-Verfahren vgl. Orr 2005; Clark (2006: 44ff.); HEFCE 2008.

nicht wettbewerbsfähig sind und deshalb keine Haushaltsmittel für Forschung beanspruchen können. Gleiches gilt für diejenigen, die sich zwar dem RAE stellen, aber eine schlechte Bewertung erhalten. In der Konsequenz konzentriert sich mittlerweile etwa ein Drittel der für Forschung bestimmten Zuweisungen auf acht englische Universitäten (darunter die Spitzenreiter Cambridge und Oxford). Der Großteil der britischen Universitäten, darunter fast alle New Universities, verfügt seither über keine nennenswerten öffentlich finanzierten Haushaltsmittel für Forschung mehr und hat auch bei der Einwerbung sonstiger Drittmittel für Forschung einen schweren Stand.[96] In der Regel beteiligt sich ohnehin nur ein kleiner Teil des Lehrkörpers dieser sonstigen Universitäten an der RAE-Forschungsevaluierung. Sie geben damit zu erkennen, dass sie sich primär als Lehruniversitäten verstehen.

- Der dritte Schritt, der Umbau der britischen Hochschulfinanzierung mit der graduellen Einführung von immer höheren Studiengebühren bei gleichzeitiger Reduktion der staatlichen Studienfinanzierung, ist derzeit noch nicht abgeschlossen. Die Entwicklung vollzog sich mehrstufig: Bis Ende der 1970er Jahre waren Studiengebühren für Studierende im Undergraduate-Bereich nicht üblich. Die Finanzierung von Studienplätzen für Undergraduates erfolgte aus staatlichen Mitteln nach einem formelgebundenen Vergabemodus. Im Laufe der Zeit wurden schrittweise Gebühren für alle Studienplätze angesetzt. Seit 1998/99 werden für alle Vollzeitstudierenden allgemeine Studiengebühren (tuition fees) erhoben, die nur im Falle von nachgewiesener Bedürftigkeit (means test) ganz oder teilweise erlassen werden können. Zunächst war der Betrag mit 1.000 £ pro Jahr noch moderat.[97] In den Jahren 2006 und 2007 wurde dann in England, Nordirland und Wales von allen aus Großbritannien bzw. der EU stammenden Studierenden eine von den Universitäten

[96] Unter den 116 englischen Hochschulen, die sich am RAE 2008 beteiligt haben, belegten 53 der 57 Old Universities die oberen Ränge. An 54. Stelle rangiert als bestes ehemaliges Polytechnic die University of Hertfortshire, mit einem Verhältnis zwischen staatlichen Zuweisungen für Forschung und für Lehre von 1 zu 10: http://www.guardian.co.uk/education/table/2009/mar/05/university-funding-research-england-table und http://www.guardian.co.uk/education/table/2008/dec/18/rae-2008-results-uk-universities (letzter Zugriff 13.11.2013).

[97] Die Gebührenhöhe wurde in den Folgejahren leicht erhöht und lag 2005 bei £ 1.200 (Clark 2006: 61).

festzulegende Tuition Fee von bis zu 3.000 £ pro Jahr erhoben.[98] Das 3.000-Pfund-Limit wurde von den meisten Universitäten voll ausgeschöpft (Clark 2006: 61), mit der Begründung, dass nur so zusätzliche Mittel für die Erhaltung bzw. Verbesserung der Qualität der akademischen Lehre mobilisiert werden könnten. In der Tat gibt es seit dieser Zeit in Großbritannien intensive Bemühungen zur Förderung der Lehrqualität an Hochschulen, die z.T. ebenfalls wettbewerblichen Charakter tragen. Seit 2012 ist eine neue Regelung in Kraft, die eine schrittweise Absenkung der staatlichen Zuweisungen für die Lehre vorsieht sowie die Erhebung eines Gebühren-Maximums von bis zu 9.000 £ pro Jahr (ca. 12.000 €) für britische Staatsbürger und die ihnen gleichgestellten Studierenden aus EU-Ländern. Presseberichten zufolge hat die Hälfte der englischen, walisischen und nordirischen Hochschulen beschlossen, dieses Limit voll auszuschöpfen.[99] Die Gebühren für Nicht-EU-Studierende sind zum Teil erheblich höher,[100] liegen jedoch noch immer deutlich unter den mittlerweile an den US-amerikanischen Spitzenuniversitäten geforderten Gebühren von ca. 40.000 $ (ca. 30.000 €) pro Jahr. Großbritannien hat begonnen, sich von der in anderen europäischen Ländern üblichen Praxis abzuwenden, für das Hochschulstudium entweder keine oder nur relativ moderate, weit unter dem Kostendeckungsniveau liegende Studienbeiträge zu erheben.

[98] Für Schottland galt seit 2000 eine komplexe Sonderregelung, die schottische Studierende begünstigt. Vgl. dazu die zusammenfassende Darstellung von Clark (2006: 61): „In Scotland, tuition fees were abolished for Scottish students in 2000. Since 2001, such undergraduate students (but not those taking Higher National Diplomas) have been required to pay a single endowment charge after graduation, set at £2,216 in 2005/06. Subject to final approval by the Scottish Parliament, fees will remain for other UK students at a level of £1,700 in 2006/07 for all subjects except medicine where the fee is expected to be £2,700. The main fee level of £1,700 is intended to represent the average fee paid by English students in England after allowing for bursaries and the longer course length. These fees and the endowment charge are regulated by the Scottish Executive and not by individual institutions. The endowment payments are used to support future generations of students. The lower deferred charge to Scottish students, as compared to other UK students, reflects the priority accorded to higher education by the Scottish Executive and Parliament.“

[99] Siehe http://www.guardian.co.uk/news/datablog/2011/mar/25/higher-education-universityfunding#data (letzter Zugriff 13.11.2013).

[100] Vgl. http://www.universitiesuk.ac.uk/PolicyAndResearch/PolicyAreas/Data-Analysis/International-student-tuition-fees/Pages/Survey-Results-2012-2013.aspx (Zugriff 12/2012).

In der folgenden Übersicht 3-3 wird am Beispiel Englands die mittelfristige Perspektive der Hochschulfinanzierung aus der Sicht des zuständigen Higher Education Funding Council (HEFCE) dokumentiert. Anhand der dargestellten Veränderungen der Struktur der Einnahmen für Studium und Lehre – zwischen dem Ist-Stand 2010/11 und der erwarteten Entwicklung bis 2014/15 – ist erkennbar, dass im Bereich der Forschungsfinanzierung und der sonstigen Hochschuleinnahmen mit weitgehend stabilen Verhältnissen gerechnet wird. Dagegen werden die staatlichen Zuschüsse für Studium und Lehre systematisch zurückgefahren. Als Kompensation für diesen Einnahmeverlust wird zum einen auf die Erhöhung der regulären Studiengebühren für Einheimische und Studierende aus EU-Ländern gesetzt, zum anderen auf steigende Gebühreneinkünfte von Studierenden aus Nicht-EU-Ländern, die an keine Obergrenze gebunden sind. Nach Angaben des HEFCE (2012: 11f.) hat das von Nicht-EU-Studierenden getragene Gebührenaufkommen seit 2001 jährlich um ca. elf Prozent zugenommen.

Übersicht 3-3: Einnahmen für Studium und Lehre an britischen Hochschulen, 2010/11, 2012/13, 2014/15

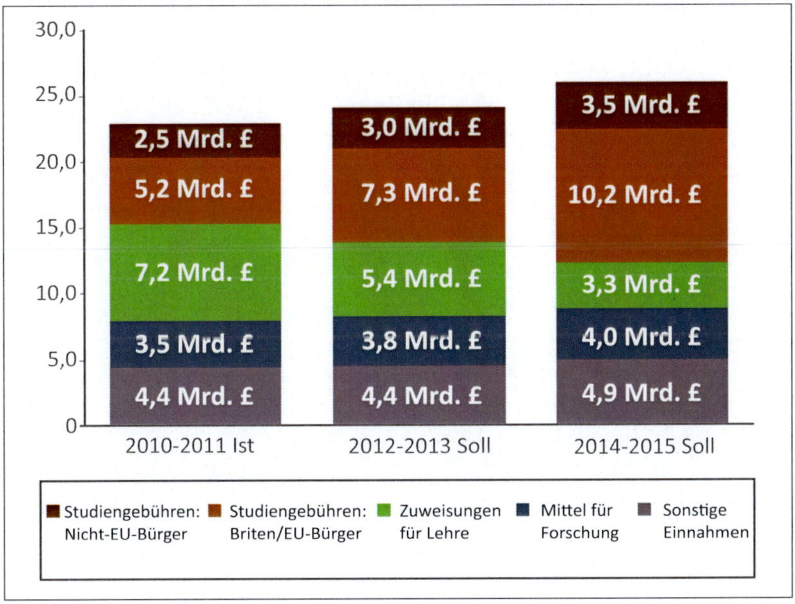

Quelle: HEFCE 2012: 99.

Der in der Übersicht 3-2 zu erkennende deutliche Anstieg des nur in der Lehre tätigen wissenschaftlichen Personals (teaching only) an den britischen Hochschulen wird damit verständlicher. Mit dem Bedeutungszuwachs der Studiengebühren wird (gute) Lehre zu einer immer wichtigeren Einnahmequelle für die Hochschulen. Für die wissenschaftliche Reputation einer Universität, die es ihr ermöglicht, besonders hohe Studiengebühren zu verlangen, ist vor allem das im RAE erfolgreiche Forschungspersonal verantwortlich. Das heißt, auch an Forschungsuniversitäten ist die Einheit von Forschung und Lehre, wie sie der klassische Oxbridge Don[101] einst verkörperte, immer seltener innerhalb einer einzigen Hochschullehrerpersönlichkeit anzutreffen. Sie wird immer mehr auf die Ebene der organisationsinternen Arbeitsteilung zwischen primär Lehrenden und primär Forschenden verlagert.

3.3.2 Forschungsförderung und Forschungspersonal in Großbritannien

Wie gezeigt wurde, ist der Eckpfeiler der britischen Forschungsförder-Politik die leistungsbezogene und befristete Projektförderung an den Universitäten. Im Hochschulbereich sind rund 70 Prozent der Forschungsmitarbeiter und -mitarbeiterinnen befristet angestellt (siehe Übersicht 3-2). Etwa die Hälfte von ihnen kann zum potentiellen Hochschullehrernachwuchs gezählt werden. Das sind meist jüngere Postdocs, die ihre zeitlich befristete Tätigkeit als Research Assistant, Research Associate, Research Fellow o.ä. als Qualifikationsphase auf dem Weg in die akademische Karriere verstehen können. Für die andere Hälfte fehlt, abgesehen von der noch immer recht kleinen Zahl der fest angestellten Research Fellows und Senior Research Fellows, eine eindeutige akademische Karriereperspektive.

Zum genaueren Verständnis des akademischen Forschungssystems ist eine Erläuterung des britischen *Dual Support Systems* der öffentlichen Hochschulfinanzierung notwendig:[102]

Die staatlichen *Higher Education Funding Councils* von England, Schottland, Wales und Nordirland bilden die eine Säule dieses Systems. Sie stellen den regulären Haushalt der Hochschulen für Lehre

[101] Fellow bzw. Tutor eines College der Traditionsuniversitäten Oxford und Cambridge.

[102] Vgl. dazu Roos 2005; Leisyte et al. 2007: 24ff. sowie http://www.rcuk.ac.uk/aboutrcs/funding/dual/default.htm (letzter Zugriff 13.11.2013).

und für Forschung bereit. Dabei wird der als Forschungsfinanzierung zu verstehende Teil des Hochschulbudgets auf der Grundlage der RAE-Ergebnisse leistungsbezogen vergeben, so dass die Mehrzahl der Hochschulen de facto keine oder nur eine sehr geringe Forschungsgrundfinanzierung erhält. Die Haushaltsmittel für Studium und Lehre werden zurzeit schrittweise zurückgefahren und sollen durch höhere Studiengebühren ausgeglichen werden (vgl. Kapiel 3.3.1). In erster Linie ist es aber die Aufgabe der Higher Education Funding Councils, die Gehälter für das reguläre Hochschulpersonal und die laufenden Betriebskosten zu bestreiten.

Die zweite Säule des staatlich finanzierten Dual Support Systems bilden die sieben fachgebietsbezogenen *Research Councils,*[103] die in der Dachorganisation Research Councils UK (RCUK) zusammengefasst sind. Ihre Bedeutung für die Forschung in den Universitäten liegt, ähnlich wie bei der Deutschen Forschungsgemeinschaft, vor allem in der leistungsbezogenen und befristeten Vergabe von Projektfördermitteln, was zu der bereits angesprochenen Befristungsproblematik beim Forschungspersonal führt. Daneben engagieren sich die Research Councils auch bei der Finanzierung der Doktorandenstipendien und der RCUK Academic Fellowships sowie bei der Finanzierung einiger eigener Forschungsinstitute. Das von den Research Councils geförderte Forschungspersonal lässt sich nach Größenordnungen in drei Kategorien – Doctoral Students (19.000), Research Fellows (2.000) und Research Staff in Universities and Research Institutes (14.000) – untergliedern (RCUK 2012: 1).

Deutlich wird, dass die von den Research Councils getragenen Personalkosten in erster Linie befristet finanziertes Forschungspersonal an Universitäten betreffen. Daneben unterhalten gerade die naturwissenschaftlich ausgerichteten Research Councils auch einige eigene, teils aus Eigenmitteln, teils aus Drittmitteln und staatlichen Zuschüssen finanzierte Forschungsinstitute unterschiedlicher Größe, die zum Teil aus ehemaligen Ressortforschungsinstituten entstanden sind (Roos 2005: 2). Diese Forschungsinstitute unterhalten in der Regel auch einen Stamm von fest angestelltem Forschungspersonal. Daneben beschäftigen sie, wie etwa ein Blick auf die von ihnen veröffentlichten

[103] AHRC (Arts and Humanities Research Council), BBSRC (Biotechnology and Biological Sciences Research Council), EPSRC (Engineering and Physical Sciences Research Council), ESRC (Economic and Social Research Council), MRC (Medical Research Council), NERC (Natural Environment Research Council), PPARC (Particle Physics and Astronomy Research Council).

Stellenanzeigen erkennen lässt, ebenso wie die Universitäten in beträchtlichem Umfang Research Assistants und Postdocs auf befristeten Stellen.

Abgesehen von diesen wenigen Ausnahmen ist die akademische Forschung – und damit auch die akademische Forscherkarriere – in Großbritannien eindeutig universitätsbezogen. Die Forschungsförderpolitik und mittelfristige Forschungsplanung der derzeitigen britischen Regierung setzt auf die Universitäten als die Hauptträgereinrichtungen der Forschung. Die in der mittelfristigen Forschungsplanung der britischen Regierung, dem regierungsoffiziellen *Science and Investment Framework 2004 – 2014* (HM Treasury 2004), niedergelegten Wachstumsziele für die britische Forschung haben zwar seit dem Regierungswechsel von 2010 einige Abstriche erfahren und der Etat der Research Councils für akademische Forschung ist auf dem Status quo eingefroren worden. Aber weiterhin gilt, dass die staatlichen Forschungsmittel in erster Linie der Projektförderung an den Universitäten dienen und überwiegend an die im RAE erfolgreichen Forschungsuniversitäten fließen. Es bedeutet, dass die Hochschullehrerkarriere an den Universitäten nach wie vor die wichtigste Option für akademische Forscher und Forscherinnen in Großbritannien bleibt. Außeruniversitäre akademische Forscherkarrieren stehen für sie hingegen nur in sehr begrenztem Umfang zur Verfügung.

Die daraus zu ziehende Schlussfolgerung ist, dass die traditionelle Nachwuchsposition im britischen Universitätssystem die Position des befristet beschäftigten, meist aus Drittmitteln finanzierten Research Assistant ist (heute häufig auch Research Associate oder einfach Postdoc genannt) oder allgemeiner gesagt: Zeitstellen in der Forschung sind „early career positions“ (Ackers 2005). Sie sollen in erster Linie der Qualifikation des wissenschaftlichen Nachwuchses in jungen Jahren dienen und den Einstieg in eine akademische Karriere vorbereiten. Mittelbaupositionen, die wie in Deutschland z.B. bis ins fünfte Lebensjahrzehnt befristet bleiben, sieht das britische akademische System nicht vor. Die reine Forscherkarriere gibt es allerdings auch an den britischen Universitäten nur in Ansätzen. Universitäre Dauerpositionen als Research Fellow, Senior Research Fellow, Professorial Fellow o.ä. sind äußerst selten. Die in Übersicht 3-2 dokumentierte starke Zunahme von unbefristeten *research-only-Tätigkeiten* im Hochschulbereich ist weniger dem Entstehen einer eigenständigen Forscherkarriere zu verdanken, als vielmehr dem Umstand, dass die im RAE und/oder bei der Drittmitteleinwerbung besonders erfolgreichen Hochschullehrer und -lehrerinnen von der Lehre entlastet werden.

Das heißt, der übliche Weg zu einer akademischen Dauerposition ist weiterhin die oben beschriebene Lecturer-Laufbahn. Da in Großbritannien die Konkurrenz um diese Positionen immer schärfer wird und die Qualifikationsanforderungen entsprechend steigen, wird eine vorgeschaltete Phase als Nachwuchsforscherin und -forscher zunehmend zur Regel. Im britischen Universitätssystem lassen sich drei Haupttypen von befristeten Forschungspositionen unterscheiden:

- Reguläre Doktorandenstellen werden normalerweise für drei Jahre (bei Teilzeitdoktoranden sechs Jahre) als *research studentships* auf Stipendienbasis vergeben. Sie werden den Hochschulen von den Research Councils leistungsabhängig zugewiesen, wobei vor allem die RAE-Ergebnisse maßgeblich sind. Die Doktoranden und Doktorandinnen konzentrieren sich deshalb ganz überwiegend auf die forschungsstarken Universitäten, die auf diese Weise eine Schlüsselstellung bei der akademischen Nachwuchsqualifikation einnehmen (Theisens 2003: 35). Daneben gibt es Promotionsstipendien von Stiftungen u.ä., sowie selbstfinanzierte (fees-only) Doktoranden, wobei Nicht-EU-Ausländer erhebliche Beträge bezahlen. Promotionsstellen werden als reine Forschungsstellen verstanden. Sie sind vielfach, besonders in den experimentellen Wissenschaften, in laufende Forschungsprojekte eingebunden. Daneben sind für Doktoranden in begrenztem Umfang auch Tutorentätigkeiten in der Lehre möglich.
- Die wichtigste Gruppe bilden die *early career researchers*, die in der Regel befristet (fixed-term) auf vollen Stellen in einem universitären Drittmittelprojekt tätig sind. Etwa die Hälfte sind Postdocs, die meisten anderen haben einen postgradualen Abschluss.[104] Die Projektleiter bzw. -leiterinnen (Principal Investigators) sind in der Regel fest angestellte Lecturers, Senior Lecturers oder Professors, unter deren Verantwortung die Projektmittel eingeworben werden. Die Stellen für early career Research Assistants, Research Associates und Postdocs sind relativ bescheiden vergütet. Sie werden als akademische Zwischenstationen verstanden, entweder auf dem Weg zur Promotion oder (für Postdocs) als Möglichkeit zum Erwerb von Forschungserfahrung und akademischer Reputation und

[104] Angaben nach Metcalf et al. (2005: 52, 62), nur für England, ohne Medizin.

damit als Sprungbrett zur Lecturer-Karriere, oder aber als Vorbereitung für eine Forschungstätigkeit in der Wirtschaft und nur in Ausnahmefällen als Beginn einer reinen Forschertätigkeit auf Dauer an der Universität (Roberts 2002: 148ff.).

- Eine weitere Form von befristeten Beschäftigungsverhältnissen sind die prestigeträchtigen *Fellowships*, die längerfristig, meist für 5 Jahre an Postdocs vergeben werden, etwa von der Royal Society oder vom Welcome Trust (oder auch die Marie Curie Fellowships der Europäischen Union), um besonders vielversprechenden Forscherinnen und Forschern gute Ausgangsbedingungen zu geben. Research Councils UK, die Dachorganisation der britischen Research Councils, verleiht die angesehene RCUK Academic Fellowships.[105] Mit diesen nach strengsten Auswahlverfahren für fünf Jahre vergebenen Fellowships wird eine „fast track"-Strategie (Akkers/Oliver 2007: 4) eingeleitet, die besonders gute Forscher und Forscherinnen möglichst rasch in verantwortliche und selbständige Hochschullehrerpositionen bringen soll.

Andererseits ist aber auch deutlich, dass damit das Laufbahnproblem für normale Early Career Researchers, die keine realistische Aussicht auf eine unbefristete Hochschullehrerstelle haben, noch nicht gelöst ist. In der Tat besteht hier ein Dilemma: Insbesondere an den Forschungsuniversitäten wächst der Bedarf an befristetem Drittmittelpersonal. Da aber im Sinne des britischen Karriereleitbildes die Drittmittelstellen als streng befristete Qualifikationsstellen für Junior Researchers begriffen werden, bedeutet dies, dass ein Großteil der universitären Forschung von Berufsanfängern getragen wird. Die von Gewerkschaften und Betroffenen immer wieder gebrandmarkte Alternative ist die Existenz einer Gruppe von „nomads of the higher education world" (Sanders 2005), meist promovierter Wissenschaftlerinnen und Wissenschaftler mit einer Kette von befristeten Drittmittelverträgen an unterschiedlichen Universitäten. Dies führt zwar mit steigender Forschungserfahrung zu einem auskömmlichen Gehalt, aber nur selten zu einer Festanstellung.

[105] Weitere Informationen dazu unter: http://www.rcuk.ac.uk/documents/researchcareers/acfellow/acfellowschemereport.pdf (letzter Zugriff 13.11.2013).

3.3.3 *Akademisches Personal aus dem Ausland*

Ähnlich wie die Forschungsuniversitäten in den USA sind auch die britischen Universitäten offen für Doktoranden und Postdocs aus dem Ausland. Man kann davon ausgehen, dass diese nicht alle beabsichtigen eine dauerhafte wissenschaftliche Beschäftigung in Großbritannien aufzunehmen. Auch das Sammeln von Forschungserfahrungen im Ausland für eine begrenzte Zeit kann sich bei der Karriere im eigenen Land als förderlich erweisen.

Im akademischen Jahr 2009/10 sind 43,9 Prozent aller an britischen Universitäten absolvierten Promotionen von Doktoranden und Doktorandinnen mit nicht-britischer Staatsbürgerschaft abgelegt worden, während der Ausländeranteil beim ersten Studienabschluss an britischen Hochschulen lediglich 14,7 Prozent betragen hat.[106] Offensichtlich verlässt ein nicht unerheblicher Teil nach der Promotion das britische Hochschulsystem: Im Jahr 2010/11 z.B. lag der Ausländeranteil bei den Professors an englischen Hochschulen bei 17 Prozent, bei den Senior Academics bei 18 Prozent und bei den Academics (überwiegend Lecturers) bei 25 Prozent. Bei der Kategorie der Assistant Academics, zu der auch die Postdocs gehören, betrug er immerhin 36 Prozent (HEFCE 2012a: 30). Das bedeutet, dass auch das britische, ähnlich wie das US-amerikanische Forschungssystem teilweise von ausländischem Forschungsnachwuchs mitgetragen wird. In den oberen Rängen wird der Ausländeranteil geringer. Dennoch ist der Ausländeranteil unter den Professors mit 17 Prozent, im Vergleich zu deutschen Universitäten mit knapp 8 Prozent, deutlich höher.[107]

3.4 Fazit

Die Länderstudie zu Großbritannien zeigt, dass das Universitätssystem durch einen Spagat zwischen einer traditionellen Lehrorientierung und der neu hinzugekommenen Priorisierung der Forschung gekennzeichnet ist. Beides hat sich durch die grundlegende Verwettbewerblichung

[106] Berechnet nach HESA 2010: Table 17. Für höhere Postgraduate Degrees lag der Ausländeranteil bei 57,3%, wobei der Anteil der Nicht-EU-Bürger 45,7% betrug, ein Indiz für die enorme Bedeutung, die die akademische Ausbildung von Studierenden aus Drittweltländern für das Hochschulsystem in Großbritannien hat.

[107] Angaben berechnet nach: Statistisches Bundesamt 2011: 30, 41.

der Forschung und die stark gestiegenen Studiengebühren verändert. Eine gewisse Annäherung an das US-amerikanische System ist unübersehbar, gerade im Hinblick auf die starke Internationalisierung der Promotions- und Postdoc-Ebene. Im Hinblick auf die Karrierestruktur gibt es aber keine erkennbare Annäherung an das US-amerikanische Tenure Track-Modell. Das britische Tenure-System, das ein relativ frühes Einmünden in dauerhafte Hochschullehrerpositionen vorsieht, hat sich eher wieder verstärkt. An den britischen Forschungsuniversitäten wird auf die qualitätssichernde Wirkung des Research Assessment Exercise bzw. des Research Excellence Framework, gesetzt, in den USA auf die Tenure-Evaluation. Auf dieser Grundlage wird es möglich, Lehr- und Forschungsaufgaben unter den Hochschullehrenden leistungsbezogen zu verteilen. Der traditionelle Weg, die Nachwuchsqualifizierung mit Hilfe von Early Career Research Positions zu bewältigen, wird seit Mitte der 1990er Jahre zunehmend als problematisch empfunden, ohne dass eine tragfähige Alternative erkennbar wäre. Der vergleichende Blick auf die Situation in Deutschland zeigt, dass der Bestand an unbefristeten Hochschullehrerstellen, auf die sich Nachwuchsforscher und -forscherinnen mit Aussicht auf Erfolg bewerben können, in Großbritannien vergleichsweise breit ist, da auch an den weniger forschungsorientierten Universitäten und New Universities Lecturer-Karrieren möglich sind.

Einschränkend muss hinzugefügt werden, dass die Grauzone der statistischen Kategorie des Atypical Staff es schwierig macht, die Klagen der ACU und anderer Interessensvertretungen über die zunehmende Casualisation of Academic Work auf ihre Stichhaltigkeit zu prüfen. Einiges spricht dafür, dass neben der regulären, am Tenure-Modell orientierten Hochschullehrerlaufbahn, ein zweiter akademischer Arbeitsmarkt für Lehr- und Forschungspersonal in unstabilen Beschäftigungsverhältnissen ohne klare Zukunftsperspektiven an Bedeutung gewinnt.

4 Frankreich

4.1 Institutionelle Differenzierung des französischen Wissenschaftssystems[108]

Die Bruttoinlandsausgaben für Forschung und Entwicklung (BAFE) wurden im Jahr 2009 in Frankreich zu ca. 62 Prozent in der privaten Wirtschaft verausgabt, zu ca. 37 Prozent im staatlichen Sektor.[109] Innerhalb des staatlichen Sektors verteilen sich die Ausgaben zu 22 Prozent auf die akademische Forschung und Entwicklung und zu 15 Prozent auf sonstige staatliche Forschung und Entwicklung.[110]

In noch stärkerem Maße als in Deutschland ist das Wissenschaftssystem in Frankreich dual strukturiert, mit einer deutlichen Differenzierung zwischen Hochschulen und außeruniversitären akademischen Forschungseinrichtungen. Die französischen Universitäten waren seit der napoleonischen Hochschulreform im frühen 19. Jahrhundert in erster Linie Einrichtungen der Lehre, nicht der Forschung.[111] Das gilt auch für den zweiten wichtigen Sektor des traditionellen französischen Hochschulsystems, die auf die Elitenbildung ausgerichteten *Grandes Écoles* (vgl. Suleiman 1979; Bourdieu 1989; Gaillard 1999; Belhoste 2003). Die zentralstaatlich orientierte Struktur des französischen Modells war und ist verantwortlich dafür, dass die Universitäten und Grandes Écoles in Frankreich vor allem der Ausbildung und Examinierung von Fach- und Spitzenkräften für Wirtschaft, Verwaltung und öffentliches Bildungswesen sowie für die medizinischen und juristischen Professionen dienen, während die akademische Forschung weitgehend in einem komplexen nicht-universitären staatlichen Forschungssektor

[108] Mit herzlichem Dank an Christian Papilloud für die kritische Durchsicht.

[109] Circa 1% der Bruttoinlandsausgaben für Forschung und Entwicklung (BAFE) entfielen auf den privaten Non-Profit-Sektor (BMBF 2012: Tab. 16).

[110] Berechnet nach MENESR (2011: 71, Tab. 01), ohne militärische Forschungsausgaben. Dem akademischen F&E-Bereich wurden dabei zugerechnet: EPST, CNRS, Universitäten und sonstige Einrichtungen des Enseignement Supérieur, Grandes Écoles außerhalb der Zuständigkeit des Erziehungsministeriums.

[111] Vgl. hierzu das Länderkapitel Frankreich von Kreckel in Kreckel (2008a: 88ff.), in dem ausführlicher auf die historischen Besonderheiten des französischen Hochschul- und Wissenschaftssystems eingegangen wird.

verankert ist. Dabei ist hervorzuheben, dass es zu einer relativ klaren Trennung zwischen staatlicher Ressortforschung und primär akademischer Forschung (bzw. Grundlagenforschung), wie sie für Deutschland typisch ist, in Frankreich nicht gekommen ist. Der Versuch, dem 1939 gegründeten CNRS (Centre National de Recherche Scientifique) die alleinige Verantwortung für die außeruniversitäre akademische Forschung zu übertragen, konnte nicht durchgehalten werden (Braun 1997: 234ff.). Heute existieren neben den Instituten des CNRS als dem weitaus größten Träger außeruniversitärer Forschung noch acht andere *Établissements Publics à Caractère Scientifique et Technologique* (EPST), die unterschiedlichen Ministerien unterstehen und ebenfalls wissenschaftliche Ziele verfolgen.[112]

Seit einigen Jahren gibt es in Frankreich deutliche Anstrengungen, die duale Spaltung des Wissenschaftssystems zu überwinden und Hochschulen stärker in die Forschung einzubinden. So wurden seit 1995 an den Hochschulen die *unités mixtes de recherche* (UMR) geschaffen, an denen Hochschullehrerinnen und -lehrer und CNRS-Forscherinnen und Forscher zusammenarbeiten. Seit 2006 wird die Gründung sogenannter *pôles de recherche et d'enseignement supéreur* (PRES) gefördert, in denen Hochschulen und außeruniversitäre Forschungseinrichtungen gemeinsame Forschungsschwerpunkte bilden.[113] 2005 wurde auch die *Agence Nationale de Recherche* (ANR) ins Leben gerufen, eine Forschungsförderorganisation, die sich, in expliziter Anlehnung an die britischen Research Councils und die deutsche DFG, die staatliche Finanzierung befristeter Forschungsprojekte zur Aufgabe macht und damit auch die Drittmittelforschung an den Hochschulen verankern möchte. Allerdings gingen im Jahr 2011 über die Hälfte der ANR-Fördermittel an staatliche Forschungsinstitute, allein 31,5 Prozent an den CNRS, und nur 28,4 Prozent an die Hochschulen (ANR 2012: 4).[114] Angesichts der Vielfalt und Unübersichtlichkeit der Wissenschaftslandschaft in Frankreich spricht der Ende 2012 erschienene

[112] CEMAGREF/IRSTEA (Agrartechnik), INED (Demografie), INRA (Landwirtschaft), INRETS (Verkehr), INRIA (Informatik), INSERM (Medizin), IRD (Entwicklungsökonomie), LCPC (Hoch- und Tiefbau); vgl. Kaiser (2007: 3).

[113] Im Jahr 2012 bestanden 26 PRES: http://www.enseignementsup-recherche.gouv.fr/cid20724/les-poles-de-recherche-et-d-enseignement-superieur-pres.html (letzter Zugriff 13.11.2013).

[114] Zum Vergleich: In den Jahren 2008 bis 2010 gingen 88,9% der Förderung durch die Deutsche Forschungsgemeinschaft an Hochschulen und 7,4% an die außeruniversitären Einrichtungen der MPG, WGL, HGF und FhG (DFG 2012: 66).

Bericht der *Assises de l'enseignement supérieur et de la recherche* an den Staatspräsidenten noch immer von einem „institutionellen Mikado" (AESR 2012: 46) der Hochschul- und Forschungseinrichtungen, welches es dringend zu vereinfachen gelte.

Denn auch das französische Hochschulsystem ist sehr komplex. Grundlegend ist zwar die binäre Differenzierung zwischen Universitäten und Grandes Écoles. Aber für die Erfassung der realen Vielfalt der Éducation Supérieure genügt diese Unterscheidung bei weitem nicht, da es zwischen und neben diesen beiden Polen sowie unterhalb und sogar in ihnen weitere Einrichtungen gibt, die wissenschaftliche Hochschulgrade verleihen. So sind rund sechzig Prozent der insgesamt ca. 2,3 Millionen Studierenden (2011), die einen Hochschulabschluss anstreben, in universitären Einrichtungen inskribiert, die sich in folgende Bereiche gliedern[115]:

- Der größte Anteil der Studierenden (rund 55 Prozent) ist an den insgesamt 74 staatlichen Universitäten[116] eingeschrieben.[117] Die französischen Universitätsabschlüsse sind vollständig auf das Bologna-System (Licence-Master-Doctorat) umgestellt worden.[118] Das bisher für alle Universitäten selbstverständliche Promotionsrecht ist seit dem Jahr 2006 verpflichtend an die Existenz von akkreditierungspflichtigen *Écoles Doctorales* gebunden. Außer in den medizinischen und pharmazeutischen Fächern und in den Lehramtsstudiengängen haben die französischen Universitäten keine Zulassungsbeschränkungen.[119] Das strikte französische Prüfungssystem

---

[115] Die Angaben in der folgenden Aufstellung sind, wenn nicht gesondert ausgewiesen, den Repères et Références Statistiques des Erziehungsministeriums (MENESR 2012e) entnommen.

[116] Quelle: MENESR (2012e: 72). Unter den 74 Universitäten befinden sich zwei Universitäten in den Übersee-Departments Gouadeloupe und La Réunion.

[117] Neben den staatlichen Universitäten gibt es 34 meist kleinere theologische und konfessionell geprägte Hochschuleinrichtungen, die im laizistischen Frankreich als private Universitäten gelten. Es studierten dort im Akademischen Jahr 2005/06 insgesamt 21.307 Personen, d.h. weniger als 1% der Studierenden in Frankreich.

[118] Das Baccalauréat in Frankreich entspricht dem deutschen Abitur. Im Bologna-System wurde deshalb anstelle des Bachelorgrades die Licence als erster Studienabschluss beibehalten.

[119] Die 30 Lehrerbildenden Instituts Universitairs de Formation de Maîtres (IUFM) mit etwa 4% der Studierenden wurden in den Jahren 2008 bis 2010 vollständig in die Universitäten integriert.

sorgt allerdings für hohe Durchfallquoten in den ersten Studienjahren (vgl. MENSR 2013: 48f.).

- Innerhalb der Universitäten gibt es als separate Hochschuleinrichtungen 106 *Instituts Universitaires de Technologie* (IUT) mit rund 5 Prozent der eingeschriebenen Studierenden.[120] Die Hauptfunktion der IUTs ist die zweijährige berufsorientierte Ausbildung zum *Diplôme Universitaire de Technologie* (DUT). Es kann aber auch eine dreijährige *Licence Professionelle* oder eine *Diplôme Universitaire* erworben werden. Wegen der begrenzten Studienplatzzahlen der IUTs sind, ähnlich wie in den deutschen Fachhochschulen, strenge leistungsbezogene Zulassungsbeschränkungen verbreitet.

Eine Besonderheit des tertiären Bildungssystems in Frankreich besteht darin, dass bestimmte akademische Lehraufgaben unterhalb der Hochschulebene wahrgenommen werden. Eine große Zahl von Gymnasien (lycées) bietet nach dem Baccalauréat spezielle zwei- und dreijährige gymnasiale Hochschulstudiengänge an, die zu anerkannten akademischen Abschlüssen führen:

- An den *Sections de Techniciens Supéreurs* (STS) werden an zahlreichen Gymnasien stark verschulte Ausbildungsgänge angeboten, die der höheren Berufsausbildung dienen. Sie werden von den Schulen in Kooperation mit Betrieben durchgeführt und sind den deutschen Berufsakademien nicht unähnlich. Etwa 11 Prozent der französischen Studierenden studieren an einer STS. Der dort erworbene akademische Abschluss, das *Brevet de Technicien Supérieur* (BTS), ist den ersten zwei Universitätsjahren (insbesondere dem Diplom der IUTs) gleichwertig und ermöglicht den Einstieg in das dritte Jahr eines universitären Licence-Studienganges.
- Besonders angesehen und sehr selektiv sind die zweijährigen *Classes Préparatoires des Grandes Écoles* (CPGE), die nach dem Baccalauréat (Abitur) auf die Eingangsprüfung zu den Grandes Écoles vorbereiten. Sie finden an etwa 400 teils öffentlichen, teils privaten Gymnasien statt, rund drei Prozent der französischen Studierendenschaft ist dort inskribiert. Die Schulstatistik weist an den französischen Gymnasien für 2011/12 insgesamt 2.171 Gymnasiallehrer und -lehrerinnen als *professeurs de chaire supérieur* aus, die über-

[120] Die Homepage des Reseau des IUT nennt die Zahl 115: http://www.iut-fr.com/general/lmd/ (Zugriff 12/2012). Wir folgen hier stattdessen den Angaben der amtlichen Statistik (MENESR 2012e).

wiegend für die *Classes Préparatoires* zuständig sind (MENESR 2012e: 294, 300f.). Der im Rahmen einer CPGE erworbene Abschluss bereitet einerseits auf den Aufnahme-Concours zu einer Grande École vor, andererseits gilt er auch als Äquivalent für die ersten zwei Studienjahre der regulären dreijährigen Licence-Studiengänge der französischen Universitäten (Musselin 2006: 714ff.).

Das restliche Viertel der Studierenden in Frankreich ist im nicht-universitären Hochschulbereich immatrikuliert. Dieser wird zwar vom Vorbild der Grandes Écoles geprägt, insbesondere von ihren sehr selektiven Zulassungsverfahren (Concours) und ihrem Nimbus als wettbewerbsorientierte Eliteeinrichtungen. Neben den Grandes Écoles gibt es aber eine Vielzahl weiterer öffentlicher und privater Spezialhochschulen unterschiedlicher Qualität:

- Zunächst sind hier die insgesamt 12 staatlichen *Grands Établissements* mit Hochschulfunktionen zu nennen, an denen rund 87.000 Studierende (ca. 4 Prozent) eingeschrieben sind. Ähnlich wie bei den Grandes Écoles gelten dort strenge Zulassungskriterien und es werden vor allem Studiengänge oberhalb der Licence-Ebene angeboten. Zu den Grands Établissements gehören so renommierte Hochschuleinrichtungen wie das Institut d'Études Politiques Paris, die École Pratique des Hautes Études, die École des Hautes Études en Sciences Sociales sowie, als besonderes Kuriosum, die Université Paris-Dauphine (Paris IX) und die Université de Lorraine, die in den letzten Jahren den Status von Grands Établissements erlangt haben, aber weiterhin auch der Kategorie der Universitäten angehören.
- Was die Grandes Écoles selbst angeht, so gehören 207 französische Hochschulen der *Conférence des Grandes Écoles* (CGE) an, darunter rund 60 Prozent staatliche Einrichtungen in der Trägerschaft unterschiedlicher Ministerien, und zwar 145 Écoles d' Ingénieurs, 40 Écoles de Management sowie 22 Écoles de Spécialités Diverses (darunter ENA und ENS). Insgesamt studieren dort knapp 12 Prozent der Studierenden in Frankreich.[121] Obwohl unter den Grandes Écoles die Ingenieur- und die Managementhochschulen deutlich überwiegen, beruht ihr traditioneller Nimbus als Eliterekrutierungsanstalten nach wie vor auf sehr wenigen exklusiven Einrichtungen, insbesondere der Verwaltungshochschule Ecole

[121] Angaben nach CGE (2012: 7, 38; ohne CPGE-Studierende).

Nationale d'Administration (ENA) und der ingenieurwissenschaftlichen Pariser École Polytechnique (Beiname „X“), gefolgt von der stark geisteswissenschaftlich orientierten École Normale Supérieure (ENS) und der wirtschaftlich ausgerichteten École des Hautes Études Commerciales (HEC). Rein quantitativ haben sich die Gewichte durch das Hinzukommen vieler weiterer Grandes Écoles verschoben, und auch qualitativ sind die Unterschiede zwischen den einzelnen Einrichtungen beträchtlich. Ihr Bemühen zielt darauf hin, sich als Einrichtungen der Postgraduiertenausbildung im französischen Hochschulsystem zu etablieren. Sie verzichten in der Regel auf grundständige Studiengänge mit Licence-Abschlüssen. Ihr besonderes Markenzeichen sind die strengen Aufnahmeprüfungen (Concours) sowie der Grad des *Master Specialisé*, der nur an Grandes Écoles vergeben wird.

- Der Übergang von den Grandes Écoles zu einer äußerst heterogenen Restgruppe von nicht-universitären Spezialhochschulen (écoles supérieures specialisées), an denen rund ein Zehntel der Studierenden in Frankreich eingeschrieben ist, ist fließend. Zu ihnen zählen viele staatliche und private Ingenieur- und Management-Hochschulen unterschiedlichster Qualität, mit und ohne Grande École-Anspruch, die nicht Mitglied in der Conférence des Grandes Écoles sind, außerdem zahlreiche Spezialhochschulen im Kunst-, Kultur-, Gesundheits- und Sozialbereich, Landwirtschafts- und Architekturhochschulen usw., in teils öffentlicher, teils privater Trägerschaft.[122]

Die an den staatlichen Hochschulen anfallenden Studiengebühren sind, gemessen an den Usancen in England und USA, mit ca. 200 bis 500 Euro pro Jahr relativ gemäßigt, etwas höher liegen einige Grands Établissements. Dagegen wird bei den privaten Ingenieur- und Ma-

[122] Daneben gibt es 13 meist kleinere theologische Hochschulen und konfessionell geprägte Hochschuleinrichtungen, die zwar vom Staat subventioniert werden, im laizistischen Frankreich aber als private Hochschulen gelten. Es studieren dort weniger als 1 Prozent der Studierenden. Ansonsten befinden sich 44 Écoles d'Íngenieurs und 24 Écoles de Commerce in privater Trägerschaft, von denen zwei Drittel ebenfalls staatlich subventioniert sind. Nach Angaben des Erziehungsministeriums studieren insgesamt 14% der Studierenden in Frankreich an Privathochschulen: http://www.enseignement sup-recherche.gouv.fr/cid49085/les-etablissements-enseignement-superieur-prives.html (letzter Zugriff 13.11.2013).

nagement-Hochschulen zum Teil das englische Gebührenniveau erreicht.[123]

4.2 Stellenkategorien und Ist-Situation an akademischen Einrichtungen in Frankreich

4.2.1 Das französische Habilitations- und Tenure-Modell

Ungeachtet des komplexen Hochschul- und Studiensystems ist im zentralistischen Frankreich die Personal- und Karrierestruktur für das wissenschaftliche Hochschulpersonal in allen vom französischen Hochschul- und Forschungsministerium kontrollierten staatlichen Einrichtungen der Éducation Supérieure einheitlich geregelt. Ebenso wie in den USA und in Großbritannien wird von der Normvorstellung ausgegangen, dass die akademische Lehre in den Händen von hauptberuflichen und eigenverantwortlichen Hochschullehrinnen und -lehrern liegen sollte, und zwar von vollzeitbeschäftigten *Enseignants-Chercheurs.*[124] Sie haben in Frankreich eine beamtete Lebenszeitstellung inne, für die das folgende Laufbahnmodell gilt:

- An der Spitze der Hierarchie steht die Gruppe der *Professeurs des Universités*. Qualifikationsvoraussetzung für die Berufung auf eine Professur ist der Doktortitel und als weitere Qualifikation die *habilitation à diriger des recherches*, die den Qualitätsanforderungen der deutschen Habilitation sehr ähnlich ist (vgl. dazu Kapitel 4.3.1). Innerhalb der Gruppe der berufenen Professoren und Professorinnen gibt es keine formellen Rangunterschiede, wie sie im deutschen W-Stellensystem bestehen. Es existieren drei Besoldungsklassen (grades): seconde classe, première classe und classe exceptionelle, innerhalb derer es jeweils mehrere Dienstaltersstufen gibt. Für die Spitzengruppe der classe exceptionelle gilt eine nationale Quote von 10 Prozent der Stellen für Professuren. Die Idee eines Hausberufungsverbots als Instrument der Qualitätssicherung kennt das

[123] Siehe: http://www.allemagne.campusfrance.org/node/64895 (letzter Zugriff 13.11. 2013).

[124] Allgemeine Bezeichnung für Hochschullehrer und -lehrerinnen, die 1984 eingeführt wurde, um zu unterstreichen, dass an der Hochschule hauptberuflich Lehrende stets auch Forschende sein sollen.

französische Wissenschaftssystem nicht. An seiner Stelle steht das Leitbild des Concours: des streng kontrollierten und anonymisierten überregionalen Leistungswettbewerbs unter formal gleichen Prüfungsbedingungen. Dies soll dafür sorgen, dass die jeweils Besten ohne Rücksicht auf ihre Herkunft ausgewählt werden (kritisch hierzu Bourdieu 1984; Hartmann 2002).

- Die zweite Kategorie von Enseignants-Chercheurs bildet die Gruppe der *Maîtres de Conférences* (Hochschuldozenten). Auch sie werden aufgrund eines formellen Berufungsverfahrens rekrutiert und sind nach einer Probezeit von einem Jahr Lebenszeitbeamte und vollgültige Hochschullehrer und -lehrerinnen mit weitgehend gleichen Rechten und Pflichten in Lehre und Forschung wie die Professoren und Professorinnen. Insofern sind sie dem britischen Lecturer mit Tenure vergleichbar und können in vergleichender Perspektive als Hochschullehrende *de statut junior*[125] verstanden werden. Allerdings können sie nicht selbständig Doktoranden betreuen, da die habilitation à diriger des recherches nicht zu ihren Qualifikationsvoraussetzungen gehört.[126] Auch die großen Vorlesungen (cours magistraux) sind in der Regel den Professoren und Profssorinnen vorbehalten. Außerdem bilden die *Maîtres de Conférences* in der Selbstverwaltung der Universität eine gesonderte Statusgruppe. Der Ernennung zum Maître de Conférences erfolgt, wie bei Professuren, nach einem förmlichen Bewerbungs- und Berufungsverfahren. Voraussetzung ist der Doktorgrad, jedoch nicht die Habilitation. Auch für die Maîtres de Conférences gibt es Besoldungsklassen (classe normale und hors classe) mit interner Dienstaltersstufengliederung (MENESR 2010). Ähnlich wie bei den Professorinnen und Professoren gilt auch hier für die Spitzenkategorie hors-classe eine nationale Quote, und zwar von acht Prozent der Stellen. Auch bei der Berufung zum Maître de Conférences existiert kein Hausberufungsverbot. Sobald die habilitation à diriger des recherches erworben wurde, kann eine Bewerbung auf eine Professur erfolgen. Die Maîtres de Conférences und die Professeurs des Universités

[125] Diese Zuordnung findet sich auch in der amtlichen Hochschulpersonalstatistik, vgl. MENESR (2011c).

[126] Diese Einschränkung gilt nicht für die bereits habilitierten Maîtres de Conférences.

gehören nach französischem Beamtenrecht getrennten Statusgruppen bzw. *Kurien* (Corps) an.[127]

- Eine Besonderheit des französischen Universitätssystems sind die zahlreichen auf Lebenszeit beamteten *Enseignants du Secondaire* (professeurs agrégés und professeurs certifiés) im Lehrkörper der Universitäten und besonders der IUTs, die, zumindest im Prinzip, ausschließlich für die Lehre bestimmt sind und nicht als eigenständige Hochschullehrer und -lehrerinnen gelten. Sie sind von den Gymnasien abgeordnet und insofern den deutschen Studienräten im Hochschuldienst ähnlich. Allerdings hat sich in Frankreich in den Fächern, die auch an den Lycées gelehrt werden, die Tradition einer engen Verzahnung zwischen Gymnasium und Universität bis heute erhalten. Manche Enseignants du Secondaire werden nach Erwerb der entsprechenden Qualifikation auch zum Maître de Conférences oder Professeur des Universités berufen (vgl. Musselin 2005: 29f.).

Zusammen genommen machen die drei genannten Gruppen von vollberuflichen Lebenszeitbeamten etwa vier Fünftel des Lehrkörpers an staatlichen Hochschulen in Frankreich aus.[128] Aber nicht nur für sie, sondern auch für die sehr viel kleinere Gruppe der *Enseignants non-permanents* (befristetes Lehrpersonal) gilt ein strenges, durch Gesetze und ministerielle Verordnungen detailliert geregeltes Planstellenprinzip:

- Als Qualifikationsstelle für den Hochschullehrernachwuchs ist die Position des *Attaché Temporaire d'Enseignement et de Recherche* (ATER) vorgesehen.[129] ATER-Stellen sind auf ein Jahr befristet und

[127] Die gesetzliche Grundlage, durch die die getrennten Corps der Professeurs des Universités und der Maîtres de Conférence begründet und bis ins Einzelne geregelt werden, ist das Décret n°84-431 du 6 juin 1984 fixant les dispositions statutaires comunes applicables aux enseignants-chercheurs et portant statut particulier du corps des professeurs des universités et du corps des maîtres de conférences. Version consolidée au 01 septembre 2009: http://www.legifrance.gouv.fr/affichTexte.do?cidTexte=LEGITEXT000006064492 (letzter Zugriff 13.11.2013).

[128] Siehe: http://www.enseignementsup-recherche.gouv.fr/pid24589/les-personnels-enseignants-non-permanents.html (letzter Zugriff 13.11.2013).

[129] Die Kategorie der beamteten Assistants ist im Jahr 1984 abgeschafft worden. Die französischen Universitätsassistenten waren in früherer Zeit, ähnlich wie in Deutschland, befristetet beschäftigt gewesen, Mitte der siebziger Jahre aber schrittweise entfristet worden. Da dadurch die Nachwuchspositionen weitgehend blockiert wurden, wurde stattdessen das rigoros befristete Beschäftigungsverhältnis der ATERs geschaffen.

können einmal, in seltenen Ausnahmefällen ein zweites Mal um ein weiteres Jahr verlängert werden. Sie sind in der Regel für Promovierte bzw. Doktoranden im letzten Promotionsjahr bestimmt, die sich für die Bewerbung zum Maître de Conférences qualifizieren wollen. In gewisser Hinsicht sind die ATERs den früheren C1-Assistenten im deutschen System vergleichbar, allerdings mit einem sehr viel kürzeren Befristungszeitraum und wesentlich geringerer Bezahlung. Von den französischen ATERs wird allerdings, im Unterschied zu den deutschen Assistenten, noch nicht der Schritt zur Habilitation erwartet, weil dazwischen noch die Karrierestufe des Maître de Conférences liegt, für die sie sich während ihrer Zeit als ATER qualifizieren sollen. ATER-Stellen sind mit dem gleichen Lehrdeputat belastet wie die Professuren und die Maîtres de Conférences. Rund die Hälfte der ATERs ist in Teilzeit, die andere Hälfte in Vollzeit beschäftigt.

- Das funktionale Äquivalent zu den ATERs, allerdings deutlich besser bezahlt, sind in der Hochschulmedizin für den klinischen Bereich die *Chefs de Clinique-Assistants* (CCA) mit Aufgaben in Lehre, Forschung und Krankenversorgung. Nach Abschluss der letzten Stufe des Medizinstudiums (internat) werden diese Stellen für zwei, maximal vier Jahre vergeben (sog. clinicat). In den nichtklinischen Fächern sind stattdessen die (ebenfalls auf maximal vier Jahre befristeten) Stellen der *Assistants Hospitaliers Universitaires* (AHU) angesiedelt. Oberhalb der Position der CCAs bzw. AHUs gibt es die Position der *Praticiens Hospitaliers Universitäires* (PHU). Es handelt sich dabei um beamtete Mediziner des öffentlichen Gesundheitswesens, die für einen Zeitraum von maximal acht Jahren (die Zeit als CCA bzw. AHU eingerechnet) an eine Universität abgeordnet werden können. Aus ihren Reihen rekrutieren sich in der Regel die späteren Maîtres de Conference und die Professoren und Professorinnen des medizinischen Bereiches, für die zusätzlich zu den akademischen Qualifikationen auch die (durch allgemeinen Concours erworbene) Zugehörigkeit zum Stand (corps) der praticiens hospitaliers erforderlich ist.[130]

Die wenigen noch verbliebenen Assistenten „alten Rechts" werden in der Statistik der Gruppe der Maîtres de Conférences zugeornet.

[130] Vgl. dazu: http://www.med.univ-rennes1.fr/cerf/edicerf/guidemetho/008.html (letzter Zugriff 13.11.2013) sowie das Décret n°2003-142 du 21 février 2003 modifiant le

- Eine weitere Kategorie befristet tätiger wissenschaftlicher Hochschulangehöriger sind die *Lecteurs de Langue Étrangère* und die *Maîtres de Langue Étrangère*, die, ähnlich wie die Lektoren in Deutschland, in der Regel für maximal drei Jahre als Sprachlehrerinnen und -lehrer tätig werden.
- Ein wichtiger Unterschied zum Mittelbau an deutschen Universitäten ist, dass es an den französischen Universitäten keine Promotionsstellen für wissenschaftliche Mitarbeiter gibt. Die Promotion gilt als Teil des Studiums, des sogenannten *troisième cycle*. Die Voraussetzung für die Promotion an einer Universität oder Grande École ist die Zulassung zu einer der dortigen Doktorandenschulen (écoles doctorales). Etwa ein Drittel der Doktoranden sind *Allocataires de Recherche* bzw. *Doctorants Contractuels* (MENESR 2011: 78; Observatoire 2010: 34ff.). Sie beziehen ein sozialabgabenpflichtiges staatliches Doktorandengehalt, das auf drei bzw. vier Jahre befristet ist und keine Lehrverpflichtungen beinhaltet. Sie haben allerdings die Möglichkeit, mit kleinem Stundendeputat als *Moniteur* bzw. *Tuteur* in der Lehre tätig zu werden und dadurch das Doktorandengehalt aufzubessern.[131]
- Eine weitere Besonderheit an den französischen Universitäten sind die relativ zahlreichen *Professeurs Associés en Service Temperaire* (PST) und *Maîtres de Conférences Associés en Service Temporaire* (MCST), die befristet und im Nebenamt an der Universität tätig sind. Bei dieser Kategorie handelt es sich zum Teil um nebenberuflich Lehrende mit Praxiserfahrung, die ungefähr den deutschen Lehrbeauftragten und Honorarprofessorinnen und -professoren vergleichbar sind. Zum größten Teil sind es aber Wissenschaftlerinnen und Wissenschaftler, die in staatlichen Forschungsinstituten, also vor allem beim CNRS, fest verankert sind und gleichzeitig einige Stunden an der Universität lehren, häufig im Kontext einer Unité de Recherche Mixte. Hinzu kommen kurzfristige Gastprofessuren, *Professeurs Invités*, mit begrenzter Lehrtätigkeit.
- Der Vollständigkeit halber sind die *Vacataires* zu nennen: wissenschaftliche Aushilfskräfte (teils studentische Hilfskräfte, teils stun-

décret n° 84-135 du 24 février 1984: http://www.legifrance.gouv.fr/affichTexte.do?cidTexte=LEGITEXT000005633992 (letzter Zugriff 13.11.2013).

[131] Die Regelung für die Doctorants Contractuels ist seit 2009 in Kraft und löst die bisherige Allocation de Recherche ab: http://www.enseignementsup-recherche.gouv.fr/cid20185/le-doctorat.html (letzter Zugriff 13.11.2013).

denweise oder auf Honorarbasis tätige Wissenschaftlerinnen und Wissenschaftler, die in der amtlichen Hochschulpersonalstatistik nicht erscheinen, da sie keine planmäßigen Haushaltstellen innehaben (Musselin 2006: 718).

- Schließlich muss auch auf die Forschungsingenieurinnen und -ingenieure (Ingénieurs de Recherche) aufmerksam gemacht werden. Hier handelt es sich um eine eigenständige Beamtenlaufbahn an Hochschulen und Forschungseinrichtungen. Die *Ingénieurs de Recherche* werden in der Hochschulpersonalstatistik nicht dem wissenschaftlichen, sondern dem Dienstleistungspersonal zugeordnet.[132] Sie sind durchaus nicht nur ausgebildete Ingenieure und Ingenieurinnen, auch andere vor allem naturwissenschaftliche Qualifikationen sind möglich. Ihr Aufgabenbereich ähnelt dem der Inhaber von dauerhaften Funktionsstellen (Laboratoriumsleitungen u.ä.) an deutschen Universitäten und kann auch Lehrtätigkeiten beinhalten.[133]

Auffällig ist, dass in dieser Liste von akademischen Positionen die aus anderen Ländern geläufige Gruppe der befristeten Drittmittelbeschäftigten fehlt. Das liegt u.a. daran, dass die akademische Drittmittelforschung in Frankreich ein relativ junges Phänomen ist. Industriefinanzierte oder vom CNRS geförderte Forschungsprojekte werden oft von abgeordnetem Personal durchgeführt, das in der Personalstatistik nicht sichtbar wird. Dennoch gibt es auch in Frankreich die Kategorie der befristeten Postdocs, worauf unten noch eingegangen wird.

4.2.2 Wissenschaftliches Personal an staatlichen Hochschulen in Frankreich

Die folgende Übersicht 4-1 gibt die Zusammensetzung des wissenschaftlichen Personals im Jahr 2011 wieder, unterschieden nach Universitäten, Instituts Universitaires de Technologie (IUT) sowie der Kategorie Grandes Établissements/Écoles Normales Supérieures. In der letzten Gruppe sind die Grands Établissements mit Hochschulauf-

[132] Die Ingénieurs de Recherche im Hochschulbereich dürfen nicht mit der Personalkategorie gleichen Namens beim CNRS und anderen nicht-universitären Forschungseinrichtungen verwechselt werden.

[133] Siehe: http://www.enseignementsup-recherche.gouv.fr/cid23194/ingenieur-de-recherche.html (letzter Zugriff 13.11.2013).

gaben sowie – als einzige Vertreter der Gruppe der Grandes Écoles – die Écoles Normales Supérieures in Paris, Cachan und Lyon erfasst, die dem Erziehungsministerium unterstehen. Über die vielen anderen Grandes Écoles, die in der Eigenregie anderer Ministerien oder von privaten Trägern geführt werden, gibt es keine statistisch verwertbaren Informationen. Auch über die Personalsituation in dem bunten Mosaik von staatlichen und privaten Spezialhochschulen lassen sich keine belastbaren Aussagen treffen. Ebenso sind über das Lehrpersonal in den akademischen Studiengängen an den Lyzeen in der amtlichen Statistik keine Angaben zu finden (abgesehen von dem oben zitierten Hinweis auf die Gymnasialprofessuren mit chaire supérieure bei den PCGEs). Aus diesen Gründen hält sich auch die französische Hochschulforschung mit Aussagen über den nicht-universitären Bereich weitgehend zurück und verweist auf die begrenzte Aussagefähigkeit der verfügbaren amtlichen Statistik (Musselin 2006: 618). Allerdings gehen von den laufbahn- und besoldungsrechtlichen Regelungen im Bereich des französischen Erziehungsministeriums starke homogenisierende Wirkungen aus, die auf den gesamten Hochschulbereich ausstrahlen. Auch die Grandes Écoles, die nicht dem Erziehungsministerium unterstehen, folgen vergleichbaren Regeln.[134]

Trotz dieser Einschränkungen lassen sich Zusammenhänge erkennen (vgl. Übersicht 4-1): Deutlich wird zunächst, dass in Frankreich in allen drei aufgeführten Hochschularten die Maîtres de Conférences, die Hochschuldozenten der Junior Staff-Ebene, die bei weitem stärkste Gruppe darstellen. Andererseits ist der Anteil der Professuren an den fachhochschulähnlichen IUTs deutlich geringer als bei den Universitäten, wo über 80 Prozent der Enseignants-Chercheurs tätig sind. Klar wird auch, dass der Lehrkörper der IUTs sehr viel stärker von beamteten Enseignants du Secondaire mit vorwiegenden Lehraufgaben geprägt ist als der der anderen Hochschularten.[135] Der Umstand,

[134] Für die Pariser École Polytechnique (X) und die anderen dem Verteidigungsministerium unterstehenden Écoles Polytechniques ist per „Décret n°2000-497 du 5 juin 2000“ eine 5-stufige Karrierestruktur vorgesehen: Professeur, Professeur Associé, Professeur Chargé de Cours, Maître de Conférences, Chargé d'Enseignement: http://www.legifrance.gouv.fr/affichTexte.do?cidTexte=JORFTEXT000000400226 (letzter Zugriff 13.11.2013).

[135] Die verfügbare Statistik unterscheidet nicht zwischen den auf Lebenszeit beamteten Enseignants du Secondaire und den in der Regel befristeten Fremdsprachenlektoren, die allerdings in den IUTs relativ rar sein dürften.

*Übersicht 4-1: Wissenschaftliches Personal an staatlichen Hochschulen nach akademischer Position und Hochschulart in Frankreich, 2011 (in %)**

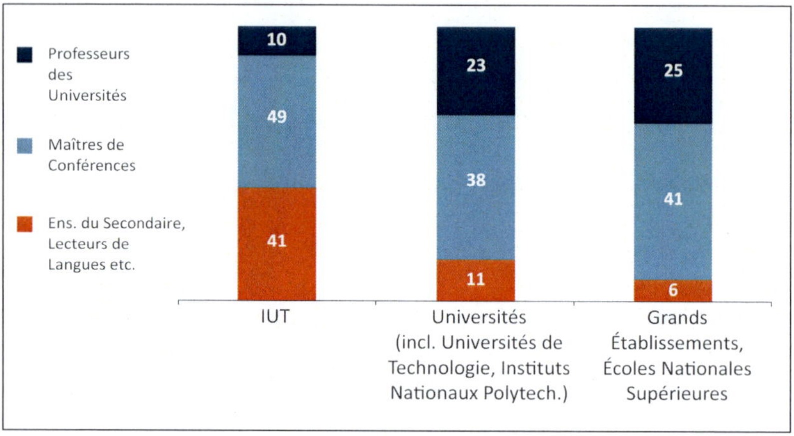

Quellen: MENESR 2012e, RERS 2012: 313 (für IUT und Universités); MENESR 2011c, Tab. 2 (für Grds. Établissements und ENS).

* Die Darstellung umfasst nur Hochschulen unter der Kontrolle des Ministère de l'Éducation Nationale

dass die amtliche Statistik an den IUTs keinerlei befristet beschäftigtes Personal ausweist, ist überraschend.[136]

Des Weiteren fällt auf, dass die z.B. in den USA und Großbritannien beobachtbare Tendenz, dass der Anteil der Professuren bzw. des Senior Staff an den führenden Universitäten größer ist als an anderen, in Frankreich nicht erkennbar ist. Dies könnte an der Unzulänglichkeit der Datengrundlage liegen, in der vor allem die privaten Grandes Écoles nicht vertreten sind. Andererseits sind in der staatlichen Hochschulpersonalpolitik in Frankreich aber auch keine starken Impulse zu einer verstärkten stratifikatorischen Differenzierung des Hochschul- und speziell des Universitätssystems zu beobachten.

[136] Es könnte sich dabei um einen Fehler der Statistik handeln. In der benutzten Quelle (MENESR 2012e: 313) waren auch für die Grands Établissements keine befristeten Beschäftigten ausgewiesen. Dieses Manko konnte durch eine Nachrecherche in MENESR (2011e: Tab. 2) behoben werden.

Übersicht 4-2: Wissenschaftliches Personal an staatlichen Hochschulen nach akademischer Position in Frankreich, 1999, 2003, 2007, 2011[137]

	1999	2003		2007		2011	
	Personen	Personen	VZÄ	Personen	VZÄ	Personen	VZÄ
Professeurs des Universités, auf Dauer	13.583	14.387	14.387	14.819	14.819	15.685	15.685
Maîtres de Conférences, auf Dauer	29.591	32.071	32.071	33.832	33.832	34.257	34.257
Enseignants du Secondaire, auf Dauer	13.188	13.317	13.317	13.408	13.408	12.891	12.891
Auf Dauer (%)	76,2%	73,0%	85,0%	73,3%	85,1%	73,1%	85,1%
ATER	5.485	6.784	4.515	6.768	4.600	5.948	4.519
Moniteurs/ Doctorants mit Lehraufgaben	4.280	6.524	3.936*	6.701	4.019*	8.772	4.473*
Lecteurs, Me de Langues, Contractuels	1.760	1.801		1.734		1.810	
Enseignants Associés	2.641	3.041	1.600	3.161	1.717	2.941	1.551
Professeurs Invités	3.475	3.983	498	4.240	530	3.662	458
Auf Zeit (%)	23,8%	27,0%	15,0%	26,7%	14,9%	26,9%	14,9%
Ingesamt	**73.985**	**81.908**	**70.324**	**84.663**	**72.925**	**85.966**	**73.834**

Quellen: Eigene Berechnungen nach MENESR (2003, 2007, 2011c, 2013b), jeweils: Tables 1 u. 2. Die VZÄ-Angaben wurden nach dem dort beschriebenen Verfahren der amtlichen französischen Hochschulstatistik zusammengestellt.

* Extrapolierte Werte

Deutlich verlässlicher ist die Datenlage, wenn man von der Differenzierung nach Hochschularten absieht und sich auf die Gesamtheit der französischen Hochschulen konzentriert, die sich in der Regie des Erziehungsministeriums befinden (vgl. Übersicht 4-2). Es fällt dort als ein Hauptcharakteristikum der staatlichen Hochschulen in Frankreich sofort die außerordentlich hohe Stabilität der Personalstruktur ins Auge. Ausgedrückt in Vollzeitäquivalenten besteht das wissenschaftliche Personal der staatlichen Hochschulen zu zwei Dritteln aus berufenen Hochschullehrern und -lehrerinnen auf Lebenszeit (Profes-

[137] In der Übersicht 4-2 sind nur Hochschulen unter der Kontrolle des Ministère de l'Éducation Nationale dargestellt, ohne klinische Disziplinen.

seurs und Maîtres de Conférences). Insgesamt befinden sich deutlich über 80 Prozent des wissenschaftlichen Personals in einer beamteten Tenure-Position auf Dauer mit Vollzeitbeschäftigung. Auch das Verteilungsverhältnis zwischen Junior und Senior Staff ist stabil. Seit vielen Jahren gibt es eine implizite Quote, nach der im Durchschnitt aller Hochschularten etwa vier Universitätsprofessuren auf neun Maîtres de Conférences kommen.[138]

4.2.3 *Wissenschaftliches Personal an den nicht-universitären Forschungseinrichtungen in Frankreich*

In dem ausgeprägt dualistisch strukturierten akademischen System Frankreichs ist rund ein Viertel des wissenschaftlichen Personals in nicht-universitären akademischen Forschungseinrichtungen tätig, den *Établissements Publics à Caractère Scientifique et Technologique* (EPST). Zu ihnen gehören u.a. die Institute von CNRS, INRA und INSERM (s.o.). Auch hier ist der größte Teil des hauptamtlichen wissenschaftlichen Personals unbefristet und in Vollzeit als Beamte tätig. Die Karrierestruktur verläuft weitgehend parallel zur Hochschullehrerkarriere:

- Dem Universitätsprofessor gleichgestellt ist die Position des Forschungsdirektors (*Directeur de Recherche*). Forschungsdirektoren werden – wie Professoren – nach dem Verfahren des öffentlichen Concours berufen. Die Habilitation ist zwar keine formelle Qualifikationsvoraussetzung, sie wird aber empfohlen. Hausberufungen und hausinterne Karrieren sind nicht unüblich. Auch hier gibt es, wie bei den Universitätsprofessuren, drei Besoldungsklassen mit jeweils mehreren Untergliederungen und Dienstaltersstufen (deuxième classe, première classe und classe exceptionelle). Aufstiege erfolgen ebenfalls per Concours. Die Bezahlung entspricht ungefähr der der Professeurs des Universités.
- Analoges gilt für die Position des *Chargé de Recherche* (wörtlich: Forschungsbeauftragter). Ähnlich wie im Falle der Maîtres de Con-

[138] Der sprunghafte Anstieg bei der Kategorie Moniteurs/Doctorants Contractuels zwischen 2007 und 2011 ist vor allem darauf zurückzuführen, dass bei dem 2009 gesetzlich eingeführten System der Doctorants Contractuels nicht mehr zwischen Doktoranden mit oder ohne Lehrtätigkeit unterschieden werden kann, während dies beim vorher gültigen System der Allocation de Recherche möglich war, da der Teil der Allocataires mit zusätzlichen Moniteur-Aufgaben gesondert ausgewiesen wurde.

férences sind auch für die Laufbahn der Chargés de Recherche die Promotion und das Bestehen einer wettbewerblichen Concours-Prüfung die obligatorischen Zugangsvoraussetzungen. Es gibt zwei in Dienstaltersstufen untergliederte Besoldungsklassen (lediglich die Eingruppierung hors classe fehlt). Die untere Kategorie, in der zunächst eine 1- bis 2-jährige Probezeit absolviert wird, ist allerdings im Hinblick auf die Bezahlung nicht sehr attraktiv. D.h., sie ist als erster Karriereabschnitt zu verstehen, da mit dem Aufstieg der Chargés de Recherche in die obere Gehaltsklasse im Regelfall gerechnet wird. Aber, wie schon das Fehlen von hors classe-Positionen erkennen lässt, gilt die Karriere des Chargé de Recherche insgesamt nur als erster Laufbahnabschnitt für eine Forscherkarriere, die in der Regel erst mit dem Grad des Directeur de Recherches endet.

- Eine den *Enseignants du Secondaire* an den Hochschulen analoge Rolle spielt in den nicht-universitären akademischen Forschungseinrichtungen die Gruppe der *Ingénieurs de Recherche* (Forschungsingenieure). Während an den Universitäten die – dort relativ wenigen – Forschungsingenieure zum nicht-wissenschaftlichen Personal gezählt werden, werden sie in den Forschungseinrichtungen als vollgültiges wissenschaftliches Personal verstanden. Auch sie sind per Concours rekrutierte Lebenszeitbeamte, für die es die Karrierestufen deuxième classe, première classe und classe exceptionelle gibt.

Die weiteren wissenschaftlichen Personalkategorien der Universitäten, insbesondere der ATER, fehlen bei den akademischen Forschungseinrichtungen. D.h., die Dauerbeschäftigung gilt hier als Regelfall, ebenso wie auch bei den Dienstleistungs- und Verwaltungstätigkeiten.

In der obigen Übersicht 4-2 wurde bereits der außerordentlich hohe Anteil von unbefristet und in Vollzeit beschäftigtem wissenschaftlichen Personal an den französischen staatlichen Hochschulen dokumentiert. Die Daten in der folgenden Übersicht 4-3, die nach einem etwas anderen Verfahren zu Stande gekommen sind, belegen diesen Umstand auch für die nicht-universitären Einrichtungen.[139]

[139] Die zugrundeliegenden Daten der Übersicht 4-3 entstammen nicht der französischen Hochschulstatistik, sondern der F&E-Statistik. Deren Grundgesamtheit ist nicht genau deckungsgleich mit der Hochschulstatistik. Die Übersicht 4-3 bezieht sich auf alle staatlichen Hochschulen und Einrichtungen der außeruniversitären akademischen Forschung. Da im außeruniversitären Bereich die Gruppe der beamteten Ingénieurs de

Übersicht 4-3: Stellenbefristungen an nicht-universitären Hochschul- und Forschungseinrichtungen in Frankreich, 2000, 2004, 2009

		1	2	3	4	5	6
		unbefristetetes wiss. Personal (Personen)			befristetes wiss. Personal		Stipendien
		Prof./ D de R	MdC/ Ch de R	2nd Degré/ Ing de R	befristet (Pers.)	befr. (%)	befr. (VZÄ)
2000	Enseignants-Chercheurs/ Chercheurs	85.293			10.990	11,4%	13.284
	davon: - Hochschulen - EPST*	18.464 6.615	34.224 10 984	11.223 3.783	9.858 1.132	13,4% 5,0%	11. 610 1.674
2004	Enseignants-Chercheurs/ Chercheurs	89.516			12.431	12,2%	14.827
	davon: - Hochschulen - EPST*	19.137 6.631	35.277 10 857	13.511 4.104	10.424 2.007	13,3% 8,8%	11.876 2.951
2009	Enseignants-Chercheurs/ Chercheurs	90.858			15.036	14,2%	*15.496*
	davon: - Hochschulen - EPST*	19.960 6.805	36.070 10.449	12.999 4.575	10.215 4.821	12,9% 18,1%	11.895 3.601

Quellen: MENESR 2011b, sowie (für die Enseignants du Secondaire): MENESR 2002, 2005, 2011a.[140]

* Établissements publics à caractère scientifique et technologique (CNRS, INSERM, INRA etc.)

Wenn man die Stipendiaten (boursiers) und die in der Statistik nicht miterfassten kurzfristigen Aushilfskräfte (vacataires) außer Betracht lässt, zeigt sich, dass im gesamten staatlichen Wissenschaftssystem über 85 Prozent des wissenschaftlichen Personals als Beamte mit unbefristeten Verträgen tätig sind. An den Hochschulen insgesamt (Universitäten, Grandes Écoles und sonstige Établissements de l'Enseignement Supéreur) lag der Anteil des befristeten wissenschaftlichen Personals

Recherche eine analoge Rolle spielt wie die Enseignants du Secondaire im Hochschulbereich, wurde sie als dritte Gruppe neben den Senior- und Junior-Hochschullehrern bzw. Forschern einbezogen. Die an den Hochschulen vorhandenen Ingénieurs de Recherche wurden nicht berücksichtigt, weil sie dort dem nichtwissenschaftlichen Personal zugeordnet sind.

140 Établissements publics à caractère scientifique et technologique (CNRS, INSERM, INRA etc.) Prof: Professeurs des universités MdC: Maîtres de conférences 2nd Degré: Enseignants du Seconaire D de R: Directeurs de recherche Ch de R: Chargés de recherche Ing de R: Ingénieurs de recherché.

in den Jahren 2000 und 2009 konstant bei etwa 13 Prozent. Bei den akademischen nicht-universitären Forschungseinrichtungen, den Établissements Publics à Caractère Scientifique et Technologique (EPST), zu denen u.a. die Institute von CNRS, INRA und INSERM gehören, hat sich allerdings der Befristungsanteil im Verlauf des dokumentierten Jahrzehnts (von 5 Prozent auf 18 Prozent) merklich erhöht (vgl. Übersicht 4-3), was u.a. auf die allmählich zunehmende Bedeutung der Drittmittelbeschäftigung zurückzuführen ist (Observatoire 2010: 64f.).

Das Vorbild für das Karrieresystem an den akademischen Forschungseinrichtungen in Frankreich ist der staatliche Centre National de Recherche Scientifique (CNRS), der allein zwei Drittel des im nicht-universitären Bereich tätigen wissenschaftlichen Personals beschäftigt. Die rund 1.200 Labors (laboratoires) und Forschungsinstitute des CNRS sind fast ausnahmslos als eigenständige Sondereinrichtungen innerhalb von Universitäten angesiedelt. Sie kooperieren dort im Rahmen von *Unités Mixtes de Recherche* (UMR) und *Pôles de Recherche et d'Enseignement Supérieur* (PRES) mit den Universitäten. Bei der Forschung geben sie in diesen Verbünden vielfach den Ton an. Am CNRS Forschende übernehmen häufig nebenamtliche Lehraufgaben als Enseignants Associés, vor allem in der Graduiertenausbildung.[141] Die Bezeichnung außer-universitäre Forschung wäre für die Beschreibung der in der Regel auf Universitätsterrain stattfindenden Tätigkeit des CNRS daher nicht wirklich zutreffend, weshalb hier der Begriff nicht-universitäre Forschung vorgezogen wird.

Im Jahr 2011 beschäftigte der CNRS ca. 14.500 unbefristet tätige Wissenschaftlerinnen und Wissenschaftler, nahezu alle Lebenszeitbeamte in Vollzeitbeschäftigung. In Analogie zu den beamteten enseignant-chercheurs der Universitäten (Professeur und Maître de Conférences) gibt es hier den Status des beamteten Forschers, des *Chercheur titulaire*, der auf der Senior-Ebene von den *Directeurs de Recherche*, auf der Junior-Ebene von den *Chargés de Recherche* eingenommen wird. Die ebenfalls beamteten *Ingénieurs de Recherche* nehmen – zumindest nominell – einen forschungsunterstützenden Status ein. Außerdem gibt es beim CNRS eine größere Zahl von befristet (für maximal für zwei Jahre) tätige Nachwuchswissenschaftlerinnen und -wissenschaftler, die ausdrücklich nicht als wissenschaftliches Personal, sondern als

[141] Seit 2012 können CNRS-Forscher verpflichtet werden, zwei Semesterwochenstunden an der sie beherbergenden Universität zu lehren.

Praktikantinnen und Praktikanten (stagiaires) verstanden werden. Die Doktoranden werden unter dem umständlichen Etikett *Formation à et pour la recherche* (Ausbildung in und für die Forschung) geführt, die Postdocs unter der Bezeichnung *Pratique de la recherche* (Forschungspraxis) und die Praktikanten auf der Ingenieursebene unter der Rubrik *Accompagnement de recherche* (Forschungsbegleitung). Da der CNRS kein eigenes Graduierungsrecht hat, erfolgen die Promotionen, Habilitationen etc. der befristet tätigen Praktikanten stets an einer Universität. Rund drei Viertel der Stagiaires sind nicht vom CNRS finanziert, sondern teils über befristete Drittmittel, teils von entsendenden Einrichtungen, wo sie teilweise über feste Stellen verfügen (CNRS 2012: 76).

Übersicht 4-4: Wissenschaftliches Personal des CNRS nach akademischer Position, 1990-2011

	1990	1999	2003	2007	2011
	Personen	Personen	Personen	Personen	Personen
Directeurs de Recherche, a.D.	3.933	4.559	4.529	4.602	4.759
Chargés de Recherche, a.D.	7.334	7.174	7.123	6.939	6.656
Ingénieurs de Recherche, a.D.	2.265	2.505	2.682	2.892	3.100
Auf Dauer insg.	**13.532**	**14.238**	**14.334 = 77,4%**	**14.433 = 67,0%**	**14.515 = 64,0%**
Postdocs	K.A.	K.A.	4.174	1.764	2.480
Doktoranden				1.720	2.019
Forschungsbegleiter				3.640	3.675
Auf Zeit insg.			**4.174 = 22,6%**	**7.124 = 33,0%**	**8.174 = 36,0%**
Insgesamt			**18.508**	**21.557**	**22.689**

Quelle: CNRS, Bilan Social, verschiedene Jahrgänge.[142]

Wie Übersicht 4-4 zeigt, hat sich der Umfang in der obersten Statusgruppe des CNRS (Directeurs de Recherche und Chargés de Recherche) in den letzten zwei Jahrzehnten nicht nennenswert verändert.[143] Die absoluten Zahlen sind nahezu konstant geblieben. Allerdings hat

[142] Vgl.: http://bilansocial.dsi.cnrs.fr/page/download (letzter Zugriff 13.11.2013).

[143] Zwischen den Angaben über Vollzeitäquivalente (VZÄ) und über Personenzahlen gibt es in der CNRS-Statistik nur ganz geringfügige Unterschiede, da Vollbeschäftigung durchweg die Norm ist. Auf VZÄ-Angaben wurde deshalb hier verzichtet. Die

sich der Anteil der Senior-Positionen (Directeurs de Recherche) im Verhältnis zum Junior-Niveau (Chargés de Recherche) allmählich erhöht, von 35 auf 42 Prozent – ein nicht seltener Vorgang in Organisationen mit geringem strukturellem Wandel. Bei den Ingénieurs de Recherche ist hingegen ein Zuwuchs zu erkennen. Das gilt auch für die befristeten Beschäftigungsverhältnisse, die als Qualifikationsstellen für Forscherinnen und Forscher deklariert sind. An ihnen lässt sich die seit der Etablierung der Agence Nationale de Recherche (ANR) und dem Bedeutungszuwachs der EU-Förderung allmählich zunehmende Drittmittelorientierung des französischen Wissenschaftssystems ablesen.

Vor diesem Hintergrund gibt es seit einigen Jahren auch in Frankreich eine Präkarisierungs-Diskussion, die zum einen für alle Doktoranden finanzierte Arbeitsverträge fordert, was zurzeit bereits für rund zwei Drittel der Fälle zutrifft (Observatoire 2010: 29f.). Zum anderen wird die Zunahme von ungesicherten Postdoc-Karrieren beklagt und ein möglichst zügiger Übergang von der Promotion in eine akademische Dauerposition gefordert.[144] Noch in den letzten Tagen der Präsidentschaft Sarkozy wurde ein diesbezügliches Gesetz verabschiedet.[145] Zwei jüngst im Auftrag des Staatspräsidenten Hollande erstellte Gutachten (AESR 2012; Le Déaut 2013) lassen erwarten, dass die Stellung des wissenschaftlichen Nachwuchses weiter gestärkt werden soll. Dahinter steht das traditionelle Leitbild, dass sowohl die akademische Lehre wie auch die Forschung in Frankreich in erster Linie in der Hand von bereits in jungen Jahren beamtetem Personal liegen sollte, dass möglichst viele Doktoranden öffentlich zu fördern seien und dass die Postdoc-Phase von der Promotion bis zur Verbeamtung (titularisation) kurz sein sollte.

CNRS-Statistik liefert erst seit 2003 interpretierbare Daten zum befristeten wissenschaftlichen Personal.

[144] Vgl. dazu etwa die Stellungnahmen der Confédération des Jeunes Chercheurs: http://cjc.jeunes-chercheurs.org/presentation/ (letzter Zugriff 13.11.2013).

[145] Loi n° 2012-347 du 12 mars 2012 relative à l'accès à l'emploi titulaire et à l'amélioration des conditions d'emploi des agents contractuels dans la fonction publique: http://www.legifrance.gouv.fr/affichTexte.do?cidTexte=JORFTEXT000025489865&dateTexte=&categorieLien=id (letzter Zugriff 13.11.2013).

4.3 Besonderheiten der akademischen Karriere in Frankreich

4.3.1 Berufungsverfahren in Frankreich bei Universitätsprofessuren und Maîtres de Conférences

Die Berufung zum *Professeur des Universités* (wie auch auf andere Beamtenstellen) findet in Frankreich in Form eines *Concours* unter staatlicher Regie statt. Zur Besetzung anstehende Stellen (postes) werden zu bestimmten Zeitpunkten vom zuständigen Ministerium ausgeschrieben. Bewerberinnen und Bewerber müssen drei formelle Qualifikationsvoraussetzungen erfüllen. Die ersten beiden sind dem deutschen Berufungssystem ähnlich, die dritte ist in Deutschland unbekannt (vgl. dazu Musselin 2005, 2010):

1. Promotion (oder Äquivalent) und
2. Habilitation (habilitation à diriger des recherches), die den Qualitätsanforderungen der deutschen Habilitation sehr ähnlich ist.[146] Auch hier ist der Nachweis äquivalenter Leistungen möglich.
3. Hinzu kommt eine weitere selektive Qualitätsprüfung: Der staatliche Conseil National des Universités (CNU)[147] beruft im Benehmen mit den wissenschaftlichen Fachgesellschaften zentrale Fachjurys, die in ihrem jeweiligen Fachgebiet für das Berufungsgeschehen und auch interne Höherstufungen in ganz Frankreich zuständig sind.[148] Diese Jurys wählen alljährlich zu einem festgesetzten Termin unter den habilitierten oder äquivalent qualifizierten Bewerbern und Bewerberinnen um eine Erstberufung zum Professeur des Universités eine (für vier Jahre gültige) Liste von Personen aus, die vom CNU als berufungsfähig anerkannt werden. Nur die in diese Liste aufgenommenen Habilitierten (oder äquivalent Qualifi-

[146] In einigen Disziplinen (Rechtswissenschaft, Volks- und Betriebswirtschaftslehre, Politikwissenschaft) ist der Erwerb einer agrégation du supérieur (ein strenger nationaler Concours, nicht zu verwechseln mit der agrégation du secondaire, die sich primär an Gymnasiallehrer wendet) die entscheidende Voraussetzung für die Berufung zum Professor. Die Habilitation ist für diese agregés du supérieur dann nur noch eine Formalität (Musselin 2005: 29).

[147] Für den medizinischen Bereich übernimmt diese Aufgabe der Conseil National des Universités pour les Disciplines Médicales et Odontologiques.

[148] Der CNU ist u.a. auch für die 2009 beschlossene, aber bis heute noch nicht implementierte periodische Evaluierung der Hochschullehrer zuständig.

zierten) können sich um eine ausgeschriebene Professur bewerben. Dabei konkurrieren die Bewerberinnen und Bewerber um eine Erstberufung mit bereits berufenen Professoren und Professorinnen, die eine Versetzung (mutation) an eine andere Hochschule anstreben. Schließlich gibt es einzelne Fälle, in denen Professuren, meist vorübergehend, auf dem Wege der Abordnung (détachement) von einer anderen Hochschule oder Forschungseinrichtung rekrutiert werden. Die Bewerbungen um eine Mutation oder ein Détachement wurden bisher über den CNU koordiniert und in einer Session synchronisée mit den Bewerbungen um Erstberufungen gemeinsam verhandelt (MENESR 2012e: 17ff.). Seit dem Jahr 2011 können die Universitäten selbst über Mutations entscheiden.

Die solchermaßen qualifizierten und vorselegierten Bewerberinnen und Bewerber können sich dann um ausgeschriebene Professuren bewerben. Für jede zu besetzende Stelle wird von der Universität eine eigene Berufungskommission (comité de selection, seit 2012: commission de spécialistes) bestellt, der zur Hälfte externe Mitglieder angehören müssen. Jede Bewerbung wird von zwei Kommissionsmitgliedern begutachtet und es ist eine Anhörung der in die engere Wahl Gekommenen üblich. Die von der Kommission erstellte Berufungsliste muss dem Conseil d'Administration (CA) der Universität vorgelegt werden, der die Reihung der Kandidaten und Kandidatinnen beschließt.[149] Der Conseil d'Administration oder der Universitätspräsident können die Berufungsliste auch zurückweisen. Die Ernennung für eine Professur erfolgt durch den Staatspräsidenten (MENESR 2012c: 48f.).

Die Berufung zum Maître de Conférences erfolgt nach einem analogen Verfahren wie bei den Professeurs des Universités. Die Qualifikationsvoraussetzung ist hier der Doktorgrad, nicht die Habilitation. Zusätzlich ist ebenfalls die auf vier Jahre befristete Aufnahme in eine Kandidatenliste des CNU (bzw. für Mediziner des Conseil National des Universités pour les Disciplines Médicales et Odontologiques) für Erstberufungen notwendig. Die Ernennung erfolgt durch das zuständige Ministerium.

Auch die internen Beförderungen zum Professeur prémière classe oder classe exceptionelle bzw. zum Maître de Conférences hors classe

[149] Der Conseil d'Administration ist das höchste Selbstverwaltungsgremium einer Universität. Ihm gehören gewählte Vertreter der Statusgruppen an und externe Mitglieder. Den Vorsitz führt der (vom CA gewählte) Universitätspräsident. Der CA verbindet somit Funktionen eines deutschen Akademischen Senats mit denen eines Hochschulrats.

ist an komplizierte Prozeduren gebunden, die unter der Aufsicht der Fachkommissionen des CNU stehen (vgl. MENESR 2010).

4.3.2 Concours und Hausberufung in Frankreich

Hinter den sehr elaborierten Verfahren für die Berufung bzw. Höherstufung im französischen System steht unter anderem die Sorge, dass interne Berufungen und Beförderungen überhand nehmen könnten (Musselin 2010: XIII). Die jeweils Besten werden nach traditionellem Verständnis, dem die Idee des Hausberufungsverbots als Instrument der Qualitätssicherung fremd ist, entsprechend dem Leitbild des Concours ausgewählt, des staatlich kontrollierten und anonymisierten überregionalen Leistungswettbewerbs unter formal gleichen Bedingungen und ohne Ansehen der sozialen Herkunft. Dennoch ist in Frankreich, insbesondere aufgrund der einflussreichen Forschungen von Bourdieu (vgl. z.B. Bourdieu 1984 und 1989), der Blick dafür geschärft, dass an den Hochschulen die Selbstrekrutierung weit verbreitet ist. Deshalb werden hohe Hausberufungsraten im akademischen Bereich in der öffentlichen Diskussion mit Argwohn wahrgenommen, vor allem auch im Hinblick auf den internationalen Qualitätswettbewerb.

Tatsächlich waren z.B. im Jahr 2010 von 582 Neuberufungen auf Universitätsprofessuren 59,1 Prozent an Maîtres de Conférence derselben Hochschule vergeben worden. Bezieht man auch die durch Mutation oder Détachement besetzten Professuren mit ein, lag die Selbstrekrutierungsrate immer noch bei 46,6 Prozent (MENESR 2012c: 11, 14). Bei den Maîtres de Conférences lag der Anteil an Erstberufungen von Personal aus dem eigenen Hause (ATERS, Enseignants du Secondaire, Enseignants attachés, Postdocs, Lecteurs, Allocataires etc.) im Jahr 2010 bei 24,2 Prozent plus 3,3 Prozent, die am Ort ihrer Berufung promoviert haben (MENESR 2012c: 17).

4.3.3 Akademisches Personal aus dem Ausland

Ähnlich wie in Großbritannien gibt es auch an den Hochschulen und akademischen Forschungseinrichtungen in Frankreich eine große Offenheit für Doktorenden und Postdocs aus dem Ausland, insbesondere aus den frankophonen Ländern. An den staatlichen Hochschulen in Frankreich lag im Jahr 2011 der Ausländeranteil bei den Studierenden in den grundständigen Studiengängen (license) bei nur 11,3 Prozent, bei den Doktoranden hingegen bei 41,3 Prozent.[150]

An den staatlichen Hochschulen lag im ersten Jahrzehnt des 21. Jahrhunderts der durchschnittliche Ausländeranteil bei den neu besetzten Professuren bei 13,0 und bei den Maîtres de Conférences bei 11,6 Prozent.[151]

In den Forschungseinrichtungen des CNRS waren im Jahr 2011 unter den Directeurs de Recherche und den Chargés de Recherche jeweils 14,8 Prozent ausländische Staatsbürger in unbefristeter Stelle beschäftigt. Bei den befristeten Qualifikationsstellen für Doktoranden-Stellen (formation à et par la recherche) lag der durchschnittliche Ausländeranteil bei 30,4, bei den befristeten Postdocs (pratique de la recherche) sogar bei 54,4 Prozent (CNRS 2012: 9, 18, 72, 75). Das sind Größenordnungen wie an den US-Spitzenuniversitäten. Sie unterstreichen die herausgehobene Bedeutung des CNRS für die Qualifikation international mobiler Wissenschaftlerinnen und Wissenschaftler in Frankreich. Ähnlich wie im Falle der ausländischen Postdocs in den USA bleibt auch hier nur ein kleiner Teil der Ausländer auf Dauer an einer französischen Forschungseinrichtung oder Hochschule. Die akademische Laufbahn an den staatlichen Hochschulen und auch beim CNRS selbst bleibt weiterhin vor allem französischen Staatsbürgerinnen und Staatsbürgern vorbehalten, nicht zuletzt wegen der komplexen Rekrutierungsprozedur, die den Zugang aus dem Ausland erschwert.

4.4 Fazit

Das Wissenschaftssystem in Frankreich ist durch die Parallelstruktur der (jeweils zweistufigen) Karrieren für beamtete Hochschullehrer und -lehrerinnen und für Forscher und Forscherinnen geprägt. Diese Parallelstruktur ist gewissermaßen die Kehrseite der traditionellen Lehr- und Prüfungsorientierung der französischen Hochschulen und wird zunehmend als problematisch empfunden (vgl. z.B. Le Déaut 2013).

[150] Siehe: http://cache.media.enseignementsup-recherche.gouv.fr/file/2012/06/2/NI_MESR_12_13._effectifs_universites_238062.pdf (letzter Zugriff 13.11.2013).

[151] Berechnet für die Neuberufungen der Jahre 2002-2010, nach: DRGH, Origine des enseignants chercheurs, versch. Jahrgänge (http://www.recherche.gouv.fr/cid22708/bilans-et-statistiques.html (letzter Zugriff 13.11.2013).

Während in Deutschland die traditionelle Fokussierung der Universitäten auf die akademische Funktion der Nachwuchsqualifikation dazu geführt hat, dass Dauerpositionen unterhalb der Professur in der Logik des deutschen Wissenschaftsmodells als systemwidrig und tendenziell qualitätsschädlich erscheinen mussten, ist das in Frankreich anders: Hier vertraut man nicht auf die qualitätssichernde Kraft des Hausberufungsverbotes und der prinzipiellen Befristungsnorm für Mittelbaupositionen. In Frankreich tritt an deren Stelle das Systemvertrauen auf die reinigende Wirkung des Concours. Ebenso wie an den Hochschulen die Promotion und der erfolgreiche Concours zum Einstieg in eine unbefristete Hochschullehrerlaufbahn führen, ebnen Promotion und Concours auch den Weg in die gesicherte Forscherlaufbahn. Das für Deutschland wichtige Thema der befristeten Drittmittelstellen ist deshalb in der französischen Situation bis jetzt ebenso wenig eine zentrale Frage wie das der Qualifikationsstellen. Die ATERs an den Universitäten und die Postdocs an den staatlichen Forschungseinrichtungen sind beim akademischen Lehr- bzw. Forschungspersonal eine deutliche Minderheit.

Dem französischen und dem deutschen Wissenschaftsmodell gemeinsam ist die traditionelle Vorstellung, dass nach dem Doktorat eine „große“, vor allem die Forschungsqualifikation betreffende Lehrbefugnis erforderlich ist: die Habilitation. In beiden Ländern ist sie aber nur eine notwendige, keine hinreichende Qualitätsgarantie für die Besetzung von akademischen Spitzenpositionen. Im deutschen Fall kommt die externe Berufung, in Frankreich der Erfolg im formalisierten Concours als weitere qualitätssichernde Maßnahme hinzu. Und zunehmend wird hier wie dort eine längere Postdoc-Phase im In- oder Ausland eine wichtige Zusatzqualifikation.

Mit der sich in den letzten Jahren in Deutschland wie in Frankreich allmählich durchsetzenden Idee der kontinuierlichen Qualitätssicherung von Forschung und Lehre durch Evaluationen und Leistungsindikatoren geraten nun beide Systeme unter Druck. Das ebenfalls in jüngerer Zeit europaweit betonte Ziel der Flexibilisierung der Personalstrukturen stößt in Frankreich angesichts des dort sehr hohen Anteils an Lebenszeitbeamten in der Lehre und (noch verstärkt) in der Forschung an seine Schranken. Das deutsche Nachwuchsmodell mit seiner Betonung von befristeten Verträgen und externer Mobilität scheint hier im Vorteil zu sein. Sein Pferdefuß ist allerdings das Fehlen eines ausreichenden Lehrpersonals unterhalb der Professur, das der ansteigenden Lehrnachfrage vor allem im Grundstudium gerecht werden kann. Auch das in der Tradition beider Systeme eher geringe Interesse an der Frage der Lehrqualifikation wird im Hochschulreformdiskurs beider Länder zunehmend als Problem benannt, ohne dass in beiden Fällen bisher durchschlagende Lösungsansätze zu erkennen sind.

Ob die neue europaweite „Evaluationskultur“ (Teichler 2005) und das gesteigerte internationale Wettbewerbsbewusstsein dazu führen werden, dass die Karten neu gemischt werden und der große Gegensatz zwischen der französischen Beamtenuniversität und der deutschen Qualifikationsstellenuniversität überwunden werden kann, ist offen.

5 Österreich

5.1 Institutionelle Differenzierung des österreichischen Wissenschaftssystems

Nimmt man die Kennzahlen für das in Forschung und Entwicklung (F&E) beschäftigte Personal als Indikator für die sektorale Differenzierung des Wissenschaftssystems, dann ist in Österreich der Unternehmenssektor mit einem Anteil von 67,9 Prozent der größte Arbeitgeber der in F&E Beschäftigen. Der F&E-Anteil des staatlichen Sektors liegt bei fünf Prozent, der Anteil des Hochschulsektors bei 26,7 Prozent (BMWF 2011: 103).[152] Im Hochschulsektor binden die Universitäten mit 21 Prozent die überwiegende Mehrheit des F&E-Personals, weitere 1,4 Prozent die Fachhochschulen, Privatuniversitäten, Pädagogische Hochschulen etc., 2,7 Prozent die Universitätskliniken und 1,6 Prozent die Österreichische Akademie der Wissenschaften (ÖAW). Neben diesen Orten der akademischen Forschung werden die sonstigen (nicht-universitären) Forschungseinrichtungen in Österreich dem Unternehmenssektor zugerechnet und nicht einem Bereich der außeruniversitären akademischen Forschung. Man kann daher beim österreichischen Wissenschaftssystem allenfalls eine sehr schwach ausgeprägte duale Struktur zwischen dem akademischen und dem nicht-akademischen Bereich von Forschung und Entwicklung konstatieren. Sie unterscheidet sich deutlich von Ländern wie Deutschland oder Frankreich mit ihren großen außeruniversitären Forschungsinstituten (zur außeruniversitären Forschung Österreichs vgl. 5.2.3).

Die Logik der binären Strukturierung des Hochschulsektors, die Unterscheidung zwischen Universitäten und Fachhochschulen, findet sich auch in Österreich. Dort wurden mit dem Fachhochschul-Studiengesetz (FHStG) seit dem Jahr 1993 Fachhochschulstudiengänge neu geschaffen. In bewusster Abgrenzung zu Deutschland wurden in

[152] Hinzu kommen 0,7% im privaten gemeinnützigen Sektor. Beim Indikator Beschäftigung in F&E, der hier zum Zweck der groben Differenzierung des Wissenschafts- und Forschungssystems herangezogen wird, ist generell zu bedenken, dass in der offiziellen Statistik nicht alle wissenschaftlichen Beschäftigten an Hochschulen als F&E-Personal eingestuft werden. Im Jahr 2009 zählte das BMWF insgesamt rund 96.500 Personen in F&E.

Österreich die Fachhochschulen nicht als eigener Hochschultypus mit organisationsrechtlicher Verankerung geschaffen, sondern es wurde der Weg der Akkreditierung von Fachhochschul-Studiengängen gewählt. Diese Studiengänge werden von bestimmten *Erhalterorganisationen* angeboten, die laut Gesetz den Namen Fachhochschule tragen können. Im Folgenden verwenden wir, im Einklang mit dem in Österreich üblichen Sprachgebrauch, die Bezeichnung Fachhochschule in diesem Sinne.

Außerdem wurden im Zuge der Bologna-Reform und der Reform der Lehrerinnen- und Lehrerbildung in Österreich mit dem „Bundesgesetz über die Organisation der Pädagogischen Hochschulen und ihre Studien“ seit dem Jahr 2005 *Pädagogische Hochschulen* eingeführt.[153] Inzwischen werden 14 Pädagogische Hochschulen verzeichnet. Daneben gibt es auch einige kleine private Universitäten. Den Kern des Österreichischen Hochschulsystems, auf den wir uns im Folgenden konzentrieren werden, bilden die 22 staatlichen Universitäten und 20 Fachhochschulen.[154] Hier ist das Gros der Studierenden eingeschrieben, 83 Prozent an den Universitäten, 12 Prozent an den derzeit 534 Fachhochschulstudiengängen.[155] Das heißt, im Studienjahr 2009/10 gab es rund 277.000 Studierende an öffentlichen Universitäten und rund 37.000 Studierende an Fachhochschulen.[156]

---

[153] Zum „Bundesgesetz über die Organisation der Pädagogischen Hochschulen und ihre Studien“ vgl.: http://www.ris.bka.gv.at/GeltendeFassung.wxe?Abfrage=Bundesnormen&Gesetzesnummer=20004626 (letzter Zugriff 13.11.2013). Auch private Rechtsträger können Pädagogische Hochschulen errichten. Siehe auch: http://www.paedagogischehochschulen.at/allehochschulen/index.html (letzter Zugriff 13.11.2013). Zuvor bestanden Akademien für die Ausbildung der Lehrer und Lehrerinnen bzw. Pädagogische Akademien, die als postsekundäre Bildungseinrichtungen im Sinne des Universitätsgesetzes 2002 (§ 51 Abs. 2) verstanden werden. Zu den postsekundären Einrichtungen als Besonderheit des Österreichischen Bildungswesens gehören auch Akademien für Sozialarbeit, Hebammenakademien, Medizinisch-Technische Akademien, Militärische Akademien, Psychotherapeutische Ausbildungseinrichtungen, die Konservatorien und Wirtschaftsschulen. Entsprechend der International Standards Classification of Education (ISCED) der UNCESCO handelt es sich bei diesen österreichischen postsekundären Bildungseinrichtungen um tertiäre nicht-hochschulische Bildungseinrichtungen.

[154] Die hier nicht gesondert behandelte Hochschulmedizin ist in den Medizinischen Universitäten Wien, Graz, Innsbruck institutionalisiert, die aus den klassischen Universitäten herausgelöst wurden. Hinzu kommen die medizinisch-theoretischen Institute (Kasparovsky/Wadsack 2004: 20).

[155] Zu den aktuellen FH-Studiengängen vgl.: http://www.fachhochschulen.ac.at/de/studienangebot (letzter Zugriff 13.11.2013).

[156] Sowie jeweils knapp 10.000 Studierende an den Pädagogischen Hochschulen und an den Privatuniversitäten (BMWF 2011: 25).

Die Universitäten prägen auch die Vorstellung von der idealtypischen Wissenschaftskarriere, die sich, ähnlich wie in Deutschland, an einem historisch tradierten *Habilitationsmodell* orientiert. Im Bereich der universitären Personalstrukturen ist es im letzten Jahrzehnt zu einigen strukturellen Modifikationen gekommen: Erstens wurde durch eine Dienstrechtsreform im Jahr 2001 die bis dahin übliche Pragmatisierung (Verbeamtung) von Professorinnen und Professoren und anderem wissenschaftlichen Personal aufgegeben. Zweitens kam es durch das Universitätsgesetz (UG) aus dem Jahr 2002 zu einer Veränderung der rechtlichen Rahmenbedingungen, die den österreichischen Universitäten ab dem Jahr 2004 die Vollrechtsfähigkeit und damit auch die Personalautonomie brachten.[157] Drittens wurde im Rahmen des im Jahr 2009 erstmals abgeschlossenen „Kollektivvertrag für die Arbeitnehmer/innen der Universitäten" (vgl. GöD 2013) eine veränderte Personalstruktur verhandelt und in diesem Zusammenhang die *Assistenzprofessur* als neue Aufstiegsposition vom Junior zum Senior Level der akademischen Karrierewege konzipiert (vgl. dazu 5.3).

5.2 Stellenkategorien und Ist-Situation des wissenschaftlichen Personals in Österreich

5.2.1 Wissenschaftliches Personal an österreichischen Universitäten

Nach Abschaffung der Verbeamtung mit der Dienstrechtsreform im Jahr 2001 blieben die dienst- und besoldungsrechtlichen Bestimmungen alten Rechts für die vorhandenen und so bezeichneten „Verwendungsgruppen für beamtete Universitätslehrer/innen" bestehen. Dazu gehörten und gehören: Universitätsassistentinnen und -assistenten, Universitätsdozentinnen und -dozenten bzw. außerordentliche Professoren und Professorinnen, ordentliche Universitätsprofessorinnen und -professoren sowie die Bundeslehrerinnen und -lehrer (BMWF 2011: 73). Die Weitergeltung der dienst- und besoldungsrechlichen Bestimmungen betrifft auch die so genannten *„übergeleiteten Vertragsbediensteten: Vertragsassistent/inn/en, Vertragsdozent/inn/en, Vertragspro-*

[157] Zum Universitätsgesetz (UG) mit jeweils neuestem Stand: vgl.: http://www.jusline.at/Universitaetsgesetz_(UnivG).html (letzter Zugriff 13.11.2013).

fessor/inn/en, Vertragslehrer/innen, Staff Scientists" (BMWF 2011: 73).

Neueinstellungen des Personals werden seit 2002 nach neuem Recht vorgenommen. Dabei besitzen die Universitäten mit der Novellierung des Universitätsgesetzes (UG) die volle Personalhoheit (BMWF 2011: 74). Sie sind hinsichtlich ihrer Angestellten somit selbst Arbeitgeber und berechtigt, autonom Personal nach den in Österreich allgemein geltenden arbeitsrechtlichen Konditionen einzustellen.

Laut neuem Recht gemäß Universitätsgesetz (UG § 94 Abs. 2) sind die Kategorien Universitätsprofessor bzw. -professorin, Universitätsdozent bzw. -dozentin sowie wissenschaftliche und künstlerische Mitarbeiter im Forschungs-, Kunst- und Lehrbetrieb vorgesehen. Weitergehende personalstrukturelle Differenzierungen des akademischen Personals regelt seit 2009 der zwischen dem Dachverband der Universitäten und der Gewerkschaft des öffentlichen Dienstes vereinbarte Kollektivvertrag (KV).

Mit Ausnahme der Universität für Weiterbildung Krems haben 21 Universitäten den Kollektivvertrag unterzeichnet.[158] Derzeit sind rund drei Viertel des wissenschaftlich-künstlerischen Personals vom Kollektivvertrag erfasst. Er enthält (§ 49 KV) ein Gehaltsschema für das wissenschaftliche und künstlerische Universitätspersonal, wobei die Gehaltsordnung generell vorsieht, dass es sich bei den kollektivvertraglichen Regelungen um Mindeststandards handelt, die von den seit 2004 in Personalangelegenheiten autonomen Universitäten einzelvertraglich auch überschritten werden könnten. Weiterhin wird für das wissenschaftliche und künstlerische Personal ein hierarchisch gegliedertes Verwendungsgruppenschema mit „zwingenden Zeitvorrückungen" nach sechs bzw. acht Jahren empfohlen, wobei teilweise eine positive Evaluierung erforderlich sein sollte (BMWF 2011: 76).

Im Einzelnen sind in dem Kollektivvertrag die folgenden Personalkategorien mit einer Definition der Beschäftigungsbedingungen und Tätigkeitsbereiche zu finden:

- *Universitätsprofessor bzw. -professorin* (nach § 98 UG und § 25 KV), wozu die durch ein ordentliches Berufungsverfahren berufenen Professorinnen und Professoren im Angestelltenverhältnis gehören;

[158] Vgl. Dachverband der Universitäten: Kollektivvertrag für Universitäten vom 01.01. 2011 mit Nachtrag: http://brwup.univie.ac.at/fileadmin/user_upload/betriebsrat/KV/KollV_2011.01_Kunstext.pdf (letzter Zugriff 13.11.2013).

- *Assistenzprofessor bzw. -professorin* (§ 27 KV) ist, wer als akademische/r Mitarbeiter/in mit der Universität als Arbeitgeber eine befristete *Qualifizierungsvereinbarung* (vgl. Kapitel 6.3) getroffen hat. Bei Erreichung der vereinbarten Ziele – in der Regel die Habilitation oder habilitationsäquivalente Leistungen – kann im Sinne eines Tenure Track der Aufstieg in die
- *Assoziierte Professur* erfolgen und damit ein zeitlich unbefristetes Arbeitsverhältnis als Hochschullehrer/-lehrerin begründet werden.
- *Universitätsassistenten und -assistentinnen* (§ 26 KV) befinden sich in der Position des wissenschaftlichen oder künstlerischen Mitarbeiters auf Qualifikationsstellen, die nach Abschluss des Studiums oder Doktorats ein Arbeitsverhältnis mit der Universität begründen, das der wissenschaftlichen Qualifikation dient, im Falle einer Aufnahme als Postdoc auch der Vorbereitung für die Bewerbung auf eine Professur. Diese Stellen sind befristet und können mit oder ohne Qualifikationsvereinbarung eingegangen werden.
- *Senior Scientists & Senior Artists* (§ 26 KV) sind wissenschaftliche oder künstlerische Mitarbeiterinnen und Mitarbeiter, die nach Abschluss des Studiums oder Doktorats ein unbefristetes Arbeitsverhältnis mit der Universität eingehen, wozu auch Personen in drittmittelfinanzierten Forschungsprojekten gehören können.
- *Senior Lecturers* (§ 26 KV) sind wissenschaftliche oder künstlerische Mitarbeiterinnen und Mitarbeiter mit Arbeitsverträgen entweder auf bestimmte oder auf unbestimmte Zeit mit oder ohne Qualifizierungsvereinbarung. Sie nehmen überwiegend Lehraufgaben wahr.
- *Projektmitarbeiterinnen und -mitarbeiter* (§ 28 KV) sind befristet für die Dauer von drittmittelfinanzierten wissenschaftlichen oder künstlerischen Projekten beschäftigt. Mit ihrer Zustimmung können sie im Rahmen ihrer Arbeitszeit auch zur Mitwirkung bei Lehrveranstaltungen herangezogen und mit der selbständigen Abhaltung von Lehrveranstaltungen betraut werden.
- *Lektoren und Lektorinnen* (§ 29 KV) sind in Teilzeit beschäftigt und ausschließlich mit der Durchführung von Lehraufgaben in einem wissenschaftlichen, künstlerischen oder praktischen Fach betraut. Sie sind mit den deutschen Lehrbeauftragten vergleichbar. Eine Beschäftigung auf bestimmte oder unbestimmte Zeit ist laut KV möglich.

- *Studentische Mitarbeiterinnen und Mitarbeiter* (§ 30 KV) ohne Studienabschluss sind teilzeitbeschäftigt mit maximal 20 Stunden pro Woche Arbeitszeit.

Die im Folgenden dargestellte Ist-Situation in den einzelnen Personalkategorien kann aufgrund dessen, dass die personalstrukturellen Reformen wegen der Kürze der Zeit noch nicht umfassend greifen (können), lediglich eine Momentaufnahme sein. Die Übersicht 5-1 enthält auf Basis der amtlichen österreichischen Universitätspersonalstatistik Angaben in Vollzeitäquivalenten (VZÄ) für die Jahre 2010 und 2011 der statistisch erfassten Personalkategorien alten und neuen Rechts. Dabei können in den beiden eng zusammen liegenden Jahren selbstverständlich keine Entwicklungstrends dargestellt oder eingeschätzt werden.

Erwartungsgemäß zeigt die Momentaufnahme keine großen quantitativen Veränderungen. Das hauptberuflich tätige wissenschaftliche Personal umfasste im Jahr 2010 85,5 Prozent in Vollzeitäquivalenten und im Jahr 2011 ungefähr ebenso viele (85,7 Prozent VZÄ), während der Anteil des nebenberuflichen Personals der Lehrbeauftragten, Lektoren und studentischen Mitarbeiterinnen in beiden Jahren bei rund 14 Prozent VZÄ lag.[159]

Hervorhebenswert ist, dass die in Forschung und Lehre (F&L) selbständigen Personalgruppen zusammengenommen einen Anteil von knapp 27 Prozent ausmachen. Zu diesen in Forschung und Lehre selbständigen Positionen zählen die ordentlichen und die assoziierten Professuren des *Senior Staff*, die alten Universitätsdozenturen bzw. außerordentlichen (a.o.) Professuren sowie die neuen Assistenzprofessuren des *Junior Staff*. Damit ist der erwähnte Anteil von knapp 27 Prozent an in Forschung und Lehre selbständigen Junior- und Senior Staff-Positionen innerhalb der Personalstruktur an den Universitäten Österreichs deutlich höher als an den deutschen Universitäten (vgl. Übersicht 10-3 im Ländervergleich).

Der in Ländern mit Habilitationsmodell in Forschung und Lehre typischerweise unselbständige wissenschaftliche Mittelbau stellt circa 60 Prozent des wissenschaftlichen Personals (VZÄ) an den Universitäten in Österreich. Ähnlich wie in Deutschland ist innerhalb dieser Gruppe ein hoher Anteil an Drittmittelpersonal festzustellen, der nahezu die Hälfte des unselbständigen wissenschaftlichen Personals ausmacht.

[159] Die VZÄ-Angaben sind von der österreichischen Hochschulpersonalstatistik übernommen. Die absoluten Personalzahlen lagen in der Kategorie hauptberuflich für 2011 bei rund 21.500, in der Kategorie nebenberuflich bei rund 14.500 Personen.

Übersicht 5-1: Wissenschaftliches Personal an Universitäten Österreichs, 2010, 2011

Personalkategorie		2010		2011	
		VZÄ abs.	VZÄ in %	VZÄ abs.	VZÄ in %
Wissenschaftliches Personal, insgesamt		**20.147,5**	**100,0**	**20.393,2**	**100,0**
Hauptberuflich, insgesamt		17.228,8	85,5	17.471,7	85,7
Davon: in Forschung & Lehre selbständig	Professor/in	2.163,9	10,7	2.235,5	11,0
	Assoziierte Professor/in auf Dauer	81,8	0,4	152,0	0,7
	Dozent/in & a.o. Professor/in auf Dauer	2.744,7	13,6	2.603,1	12,8
	Assistenz Professor/in (auf Zeit, Tenure Track)	272,9	1,4	467,1	2,3
	Gesamt	**5.263,3**	**26,1**	**5.457,7**	**26,8**
Davon: in Forschung & Lehre nicht selbständig	Senior Lecturer & Senior Scientist/Artist	526,4	2,6	710,4	3,5
	Wiss. Mitarbeiter/in (alten Rechts)	2.341	11,6	2.123,9	10,4
	Universitätsassistent/innen	3.271,4	16,2	3.311,9	16,2
	Wiss. Mitarbeiter (Drittmittel)	5.826,7	29	5.867,8	28,8
	Gesamt	**11.965,5**	**59,4**	**12.014,0**	**58,9**
Neben-beruflich	Lehrbeauftragte & Lektor/inn/en	1.686,7	8,4	1.653,6	8,1
	Studentische Mitarbeiter/inn/en	1.231,7	6,1	1.267,9	6,2
	Gesamt	**2.918,4**	**14,5**	**2.921,5**	**14,3**

Quelle: Bundesministerium für Wissenschaft und Forschung.[160]

Für die *Universitätsassistenten und -assistentinnen* neuen Rechts (wie hoch der Anteil alten bzw. neuen Rechts ist, geht aus der Statistik nicht hervor) wurden durchgängig Befristungsregeln eingeführt. Dagegen wurde in dem Bereich des wissenschaftlichen Mittelbaus ein geringer Anteil neuer Dauerstellen für *Senior Lecturers* bzw. *Senior Scientists/ Artists* geschaffen. Letztere weisen statistisch aufgrund ihrer Neuheit eine aufsteigende Tendenz auf, ebenso gilt dies für die neue Assistenzprofessur. Sie ist keine Position auf Dauer, aber mit einem Tenure Track verbunden (vgl. dazu Kapitel 5.3).

[160] UNIDATA, Datawarehouse Hochschulbereich: PU Personal nach Verwendung: http://eportal.bmbwk.gv.at/discoverer/viewer?&cn=cf_a104&nlsl=de-at&fm=p://eportal.bmbwk.gv.at/discoverer/viewer?&_po=10000000001100111011000&wbr=1245462&wbk=ELEMENT5111121142 (Zugriff 29.06.2012).

5.2.2 *Wissenschaftliches Personal an österreichischen Fachhochschulen*

Mit dem Fachhochschul-Studiengesetz (FHStG) wurden in Österreich seit dem Jahr 1993 bis 2012 insgesamt 534 Fachhochschulstudiengänge im Wege der Studiengangsakkreditierung eingerichtet. Fachhochschulstudiengänge können von sogenannten Erhalterorganisationen (bzw. Betreibern) angeboten werden, zu denen sich oft Bundesländer, Kommunen, Berufsbildungsanstalten, Unternehmen etc. zusammenschließen. Ihnen kann laut Gesetz unter bestimmten Bedingungen die Bezeichnung Fachhochschule verliehen werden (§ 15 Abs 1 und 2 FHStG). Die 534 Fachhochschulstudiengänge werden derzeit von 22 Erhalterorganisationen angeboten, die durch privatwirtschaftliche Organisationen, meist in Form von GmbHs, getragen und von einer Geschäftsführung geleitet werden.

Die Beschäftigung des akademischen Personals erfolgt grundsätzlich auf Grund privatrechtlicher Verträge, während es ein eigenes Personalrecht für Fachhochschuleinrichtungen nicht gibt. Die privatwirtschaftliche Trägerorganisation entscheidet über die Qualität bei der Personalauswahl und ihr steht auch das Recht zur Verleihung des Titels zu, der mit dem Zusatz „Fachhochschul-Professor“ (gemäß § 13 Abs. 4 FHStG) versehen ist.[161] Nach Einschätzung des Österreichischen Wissenschaftsrats befindet sich die Fachhochschulprofessur in Österreich in einem „gesetzlichen Regelungsvakuum“ (Österreichischer Wissenschaftsrat 2012a: 149). Es führte dazu, „dass jede Fachhochschule ihre eigenen Konzepte entwickelt, wobei man sich an ganz unterschiedlichen Maßstäben orientiert hat“ (ebd.: 153).

Hinsichtlich Personalrekrutierung habe sich die Praxis herausgebildet, dass (hauptberuflich) Lehrendende mit Dienstantritt als Fachhochschuldozent bzw. -dozentin eingestuft werden und in der Regel nach drei Jahren den Titel eines Fachhochschulprofessors bzw. einer Fachhochschulprofessorin erhalten. Verschiedentlich würden dabei

[161] Zu den Qualifikationsvoraussetzungen wird im Fachhochschul-Studiengesetz festgestellt, dass „der Unterricht durch ein wissenschaftlich, berufspraktisch und pädagogisch-didaktisch qualifiziertes Lehr- und Forschungspersonal abgehalten wird“ (§ 12 Abs. 2 Pkt. 3 FHStG). In § 12 Abs. 3 FHStG heisst es zu dem mit der Entwicklung eines beantragten Studienganges vom Erhalter betrauten Personenkreis, dass dieser mindestens vier Personen umfassen muss, von denen zwei wissenschaftlich durch eine Habilitation oder durch eine dieser gleichwertige Qualifikation ausgewiesen sein sollten.

auch zusätzliche Publikationstätigkeiten bzw. Projekterfahrungen eingefordert.[162]

Während es in der ersten Phase der Entwicklung keine klare Gliederung der Personalstruktur und nur wissenschaftliche Mitarbeiter und Mitarbeiterinnen gab, haben die meisten Fachhochschulen mittlerweile *„eine Art interner Personalstruktur entwickelt. So unterscheidet etwa die Fachhochschule Vorarlberg vier Kategorien: Leiterin/ Leiter, Hochschullehrerin/ Hochschullehrer, Assistentin/ Assistent, Projektmitarbeiterin/ Projektmitarbeiter*“ (Österreichischer Wissenschaftsrat 2012a: 154). Dieses und andere individuelle Modelle einzelner FH-Einrichtungen lassen insgesamt eine akademische Personalstruktur mit vier Abstufungen erkennen: An der Spitze stehen die Studiengangsleiter und -leiterinnen, es folgen die FH-Professuren sowie die Lehrbeauftragten und die wissenschaftlichen Mitarbeiter und Mitarbeiterinnen. Letztere werden meist aus Drittmitteln finanziert.

Dabei bilden die Lehrbeauftragten den größten Teil des wissenschaftlichen Personals an den Fachhochschulen. Die Teilzeitbeschäftigung im Zusammenhang mit Nebenberuflichkeit überwiegt hier deutlich. Von den im Studienjahr 2009/2010 insgesamt ca. 10.500 Lehrenden beispielsweise waren ca. 14 Prozent hauptberuflich und ca. 86 Prozent nebenberuflich tätig. Mehrheitlich zu ca. 30 Prozent kommen die nebenberuflichen Lehrbeauftragten aus dem Unternehmenssektor, ca. 13 Prozent sind im Hauptberuf freiberuflich tätig, jeweils ca. sechs Prozent sind hauptberuflich an einer Universität oder im öffentlichen Sektor beschäftigt (Fachhochschulrat 2010: 48).

Eine quantitative Aufschlüsselung des Beschäftigungsumfangs der haupt- oder nebenberuflich Lehrenden ist den Fachhochschulberichten und der Hochschulstatistik nicht zu entnehmen. Drei Gruppen mit unterschiedlich hohem Beschäftigungsumfang werden genannt:

- Lehrbeauftragte, die aus beruflichen Sektoren kommen, *„für die es eine interessante Erfahrung ist, Studierende zu unterrichten*“ (Österreichischer Wissenschaftsrat 2012a: 151),
- Lehrende, die halbtags mit 20 Wochenstunden bei einer FH angestellt sind und ihre weitere *„Kapazität aber in ihr eigenes Unternehmen stecken“* (ebd.: 152),

[162] Der österreichische Fachhochschulrat hatte den Titel unabhängig von der arbeitsrechtlichen Stellung erwogen: Fachhochschul-Lektor bzw. Lektorin bis zum dritten Jahr des Beschäftigungsverhältnisses bzw. ab dem vierten Jahr Fachhochschul-Professorin bzw. -Professor (Kasparovsky/Wadsack 2004: 44).

- Lehrende, „*die im Allgemeinen im vollen Beschäftigungsausmaß an der Fachhochschule*“ arbeiten (ebd.: 153).

Nach offiziellen Angaben macht an den Fachhochschulen das akademische Personal 86 Prozent aus (14 Prozent werden dem Management und der Verwaltung zugeordnet). Das Lehrdeputat von FH-Professorinnen und Professoren und anderen Vollzeitbeschäftigen liegt bei 16 bis 20 SWS. Hochschulstatistisch wird das akademische Personal drei Verwendungskategorien zugeordnet:

- Studiengangsleiter (auch als Leiter eines FH-Kollegiums bezeichnet),
- Lehr- und Forschungspersonal (Academic Staff),
- Lehr- und Forschungshilfspersonal (Teaching and Research Assistants).

Übersicht 5-2: Wissenschaftliches Personal an Fachhochschulen Österreichs, 2005, 2010

Verwendungskategorie	**2005 (in Personen)**	**2010 (in Personen)**
Studiengangsleiter und -leiterin	125	219
Academic Staff	7.373	12.967
Teaching and Research Assistants	894	1.356

Quelle: Bundesministerium für Wissenschaft und Forschung.[163]

Insgesamt stellt der österreichische Fachhochschulbereich bisher kein eigenständiges akademisches Laufbahn- bzw. Karrieremodell bereit. Wer in Forschung und Lehre arbeiten will, ist auf die Universitäten verwiesen oder auf den Bereich Forschung und Entwicklung im Unternehmenssektor. In dem Zusammenhang ist eine hochschulpolitische Diskussion zu sehen, die teilweise in die Richtung einer Verwissenschaftlichung der Lehrtätigkeit an den Fachhochschulen geht. Mit dem Argument der Planbarkeit einer akademischen, an Wissenschaft und Forschung orientierten Karriere, die auch an Fachhochschulen möglich sein sollte, empfiehlt jedenfalls der Wissenschaftsrat Österreichs für die Zukunft ein zweigleisiges Modell. Dieses ist den Empfehlun-

[163] UNIDATA, Datawarehouse Hochschulbereich: Personal an Fachhochschul-Studiengängen, Zeitreihe Studienjahr: http://eportal.bmbwk.gv.at/discoverer/viewer?&cn=cf_a104&nlsl=de-at&fm=p://eportal.bmbwk.gv.at/discoverer/viewer?&_po=1000000000 1100111011000&wbr=1245446&wbk=PFH_PERSONAL_AN_FACHHOCHSCHUL EN_PROD22 (Zugriff 03.07.2012).

gen des Wissenschaftsrats Deutschlands zur Juniorprofessur mit Lehrorientierung einerseits und Forschungsorientierung andererseits als Aufstiegsoptionen in die Professur nicht ganz unähnlich (zu Deutschland vgl. Wissenschaftsrat 2007). Basierend auf einer inhaltlichen Profilbildung könnten an den österreichischen Fachhochschulen künftig *„schwerpunktmäßig ‚Forschungsprofessuren' und ‚Lehrprofessuren'"* denkbar sein (Österreichischer Wissenschaftsrat 2012a: 153f.). So könnte ein *„forschungsorientiertes Laufbahnmodell an einer Fachhochschule vom wissenschaftlichen Mitarbeiter mit Dissertation zum Senior Researcher, dann über mehrere Jahre Praxis in der Wirtschaft zurück an die Fachhochschule führen"*, bevor dort die Festanstellung als Fachhochschulprofessor bzw. -professorin im Rahmen eines leistungsbezogenen Gehaltsmodells angeboten wird.

5.2.3 Wissenschaftliches Personal und Struktur der außeruniversitären Forschung in Österreich

Die duale Struktur, d.h. die Unterscheidung zwischen der an Universitäten und der an außeruniversitären Forschungseinrichtungen durchgeführten akademischen Forschung, ist wie (in 5.1) erwähnt, im österreichischen Wissenschafts- und Forschungssystem relativ schwach ausgeprägt. Gut 20 Prozent der insgesamt für F&E verausgabten Gelder flossen (im Jahr 2009) in die Universitäten und lediglich 1,4 Prozent in die Österreichische Akademie der Wissenschaften (ÖAW).

Die ÖAW ist in dem hier gewählten Sprachgebrauch zu den außeruniversitären Forschungseinrichtungen zu zählen, die akademische Forschung betreiben. Zwar wird der Anteil der ÖAW an der Grundlagenforschung[164] nur mit 6,4 Prozent angegeben, während die Universitäten als das *„Rückgrat' der Grundlagenforschung"* gelten (BMWF 2011: 103) und an den Universitäten etwa 65 Prozent der Grundlagenforschung stattfindet. Weitere fast 21 Prozent werden vom Unternehmenssektor erbracht, *„allerdings nur 53% davon tatsächlich im firmeneigenen Bereich und 47% im kooperativen Bereich, der wiederum in hohem Ausmaß aus öffentlichen Mitteln finanziert wird"* (ebd.: 100). Es bedeutet, dass der Anteil der Unternehmen, die in den Genuss von innovationsspezifischen Fördermaßnahmen kommen, im Vergleich al-

[164] In die Grundlagenforschung fließen 19,1% aller F&E-Ausgaben Österreichs, 34,8% in die angewandte Forschung und 46,1% in die experimentelle Entwicklung (BMWF 2011: 100).

ler EU-Länder in Österreich am höchsten ist (BMVIT 2012: 2). Damit bewegen sich die zum Teil oder überwiegend aus öffentlichen Geldern grundfinanzierten außeruniversitären Forschungsorganisationen Österreichs in einem Grenzbereich zwischen öffentlicher und privater Unternehmensforschung. Sie werden F&E-statistisch dem Unternehmenssektor zugerechnet und nicht der außeruniversitären Forschung. Die Österreichische Akademie der Wissenschaften (ÖAW), die sich in der Selbstdarstellung als die *„führende Trägerin außeruniversitärer akademischer Forschung in Österreich"* bezeichnet,[165] bildet daher, gemessen an der öffentlichen Forschungsfinanzierung, einen nur kleinen Teil der außeruniversitären Forschung. In der öffentlichen F&E Statistik wird die ÖAW als akademische Forschungsorganisation zum Hochschulsektor gezählt, während dem nicht- bzw. außeruniversitären F&E-Sektor statistisch nicht nur Unternehmen, sondern z.B. auch das Austrian Institute of Technology (AIT) oder staatlich geförderte Kompetenzzentren (des aktuellen Comet- und seiner Vorgängerprogramme) zugerechnet werden. Sie werden als *„Trägerorganisationen für Forschungseinrichtungen"* bzw. als *„kooperative Einrichtungen"* bezeichnet, die rund 9,5 Prozent des Unternehmenssektors ausmachen (BMWF 2011: 99f.).

Insgesamt fließt in dieses stark unternehmensorientierte System außeruniversitärer Forschungseinrichtungen rund ein Drittel der öffentlichen Ausgaben für Forschung und Entwicklung (Österreichischer Wissenschaftsrat 2012a: 6). Nach Ausrichtung, Forschungszielen, Finanzierungsform, Art der Steuerung und dem Grad der Wissenschaftlichkeit weist dieses System unterschiedliche Strukturen auf, die vom personellen Umfang her als kleinteilig zu bezeichnen sind. Strukturell versucht die österreichische Bundesregierung mit ihrer „Strategie für Forschung, Technik und Innovation" (FTI-Strategie) verstärkt seit Beginn des 21. Jahrhunderts neue Wege zu gehen. An die Stelle der ungeordneten Vielfalt außeruniversitärer Forschungseinrichtungen sollen künftig ein aufeinander bezogenes System außeruniversitärer Forschung und stärkere Kooperationsformen zwischen außeruniversitärer und universitärer Forschung treten.

Die folgenden Einrichtungen können zu den wichtigsten außeruniversitären (akademischen) Forschungseinrichtungen gezählt werden (Österreichischer Wissenschaftsrat 2012a: 6; BMWF 2011):

[165] Siehe: www.oeaw.ac.at (letzter Zugriff 13.11.2013).

- Die Forschungseinrichtungen der *Österreichischen Akademie der Wissenschaften* (ÖAW) mit ihren Fachbereichen und Zentren zählten 2008 (in Vollzeitäquivalenten) rund 1.200 Beschäftigte (davon 30 Prozent nicht-wissenschaftliches Personal); 1999 waren es noch rund 700 Beschäftigte, wobei die Erhöhung v.a. auf die Tochtergesellschaften zurück geht: Institut für Molekulare Biotechnologie GmbH (IMBA), Gregor-Mendel-Institut für Molekulare Pflanzenbiologie GmbH (GMI), Forschungszentrum für Molekulare Medizin GmbH (CeMM) mit zusammen 262 Beschäftigten in 2008 (ÖAW 2009:16).
- Die überwiegend öffentlich vom BMWF geförderte *Ludwig-Boltzmann Gesellschaft* ist eine private Trägerorganisation für Forschungseinrichtungen (reformiert 2002) und fördert „die Zusammenarbeit von Wissenschafts- und Anwendungspartnern" in fünf Clustern und 20 Instituten mit rund 300 Beschäftigten, die sich mit medizinischen, geistes-, sozial- und kulturwissenschaftlichen Fragestellungen befassen.[166]
- Das *Institute of Science and Technology Austria* (IST Austria) ist ein Forschungsinstitut mit eigenem Promotionsrecht. Es wurde 2009 von der österreichischen Bundesregierung und dem Land Niederösterreich gegründet und widmet sich der Spitzenforschung in den Naturwissenschaften, der Mathematik und den Computerwissenschaften. Bis zum Jahr 2016 sollen 40 bis 50 Forschungsgruppen mit 500 Wissenschaftlern und Wissenschaftlerinnen vor Ort sein.[167]
- Das *Austrian Institute of Technology* (AIT) nennt sich Österreichs größte außeruniversitäre Forschungseinrichtung, „Spezialist für die zentralen Infrastrukturthemen der Zukunft" und „Ingenious Partner der Wirtschaft und öffentlicher Einrichtungen". Gesellschafter sind das Bundesministerium für Innovation und Technologie (50,5 Prozent der Anteile) und der Verein zur Förderung von Forschung und Innovation. Mehr als 1.100 Mitarbeiterinnen und Mitarbeiter forschen an verschiedenen Standorten u.a. in den 100-Prozent-Tochtergesellschaften Seibersdorf Labor GmbH und Nuclear Engenieering GmbH.[168]

---

[166] BMWF 2011: 124 und 271; vgl. auch: http://www.lbg.ac.at/?q=de/institute-cluster (letzter Zugriff 13.11.2013).

[167] Siehe: http://ist.ac.at/de/ueber-ist-austria/ (letzter Zugriff 13.11.2013).

[168] Siehe: http://www.ait.ac.at/ueber-uns/ (letzter Zugriff 13.11.2013).

- Als eine von Bundesländern gegründete Trägergesellschaft für Forschungseinrichtungen betreibt *Joanneaum Research* angewandte Forschung und technologische Entwicklung, Technologietransfer in die Wirtschaft und öffentliche Verwaltung mit ca. 450 Mitarbeitenden.[169]
- Die *Christian Doppler Forschungsgesellschaft* fördert die Kooperation von Wissenschaft und Wirtschaft in Christian Doppler Labors (CD-Labors), in denen Grundlagenforschung zu Anwendungsfragen aus Unternehmen betrieben wird. Im Jahr 2010 waren an 14 österreichischen Universitäten und außeruniversitären Forschungseinrichtungen 56 CD-Labors angesiedelt, die fast 400 wissenschaftliche Mitarbeiterinnen und Mitarbeiter beschäftigten.[170]
- Das Programm *COMET* (Competence Centers for Excellent Technologies) wird v.a. vom Bundesministerium für Verkehr, Innovation und Technologie (BMVIT) sowie Wirtschaft, Familie, Jugend (BMWFJ) in Nachfolge vorheriger Kompetenzzentrenprogramme Kplus und K_ind/K_net gefördert. In mehr als 40 dieser Forschungszentren arbeiten rund 1500 Forscherinnen und Forscher in Konsortien aus Unternehmen, Universitäten und Forschungsinstitutionen zusammen (BMWF 2011: 112).[171]

Auf die Arbeitsverhältnisse in außeruniversitären Forschungseinrichtungen findet das Angestelltengesetz Anwendung. Weitere Beschäftigungsbedingungen regelt ein Forschungs-Kollektivvertrag für die Arbeitnehmer und Arbeitnehmerinnen in der außeruniversitären Forschung (Forschungs-KV). Dieser wird zwischen den Tarifparteien Gewerkschaft öffentlicher Dienst (GöD) und dem Dachverband der außeruniversitären anwendungsorientierten Forschung und technologischen Entwicklung Forschung Austria geschlossen.[172]

---

[169] Siehe: http://www.joanneum.at/jr.html (letzter Zugriff 13.11.2013).

[170] Siehe: http://www.cdg.ac.at/ueber-uns/zahlen-daten-fakten/ (letzter Zugriff 13.11. 2013).

[171] Siehe auch: http://www.ffg.at/comet-competence-centers-excellent-technologies (letzter Zugriff 13.11.2013).

[172] Forschung Austria versteht sich als „erster Schritt zu einem gesamt Österreichischen Dachverband der außeruniversitären anwendungsorientierten Forschung und technologischen Entwicklung“. Forschung Autria besteht derzeit aus den Ordentlichen Mitgliedern (AIT Austrian Institute of Technology, JR Joanneum Research, SR Salzburg Research) und den Außerordentlichen Mitgliedern (BMVIT - Bundesministerium für Verkehr, Innovation und Technologie, ACR Austrian Cooperative Research, UAR

Zur Anzahl der Beschäftigten in der außeruniversitären Forschung liegen v.a. aufgrund von Zuordnungsproblemen voneinander abweichende Zahlen vor. Forschung Austria geht von etwa 2.000 Beschäftigten in der außeruniversitären Forschung aus,[173] wobei sie den Terminus außeruniversitäre Forschung allerdings auf die in Unternehmen durchgeführte Forschung (Unternehmensforschung) beziehen. Eine durch das Bundesministerium für Verkehr, Innovation und Technologie (FEMtech) und von Forschung Austria gemeinsam initiierte Erhebung für das Gender Booklet 2004 hingegen erfasst Informationen zu 2.775 Wissenschaftlerinnen und Wissenschaftlern in 93 befragten Einrichtungen. Es wird davon ausgegangen, damit *„ein annähernd hundertprozentiges Abbild des analysierten Segments der außeruniversitären Forschung“* zu liefern: *„Die untersuchten Einrichtungen sind zum Großteil dem Unternehmenssektor zuzuordnen. Nur die an Universitätsinstitute angebundenen Labors der Christian Doppler Gesellschaft (CDG) zählen zum Hochschulsektor“* (BMVIT 2004: 6). In der Wiederholungsbefragung 2008 wurden 2.327 Wissenschaftler und Wissenschaftlerinnen in der außeruniversitären Unternehmensforschung gezählt. Davon waren 77 Prozent (absolut 1792) vollbeschäftigt (BMVIT 2008: 30).[174]

Die wissenschaftlichen Beschäftigten in der Unternehmensforschung werden nach Funktion und Hierarchie unterschieden in eine erste und zweite Führungsebene (in 2008 153 Personen), 216 Principal Scientists, 541 Senior Scientists, 899 Junior Scientists und 509 Techniker und Technikerinnen bzw. Fachkräfte (BMVIT 2008: 31).

Die Bezahlung des Personals orientiert sich an einem erfahrungs- und arbeitsqualitätsorientierten Aufstiegssystem. Zunächst erfolgt die Eingruppierung in eine von neun Beschäftigungsgruppen entsprechend der beruflichen Position und ihrer Bewertung (Arbeitsplatzbeschreibung). Innerhalb der neun Beschäftigungsgruppen gibt es jeweils fünf Entwicklungsstufen, die durch jährlich (drei) zugeschriebene Erfahrungspunkte und zusätzliche (bis zu sieben) Qualitätspunkte erreicht werden können. Diese werden an (insgesamt sieben) Qualitätskrite-

Upper Austrian Research, CTR Carinthian Tech Research, Verlagsgruppe Bohmann): http://www.forschungaustria.ac.at/ (letzter Zugriff 13.11.2013).

173 Siehe: http://forschungaustria.ac.at/fileadmin/user_upload/FA_Folder_2011.pdf (letzter Zugriff 13.11.2013).

174 Zur Befristungssituation in der außeruniversitären akademischen Forschung liegen keine Informationen vor.

rien gemessen: *„Arbeitsqualität, Aufgabenmobilität, Innovation, Kommunikation und Kooperation, Spezielle Fähigkeiten und Fertigkeiten, Weiterbildung, Wissens- und Kompetenzvermittlung"* (Forschungs-KV 2011 § 18). Qualitätspunkte führen zur Beschleunigung der Gehaltsentwicklung.[175] Für den Aufstieg in die höchsten Entwicklungsstufen werden Qualitätspunkte zwingend vorausgesetzt, kumulierte Erfahrungspunkte sind hier nicht ausreichend. Ebenso ist es für Neueinsteigende nicht möglich, sofort eine der qualifizierten Entwicklungsstufen zuerkannt zu bekommen.

5.2.4 *Drittmittelfinanzierung und Befristung des Personals an Universitäten Österreichs*

Wie bei der Darstellung der Ist-Situation des wissenschaftlichen Personals an den österreichischen Universitäten deutlich wurde (vgl. Kapitel 5.2.1), stellt der sogenannte Mittelbau circa 60 Prozent des wissenschaftlichen Personals insgesamt (in VZÄ). Nahezu die Hälfte davon wird aus Drittmitteln finanziert, ähnlich wie in Deutschland.

Ebenfalls ähnlich wie in Deutschland, aber im Unterschied zu den USA oder Großbritannien kann man davon ausgehen, dass das Drittmittelpersonal der österreichischen Universitäten von der offiziellen Statistik zum Personal in Forschung und Entwicklung durchgängig zu 100 Prozent erfasst wird. Für Österreich ist dazu zunächst festzustellen, dass das Verhältnis zwischen Globalbudget (öffentlicher Finanzierungsanteil) und den eingeworbenen Drittmitteln im Durchschnitt aller österreichischen Universitäten bei etwa vier zu eins liegt (bzw. 81,6 zu 18,4 Prozent) (BMWF 2011: 108). Die Drittmitteleinnahmen der Universitäten haben zwischen 2007 und 2010 eine Zunahme um 29 Prozent (von ca. 406 Mio. Euro auf fast 525 Mio. Euro) zu verzeichnen (BMWF 2011: 107). Entsprechend ansteigend ist auch der Anteil der F&E-Beschäftigten an den Universitäten. Für den Zeitraum zwischen 2002 und 2009 wird eine Zunahme um 71 Prozent (von absolut 4.551 auf 7.620 Beschäftige) berichtet. Dies betrifft insbesondere die Assistenten und Assistentinnen (sie sind generell befristet; vgl. Kapitel 5.2.1) und das sonstige wissenschaftliche Personal (BMWF 2012: 11). Das österreichische BMWF stellt die Zunahme in beiden Kategorien

[175] Der Wechsel von Entwicklungsstufe I nach II erfordert z.B. in den meisten Beschäftigungsgruppen 8 Punkte, der Wechsel von Entwicklungsstufe IV nach V zwischen 25 und 30 Punkten. Die genaue Punktzahl ist abhängig von der Beschäftigungsgruppe.

des F&E-Personals in einen direkten Zusammenhang mit der Ausweitung der Drittmittelbeschäftigung an den Universitäten.

Eine allgemeine Zunahme der Drittmittelfinanzierung wird seit Inkrafttreten des Universitätsgesetzes (UG) im Jahr 2002 kontinuierlich beobachtet. So war beim Drittmittelpersonal an den Universitäten laut Universitätsbericht 2011 zwischen dem WS 2007 mit 7.906 drittmittelfinanzierten Personen auf Wissenschaftlerstellen und dem WS 2010 mit 10.127 Personen ein Anstieg um 19,5 Prozent zu verzeichnen (BMWF 2011: 79, Tabelle 4-2). Gleichzeitig stieg die Beschäftigtenzahl um 28%. Beide Entwicklungen deuten darauf hin, dass das durchschnittliche Beschäftigungsausmaß zurückgegangen ist:

> *„Zum Stichtag 31.12.2010 wiesen 82% der Beschäftigungsverhältnisse des wissenschaftlich-künstlerischen Drittmittelpersonals ein Beschäftigungsausmaß von 50% oder mehr auf, wobei 39% ein Beschäftigungsausmaß von über 90% hatten; 9% der Beschäftigungsverhältnisse waren unbefristet*“ (BMWF 2011: 83).

Folglich sind über 90 Prozent der drittmittelfinanzierten Beschäftigungsverhältnisse befristet und ein Großteil der Beschäftigung erfolgt in Teilzeit (vgl. auch ÖAW 2013: 128; Schibany/Gassler 2010).

Das aus Drittmitteln an den Universitäten beschäftigte wissenschaftliche Personal wird entlang der Unterscheidung zwischen drittmittelfinanzierter „Universitätsforschung“ (§ 26 UG) und drittmittelfinanzierter Forschung „im Auftrag Dritter“ (§ 27 UG) klassifiziert.[176] Bei der drittmittelfinanzierten Universitätsforschung wird ein an einer Universität entwickeltes Projekt „von außen finanziert“, also etwa im Rahmen einer Programm- bzw. Projektförderung durch eine Forschungsfördergemeinschaft wie dem österreichischen FWF (s.u.). Bei der drittmittelfinanzierten Auftragsforschung wird die Universität als Dienstleister für „von außen entwickelte“ Projekte tätig. In dieser zweiten Kategorie von Forschung “im Auftrag Dritter“ (gemäß UG § 27) ist der größte Teil der drittmittelfinanzierten wissenschaftlichen Mitarbeiter und Mitarbeiterinnen an den Universitäten beschäftigt.[177] Im Jahr 2011 betrug der Anteil der gemäß § 27 UG Beschäftigten 64,6 Prozent von allen drittmittelfinanzierten wissenschaftlichen Stellen, was einem Anteil von 51,5 Prozent am gesamten drittmittelfinanzierten Personal an den Universitäten entspricht.

[176] Forschung und entsprechend auch die drittmittelfinanzierte ist an den seit 1993 eingerichteten Fachhochschulen gering (Österreichischer Wissenschaftsrat 2012: 140).

[177] Zur Contract Research vgl. z.B. Jongbloed 2010.

Für die Einwerbung von öffentlich finanzierten Drittmitteln sind für die Universitäten zwei staatliche Forschungsfördereinrichtungen maßgeblich: In erster Linie der *österreichische Wissenschaftsfonds* (FWF) und in zweiter Linie die *Forschungsförderungsgesellschaft* (FFG).

Während die FFG als Förderstelle für wirtschaftsnahe Forschung primär Unternehmen als Zielgruppe hat, flossen in den vergangenen Jahren zunehmend FFG-Mittel auch in die Universitäten. Insbesondere aufgrund des COMET-Programms mit eigenen COMET-Forschungszentren als Empfängern der Förderung (BMWF 2011: 112). Das COMET-Programm setzt die 1998 initiierten Kompetenzzentren-Programme (Kplus, K_ind, K_net) in dem Bereich Innovationen der Technologiepolitik in Österreich fort. In den mehr als 40 institutionalisierten Forschungszentren arbeiten rund 1.500 Forscherinnen und Forscher aus Wissenschaft und Wirtschaft an gemeinsam definierten Forschungsprogrammen.[178]

Nach wie vor die wichtigste Förderorganisation für die akademische Grundlagenforschung der Universitäten, vergleichbar mit der DFG in Deutschland, ist der österreichische Wissenschaftsfonds (FWF). Über 85 Prozent der zwischen 2008 und 2010 vom FWF vergebenen Drittmittel flossen in die Universitäten (BMWF 2011: 109). Neben Einzelprojekten mit dem größten Fördervolumen unterstützt der FWF die Forschung an Universitäten insbesondere durch Schwerpunktprogramme, die so genannten Spezialforschungsbereiche (SFB) zur Förderung von „ForscherInnengruppen aller Fachdisziplinen".[179] Hierzu gehört auch die Förderung des wissenschaftlichen Nachwuchses in Doktoratskollegs (BMWF 2011: 111f.). Im Jahr 2011 erhielten 1.771 Doktorandinnen und Doktoranden sowie 1.229 Postdocs eine FWF-Förderung.

5.3 Karrierepfade an österreichischen Universitäten

Mit der neuen Personalstruktur verbunden ist ein kollektivvertraglich geregeltes „Laufbahnmodell" bzw. ein „Karrieremodell des Kollektivvertrags" für akademische Karrieren an österreichischen Universitäten (BMWF 2011: 78). Wie eingangs erwähnt, bilden hierfür das Universitätsgesetz (UG 2002) in seiner Fassung von 2009 in Verbindung

[178] Siehe: http://www.ffg.at/comet-competence-centers-excellent-technologies (letzter Zugriff 13.11.2013).

[179] Siehe: http://www.fwf.ac.at/de/projects/sfb.html (letzter Zugriff 13.11.2013).

mit dem Kollektivvertrag für die Universitäten (2009) die rechlichen Grundlagen. Der österreichische „*Tenure Track durch Kollektivvertrag*" (Korecky 2013) befindet sich seither an den Universitäten in der Umsetzung.

5.3.1 Berufungsvoraussetzungen bei österreichischen Universitätsprofessuren

Historisch war an den österreichischen Universitäten lange Zeit das auch in Deutschland geläufige Zusammenspiel von Habilitation, Hausberufungsverbot, Lehrstuhl- und Qualifikationsstellenprinzip und damit zusammenhängend eine stark mittelbaulastige Personalstruktur prägend. Das Hausberufungsverbot wurde allerdings in Österreich zunehmend weniger rigoros interpretiert und in den letzten Jahrzehnten des 20. Jahrhunderts für Positionen unterhalb der Professur faktisch außer Kraft gesetzt. Ein Großteil der promovierten und praktisch alle habilitierten Assistenten und Assistentinnen wurden zu Lebenszeitbeamten. Die Habilitierten rückten auf Dozentenstellen auf und trugen den Titel außerordentlicher Professor, während sie statusrechtlich weiterhin zum wissenschaftlichen Mittelbau gehörten und die Professorenkurie den berufenen Professorinnen und Professoren vorbehalten blieb.

Die volle Universitätsprofessur wurde und wird auch weiterhin durch ein reguläres Berufungsverfahren mit der üblichen Qualifikationsvoraussetzung von Habilitation oder Vergleichbarem besetzt. Ein neuer universitärer Karrierepfad wurde in den letzten Jahren durch die Einrichtung der Assistenzprofessur und der Assoziierten Professur geschaffen. Hierbei greift ein Tenure Track-Verfahren, ohne die Habilitation explizit abzuschaffen.

5.3.2 Berufungsvoraussetzungen für die Assistenz- und Assozierte Professur in Österreich

Neue Karrierepfade in die Professur, auch an der eigenen Universität, gelten für die *Assistenzprofessur* mit der Berufungsvoraussetzung Promotion sowie für die *Assoziierte Professur* mit der Berufungsvoraussetzung Habilitation oder gleichwertige Qualifikation. Die an das US-amerikanische Modell angelehnten Neuerungen enthalten ein *Tenure Track-Verfahren* im Übergang von der zeitlich befristeten Assistenzprofessur zur Assoziierten Professur: Nach externer Evaluation können befristete Assistenzprofessuren in unbefristete Assoziierte Professuren einmünden, mit gleichen Rechten und Pflichten in Forschung und Lehre wie die volle Universitätsprofessur (KV 2009 §27 Abs. 6 und 7).

Für den vorangehenden wissenschaftlichen Qualifizierungsprozess sind in der Regel vierjährige Laufbahn- bzw. Karrierestellen vorgesehen, die zunächst auf der Grundlage einer „Qualifikationsvereinbarung“ ebenfalls befristet sind und schließlich in ein unbefristetes Arbeitsverhältnis überführt werden können.

5.3.3 „Karrierestellen“ als Variante des Tenure Track und „Rotationsstellen“ im Mittelbau

Die Kategorie Karriere- bzw. Laufbahnstelle ist im Rahmen des Laufbahnmodells des Kollektivvertrags für *Universitätsassistent/inn/en, Senior Scientists/Artists* und *Senior Lecturers* vorgesehen. Dabei handelt es sich um wissenschaftliche bzw. künstlerische Mitarbeiterinnen und Mitarbeiter, zu deren Aufgaben die Lehre, Forschung und Verwaltung in jeweils unterschiedlicher Gewichtung zählen. Laufbahnstellen sind in der Regel für eine Vollzeitbeschäftigung vorgesehen. Als Eingangsqualifikation wird von den meisten Universitäten ein absolviertes Doktorats- oder PhD-Studium vorausgesetzt, an Medizinischen Universitäten teilweise auch eine Facharztausbildung. Die Universität kann innerhalb von zwei Jahren nach Einstieg auf eine Laufbahnstelle eine *Qualifizierungsvereinbarung* anbieten.[180] Auf Basis der in der Qualifizierungsvereinbarung festgelegten Qualifikationsziele und -zeiträume ist ein Qualifizierungsprozess zu durchlaufen, der im Regelfall auf vier Jahre ausgelegt ist und mit einer Evaluierung hinsichtlich der vereinbarten Qualifizierungsziele endet. Die Qualifizierungsvereinbarungen legen Ziele in den Bereichen Lehre, Forschung und Führung/Management/Verwaltung fest, beispielsweise die selbständige Abhaltung einer bestimmten Zahl von Lehrveranstaltungen, die Betreuung wis-

[180] 14 von 21 Universitäten (die 22. Universität Krems unterliegt nicht dem Kollektivvertrag) haben bereits Qualifizierungsvereinbarungen abgeschlossen. Eine Reihe von Universitäten setzen das Instrument gezielt zur Förderung von Frauen ein (BMWF 2011: 78). Einzelne Universitäten differenzieren zwischen einer Professorenlaufbahn mit Abschluss einer Qualifizierungsvereinbarung, die auf die Erreichung einer Associate-Professur ausgerichtet ist, und einer Fachlaufbahn für Senior Scientists mit Abschluss einer Entwicklungsvereinbarung.

senschaftlicher Arbeiten, eine bestimmte Zahl von wissenschaftlichen Publikationen, Vorträge, den Aufbau einer Forschungsarbeitsgruppe, die Einwerbung von Drittmitteln. Als zentrales Qualifizierungsziel ist an vielen Universitäten die Erreichung der Venia docendi oder einer vergleichbaren wissenschaftlichen Qualifikation vorgesehen. Mit der Erfüllung der Qualifizierungsvereinbarung ist die Überleitung des zeitlich befristeten Beschäftigungsverhältnisses in ein unbefristetes Beschäftigungsverhältnis verbunden.

Von den Laufbahn- bzw. Karrierestellen im akademischen Mittelbau werden die *Rotationsstellen* unterschieden. Sie werden auch als flexible Stellen bezeichnet und sind nur im Rahmen befristeter Arbeitsverhältnisse möglich: „*auf flexiblen Stellen soll die fachliche und wissenschaftliche Ausbildung und die wissenschaftliche Qualifikation vertieft und gleichzeitig die Eignung für wissenschaftliches Arbeiten bzw. eine wissenschaftliche Karriere erprobt werden*“ (BMWF 2011: 78).[181]

5.4 Fazit

In den personalstrukturellen Reformen der letzten zehn Jahre (Dienstrechtsreform, Universitätsgesetz, Kollektivvertrag) lässt sich an den österreichischen Universitäten eine Synthese aus dem US-amerikanischen Tenure Track-Modell, dem westeuropäischen Tenure-System und dem im deutschsprachigen Raum dominierenden Habilitationsmodell erkennen: Auf der unteren Mittelbauebene scheint mit einer verstärkten Betonung des Befristungsprinzips eher die Annäherung an das deutsche Modell stattzufinden. Auch die Bindung an die Habilitation bzw. an habilitationsäquivalente Leistungen als Qualifikationsvoraussetzung für den Zugang zu einer vollen Hochschullehrerstelle bleibt bestehen, ähnlich wie in Deutschland. Dazwischen könnte ein neuer oberer Mittelbau entstehen, der wegen seiner auf Dauer angelegten, unbefristeten Positionen als Senior Lecturer bzw. Senior Scientist eher an England, Frankreich oder auch die Niederlande erinnert. Hinsicht-

[181] Die Zahl der verschiedenen Stellen für wissenschaftliche Mitarbeiterinnen und Mitarbeiter legen die Universitäten im Rahmen ihrer Personalstrukturplanung fest und schließen dazu Leistungsvereinbarungen mit dem Wissenschaftsministerium ab. Langfristig strebten die Universitäten ein Verhältnis 50 zu 50 zwischen Rotations- und Karrierestellen an.

lich der Karrieresequenzen Assistenzprofessur und Assoziierte Professur orientiert sich die universitäre Personalstruktur eher am US-amerikanischen Vorbild eines Tenure Track.

Da die früheren Rechtsverhältnisse für das vorhandene Personal weiter wirksam bleiben, sind die Auswirkungen dieser im letzten Jahrzehnt eingeleiteten Reformen noch nicht abschließend zu beurteilen.

6 Schweiz

6.1 Institutionelle Differenzierung des Wissenschaftssystems der Schweiz

Das Wissenschaftssystem der Schweiz weist aus historischen Gründen Strukturähnlichkeiten mit dem französischen (eher in der Westschweiz anzutreffen) und mit dem deutschen Hochschul- und Forschungssystem (eher in der Deutschschweiz) auf.

Ähnlich dem französischen und dem deutschen ist das Forschungssystem in der Schweiz binär strukturiert und verfügt neben dem Hochschulsektor über einen – im Vergleich zu Frankreich und Deutschland allerdings kleinen – Bereich außeruniversitärer akademischer Forschung mit wenig mehr als 1.000 Forschenden (Pasternack/Schulze 2011: 11). Zu den öffentlich finanzierten *außeruniversitären Forschungseinrichtungen* werden die vier Forschungsanstalten der beiden Eidgenössischen Technischen Hochschulen (s.u.),[182] vier wissenschaftliche Akademien,[183] einige weitere Forschungsinstitute und die staatliche Ressortforschung[184] gezählt. Der hauptsächliche Finanzier außeruniversitärer Forschung ist in der Schweiz zu circa dreiviertel die F&E durchführende Privatwirtschaft, während die öffentlich finanzier-

[182] Das Paul Scherrer Institut, die Eidgenössische Forschungsanstalt für Wald, Schnee und Landschaft, die Eidgenössische Materialprüfungs- und Forschungsanstalt und die Eidgenössische Forschungsanstalt für Wasserversorgung, Abwasserreinigung und Gewässerschutz.

[183] Die Schweizerischen Akademien der Geistes- und Sozialwissenschaften (SAGW), der Naturwissenschaften (SANW), der Medizinischen Wissenschaften (SAMW) und der Technischen Wissenschaften (SATW). Sie sind koordinierend und in der Öffentlichkeitsarbeit für die Wissenschaft tätig und führen daneben auch mittel- bis langfristige Sonderprojekte durch.

[184] Die Ressortforschung ist nur zum Teil (37% der Aktivitäten) in eigenen Forschungsanstalten der Bundesverwaltung organisiert. Zu einem großen Teil lässt sie der Bund durch Hochschulen oder private Unternehmen durchführen: 9,3% im ETH-Bereich; 11,7% von kantonalen Universitäten; 2,7% an Fachhochschulen; 12,6% von der Privatwirtschaft, zu einem kleinen Teil von Non Profit- und internationale Organisationen, Kantonen und Gemeinden.

te Forschung hauptsächlich an den Hochschulen stattfindet.[185] Die für die Hochschulen wichtigste Forschungsfördereinrichtung der projekt- und personenbezogenen Drittmittelforschung ist der *Schweizer Nationalfonds zur Förderung der Wissenschaftlichen Forschung* (NSF).

Der Hochschulsektor ist auch in der Schweiz dual strukturiert, indem neben den Universitäten seit 1997 auch *Fachhochschulen* (FH) neu gegründet wurden. Inzwischen gibt es sieben öffentlich-rechtliche Fachhochschulen[186], in die die schon länger existierenden Pädagogischen Hochschulen und Institutionen der Lehrkräfteausbildung seit 2007 sukzessive integriert wurden. Die Aufgabenbestimmung der Fachhochschulen liegt, vergleichbar den deutschen und österreichischen Fachhochschulen, in der berufspraktisch orientierten Hochschulausbildung und einer akademischen Forschung mit Anwendungsbezug.

Die Gründung eines eigenen Fachhochschulbereichs (Fachhochschulgesetz FHSG 1995)[187] steht im Zusammenhang mit weiteren Governance-Reformen, die seit Mitte der 1990er Jahre erfolgten: Die Schweizer Hochschulfinanzierung wechselte von einer aufwands- zu einer leistungsbezogenen Zuweisung der Grundbeiträge des Bundes (Universitätsförderungsgesetz UFG 1999).[188] Die Universitäten wurden 1996 aus der staatlichen Verwaltung ausgegliedert und sind seither öffentlich-rechtliche Einrichtungen. Die behördlichen Kompetenzen wurden Universitätsräten als obersten Entscheidungs- und Aufsichtsorganen der Universitäten übertragen. Sie erlassen das Universitätsstatut, zu dem die Anstellungs- und Dienstordnung des Personals gehört. Die Vergütung regelt jede Universität für sich über eine vom staatlichen Lohngesetz unabhängige Gehaltsordnung. Der Beamtenstatus

[185] Zu System und Performance der staatlichen Forschungsfinanzierung durch Bund und Kantone, auch im internationalen Vergleich zwischen 2000 und 2010, vgl. BFS 2012a.

[186] Hinzu kommen die staatlich genehmigten und beaufsichtigten privaten Fachhochschulen Kalaidos Zürich und HES Les Roches-Gruyère.

[187] Bundesgesetz über die Fachhochschulen (Fachhochschulgesetz, FHSG) vom 6. Oktober 1995 (Stand 1. Januar 2013): http://www.admin.ch/ch/d/sr/4/414.71.de.pdf (letzter Zugriff 13.11.2013).

[188] Bundesgesetz über die Förderung der Universitäten und über die Zusammenarbeit im Hochschulbereich (Universitätsförderungsgesetz, UFG) vom 8. Oktober 1999 (Stand 1. Januar 2013): http://www.admin.ch/ch/d/sr/4/414.20.de.pdf (letzter Zugriff 13.11.2013). Für 70% der Grundbeiträge des Bundes ist die Zahl der Studierenden, die sich in der Regelstudienzeit befinden, ausschlaggebend. Die restlichen 30% werden vor allem abhängig von der Höhe der akquirierten Drittmittel verteilt (vgl. Pasternack/Schulze 2011 und 2011a).

für Professorinnen und Professoren wurde abgeschafft und die älteren Beschäftigungsverhältnisse sukzessive angepasst.

Den Bereich der *universitären Hochschulen* (UH) bilden zehn kantonale Universitäten. Das sind überwiegend Volluniversitäten im herkömmlichen Sinn.[189] Hinzu kommen die beiden *Eidgenössischen Technischen Hochschulen* (ETH), die 1854 als eidgenössische polytechnische Schule gegründete ETH Zürich und die 1968 im französischsprachigen Lausanne eröffnete École Polytechnique Fédérale. Die ETHs gelten heute national und international als die prestigereichsten Universitäten der Schweiz. Sie forschen primär in den Ingenieur- und Naturwissenschaften, der Architektur, Mathematik und verwandten Gebieten, beziehen aber auch die Geistes- und Sozialwissenschaften in ihre Tätigkeit ein (§7 ETH Gesetz). Beide sind Bundesuniversitäten. Zusammen mit den (o. g. vier) Forschungseinrichtungen bilden sie den bundesgesetzlich geregelten *ETH-Bereich*.[190] Im Rahmen einer föderalen Kompetenzverteilung zwischen den 26 Kantonen und dem Bund verfügt der Bund über die alleinigen Kompetenzen im ETH-Bereich sowie in der Forschungs- und Innovationsförderung und bei der internationalen Zusammenarbeit. Bei den kantonalen Universitäten und Fachhochschulen tritt der Bund als Mitfinanzier in Erscheinung. Hinsichtlich der Hochschulen und der außeruniversitären Forschung, die traditionell starken französischen und deutschen Einflüssen ausgesetzt sind, nimmt die Schweiz zwischen dem französischen Zentralismus und einem strikteren deutschen Föderalismus eher eine Mittelstellung ein (Pasternack/Schulze 2011: 85ff.).

Auch in der Schweiz sind im dualen System die Universitäten gegenüber den Fachhochschulen klar strukturprägend.[191] Dort arbeiten die weitaus meisten Wissenschaftler und Wissenschaftlerinnen (vgl. Kapitel 6.2) und sie haben die meisten Studierenden. Von den insge-

[189] Zwei neugegründete Universitäten, die Universität Luzern und die Università della Svizzera italiana in Lugano und Mendrisio, sowie die aus einer Handelshochschule hervorgegangene Universität St. Gallen verfügen nur über ein begrenztes Fächerspektrum.

[190] Bundesgesetz über die Eidgenössischen Technischen Hochschulen (ETH-Gesetz) vom 4. Oktober 1991 (Stand 1. Januar 2013): http://www.admin.ch/ch/d/sr/4/414.110.de.pdf (letzter Zugriff 13.11.2013).

[191] Einen Überblick über die Strukturen des Hochschulsystems gibt das „Panorama der Hochschulen 2010“ auf Basis der Daten für das Jahr 2008 des Bundesamts für Statistik Schweiz (BFS) 2010: http://www.bfs.admin.ch/bfs/portal/de/index/themen/15/22/publ.html?publicationID=3937 (letzter Zugriff 13.11.2013).

samt rund 206.000 Studierenden im Herbstsemester 2010/11 waren knapp zwei Drittel an einer Universität und knapp ein Drittel an einer Fach- bzw. Pädagogischen Hochschule eingeschrieben (BFS 2011a: 5).

Im Zuge der Einführung der dreigliedrigen Bologna-Studienstruktur (mit 3-jährigem BA, MA, PhD) werden an den universitären Hochschulen seit 2000/2001 (die Fachhochschulen folgten 2005/2006) die bisherigen Lizenziats- und Diplomstudiengänge durch Bachelor- und Masterstudiengänge schrittweise ersetzt. Dabei ist der Masterabschluss, zugleich die Zugangsvoraussetzung zum Doktorat, dem früheren Lizenziat bzw. Diplom gleichgestellt worden.

6.2 Stellenkategorien und Ist-Situation des wissenschaftlichen Personals in der Schweiz

6.2.1 Personal- und Stellenkategorien an schweizerischen Universitäten

Der Großteil des in Wissenschaft und Forschung tätigen Personals findet sich an den *universitären Hochschulen*,[192] den Universitäten, und zwar zentriert auf die Universitätsstandorte Zürich, Genf und Bern sowie an den beiden Eidgenössischen Technischen Hochschulen (ETH) Zürich und Lausanne. Mit 73 Prozent an den personellen Gesamtressourcen sind sie auch die wichtigsten Arbeitgeber im Hochschulsektor mit den Naturwissenschaften als ressourcenstärkster Fachbereichsgruppe, gefolgt von Medizin und Pharmazie und den Geistes- und Sozialwissenschaften (BFS 2011: 4).

Einheitlich gesetzlich geregelte Personalkategorien für die Universitäten (und Fachhochschulen, hier gilt das FHSG) gibt es aufgrund der föderalen Struktur des Wissenschaftssystems nicht. Für die zehn kantonalen Universitäten gelten je einzelne kantonale Gesetze, für

[192] Im Schweizerischen Hochschulinformationssystem (SHIS) gelten als universitäre Hochschulen (UH) die zehn kantonalen Universitäten (Basel, Bern, Freiburg, Genf, Lausanne, Luzern, Neuenburg, St. Gallen, Zürich, Università della Svizzera italiana) sowie die beiden Eidgenössischen Technischen Hochschulen ETH Lausanne und ETH Zürich. Zusätzlich sind in der Statistik für das Jahr 2010 (nicht 1999 und 2005) kleinere andere universitäre Institutionen verzeichnet (wie Universitäre Fernstudien Schweiz, Brig, Institut universitaire Kurt Bösch, Sion).

die Bundeseinrichtungen ETH Zürich und Lausanne das ETH-Gesetz. In Artikel 13 zu den Hochschulangehörigen finden sich dort die Kategorien:[193]

- ordentliche und ausserordentliche Professoren,
- Assistenzprofessoren,
- Privatdozenten,
- Maîtres d'enseignement et de recherche,
- Lehrbeauftragte,
- Assistenten,
- wissenschaftliche Mitarbeiter.

Weiterhin heißt es in Artikel 13, dass der ETH-Rat weitere Kategorien von Mitgliedern des Lehrkörpers festlegen kann. Die Mitglieder des Lehrkörpers, die nicht ordentliche oder außerordentliche Professoren sind, werden auch als *oberer Mittelbau* bezeichnet, also: die Assistenzprofessoren und -professorinnen, Privatdozenten und -dozentinnen, Maîtres d'enseignement et de recherche, außerdem auch die Lehrbeauftragten; die Assistenten und Assistentinnen und wissenschaftlichen Mitarbeiter und Mitarbeiterinnen als *unterer Mittelbau.*

Für die kantonalen Universitäten gilt Ähnliches. In der Universitätsstatistik der Schweiz findet sich allerdings die weitere Ausdifferenzierung des oberen Mittelbaus nicht. Sie ist für die Karrierestrukturen zwischen Promotion und Professur relevant (vgl. Kapitel 6.3.), findet in der amtlichen Hochschulpersonalstatistik jedoch keine Berücksichtigung. Das Statistische Bundesamt der Schweiz (BFS) unterscheidet

- Professoren und Professorinnen,
- Übrige Dozierende (oberer Mittelbau) und
- Assistierende und wissenschaftlich Mitarbeitende (unterer Mittelbau).

[193] Neben den Doktoranden, Studierenden und Hörern und dem administrativen und technischen Personal. Vgl. Bundesgesetz über die Eidgenössischen Technischen Hochschulen (ETH-Gesetz) vom 4. Oktober 1991 (Stand 1. Januar 2013): http://www.admin.ch/ch/d/sr/4/414.110.de.pdf (letzter Zugriff 13.11.2013).

6.2.2 Ist-Situation des wissenschaftlichen Personals an Universitäten der Schweiz

Nach Angaben des Statistischen Bundesamts der Schweiz (BFS) umfasste das Beschäftigungsvolumen der universitären Hochschulen im Jahr 2010 insgesamt 55.747 Personen (36.093 VZÄ). Davon gehörten zwei Drittel (66,6 Prozent) zum wissenschaftlichen Personal; ein Drittel (33,4 Prozent) war in Administration und Technik beschäftigt. Das wissenschaftliche Personal umfasste im Jahr 2010 knapp 40.000 Personen und verteilte sich wie folgt auf die drei in der Universitätsstatistik Schweiz ausgewiesenen Kategorien des wissenschaftlichen Personals (BFS 2011: 4; Übersicht 6-1):

- Professoren und Professorinnen (3.676 Personen)
- Übrige Dozierende (9.152 Personen)
- Assistenten/Assistentinnen und wissenschaftliche Mitarbeiterinnen und Mitarbeiter (26.588 Personen).

Übersicht 6-1: Wissenschaftliches Personal an Universitäten der Schweiz, 2005, 2010

	2005				2010			
	Personen		VZÄ		Personen		VZÄ	
	absolut	%	absolut	%	absolut	%	absolut	%
Professuren	3.055	6,9	2.729	9,1	3.676	6,6	3.243	9,0
Übrige Dozierende	6.727	15,2	2.388	8,0	9.152	16,4	2.994	8,3
Assistierende + wiss. Mitarbeitende	21.136	47,7	14.377	48,2	26.588	47,7	17.785	49,3
Wiss. Personal gesamt	**30.918**	**69,8**	**19.494**	**65,3**	**39.416**	**70,7**	**24.022**	**66,6**
Administ. + techn. Personal	13.403	30,2	10.353	34,7	16.331	29,3	12.071	33,4
Personal insgesamt	**44.321**	**100,0**	**29.848**	**100,0**	**55.747**	**100,0**	**36.093**	**100,0**

Quelle: BFS 2006a; BFS 2011: 4.

Aus der Übersicht 6-1 lässt sich für die Unversitäten der Schweiz eine Grundstruktur der wissenschaftlichen Personalstellen (berechnet in VZÄ) erkennen, die der in den anderen Habilitationsländern Österreich und Deutschland sehr ähnlich ist (vgl. unten Übersicht 10-3):

Der Anteil der Professorinnen und Professoren am wissenschaftlichen Personal ist relativ gering und beträgt, ohne größere quantitative Veränderungen seit 2000, im Jahr 2010 13,5 Prozent (in VZÄ). Der weitaus größte Teil der nichtprofessoralen Wissenschaftlerinnen und Wissenschaftler besteht aus dem unteren Mittelbau. Der Anteil der Assistierenden und wissenschaftlich Mitarbeitenden liegt im Jahr 2010 an den Universitäten, strukturähnlich wie auch in Deutschland, bei 74 Prozent (in VZÄ). Zum oberen Mittelbau (übrige Dozentinnen und Dozenten) gehören, ebenfalls ohne merkliche Veränderungen seit 2000, 12,5 Prozent (in VZÄ) des wissenschaftlichen Personals der Universitäten insgesamt.

Hinweise zum Zusammenhang zwischen Personalstruktur und der Tätigkeitsausrichtung in den einzelnen Personalkategorien geben die von der Bundesstatistik als Leistungsarten der Hochschulen erfassten Informationen. Diesen Angaben zufolge sind Forschung und Entwicklung einerseits und die Lehre andererseits die vom universitären Hochschulpersonal meist erbrachten Leistungsarten.[194] Während sich die Lehraktivitäten der übrigen Dozierenden besonders auf die Grundausbildung (61 Prozent) konzentrierten, lehrten die Professoren und Professorinnen nur zu 33 Prozent in der Grundausbildung und zu 8 Prozent in der vertiefenden Studierendenausbildung. Ihre Lehr- und Forschungsleistungen verteilen sich zu ca. 40 Prozent jeweils auf die Lehre und auf Forschung und Entwicklung. Vorwiegend in Forschung und Entwicklung arbeiten die Assistentinnen und die wissenschaftlichen Mitarbeiter, wobei es beträchtliche Fächerunterschiede gibt. So gehen in den Naturwissenschaften 64 Prozent der Personalressourcen in Forschung und Entwicklung, während die grundständige Lehre (Grundausbildung) in Fachbereichsgruppen wie Rechts-, Geistes- und Sozialwissenschaften dominiert (BFS 2011: 22).

Über die Fächerunterschiede hinweg lässt sich zum Zusammenhang zwischen Personalstruktur und Tätigkeitsschwerpunkten für die Universitäten festhalten: Da die übrigen Dozierenden 61 Prozent ihrer Arbeit der Grundausbildung der Studierenden widmen, die Professoren und Professorinnen aber nur 33 Prozent, lässt sich konstatieren, dass die übrigen Dozierenden den größten Teil der Lehre tragen. Dabei sind sie (gemäß der Definition im ETH-Gesetz) „selbständig und in eigener Verantwortung“ tätig. Damit existiert – unterhalb der Professur –

[194] Dienstleistungen und Weiterbildung stellen mit 8% bzw. 3% der Gesamtressourcen keine Kernaktivitäten an den UH dar (BFS 2011: 22). In der universitären Medizin und Pharmazie liegt der Dienstleistungsanteil mit 17% der Arbeitszeit höher. Dienstleistungen und Weiterbildung sind die Domäne der Fachhochschulen (vgl. Kapitel 6.2.3).

die selbständig lehrende (und zu kleineren Teilen ihrer Arbeitszeit forschende) Personalgruppe der übrigen Dozierenden. Dazu wie sie sich weiter ausdifferenziert und sich der obere Mittelbau an den Schweizer Universitäten konkret zusammensetzt, gibt die Universitätsstatistik keine Auskunft. Festzuhalten bleibt, dass es sich um eine vorwiegend lehrende, aber als selbständig geltende sehr heterogene Gruppe innerhalb der Personalstruktur handelt, zu der (entsprechend der Definition im ETH-Gesetz) einerseits Assistenzprofessoren, Privatdozenten, Maîtres d'enseignement et de recherche, andererseits aber auch Lehrbeauftragte mit höchst unterschiedlichem Beschäftigungsumfang gehören können.

Dahingegen ist quantitativ innerhalb der Personalstruktur die große Gruppe des unteren Mittelbaus vorwiegend (zu 64 Prozent ihrer Arbeit) in Forschung und Entwicklung tätig. Sie gilt „als noch in der Ausbildung befindlich". Hier handelt es sich vorwiegend um Qualifikations- und Projektstellen mit in der Regel befristeten Beschäftigungsverhältnissen. Im Jahr 2006 wurden 56 Prozent (in VZÄ) solcher Stellen durch Drittmittel finanziert (BFS 2006a: 18; vgl. dazu Kapitel 6.2.3).

6.2.3 Ist-Situation des wissenschaftlichen Personals an schweizerischen Fachhochschulen

In der dualen Struktur des Hochschulsektors gibt es neben den Universitäten seit 1997 inzwischen acht statistisch verzeichnete Fachhochschulen.[195] Ohne weitere Ausdifferenzierung finden im Fachhochschulgesetz (FHSG) die „Dozentinnen und Dozenten" (Art. 12) unter „Beizug von weiterem Personal" (Art. 13) Erwähnung:

[195] Angaben entsprechend Personal der Fachhochschulen und Pädagogischen Fachhochschulen: Basistabellen (2010): http://www.bfs.admin.ch/bfs/portal/de/index/themen/15/06/data.html (letzter Zugriff 13.11.2013) sowie BFS 2006 und BFS 2012. Zu den Fachhochschulen zählen: Berner Fachhochschule, Haute école spécialisée de la Suisse occidentale, Fachhochschule Nordwestschweiz, Fachhochschule Zentralschweiz, Scuola Universitaria Professionale della Svizzera Italiana, Fachhochschule Ostschweiz, Zürcher Fachhochschule, Kalaidos Fachhochschule. Seit 2010 ist in den statistischen Daten auch die Private Fachhochschule HES Les Roches-Gruyère verzeichnet. Den Fachhochschulen sind 19 Pädagogische Hochschulen und Einrichtungen der Lehrkräfteausbildung organisatorisch eingegliedert.

- *„Die Dozentinnen und Dozenten müssen sich über eine abgeschlossene Hochschulausbildung, über Forschungsinteresse sowie über eine didaktische Qualifikation ausweisen. Die Lehre in den richtungsspezifischen Fächern setzt zudem eine mehrjährige Berufserfahrung voraus*" (FHSG Art. 12 Abs. 1).
- *„Zur Erfüllung ihrer Aufgaben können die Fachhochschulen Assistentinnen und Assistenten sowie weiteres wissenschaftliches, technisches und administratives Personal beiziehen*" (FHSG Art 13).

Die personalstatistische Erfassung erfolgt, analog der Statistik für die Universitäten, beim wissenschaftlichen Personal an den Fachhochschulen in drei Kategorien (vgl. Übersicht 6-2):[196]

- Professoren und Professorinnen mit knapp 7.000 Personen im Jahr 2010,
- Übrige Dozierende mit gut 25.000 Personen und
- fast 5.700 Assistierende und Mitarbeitende.

Übersicht 6-2: Wissenschaftliches Personal der Fachhochschulen der Schweiz, 2000, 2010

	2000				2010			
	Personen		VZÄ		Personen		VZÄ	
	absolut	%	absolut	%	absolut	%	absolut	%
Professuren	2.973	18,8	1.731	27,3	6.981	15,4	4.358	31,8
Übrige Dozierende	6.090	38,6	858	13,5	25.457	56,0	2.485	18,1
Assistierende + wiss. Mitarbeitende	1.601	10,1	931	14,6	5.670	12,5	2.783	20,3
Wiss. Pers. gesamt	**10.664**	**67,6**	**3.520**	**55,4**	**38.108**	**83,9**	**9.626**	**70,2**
Admin. + techn. Personal	5.122	32,4	2.832	44,6	7.314	16,1	4.100	29,9
Personal Insgesamt	**15.786**	**100,0**	**6.352**	**100,0**	**45.422**	**100,0**	**13.726**	**100,0**

Quelle: eigene Berechnungen nach BFS 2012.

Die Übersicht 6-2 verdeutlicht einen Anstieg um etwa 30 Prozent des wissenschaftlichen Personals zwischen 2000 und 2010. Dieser Personalzuwachs von circa 10.600 Personen auf gut 38.000 Personen im Jahr 2010 lässt ein schnelles Wachstum der Fachhochschulen seit ihrer

[196] Plus der in Übersicht 6-3 mit verzeichneten vierten Kategorie des Personals in Administration und Technik.

Gründung im Jahr 1997 erkennen. Dabei hat die Kategorie der *übrigen Dozierenden* den weitaus größten personellen Zuwachs (mit circa 6.000 Personen im Jahr 2000 auf über 25.000 Personen im Jahr 2010) zu verzeichnen. Ihr personeller Anteil liegt im Jahr 2010 bei mehr als 50 Prozent des Fachhochschulpersonals insgesamt.[197]

Der Tätigkeitsschwerpunkt der Fachhochschulen liegt zu mehr als 80 Prozent bei der Lehre einschließlich Weiterbildung. Bei den Professorinnen und Professoren beträgt der Lehranteil etwa drei Viertel ihrer Tätigkeit. Der untere Mittelbau ist nur zu circa einem Drittel in der Lehre und zu mehr als 40 Prozent in angewandter Forschung und Entwicklung tätig (Dozierende mit ca. 6 Prozent, Professorinnen und Professoren mit ca. 10 Prozent Forschungsanteil). Das lässt sich als ein Hinweis interpretieren, dass auch an den Schweizer Fachhochschulen die Stellen im unteren Mittelbau eher Qualifikations- bzw. Projektstellen sind (Pasternack 2008: 313). Andererseits unterstreichen die geringen Forschungsanteile bei den Professuren und Dozenturen eine sehr hohe Lehrintensität, die insbesondere bei den übrigen Dozierenden des oberen Mittelbaus an den Fachhochschulen eine überwiegende Teilzeitbeschäftigung ist. Nur knapp vier Prozent weisen einen Beschäftigungsgrad von 90 Prozent und mehr auf (vgl. Kapitel 6.2.4).[198]

6.2.4 Beschäftigungsumfang, Befristung, Drittmittelfinanzierung des wissenschaftlichen Personals in der Schweiz

Wie die Personalstruktur an den Universitäten und Fachhochschulen erwarten lässt, sind die meisten Professoren und Professorinnen (80 Prozent) in Vollzeit beschäftigt.[199] Dahingegen ist die Mehrheit der Angestellten im wissenschaftlichen Mittelbau (61 %) teilzeitbeschäftigt (BFS 2011: 4). Große Unterschiede im Beschäftigungsgrad treten zwischen den Professoren und Professorinnen und den übrigen Dozierenden auf. Da sich die Personalkategorie der übrigen Dozierenden des

[197] Zur Entwicklung der Fachhochschulen vgl. die Empfehlungen des Schweizer Wissenschafts- und Technologierates (SWTR 2010); vgl. auch Meyerhofer 2009; Hug 2013.

[198] Die angewandte Forschung an den Fachhochschulen zu stärken ist eine der zentralen Empfehlungen des Schweizer Wissenschafts- und Technikrates (SWTR 2010).

[199] Generell ist die Vollzeitbeschäftigung ist in den Geistes- und Sozialwissenschaften (28%), Wirtschaftswissenschaften (19%) und Recht (20%) seltener als in den naturwissenschaftlichen und technischen Fachrichtungen (37%-50%) (BFS 2011: 14).

so genannten oberen Mittelbaus zum großen Teil aus Privatdozentinnen und Privatdozenten sowie aus nebenberuflichen Dozierenden zusammensetzt, ist die Vollzeitbeschäftigung im oberen Mittelbau eher gering ausgeprägt (13 Prozent), tatsächlich sind sogar die meisten (68 Prozent) der übrigen Dozierenden mit einem Beschäftigungsgrad von weniger als 50% beschäftigt (vgl. Young et al. 2009).[200]

Dies geht auch aus der Übersicht 6-3 für das Jahr 2010 hervor. Im Vergleich zu 2005 wird für die drei Personalbereiche (Professur, oberer und unterer Mittelbau) deutlich, dass ihre Zahl sich (unterschiedlich) erhöht hat, der Beschäftigungsgrad sich in den drei Personalgruppen aber kaum verändert hat.

Übersicht 6-3: Beschäftigungsgrad des wissenschaftlichen Personals der Universitäten der Schweiz, 2005, 2010

Beschäftigungs-kategorie	Beschäftigungs-grad	2005		2010	
		absolut	%	absolut	%
Professorinnen & Professoren	**Gesamt**	**3.055**	**100,0**	**3.676**	**100,0**
	<= 5%	15	0,5	11	0,3
	>5% - < 50%	265	8,7	384	10,4
	>= 50% - < 90%	298	9,8	342	9,3
	>= 90%	2.477	81,1	2.939	80,0
Übrige Dozierende (oberer Mittelbau)	**Gesamt**	**6.727**	**100,00**	**9.152**	**100,0**
	<= 5%	695	10,3	1.184	12,9
	>5% - < 50%	4.603	68,4	6.231	68,1
	>= 50% - < 90%	493	7,3	556	6,1
	>= 90%	936	13,9	1.181	12,9
Assistierende + wiss. Mitarbeitende (unterer Mittelbau)	**Gesamt**	**21.136**	**100,00**	**26.588**	**100,0**
	<= 5%	84	0,4	418	1,6
	>5% - < 50%	4.056	19,2	5.626	21,2
	>= 50% - < 90%	9.570	45,3	10.652	40,1
	>= 90%	7.426	35,1	9.892	37,2

Quelle: BFS 2006a:15 und BFS 2011: 14.

Werden die weniger als 90-prozentig teilzeitbeschäftigten übrigen Dozierenden des oberen Mittelbaus zusammengezählt, ergibt sich – für die Universitäten – ein Anteil von etwa 87 Prozent und für die Beschäftigten im unteren Mittelbau ein Teilzeitanteil von 63 Prozent im Jahr

[200] Beim technischen und administrativen Personal ist fast die Hälfte (47%) vollzeitbeschäftigt.

2010. Während die Professorinnen und Professoren zu 80 Prozent in Vollzeit beschäftigt sind.

An den Fachhochschulen ist die Teilzeitbeschäftigung bei den Lehrenden der Regelfall. Dort hatten (im Jahr 2005) 82 Prozent einen Beschäftigungsgrad von unter 90 Prozent. Hier wird der Eindruck allerdings, mehr noch als an den Universitäten, durch den Umstand verzerrt, dass die schweizerische Statistik nicht zwischen haupt- und nebenamtlichem Personal unterscheidet. Wenn der Beschäftigungsgrad kleiner oder gleich fünf Prozent ist, darf angenommen werden, dass dieses Personal nebenberuflich und auf Stundenbasis tätig ist. An den Fachhochschulen betrifft dies vor allem die übrigen Dozierenden, von denen (z.B. im Jahr 2005) nur zwei Prozent einen Beschäftigungsgrad von 90 Prozent und mehr aufwiesen. Bei den Professorinnen und Professoren sowie bei den Assistenten/Assisteninnen und wissenschaftlichen Mitarbeitern und Mitarbeiterinnen der Fachhochschulen hingegen ist von ungefähr einem Drittel auszugehen, das vollzeitbeschäftigt ist (BFS 2006b: 5, 14).

Hinsichtlich der Finanzierung der Beschäftigung des wissenschaftlichen Personals aus Drittmitteln ist laut Angaben des Statistischen Bundesamts (BFS) für den universitären Bereich im Jahr 2010 von einem Anteil von 34 Prozent auszugehen, darunter 15 Prozent aus Mitteln des Schweizer Nationalfonds (NSF) und 19 Prozent aus „übrigen Drittmitteln“ anderer Förderer. Letztere sind in den technischen Wissenschaften (mit 26 Prozent) besonders stark.

Zusammen mit den Geldern des NSF (mit 19 Prozent der VZÄ) spielen die übrigen Drittmittel (mit 24 Prozent der VZÄ) eine „tragende Rolle“ bei der Finanzierung des unteren Mittelbaus (BFS 2011: 18, 4). Das heißt, dass insbesondere die Finanzierung der Stellen im unteren Mittelbau stark drittmittelabhängig ist. Nur 57 Prozent des unteren Mittelbaus wird aus dem Hochschulbudget finanziert, dagegen mehr als 92 Prozent der VZÄ der Professoren und übrigen Dozierenden (BFS 2011: 18; zu den Fachhochschulen vgl. Hug 2013; Weber et al. 2010; Zölch et al. 2005).

Zwar sagt die Stellenfinanzierung aus Drittmitteln im Verhältnis zu den budgetfinanzierten Stellen wenig über die Befristung von Arbeitsverträgen aus. Was sich aber festhalten lässt ist, dass die befristete Beschäftigung der Assistenten/Assisteninnen und wissenschaftlichen Mitarbeiterinnen und Mitarbeiter auch an den Universitäten der Schweiz der Regelfall ist. Sie werden an den Universitäten und ETHs grundsätzlich befristet eingestellt, gelten als „noch in der Ausbildung befindlich" und „haben Gelegenheit, sich durch Forschung oder den Besuch von Lehrveranstaltungen weiterzubilden" (Art. 15 Abs. 1 ETH-Gesetz). Wie (in Kapitel 6.2.2) erwähnt, werden die Stellen für den assistierenden unteren Mittelbau zu mehr als der Hälfte (in VZÄ) durch Drittmittel finanziert. Drittmittelstellen werden auch von Promovierten (Postdocs) genutzt, um sich zu habilitieren, da die Habilitation in der Schweiz nach wie vor als die bevorzugte Berufungsvoraussetzung gilt.

6.3 Karrierepfade an Schweizer Universitäten

6.3.1 Wege in die Professur und Tenure-Optionen in der Schweiz

Wie deutlich wurde, sind die Personalstruktur und die Beschäftigungsbedingungen des wissenschaftlichen Personals an den Universitäten (und Fachhochschulen) der Schweiz denen in Deutschland sehr ähnlich. Doch gibt es eine wie in Deutschland vergleichsweise einheitliche Karrierestruktur in der Schweiz nicht (SWTR 2001: 25). Das ist unter anderem darauf zurückzuführen, dass die französischsprachigen Hochschulen sich eher am französischen Karriere- bzw. Laufbahnmuster anlehnen, die deutschsprachigen eher am deutschen Habilitationsmodell, und dass zwischen den einzelnen kantonalen Universitäten beträchtliche Unterschiede auftreten.

Obwohl es in der Schweiz seit Jahren eine hochschulpolitische Meinungsbildung in Richtung Verzicht auf die Habilitation gibt, gilt die Habilitation im Hochschulalltag nach wie vor als die bevorzugte Berufungsvoraussetzung für die Universitätsprofessur, insbesondere an Fakultäten in der Deutschschweiz. Rein rechtlich ist aber die Promotion – verbunden mit zusätzlichen Qualifikationserfordernissen wie Publikationen, eingeworbene Drittmittel, Lehr- und Forschungserfahrung, Auslandsaufenthalte etc. – die einzige formelle Voraussetzung für die Berufung auf eine Professur an einer Schweizer Universität. Die Professorinnen und Professoren an den Schweizer Fachhochschulen müssen (bisher) nicht promoviert sein. Mit dem zunehmenden Erfordernis der Profilbildung und Stärkung des Forschungsanteils und damit der Drittmittelfähigkeit der Fachhochschulen könnte sich dies künftig möglicherweise ändern (vgl. SWTR 2010).

Während die zehn Universitäten kantonal geprägt sind und im Detail über jeweils eigene Vorgaben verfügen, lassen sich die im ETH-Gesetz definierten Regeln für Berufungsverfahren und für einen akademischen Karriereweg in der Schweiz als beispielgebend auch für die kantonalen Universitäten verstehen, insofern die ETHs den ETH-Rat und die Universitäten den Universitätsrat als oberste Aufsichtsgremien haben. Sie wachen über die Personalrekrutierung bei den Professuren. Im ETH-Gesetz heißt es: „*Der ETH-Rat ernennt auf Antrag der ETH die ordentlichen und ausserordentlichen Professoren und bezeichnet ihr Lehr- und Forschungsgebiet*“ (ETH-Gesetz Artikel 14). Ebenfalls auf Antrag einer ETH kann der ETH-Rat Assistenzprofessoren und -professorinnen für vier Jahre ernennen (eine einmalige Wieder-Ernennung ist möglich).

Die zeitlich befristete *Assistenzprofessur* gibt es auch an den Universitäten in der Schweiz. Ein Tenure Track als Aufstiegsoption in die unbefristete (Vollzeit-)Professur wird hochschulpolitisch diskutiert. Ob und wie viele Assistenzprofessuren mit Tenure Track ausgeschrieben werden, entscheiden die Universitäten selbst. So wurde z.B. für die Universität Zürich berichtet, dass sie (bei damals insgesamt 50 besetzten) Assistenzprofessuren „das Tenure Track-Versprechen“ nicht oft gegeben habe (Straumann 2005). Befürchtet wird u.a., dass eine flächendeckende Anwendung des Tenure-Systems die Lehrstuhlplanung auf Jahre hinaus festlegen und aktuelle Umwidmungen und Neubesetzungen erheblich einschränken könnte (Rüegger/Kahmen 2006: 6).

Eine weitere Option auf dem Niveau einer Assistenzprofessorin bzw. -professors bietet das vom Schweizer Nationalfonds im Jahr 2000 eingerichtete Programm *Förderungsprofessur*. Es bietet die Möglichkeit, nach der Promotion in einem eigenen Forschungsteam für jeweils vier Jahre, mit einer Verlängerungsmöglichkeit um maximal zwei Jahre, vergleichsweise unabhängig einer wissenschaftlichen Fragestellung nachzugehen. Nach dreizehn Ausschreibungsrunden wurden bislang 485 SNF-Förderungsprofessuren eingerichtet.[201] Voraussetzung für die Förderung sind mindestens zwei bis maximal neun Jahre Forschungserfahrung nach dem Doktorat, Publikationen in hochrangigen

[201] Siehe: http://www.unibas.ch/index.cfm?uuid=C1526714A93FFFD0CEEB882F1302FF75&&IRACER_ AUTOLINK&& (letzter Zugriff 13.11.2013).

Zeitschriften sowie ein mehrjähriger Forschungsaufenthalt an anderen Institutionen als dem Ort der Promotion, davon mindestens ein Jahr im Ausland. Mit der weiteren Voraussetzung „schweizerischer Hochschulabschluss oder mindestens zweijährige Tätigkeit an einer Schweizer Hochschule“[202] favorisiert das Programm Promovierte mit Schweizer Nationalität bzw. einer biografischen Bindung an die Schweiz. Auf Grund einer Evaluation soll auch die Beförderung auf eine ordentliche Professur möglich sein.

„Stark strukturierte Promotionsprogramme sind in der Schweiz nicht so verbreitet“ (Buchholz et al. 2009: 107), während die hochschulpolitische Meinungsbildung zu der Frage strukturierte Doktoratsausbildung oder traditionelles Doktorat weiterhin als unabgeschlossen gelten darf. Die Voraussetzung für ein *Doktorat* in der Schweiz ist der Masterabschluss bzw. das Lizentiat oder ein Äquivalent. Während der Promotionsphase ist, ähnlich wie in Deutschland und Österreich, die befristete Anstellung als Assistent bzw. Assistentin möglich. Die vom Schweizerischen Nationalfonds (SNF) in den Jahren 2006/2007 an den Universitäten verantworteten Promotionsprogramme *Prodoc* mit Ausbildungsanteil wurden zwischen 2008 und 2012 als gemeinsames Programm des SNF und der Rektorenkonferenz der Schweizer Universitäten (CRUS) gefördert. Dieses Programm wurde laut Darstellung des NSF beendet. *„Ab 2012 haben die Universitäten im Rahmen der CRUS die volle Verantwortung für das Doktorat in all seinen Formen – auch im Hinblick auf universitätsübergreifende Programme – übernommen“*.[203]

Zusammenfassend ist festzuhalten, dass die wissenschaftliche Karriere in der Schweiz bis zur Professur ein unsicheres Unternehmen und hauptsächlich auf das Ziel ausgerichtet ist, wissenschaftliche Forschung zu ermöglichen. Schon ab dem Studium an Universitäten ist der Karriereweg in hohem Maß auf dieses Ziel ausgerichtet. Die Professur als unbefristete Stelle ist ähnlich wie in Deutschland erst relativ spät erreichbar. Stellen für Professorinnen und Professoren sind in der Personalstruktur der Universitäten der Schweiz mit einem Anteil von 13,5 Prozent im Jahr 2010 ähnlich rar wie in Deutschland. Bei gleich-

---

[202] Siehe: http://www.snf.ch/D/foerderung/personen/Foerderungsprofessuren/Seiten/default.aspx (letzter Zugriff 13.11.2013).

[203] Siehe: http://www.snf.ch/D/foerderung/personen/prodoc/Seiten/default.aspx (letzter Zugriff 13.11.2013). CRUS ist die Rektorenkonferenz der Schweizerischen Universitäten, die für die operative Führung der kantonalen Universitäten und der ETHs verantwortlich zeichnet.

zeitig hoher Promotionsquote und hohem Internationalisierungsgrad sind die Wege in die Professur hoch selektiv.

6.3.2 *Internationalisierungsgrad des wissenschaftlichen Personals an Universitäten*

Eine Besonderheit in der Schweiz ist der hohe Internationalisierungsgrad des wissenschaftlichen Personals (vgl. Übersicht 6-4).

Übersicht 6-4: Akademisches Personal aus dem Ausland an Universitäten der Schweiz, 2005, 2010

	2005			2010		
	Insgesamt	andere Nationalität	Anteil in %	Insgesamt	andere Nationalität	Anteil in %
Professuren	3.055	1.286	42,1	3.676	1.751	47,6
Dozierende	6.727	1.796	26,7	9.152	3.019	33,0
Assistierende + wiss. Mitarbeitende	21.136	9.588	45,4	26.588	13.882	52,9
Insgesamt	**30.918**	**12.670**	**40,9**	**39.416**	**18.652**	**47,3**

Quelle: BFS, Bundesamt für Statistik 2011: 32ff.

An den Universitäten stieg der Anteil anderer Nationalitäten am wissenschaftlichen Personal in allen Personalkategorien kontinuierlich. Mit knapp 53 Prozent im Jahr 2010 liegt er bei den Assistentinnen bzw. wissenschaftlichen Mitarbeitern am höchsten, und hat im selben Jahr mit 47,6 Prozent auch bei den Professuren die 50 Prozent fast erreicht. Überschritten wurde sie, mit einem Anteil von 50,2 Prozent, bei den Doktoratsstudierenden im Herbstsemester 2011/12.

Im Jahr 2010 kam ein Anteil von 84 Prozent am gesamten wissenschaftlichen Personal der Schweizer Universitäten aus den europäischen Nachbarländern; die meisten aus Deutschland (44 Prozent) und aus Frankreich (14 Prozent). Sie verteilen sich ihrer Muttersprache entsprechend schwerpunktmäßig auf die französischsprachige Westschweiz oder auf die Deutschschweiz (BFS 2011: 32). Beim Forschungs- und Entwicklungspersonal (F&E) stammt, über alle Sektoren hinweg, circa ein Drittel aus dem Ausland. Von den insgesamt rund 34.000 im F&E-Bereich beschäftigten Nichtschweizern arbeiten rund 19.000 im öffentlich und rund 15.000 im privat finanzierten Sektor

(Pasternack/Schulze 2011a: 15). Mit einem Anteil von gut 20 Prozent stellt sich die Attraktivität einer wissenschaftlichen Tätigkeit an einer Fachhochschule in der Schweiz am geringsten dar.

6.4 Fazit

Im öffentlich finanzierten Wissenschaftssystem der Schweiz ist der außeruniversitäre Forschungssektor klein. Den Hochschulsektor dominieren die Universitäten, allen voran die beiden Eidgenössischen Technischen Hochschulen. Der Hochschulsektor ist auch in der Schweiz durch eine Governance geprägt, die vom New Public Management inspiriert ist. Die zentrale dienstrechtliche Neuerung war die Abschaffung der Verbeamtung der Professorenschaft. Jede Universität regelt eigenständig sowohl die Anstellungs- und Dienstordnung als auch die Vergütung über eine vom staatlichen Lohngesetz unabhängige Gehaltsordnung.

Der seit 1997 neue Fachhochschulsektor wuchs relativ schnell. Hier waren im Wintersemester 2010/11 mehr als ein Drittel der Studierenden eingeschrieben. Die Personalstruktur ist der an deutschen Fachhochschulen sehr ähnlich, auch an den Fachhochschulen der Schweiz stellen die Professorinnen und Professoren die weitaus größte Gruppe unter den hauptberuflich Lehrenden.

An den Universitäten sind ungefähr zwei Drittel der Studierenden eingeschrieben. Sie beschäftigen die überragende Mehrzahl der Wissenschaftlerinnen und Wissenschaftler und verfügen über den höchsten Anteil an öffentlich finanzierten Forschungs- und Drittmitteln. Sie prägen auch die Vorstellung von der typischen Wissenschaftskarriere, obgleich es eine einheitliche akademische Karrierestruktur in der Schweiz, nicht zuletzt aufgrund der Doppelorientierung am deutschen und französischen Modell, nicht gibt.

In der Schweiz ist die Universitätsprofessur, ähnlich wie in den Habilitationsländern Deutschland und Österreich, eine seltene und stark herausgehobene Position, während ungefähr drei Viertel des wissenschaftlichen Personals als unselbständige Mitarbeiterinnen und Mitarbeiter auf befristeten Qualifikations- bzw. Forschungsstellen sitzen. Teilzeitverträge (und damit auch reduzierte Bezüge) im Bereich der Nachwuchsstellen der Universitäten spielen eine bedeutende Rolle und unbefristete Stellen, die knapp sind, stehen mit nur wenigen Ausnahmen erst auf der Ebene der Professur zur Verfügung. Bei gleichzeitig hoher Promotionsquote wirkt das Karrieresystem insgesamt selektiv. Die Einführung der dreigliedrigen Studienstruktur und Förderung von Promotionsprogrammen mit Ausbildungsanteil scheinen die „unstrukturierte" Situation der Doktorandinnen und Doktoranden (bisher) wenig verändert zu haben.

Dennoch haben die Schweizer Universitäten gerade für Promovierende vor allem aus den Nachbarländern nichts an Attraktivität verloren. Der hohe Internationalisierungsgrad der Schweizer Universitäten, der sich insbesondere im Bereich der Professuren findet, sorgt für einen anhaltenden Zustrom – auch bei den Studierenden. Ein für die kommenden zehn Jahre prognostizierter Rückgang der Schweizer Bevölkerung könnte, so die Zukunftsprognose des Bundesamts für Statistik Schweiz (BFS 2010: 9), durch die zunehmende Internationalisierung der Schweizer Hochschulen in der Verbindung mit einer „Tertiärisierung (Aufholeffekt bei den Frauen)" aufgefangen werden. Der Frauenanteil vor allem bei den Professuren ist in der Schweiz (im internationalen Vergleich) nach wie vor äußerst klein (vgl. z.B. EC 2012).

7 Schweden

7.1 Institutionelle Differenzierung des schwedischenWissenschaftssystems

Forschung und Entwicklung finden in Schweden zu circa 60 Prozent im Unternehmenssektor statt. Der staatliche Anteil an den Aufwendungen für F&E beträgt 27 Prozent.[204] Eine duale Strukturierung der akademischen Forschung, getrennt nach Universitäten und außeruniversitären Forschungseinrichtungen gibt es im schwedischen Wissenschaftssystem nicht. Die primären Orte der akademischen Forschung und Lehre sind in Schweden traditionell die Hochschulen (Brudenius et al. 2011).

Die staatliche Grundfinanzierung wird den Hochschulen zu circa zwei Dritteln qua Globalbudget von der Regierung zugewiesen, ein kleinerer Teil wird von verschiedenen Forschungsfördereinrichtungen kompetitiv vergeben. Die vier wichtigsten staatlichen Forschungsfördereinrichtungen sind der *Swedish Research Council* mit Investitionen in die Grundlagenforschung der Naturwissenschaften, Technik, Medizin, Human- und Sozialwissenschaften, der *Swedish Research Council for Environment, Agricultural Sciences and Spatial Planning* (Formas), der *Swedish Council for Working Life and Social Research* (FAS) sowie die *Swedish Governmental Agency for Innovation Systems* (VINNOVA).[205]

Der Hochschulsektor ist auch in Schweden binär strukturiert, zum einen gibt es die klassische forschungsorientierte Universität (*universitet*) und zum anderen die vergleichsweise lehrintensive Hochschule (*högskola*, engl. University College).[206] Die in der Regel kleineren University Colleges, oft mit fachlichen Spezialisierungen, sind hin-

[204] Hinzu kommen Beiträge von anderen Einrichtungen, aus dem Ausland und aus einem kleinen privaten NonProfit Sektor. Angaben laut Erawatch, Country Page Sweden: http://erawatch.jrc.ec.europa.eu/erawatch/opencms/information/country_pages/se/country (letzter Zugriff 13.11.2013).

[205] Government Offices of Sweden: http://www.government.se/sb/d/6949/a/88149 (letzter Zugriff 13.11.2013); vgl. auch Brudenius et al. 2011.

[206] Zum historischen Hintergrund der Herausbildung beider Hochschultypen mit weiteren Hinweisen vgl. Burkhardt 2008: 203ff.

sichtlich Rolle und Funktion mit den deutschen Fachhochschulen vergleichbar.

Unter den insgesamt 50 Einrichtungen im Hochschulbereich Schwedens finden sich im Jahr 2011 insgesamt 21 University Colleges und 14 staatliche Universitäten. Hinzu kommen drei staatlich unabhängige private Einrichtungen (Chalmers University of Technology,[207] Stockholm School of Economics, Jönköping University Foundation), sowie weitere meist kleinere Hochschuleinrichtungen mit fachlichen Spezialisierungen, z.B. im Bereich der psychotherapeutischen Ausbildung, Krankenpflege, Theologie, Kunst (Högskoleverket 2011: 16; Engwall 2007: 95).

Die größten Universitäten mit jeweils zwischen 30.000 und 40.000 Studierenden sind in Göteborg, Lund, Stockholm und Uppsala. Im Jahr 2010 wurde mit fast 397.000 Studierenden in Undergraduate-Studiengängen (Diplom, Bachelor), die überwiegend an den staatlichen Universitäten und University Colleges eingeschrieben sind, die bisherige Höchstzahl erreicht. Zwischen Mitte der 1980er und den 1990er Jahren verzeichnete Schweden einen gravierenden Anstieg der Studierendenzahlen (undergraduates) um 83 Prozent. Über die Disziplinen hinweg beträgt der Anteil der Frauen an den Studierenden konstant ca. 58 Prozent.

Hauptsächlich als ein Resultat des Bologna-Prozesses wurde in Schweden im Jahr 2007 die dreigliedrige akademische Qualifikations- und Studienstruktur eingeführt. Sie gilt einheitlich für alle Einrichtungen der akademischen Bildung und Ausbildung: für die staatlichen Universitäten und Hochschulen (högskola bzw. University Colleges) gleichermaßen wie für die (wenigen) privaten Einrichtungen. Sie sind generell gleichermaßen berechtigt, Bildungstitel zu vergeben und dabei Schwerpunktsetzungen im first cycle (Diplom, Bachelor) oder im second cycle (Master) vorzunehmen. Eine Besonderheit ist, dass – anders als in den USA oder England – nicht nur Bachelor-, sondern auch Masterstudierende als Undergraduates bezeichnet bzw. verstanden werden. Denn in Schweden (wie in anderen skandinavischen Ländern, aber auch in Deutschland) war das grundständige Studium vor der Einführung der Bologna-Struktur traditionell ein Langzeitstudium, das direkt zum Diplom- oder Magisterabschluss führte. Außerdem

[207] Zu den Besonderheiten der privaten Einrichtungen, wozu auch der Aufbau einer eigenen akademischen Personalstruktur gehört, vgl. exemplarisch zur Chalmers University of Technology Ronnäng (2005: 33-42).

gibt es in Schweden bereits seit langem unterhalb der zum Doktorgrad führenden Forschungspromotion das Lizentiat als zweiten, geringer wertigen Abschluss für ein Forschungsstudium. Die im Zuge der Bologna-Reform eingeführten Graduiertenschulen stehen daher nicht nur den Doktorandinnen und Doktoranden, sondern auch den Lizenziats-Studierenden offen. Damit findet sich in Schweden seit Bologna im Prinzip ein 4-stufiges Studiensystem: zwei Stufen auf dem Undergraduate-Level und zwei Postgraduate-Stufen.[208] Für die Postgraduate Students besteht damit die Möglichkeit, an einer der Universitäten ein Graduiertenstudium zu absolvieren, das entweder mit dem Licentiat nach zwei oder mit dem Doktorgrad nach vier Jahren abgeschlossen wird (Högskoleverket 2011: 30ff.; Deen 2007; vgl. Kapitel 7.3).

Die Überwachung der Einhaltung der rechtlichen Vorschriften durch die Hochschulen, die Qualitätssicherung ihrer Studienangebote und -abschlüsse, die Anerkennung der nicht in Schweden erworbenen akademischen Abschlüsse etc. sind Aufgaben, die der im Jahr 1995 eingerichteten, für den Hochschulbereich zuständigen staatlichen Behörde *Högskoleverket* (Swedish National Agency for Higher Education) übertragen wurde, die dem Ausbildungsministerium untersteht. Ihre Einrichtung steht im Kontext der Governance-Reformen entsprechend dem Muster des New Public Management, die in Schweden mit dem Hochschulgesetz (Higher Education Act) aus dem Jahr 1993 eingeleitet und seither fortgesetzt wurden (vgl. Engwall/Nybom 2006 und 2007; Engwall 2007). Zum 31. Dezember 2012 wurde die Swedish National Agency for Higher Education (Högskoleverket) in zwei separate staatliche Einrichtungen überführt. Ihre oben genannten Aufgaben werden seitdem verteilt auf den *Swedish Council for Higher Education* (Universitets- och högskolerådet) und die *Swedish Higher Education Authority* (Universitetskanslersämetet) wahrgenommen.[209] Letztere ist unter anderem für die Publikation der Hochschulpersonalstatistik zuständig und begleitet die aktuellen Reformen im Zeichen der weiteren Umstellung von einer staatlichen Regelsteuerung auf ein outputorientiertes Hochschulmanagement.

[208] Bei der einflussreichen OECD-Publikation „Education at a Glance“ (OECD 2013) hat das zur Folge, dass für Schweden die Promotions- und die Lizenziatsabschlüsse zur ISCED-6 Kategorie gezählt und damit dem PhD-Niveau zugerechnet werden.

[209] Siehe: http://english.hsv.se/ (letzter Zugriff 13.11.2013). Bis die beiden genannten Institutionen ihre Arbeit aufgenommen haben, steht die Website der Swedish National Agency for Higher Education (Högskoleverket) noch zur Verfügung.

7.2 Stellenkategorien und Ist-Situation des wissenschaftlichen Personals in Schweden

7.2.1 Stellen- und Personalkategorien der schwedischen Universitäten

Für das in Forschung und Lehre an den Universitäten und University Colleges tätige wissenschaftliche Personal war die Entwicklung seit den 1990er Jahren insgesamt verbunden mit einem „*move away from national uniformity and collective agreements to a system characterised by local diversity and individual contracts (...) as a predominant feature*" (Askling 2000: 210; vgl. Ronnäng 2005; Berg 2010; Barry et al. 2012). Als allgemeiner Orientierungsrahmen für die Beschreibung der Stellenkategorien, Aufgaben und Beschäftigungsbedingungen des wissenschaftlichen Personals bleiben aber bis heute die Richtlinien der Hochschulverordnung (Higher Education Ordinance) in Verbindung mit dem Hochschulgesetz (Higher Education Act) aus dem Jahr 1993 relevant.[210] Sie gelten auch für die früher verbeamtete Professorenschaft, die seit dem Hochschulgesetz 1993 als Angestellte beschäftigt wird. Seit 1999 gelten auch für die Professoren und Professorinnen die in Schweden gültigen Anstellungs- und Kündigungsschutzregelungen. Die Einführung eines einheitlichen Anstellungsschutzes für das gesamte wissenschaftliche Personal an den Universitäten und University Colleges geht auf eine Initiative der sozialdemokratischen Regierung aus den Jahren 1996 und 1997 zurück,[211] die zudem vorsieht, dass „lectorer" (Senior Lecturers) in unbefristeter Anstellung und bei äquivalenten Qualifikationen auch als Professor angestellt werden sollen. Damit erhielt das (bis heute in der Regel) unbefristet angestellte Lehrpersonal ein Recht auf Beförderung und Aufstieg in die Professur. Inzwischen sind die schwedischen Hochschulen frei, eigene, auch neue Personalkategorien sowie Aufstiegs- und Beförderungsbedingungen einzuführen. Aufgrund jüngster Reformen sind rahmenrechtlich nur noch zwei Personalkategorien vorgesehen: *Professor* und *Lector* (Högskoleverket 2011: 40; 2012: 38).

[210] Eine Gesetzesdokumentation findet sich auf den Seiten von Högskoleverket: http://www.hsv.se/lawsandregulations.4.5161b99123700c42b07ffe3904.html (letzter Zugriff 13.11.2013).

[211] Siehe Proposition (prop. 1996/97): http://www.regeringen.se/content/1/c6/02/51/67/63d97981.pdf (letzter Zugriff 13.11.2013).

Ungeachtet dieser deregulierenden Entwicklungen ist hinsichtlich der Beschäftigungsverhältnisse festzustellen, dass sich von dem (früheren) schwedischen Sozialstaatsmodell ein gewerkschaftlicher Einfluss erhalten hat. Die Beschäftigungsverhältnisse in Forschung und Lehre sind auch heute noch stärker als in den anderen Vergleichsländern Aushandlungssache, wobei arbeits- und kündigungsschutzrechtliche Regelungen eine nicht unbedeutende Rolle spielen. Sie wurden und werden mit der Deregulierung zunehmend in Anstellungsordnungen der einzelnen Universitäten und den University Colleges vor Ort geregelt. Dafür gibt der erwähnte Higher Education Act in Verbindung mit der seither ebenfalls mehrfach reformierten Higher Education Ordinance nach wie vor die beschäftigungspolitischen Grundsätze vor.[212]

An den Universitäten und University Colleges gibt es gewerkschaftlich verankerte Interessenvertretungen, die in der *Association of University Teachers* (Sveriges Universitetslärarförbund, SULF)[213] zusammengeschlossen sind, die auch überuniversitär Bedeutung hat – insbesondere bei Tarifverhandlungen über das Gehalt des wissenschaftlichen Personals. Die Rahmenbedingungen als Gegenstand eines Tarifvertrages werden zwischen der staatlichen Seite, vertreten durch die *Swedish Agency for Government Employers* (Arbetsgivarverket), und der gewerkschaftlichen Interessenvertretung ausgehandelt. Die Umsetzung der Gehaltstarifvereinbarungen erfolgt vor Ort und mit Bezug auf die Personal- und Strukturentwicklungsplanung in einem lokalen Tarifvertrag. Seit 1999 haben sich die meisten Hochschulen zu

[212] Dem in Forschung und Lehre tätigen wissenschaftlichen Personal widmet sich Kapitel 4 der Higher Education Ordinance, das dort zusammenfassend als Teachers bezeichnet wird. Siehe Higher Education Ordinance in der Fassung von 2010: http://www.hsv.se/lawsandregulations/thehighereducationordinance.4.5161b99123700c42b07ffe3981.html (letzter Zugriff 13.11.2013). Für die Künste und die Medizin gelten zum Teil eigene Rahmenregelungen. Sie können hier nicht berücksichtigt werden (vgl. Higher Education Ordinance, Kapitel 4). Nicht alle in der Rahmenrichtlinie vorgesehenen Kategorien werden in der amtlichen Hochschulstatistik ausgewiesen; z.B. nicht die Kategorie Associate Senior Lecturer mit Promotion, die nicht länger als fünf Jahre zurückliegen soll.

[213] Die Swedish Association of University Teachers (Sveriges Universitetslärarförbund, SULF), ist ein gewerkschaftlicher Zusammenschluss für Forschende, Lehrende und Promovierende an den Universitäten und University Colleges. SULF gehört zur Swedish Confederation of Professional Associations (Saco), der gewerkschaftlichen Interessenvertretung für Angehörige akademischer Professionen, neben den beiden (größeren) Gewerkschaftszusammenschlüssen (für blue und white collar), die sich weiter in Einzelgewerkschaften untergliedern.

Verbünden zusammengeschlossen, um diese Tarifverhandlungen mit der Gewerkschaft SULF zu führen.

Auf Universitätsebene vertritt SULF (mit aktuell 19.500 Mitgliedern) die beruflichen Interessen des an den Schwedischen Hochschulen beschäftigten wissenschaftlichen Personals, dass in fünf Sektionen untergliedert ist:[214]

- (Full-)Professors,
- Senior Researchers, den früheren Docents (aus Sicht von SULF der Kategorie Associate Professor entsprechend) und
- Senior Lecturers, denen laut SULF mit den Senior Researchers gemeinsam ist, die Promotion zur Voraussetzung zu haben, aber in ihren Aufgabenbereichen nach Forschung und Lehre getrennt zu sein. Weiterhin vertritt SULF die
- Junior University Lecturers und die
- Doctoral Candidates.

In der geltenden rahmenrechtlichen Hochschulverordnung (Higher Education Ordinance)[215] werden in der englischen Übersetzung die Hochschullehrenden übergreifend als *Teachers* bezeichnet und in zwei Kategorien unterteilt: *Professor* und *Senior Lecturer* (universitetslektor),[216] die beide in Forschung und Lehre ausgewiesen sein sollen. Sie stellen das akademische Kernpersonal in Festanstellung und in unbefristeten Beschäftigungsverhältnissen dar.

Das Kernpersonal wird laut Hochschulverordnung unterstützt durch *Adjunct Professors* bzw. *Visiting Professors*.[217] Hierbei handelt es sich um nebenberuflich an einer Hochschule Lehrende, wodurch auch die Verbindung zur Praxis im Umfeld der Universitäten und University Colleges gefördert werden soll.

---

214 Siehe: http://www.sulf.se/In-English/ (letzter Zugriff 13.11.2013).

215 Die Higher Education Ordinance steht online zur Verfügung: http://www.hsv.se/lawsandregulations/thehighereducationordinance.4.5161b99123700c42b07ffe3981.html (letzter Zugriff 13.11.2013).

216 Lecturer und Junior Lecturer finden sich in der Hochschulstatistik, nicht in der Higher Education Ordinance.

217 Für beide gilt die Beschäftigung für einen unbegrenzten Zeitraum und ist aus arbeitsschutzrechtlichen Gründen mit einer Befristungsgrenze versehen. Sollten sie länger als zwölf Jahre (Adjunct Professor) bzw. länger als fünf Jahre (Visiting Professor) in dieser Position verbleiben, dann soll der Employment Protection Act gelten.

Das assistierende, hauptberuflich an einer Hochschule tätige wissenschaftliche Personal besteht laut Higher Education Ordinance aus: *Doctoral Students* und *Assistant* bzw. *Teaching Assistants*. Für diese Personalkategorien gilt die befristete Beschäftigung. Hier sind Befristungen im Zusammenhang mit der Qualifizierung des (in deutscher Terminologie) wissenschaftlichen Nachwuchses mit Beschäftigungsperspektiven zwischen einem und drei Jahren üblich.

Dabei liegt es im Ermessen der Hochschulen, Stellen zur Promotion (Doctoral Studentships) einzurichten oder Stellen für wissenschaftliche Assistentinnen und Assistenten. Bei den Assistentinnen und Assistenten ist rahmenrechtlich ein Aufgabenschwerpunkt Lehre (Teaching Assistant) vorgesehen. Die Doctoral Students können Aufgaben in Lehre, Forschung und Administration übernehmen, die primäre Aufgabe soll laut Higher Education Ordinance die Anfertigung der Doktorarbeit sein. In der Hochschulstatistik finden sich die Kategorien Doctoral Student und Assistant bzw. Teaching Assistant nicht. Statistisch werden sie in einer Kategorie zusammengefasst und als *Postgraduate Students* ausgewiesen (vgl. dazu Kapitel 7.2.2).

In der offiziellen Hochschulstatistik (jedoch nicht in der Higher Education Ordinance) findet sich außerdem die Kategorie *Postdoctoral Fellow*. Hierbei handelt es sich um eine relativ neue Beschäftigungskategorie, mit der versucht wird, auf die auch in Schweden vorfindbare Zunahme von Postdocs bzw. einer Postdoc-Phase zu reagieren (vgl. dazu Kapitel 7.3.2).

7.2.2 Ist-Situation des wissenschaftlichen Personals an schwedischen Universitäten

In der Hochschulpersonalstatistik findet sich das akademische Kernpersonal der

- Professors und Senior Lecturers und weiterhin die Kategorien:
- Junior Lecturer,
- Postdoctoral Fellow,
- Postgraduate Student sowie
- das übrige in Forschung und Lehre tätige Personal unter der (englischen) Bezeichnung Other Research and Teaching Staff und
- die Kategorie Guestlecturers and Part-time Staff.

Grundsätzlich sind an den Universitäten und an den University Colleges (Fachhochschulen) die gleichen Personalgruppen vertreten, entsprechend der differenzierten Aufgaben beider Hochschultypen mit unterschiedlicher Häufigkeit. So weisen die Universitäten mit den klassischen Aufgaben der Nachwuchsförderung und einem höheren Anteil an akademischer Forschung einen höheren Anteil an Professors und Postdoctoral Fellows auf, während sich Lecturers häufiger an den lehrorientierten University Colleges finden.

Für die folgende Analyse der Entwicklung des Personalstands an den Universitäten (ohne University Colleges), greifen wir auf die staatliche Universitätspersonalstatistik von Högskoleverket und auf die dort verzeichneten Personalkategorien zurück (vgl. Übesicht 7-1).[218]

Übersicht 7-1: Wissenschaftliches Personal an schwedischen Universitäten, 2001, 2005, 2010

	2001			2005			2010		
	Pers. abs.	VZÄ abs.	VZÄ in %	Pers. abs.	VZÄ abs.	VZÄ in %	Pers. abs.	VZÄ abs.	VZÄ in %
Professors	2.549	2.364	12,8	3.043	2.7934	14,4	3.725	3.206	14,9
Senior Lecturers	4.019	3.719	20,1	4.442	4.012	20,6	5.177	4.598	21,3
Junior Lecturers	3.853	3.419	18,5	3.705	3.199	16,5	3.598	2.973	13,8
Postdoctoral Fellows	740	712	3,9	786	745	3,8	1.017	944	4,4
Postgraduate Students	6.455	5.768	31,2	6.832	6.050	31,1	6.467	5.722	26,6
Other R&T Staff	2.814	2.309	12,5	2.986	2.467	12,7	4.505	3.816	17,7
Guest Lecturers & Part-time Staff	304	182	1,0	319	162	0,8	636	284	1,3
Insgesamt	**20.734**	**18.473**	**100,0**	**22.113**	**19.428**	**100,0**	**25.125**	**21.542**	**100,0**

Quelle: Swedish National Agency for Higher Education.[219]

[218] Da sich in der Literatur unterschiedliche Bezeichnungen für die verschiedenen Personalkategorien finden und auch bei Übersetzungen vom Schwedischen ins Englische nicht mit einheitlichen Begrifflichkeiten operiert wird, greifen wir für unsere Analyse der Personalstruktur auf die offizielle Hochschulstatistik und auf die dort geführten englischen Bezeichnungen zurück.

[219] Personalstatistik (Statistik om högskolan): http://www.hsv.se/statistik/statistik omhogskolan/personal.4.6df71dcd1157e43051580001770.html (letzter Zugriff 13.11. 2013). Es werden in Übersicht 7-1 die Angaben der schwedischen Hochschulstatistik über Vollzeitäquivalente übernommen, die gerade für Teilzeit- und Gastlehrkräfte sowie Doktoranden einen sehr viel höheren Gewichtungsfaktor ansetzt als den international üblichen Faktor 0,2. Dieser wurde unten in Übersicht 10-3 für den internationalen Vergleich verwendet, was dort zu einer etwas anderen Verteilung des wissenschaftlichen Personals an schwedischen Universitäten führt als in der Übersicht 7-1 dargestellt.

Zunächst zeigt der Vergleich der Personen- und der VZÄ-Zahlen, dass die Vollbeschäftigung an schwedischen Universitäten nach wie vor die dominierende Beschäftigungsform ist. Zweitens hat sich in dem 10-Jahreszeitraum zwischen 2001 und 2010 der Bestand an Lehr- und Forschungspersonal insgesamt kontinuierlich erhöht. Die Personalaufstockungen betreffen in unterschiedlicher Höhe fast alle Personalkategorien.

Eine relative Steigerung betrifft das akademische Kernpersonal: die *Professoren und Professorinnen* (von 12,8 auf 14,9 Prozent VZÄ) sowie, in geringerem Ausmaß, die *Senior Lecturers*. Sieht man die Personalstruktur aus der Perspektive der Teilung in Forschungstätigkeiten einerseits und eher auf Lehre ausgerichtete Beschäftigungspositionen andererseits, so rückt die Lehre und damit die Ausbildung der Studierenden deutlich in den Vordergrund. Mehr als ein Drittel des Personals unterhalb der Professur – die Kategorien des Senior Lecturer und des ebenfalls unbefristet beschäftigten Junior Lecturer zusammengenommen – weisen einen entsprechenden Tätigkeitsschwerpunkt in der Lehre auf. Dabei ist die Zahl der *Junior Lecturers* in dem betrachteten Zeitraum aber rückläufig (von 18,5 Prozent auf 13,1 VZÄ). Högskoleverket (2011: 41) spricht von einem kontinuierlichen Rückgang seit 2003, was angesichts des leichten quantitativen Aufwuchses bei den Professuren und Senior Lecturers nicht ganz nachvollziehbar ist. Richtig ist, dass der relative Anteil des *Other R&T Staff* merklich zugenommen hat.

Die Kategorie des *übrigen Lehr- und Forschungspersonals* (Other R&T Staff) hat den mit Abstand stärksten Anstieg (von 12,5 auf 17,7 Prozent VZÄ) zu verzeichnen.[220] Diese Personalkategorie wird, wie erwähnt, in der offiziellen Hochschulstatistik nicht weiter aufgeschlüsselt und nicht gesondert ausgewiesen. Die Swedish National Agency for Higher Education geht in ihrem Jahresbericht 2011 von einem markanten Anstieg des übrigen Lehr- und Forschungspersonals insbesondere in den zwei vorhergegangenen Jahren aus und erklärt dies mit der Zunahme der eingeworbenen Forschungsfördergelder, also aufgrund einer Zunahme der aus Drittmitteln finanzierten Forschung. Entsprechend handelt es sich bei der statistisch ausgewiesenen Kategorie des übrigen Lehr- und Forschungspersonals um vorwiegend in

[220] Auch die (insgesamt allerdings kleine) Gruppe der Guest Lecturers und Part-time Teachers, dem nebenberuflichen Lehrpersonal an deutschen Hochschulen vergleichbar, hat einen Anstieg zu verzeichnen.

der Forschung tätiges Personal: *„post-doctoral research fellows“* und *„other post-doctoral appointments“* (Högskoleverket 2011: 41). Auf Nachfrage wurde deutlich, dass sich darunter circa 55 Prozent Promovierte, also Postdoktorandinnen und -doktoranden befinden, die in der Forschung auf in der Regel auf zwei Jahre befristeten Stellen tätig sind. Zu dieser Kategorie der in der Drittmittelforschung befristet Beschäftigten gehört weiterhin das assistierende wissenschaftliche Personal (Forschungsassistenten und -assistentinnen), die nicht bzw. noch nicht promoviert sind.

Mit dieser Zunahme bei den Postdoctoral Research Fellows (in der amtlichen Statistik dem übrigen Lehr- und Forschungspersonal zugeordnet) hängt vermutlich auch der (in der Übersicht 7-1) vermerkte Anstieg bei den Postdoctoral Fellows (zwischen 2005 und 2010) zusammen. Solche *Postdocs* sind nach der Promotion vorwiegend in der Forschung auf einer auf zwei Jahre befristeten Stelle tätig, um sich für den Bereich der Forschung weiterzuqualifizieren (zur Postdoc-Phase als die Ausbildungszeit in unselbständiger Position verlängernde Phase vgl. insbes. das Länderkapitel USA). Auch an den schwedischen Universitäten ist eine insgesamt ansteigende Tendenz solcher postdocs zu beobachten.

Bei der Kategorie *Postgraduate Students* in der Übersicht 7-1 handelt es sich um Doktorandinnen und Doktoranden auf einer für den Zweck der Promotion vorgesehenen Stelle mit einer Befristungszeit von in der Regel drei bis vier Jahren. Sie ist in dem 10-Jahreszeitraum leicht rückläufig.

7.3 Karrierepfade an schwedischen Universitäten

Zwar gibt es eine Reihe von Gesetzen und Richtlinien, die die Universitäten und University Colleges bei der Rekrutierung und Beschäftigung ihres wissenschaftlichen Personals zu beachten haben (die wichtigsten wurden oben genannt: Swedish Higher Education Act und Higher Education Ordinance). Aber nach Vorgaben für allgemein gültige akademische Karrierewege sucht man vergebens. Das hängt vor allem damit zusammen, dass die Hochschulen selbst festlegen können, welche Positionen sie offerieren, und damit auch wie sie die Übergänge von der Promotion zur Professur, also zwischen Junior- und Senior Level im akademischen Karriereverlauf, im Einzelnen gestalten.

7.3.1 *Professur, Senior und Junior Lecturer an schwedischen Hochschulen*

An einer schwedischen Hochschule gibt es zwei Positionen für eine Dauerbeschäftigung in weisungsunabhängiger wissenschaftlicher Selbständigkeit in Forschung und Lehre: die *Professur* und die Position als *Senior Lecturer*. Die Regelvoraussetzung für eine Professur oder als Senior Lecturer ist die Promotion.

Von der Promotion als Regelvoraussetzung kann sowohl beim Professor als auch beim Senior Lecturer beim Nachweis äquivalenter Qualifikationsvoraussetzungen abgewichen werden. Auch die hochschulinterne Nominierung für eine Professur ist möglich, so können auch Senior Lecturers durch Nachweis äquivalenter Kompetenzen zum Professor bzw. zur Professorin befördert werden. Für die Personalrekrutierung von Professinnen und Professoren wurde jüngst zusätzlich zur Steigerung der internationalen Konkurrenzfähigkeit das Verfahren der *Nominierung* diskutiert und eingeführt. Nominierung bedeutet hier, dass ein *Headhunting* betrieben werden kann, wenn eine Person für die Profilbildung einer Hochschule als besonders gewinnbringend bzw. nützlich eingeschätzt wird (Högskoleverket 2011: 40).

Senior Lecturers sind in der Regel unbefristet angestellt und haben ihren Arbeitsschwerpunkt, im Unterschied zur Professur, vorwiegend in der Lehre. Dabei können Senior Lecturers zu ca. 20 Prozent ihrer Arbeitszeit für Forschungszwecke aufwenden, wobei diese Forschung primär der eigenen Kompetenzentwicklung bzw. -aufrechterhaltung der Lehrtätigkeit dienen soll. Zudem sind Senior Lecturers an den Universitäten frei, eigene Forschungsprojekte (Drittmittel) zu akquirieren und eine Zeit lang auch nur zu forschen. In solchen Fällen ist es möglich, das Lehrdeputat zu reduzieren.

Die Position als *Junior Lecturer* ist auch ohne Promotion, z.B. mit dem Master-Abschluss oder dem Lizentiat, erreichbar und bietet wie die Position des Senior Lecturers die Möglichkeit der unbefristeten und dauerhaften Anstellung. Geht man (unter der Voraussetzung, dass die Hochschulen die Beschäftigungsbedingungen selbst regeln,) davon aus, dass trotz aller Deregulierungen im Personalbereich auch heute die unbefristete Beschäftigung als die Norm gilt, handelt es sich beim Junior Lecturer um Personal, das in der Lehre selbständig ist und sich in einem unbefristeten Beschäftigungsverhältnis auf Dauer befindet. Zugleich kann die Position des Junior Lecturers für die Promotion genutzt werden. In diesem Fall können Junior Lecturers einen gewissen Teil ihrer Arbeitszeit für die eigene Forschung nutzen, um auf diesem Wege zu promovieren und dann zum Senior Lecturer befördert werden zu können, der wiederum bis zur Professur gelangen kann.

In Schweden genießen nicht nur Professorinnen und Professoren, sondern auch die Lecturers eine hohe Selbstbestimmung in Forschung und Lehre. Dies könnte sich allerdings für die Hochschulen ändern (Buchholz et al. 2009: 83ff., 96; im Anschluss an Burkhardt 2008). Diskutiert wird, dass eine stark erhöhte Lehrbelastung die Forschung an den Universitäten beeinträchtige und an den University Colleges die Zeit für Forschung nicht mehr in dem Maße wie früher zur Verfügung stehe, da nur noch gelehrt werden müsse (Berg 2010). Aber auch hier gilt, dass die jeweiligen Anteile an Forschung, Lehre und Administration aufgrund der Governance-Reformen zunehmend auf lokaler Ebene individuell bzw. kollektiv verhandelt werden. Die regierungsoffizielle Darstellung geht davon aus, dass das Lehr- und Forschungspersonal durchschnittlich 40 Prozent seiner Arbeitszeit für Forschung verwendet, ca. ein Viertel für die Lehre und der restliche Anteil auf administrative Aufgaben entfällt (Högskoleverket 2011: 42). Generell, so die Darstellungen in der Literatur, werde nach wie vor versucht, Forschung und Lehre (stärker) miteinander zu verbinden, z.B. indem bei Stellenbesetzungen Leistungsnachweise in beiden Bereichen erwartet werden.

7.3.2 Postdoc-Position und Tenure Track-Debatte

In der offiziellen Hochschulstatistik findet sich die Kategorie *Postdoctoral Fellow* (siehe Kapitel 7.2.1) (jedoch nicht in der Higher Education Ordinance, dort wird nur die Kategorie des assistierenden Personals / Assistants definiert). Hierbei handelt es sich um eine relativ neue Beschäftigungskategorie, mit der versucht wird, auf die Zunahme von Postdocs bzw. einer Postdoc-Phase zu reagieren. Wie sich der Darstellung im „Doktorandhandboken“[221] des Swedish Council for Higher Education entnehmen lässt, hatte die Zahl der *Postdoctoral-Researchers* (die hochschulstatistisch nicht ausgewiesen werden) in

[221] Doktorandhandboken ist eine Website des Swedish Council for Higher Education, die sich mit Informationen an potenzielle Promovierende richtet. Siehe: http://www.doktorandhandboken.nu/engelska/english/degrees/postdocs/postdoctoralpositionsinsweden.4.24cc9d95134182bfa4a8000789.html (letzter Zugriff 13.11.2013).

den vorausgehenden Jahren merklich zugenommen und belief sich im Jahr 2009 auf mehr als 1.000 Vollzeitäquivalente (VZÄ). Damit zusammenhängend wurde eine „beträchtliche Lücke“ (Burkhardt 2008: 224) zwischen der Zahl der Promovierten und den zu geringen Postdoc-Stellen festgestellt. Während die Hochschulen nach eigenen Lösungen suchten, gab es zur Postdoc-Problematik im Jahr 2008 eine hochschulübergreifende Übereinkunft zwischen der Swedish Agency for Government Employers und den Gewerkschaften, die vorsieht, das Postdoctoral Researchers nicht länger als zwei Jahre in dieser Position verbleiben sollten. Zudem hatte der Swedish Research Council bereits im Jahr 2005 mit einem Förderprogramm auf nationaler Ebene versucht, auf diese Situation zu reagieren. Das Postdoc-Programm des Research Council beinhaltet die Förderung derjenigen Hochschulen, die Stellen für Promovierte einrichten, die sich als Postdocs – schwedischer wie auch internationaler Herkunft – für eine wissenschaftliche Karriere in der Forschung qualifizieren wollen. Wie in der nationalen Vereinbarung 2008 kodifiziert, werden diese Stellen auf zwei Jahre befristet ausgeschrieben.

In diesem Zusammenhang steht eine schwedische Tenure Track-Debatte, die sich auf der Ebene einzelner Universitäten beobachten lässt. Ein prominentes Beispiel ist die international angesehene Medizinhochschule Karolinska Institutet (KI)[222] in Stockholm mit einem eigenen Tenure Track-Modell. Es lehnt sich an das US-amerikanische Vorbild an, insbesondere aus Ermangelung schwedischer und europäischer Beispiele für kohärente akademische Karrierestrukturen. Dabei gibt es Hürden zu überwinden, insbesondere

> „*one thing holding them back is that Swedish higher education employment law constrains the jobs they can offer. Most significantly, Swedish law doesn't recognize the specific category of "postdoc." KI offers postdoc positions by fitting them under an allowed category, but it can only offer them for 2-year stints. That's because, in this category, contracts of more than 2 years have to be open-ended, which would effectively turn postdocs into low-paid tenured professors. Unfortunately (...) a 2-year postdoc doesn't generally give people enough experience to qualify for the next step in the career track, so researchers must go elsewhere for another postdoc or research position.*"(KI Direktorin für Forschung und Postgraduiertenausbildung, zit. bei Wald 2008).

[222] Für weitere Informationen zu Karolinska und dem Tenure Track-Modell vgl.: www.kth.se/en/om/fakta (letzter Zugriff 13.11.2013).

Eine schwedische Tenure Track-Lösung könnte dann zusammengefasst so aussehen: Nach der Promotion die erste Postdoc-Stelle mit einer Befristung von zwei Jahren. Daran anschließend eine auf maximal vier Jahre befristete Stelle als Research Assistant. Daran anschließend eine auf zwei Jahre befristete Anstellung als Senior Researcher, die dann schließlich (nach acht Jahren) in die in Forschung und Lehre selbständige Professur auf Lebenszeit (tenured) führt.

7.3.3 Promotion in Schweden

Die Promotion findet in der Regel als Doktorandenausbildung in strukturierten Promotionsstudiengängen statt (third cycle). Typischerweise ist sie nach dem Master mit einem Verfahren zur Aufnahme in ein Promotionsprogramm verbunden; entweder in eines der Graduiertenprogramme der Universitäten oder in eine der 16 öffentlich finanzierten staatlichen Graduate Schools. Die in der Regel auf zwei Jahre befristeten Stellen für Doktorandinnen und Doktoranden, die *Doctoral Scholarship*-Positionen (doktorandtjänst) wurden bereits Mitte der 1980er Jahre diskutiert und implementiert (vgl. z.B. Askling 2000). Während dieser Zeit sind die Promovierenden weitgehend frei, ihre Forschungsinteressen wahrzunehmen, teilweise sind sie, wie die Higher Education Ordinance vorsieht, an Forschung und Lehre beteiligt.

7.4 Fazit

Die Schlussfolgerung zu den Ausführungen zu den Karrieremöglichkeiten ist, dass die Wege nach der Promotion im schwedischen System möglicherweise abschätzbarer sind als z.B. im deutschen, dass aber gerade die Postdoc-Phase auch in Schweden große Unsicherheiten und Risiken hinsichtlich des dauerhaften Verbleibs in der Wissenschaft beinhaltet (Burkhardt 2008: 222ff.; Buchholz et al. 2009: 95f.). Die (neue) Postdoc-Phase könnte daher auch hier zu einer Verlängerung der Qualifizierungszeiten beitragen. Diesbezüglich ist an der (in Kapitel 7.2.2 vermerkten) Zunahme der Zahl der Postdoctoral Fellows und Postdoctoral Research Fellows zu erinnern. Sie wird, wie erwähnt, von offizieller schwedischer Seite mit der gestiegenen Drittmittelforschung an den schwedischen Hochschulen, insbesondere an den Universitäten, erklärt. Für Exit-Optionen kommt aufgrund der Struktur des schwedischen Wissenschafts- und Forschungssystems vor allem die Industrieforschung in Betracht, da der Großteil der außeruniversitären Forschung in Schweden in privaten Unternehmen des Wirtschaftssektors stattfindet.

Dabei sind die Veränderungen des schwedischen Hochschul- und Forschungssystems im Zuge der Weiterentwicklung des New Public Management unübersehbar und es gibt dazu eine intensive, teils kritische Diskussion (vgl. z.B. Barry et al. 2012). Die folgende Einschätzung aus dem Jahr 2006 dürfte als Situationsbeschreibung nach wie vor Geltung beanspruchen:

> „*Während die Regierung früher mit sichtbarer Hand eine strenge Steuerung über den staatlichen Haushalt und die Ernennung von Professoren ausübte, hat sie nunmehr sowohl im Bereich der Hochschulbildung als auch der Forschung einen Teil ihrer Macht an die unsichtbare Hand der Marktsteuerung abgegeben*“ (Engwall/Nybom 2006).

Die extensive Deregulierung der Hochschulen steht in Schweden weiter auf der hochschulpolitischen Tagesordnung. So gesehen scheint es nur konsequent, wenn aufgrund jüngster Reformen hochschulgesetzlich und -rahmenrechtlich nur noch zwei Personalkategorien (Professor und Senior Lecturer) vorgesehen und die Universitäten und University Colleges weitgehend frei sind, eigene auch neue Personalkategorien und Aufstiegswege zu etablieren.

In Hinblick auf die internationale Wettbewerbsfähigkeit der schwedischen Universitäten und University Colleges wurden mit dem neuen nationalen Qualitätssicherungssystem bei den Studienangeboten und der Evaluierung derselben bis 2014 weitere Reformen angekündigt. Bereits seit dem Herbstsemester 2011 werden erstmals Studiengebühren für Bachelor- und Master-Studierende internationaler Herkunft erhoben, ausgenommen Studierende aus EU-Mitgliedsländern und der Schweiz. Die Anzahl internationaler Studierender an Schwedischen Hochschulen hat sich seit der Jahrtausendwende verdreifacht und 2010/11 mit 46.800 Studierenden nicht schwedischer Herkunft in den first- (Bachelor) und second-cycle Programmen (Master) den bisher höchsten Stand erreicht. Die entstehenden Kosten für das Studium der third country students sollen die Hochschulen in voller Höhe selbst decken bzw. über Gebühren erwirtschaften.

8 Niederlande

8.1 Institutionelle Differenzierung des niederländischen Wissenschaftssystems

Das akademische Forschungssystem in den Niederlanden ist dual strukturiert. Neben dem Hochschulsektor, und in teilweiser Verzahnung mit ihm, existiert ein Forschungssektor aus ca. 40 Instituten der außeruniversitären akademischen Forschung. Die Gesamtzuständigkeit für Bildung und Forschung liegt in den Niederlanden beim Ministerium für Bildung, Kultur und Wissenschaft (MINOCW). Der außeruniversitäre Forschungssektor ist mit ca. 15 Prozent an der in den Niederlanden insgesamt durchgeführten Forschung und Entwicklung (F&E) beteiligt, der Hochschulsektor mit knapp 30 Prozent. Der Großteil der öffentlich finanzierten Forschung wird in privaten Wirtschaftsunternehmen eingesetzt (MINOCW 2012).[223]

Die öffentlich finanzierte Forschung (und Lehre) an den Universitäten und analog die Finanzierung der Forschung an den außeruniversitären Einrichtungen wird in den Niederlanden in drei Finanzströme eingeteilt: Der größte Teil wird auf dem Weg der direkten institutionellen Förderung durch staatlich zugewiesene Grund- bzw. Haushaltsmittel vergeben (erster Finanzstrom). Die indirekte staatliche Forschungsförderung über die programm- und projektbezogene Forschungsförderung (zweiter Finanzstrom) erfolgt durch die nationale Forschungsförderorganisation NWO (Nederlandse Organisatie voor Wetenshappelijk Onderzoek), funktional vergleichbar mit der DFG in Deutschland oder dem SNF in der Schweiz. Hinzu kommen (im dritten Finanzstrom) die weiteren Drittmitteleinnahmen der Universitäten und außeruniversitären Forschungseinrichtungen, die sie aus der Auftragsforschung für die Regierung oder von anderen Auftraggebern erhalten (contract research; vgl. dazu Jongbloed 2010). Laut Angaben des zuständigen Ministeriums (MINOCW 2012: 37) umfasst die direkte Förderung (erster Finanzstrom) etwa 64 Prozent, gefolgt von der drittmittelfinanzierten

[223] MINOCW, Niederländisches Ministerium für Bildung, Kultur und Wissenschaft (2012): http://www.government.nl/documents-and-publications/leaflets/2012/04/17/the-science-system-in-the-netherlands.html (letzter Zugriff 13.11.2013).

Auftragsforschung (dritter Finanzstrom) mit ca. 26 Prozent sowie zehn Prozent staatliche Fördermittel im Rahmen der programm- und projektbezogenen Forschung (zweiter Finanzstrom).

Der Hochschulsektor ist binär strukturiert. Den Kern bilden die 14 niederländischen *Universitäten.*[224] An den Universitäten, die sich traditionell als Forschungsuniversitäten verstehen, findet neben der universitären Lehre die akademische Forschung und Nachwuchsqualifikation statt. Nur dort, sowie an den außeruniversitären Forschungsinstituten, finden sich entsprechend ausgebildete akademische Karrierestrukturen. Daneben gibt es 41 staatlich finanzierte Hochschulen für höhere Berufsbildung (Hogescholen voor Hoger Beroepsonderwijs, HBO).[225]

Die niederländischen *Hochschulen für höhere Berufsbildung* (HBO) sind in Zuschnitt und Aufgaben den deutschen Fachhochschulen sehr ähnlich. Anders als etwa in Österreich oder der Schweiz mussten Fachhochschulen in den Niederlanden jedoch nicht neu geschaffen werden. Dies erklärt sich bildungsgeschichtlich mit einer schon lange existierenden klaren Differenzierung zwischen höherer Berufsbildung (HBO) und wissenschaftlicher Bildung (WO). Ein großer Teil der Studierenden orientiert sich auf eine höhere Berufsqualifikation hin und erwirbt einen berufsbildenden Sekundarschulabschluss, der nur zum Zugang zu den HBOs berechtigt.[226] Im Jahr 2010 boten die HBOs rund 417.000

---

[224] Universiteit Leiden, Universiteit Utrecht, Erasmus Universiteit Rotterdam, Rijksuniversiteit Groningen, Universiteit Maastricht, Universiteit van Amsterdam, Vrije Universiteit Amsterdam, Radboud Universiteit Nijmegen, Tilburg University, Technische Universiteit Delft, Technische Universiteit Eindhoven, Technische Universiteit Twente, Wageningen Universiteit, Open Universiteit; Angaben entsprechend WOPI (Education Personal Information: http://www.vsnu.nl/Universiteiten/Feiten-Cijfers/Personeel/Downloadbare-tabellen.htm (Zugriff 12.11.2012). Alle Universitäten sind in der Association of Universities in the Netherlands (Vereniging van Samenwerkende Nederlandse Universiteiten, VSNU) zusammengeschlossen: http://www.vsnu.nl/ (letzter Zugriff 13.11.2013).

[225] HBO-Raad, Vereniging Hogescholen (Netherlands Association of Universities of Applied Sciences): http://www.hbo-raad.nl/onderwijs/beleid (Zugriff 06.11.2013). Es sind zum Teil sehr große, oft über mehrere Standorte verteilte Einrichtungen, die in sieben Sektoren aufgeteilt sind: Wirtschaft, Gesundheit, Kunst, Landwirtschaft, Bildung, Soziales und Technologie: http://www.hbo-raad.nl/hbo-sectoren (Zugriff 06.11.2013). Sie sind in der Netherlands Association of Universities of Applied Sciences (HBO-Raad) zusammengeschlossen: http://www.hbo-raad.nl/english (letzter Zugriff 13.11.2013).

[226] Der nach 11 Schuljahren erworbene HAVO-Abschluss (Hoger Algemeen Voortgezet Onderwijs) berechtigt zum HBO-Zugang, der nach 12 Schuljahren erworbene VWO-Abschluss (Voorbereiding op Wetenshappelijk Onderwijs) berechtigt zum Universitätszugang (Eurydice 2006: 54). Im Jahr 2004 haben 36 700 Schüler einen HAVO-

Studierenden eine berufspraktisch orientierte Hochschulausbildung. Das sind etwa zwei Drittel der rund 600.000 Studierenden in den Niederlanden. Die Universitäten machen somit, vom Studierendenaufkommen her betrachtet, in den Niederlanden einen deutlich kleineren Teil des Hochschulsektors aus – anders als z.B. in Deutschland, wo das Zahlenverhältnis von Universitäts- zu Fachhochschulstudierenden umgekehrt ist.

Seit der flächendeckenden Umstellung des gesamten niederländischen Hochschulsystems auf das europäische BA/MA-System im Jahr 2002 bieten die HBOs vierjährige BA-Studiengänge an, die als berufsbezogene Abschlüsse ausgewiesen sind, während die Universitäten einen höher bewerteten dreijährigen BA anbieten. Die HBOs haben auch das Recht, berufsbezogene Masterstudiengänge anzubieten, erhalten dafür aber keine staatliche Förderung wie die Universitäten. Anders als die Universitäten verfügen die HBOs zudem nicht über einen eigenen Forschungsetat.

Alle niederländischen und EU-Studierenden erhalten für die Dauer der Regelstudienzeit ein Grundstipendium.[227] Das Gegenstück bilden die Studiengebühren, die sowohl die Hochschulen als auch die Universitäten erheben. Der Finanzierungsanteil aus Studiengebühren ist an den HBOs mit circa 17 Prozent ihres Gesamtbudgets höher als an den Universitäten, der im Jahr 2010 bei ca. acht Prozent der Gesamteinnahmen der Universitäten lag.[228]

Die binäre Struktur des Hochschulsektors wurde mit dem Hochschul- und Forschungsgesetz (Wet Hoger Onderwijs en Wetenshappelijk Onderzoek, WHW) aus dem Jahr 1993 gesetzlich verankert. Zugleich wurde mit ihm der hochschulpolitische Kurswechsel in Richtung einer Stärkung der Hochschulautonomie, Umstellung der staatlichen Aufsicht von ex-ante- auf ex-post-Kontrolle, Einführung von Globalhaushalten, Betonung der unternehmerischen Eigenschaften

Abschluss, jedoch nur 27 400 einen VWO-Abschluss erworben. In einer Befragung gaben 82,2% der HAVO-Absolventen an, ein HBO-Studium aufnehmen zu wollen. Von den VWO-Absolventen wollten 74,2% an eine Universität, 16,3% an eine HBO gehen (MINOCW 2006: 80).

227 Niederländische Studierende müssen das Stipendium zurückzahlen, wenn das Studium nicht innerhalb von 10 Jahren erfolgreich abgeschlossen wird, bei EU-Studierenden entfällt diese Rückzahlungsklausel.

228 Angaben laut VSNU, Vereniging van Samenwerkende Nederlandse Universiteiten: http://www.vsnu.nl/ (letzter Zugriff 13.11.2013); vgl. auch de Weert/Boezerooy 2007; Jongbloed 2010.

und des Selbstreformpotentials der Hochschulen vollzogen (vgl. z.B. Blijderfeld 2005). In dem Gesetz zur Modernisierung der universitären Leitungsstruktur (Wet Modernisiering Universitaire Bestuursorganisatie, WUB) von 1997 wurde die seit 1985 mit dem sog. HOAK-Papier[229] eingeschlagene Linie durch die Einführung von Aufsichtsräten, verantwortlichen Hochschulleitungen und starken Dekanen bei gleichzeitiger Beschneidung des Einflusses der Senate und Fakultäten weiter verstärkt. Zusammen mit dem britischen gehört das niederländische Hochschulsystem in Europa zu den Vorreitern der Umstellung auf das Modell der „entrepreneurial university" (Clark 1998), u.a. mit dem Unterschied, dass bisher in den Niederlanden ausdrücklich an der binären Hochschulstruktur festgehalten und damit dem Prinzip des Leistungswettbewerbs zwischen allen Hochschulen eine Absage erteilt wird. Die binäre Struktur des Hochschulbereichs, in dem die HBOs den Löwenanteil der Studierenden betreuen, erweist sich auch als eine Entlastung für die niederländischen Universitäten.

8.2 Stellenkategorien und Ist-Situation des wissenschaftlichen Personals an niederländischen Universitäten und Fachhochschulen

8.2.1 Stellenkategorien und Ist-Situation an den niederländischen Universitäten

An den Universitäten findet neben der universitären Lehre die akademische Forschung und Nachwuchsqualifikation statt. Dort, wie auch an den außeruniversitären Forschungsinstituten, findet sich eine ausgebildete akademische Karriere- und eine hierarchisch angeordnete Personalstruktur. Die amtliche Statistik verzeichnet die folgenden Personalkategorien an den Universitäten:

(1) Die *hauptberuflichen Hochschullehrer und -lehrerinnen*:
Hoogleraar (Professor, PROF),

[229] Die Programmschrift des Bildungs- und Wissenschaftsministeriums „Hochschulwesen: Autonomie und Qualität", das auch als „HOAK-Papier" bezeichnet wird, stammt aus dem Jahr 1985 und war richtungweisend für die weitere Entwicklung (vgl. MOW 1985; Kreckel 2008a: 239ff.).

Universitair hoofddocent, Senior Lecturer, Associate Professor (UHD),

Universitair docent, University Lecturer, Assistant Professor (UD).

(2) Das *weitere wissenschaftliche Personal,* overig wetenschappelijk personeel (OWP), in den drei statistisch erfassten Kategorien:

Overig wetenschappelijk personeel onderwijs (OWPOW), in der Lehre tätig,

Overig wetenschappelijk personeel onderzoek (OWPOZ), in der Forschung tätig,

Overig wetenschappelijk personeel (OWP), das sonstige wissenschaftliche Personal.

(3) Die *Promovierenden*:

Promovendus (PROM) bzw. Assistent in Ausbildung: Assistent in opleiding (AiO).[230]

Grundsätzlich werden alle Stellen von den Universitäten in eigener Autonomie besetzt.

Bei den *Professuren* wird, ähnlich wie in Frankreich, zwischen einer A- und einer B-Kategorie unterschieden, die unterschiedlichen Tarifstufen zugeordnet sind. Da es aber keine universitätsinternen Aufstiegsbarrieren zwischen A- und B-Professuren wie etwa zwischen W2- und W3-Professuren an deutschen Universitäten gibt, führt diese interne Differenzierung nicht zu einem spürbaren Statusgefälle.

Ebenso wie die Professorinnen und Professoren nehmen die *Hauptdozenten* (Senior Lecturers, UHD) und die *Dozenten* (Lecturers, UD) Lehr- und Forschungsaufgaben selbständig wahr. Die große Mehrzahl der Dozenten und Hauptdozenten ist unbefristet und auf Dauer beschäftigt. Abgesehen von Statusunterschieden und dem informellen Senioritäts- und Prestigegefälle des akademischen Lebens sowie dem Umstand, dass das Promotionsrecht bei den Professorinnen und Professoren liegt, gibt es zwischen den Professorinnen und Professoren

[230] Beide Bezeichnungen, AiO und PROM, sind geläufig. Die amtliche Statistik verwendet seit 2005 die Bezeichnung PROM. Seither werden in der amtlichen Statistik auch die wissenschaftlichen Mitarbeiterinnen und Mitarbeiter (OWP) nach Tätigkeitsschwerpunkten in Lehre und Forschung sowie eine weitere Restkategorie ausgewiesen. Der Vollständigkeit halber sind zusätzlich zur obigen Aufzählung der Personalkategorien die studentischen Hilfskräfte (student-assistenten, SA) zu nennen. Sie werden nicht dem wissenschaftlichen Personal zugerechnet und in der amtlichen Statistik nicht ausgewiesen.

einerseits und den Senior Lecturers und Lecturers andererseits keine funktionellen Unterschiede. Hinsichtlich der Tätigkeitsschwerpunkte galt bisher für alle drei Personalkategorien die traditionelle Faustregel: 40 Prozent Forschung, 40 Prozent Lehre und 20 Prozent administrative Aufgaben.

Übersicht 8-1: Wissenschaftliches Personal der niederländischen Universitäten, 1999, 2005, 2010

	1999		**2005**		**2010**	
	VZÄ absolut	**in %**	**VZÄ absolut**	**in %**	**VZÄ absolut**	**in %**
Professor (PROF)	2.282	14,5	2.238	10,3	2.608	10,7
Senior Lecturer (UHD)	2.225	14,1	2.071	9,5	2.211	9,1
Lecturer (UD)	4.168	26,4	4.196	19,3	4.638	19,1
Hochschullehrende gesamt	8.675	55,0	8.505	39,1	9.457	38,9
Wiss. Pers. Lehre (OWPOW)	k.A.	k.A.	2.125	9,8	2.166	8,9
Wiss. Pers. Forschung (OWPOZ)	k.A.	k.A.	3.077	14,1	3.879	16,0
Weiteres Wiss. Personal (OWP)	k.A.	k.A.	590	2,7	522	2,1
Sonstiges Wiss. Personal gesamt	**4.450**	**28,2**	**5.792**	**26,6**	**6.567**	**27,0**
Promovierende (PROM)	2.642	16,8	7.475	34,3	8.276	34,1
Wiss. Personal insgesamt	**15.767**	**100,0**	**21.772**	**100,0**	**24.300**	**100,0**

Quelle: WOPI, Wetenschappelijk Onderwijs Personeels Informatie, Personalinformationssystem der niederländischen Universitäten.[231]

Innerhalb dieser Gruppe der *Hochschullehrenden* (gesamt: PROF, UHD und UD) ist der Stellenkegel in dem betrachteten Zeitraum seit 1999 relativ flach und stabil geblieben. Die Zahlenverhältnisse liegen nach wie vor ungefähr bei eins (PROF) zu eins (UHD) zu zwei (UD) (vgl. die Übersichten 8-1 und 8-2). Darunter liegt die sehr heterogene Gruppe des Sonstigen wissenschaftlichen Personals. Dazu gehören zum einen die wissenschaftlichen *Mitarbeiterinnen und Mitarbeiter mit dem Schwerpunkt Lehre* (OWPOW) und zum anderen die *Forschungsmitarbeiterinnen und -mitarbeiter* (OWPOZ), neben einer relativ kleinen Restkategorie (ca. 9 Prozent im Jahr 2010) *weiteren*

[231] Siehe: http://www.vsnu.nl/Universiteiten/Feiten-Cijfers/Personeel/Downloadbare-tabellen.htm (Zugriff 12.11.2012). Die öffentlich zugängliche niederländische Hochschulstatistik gibt keine Auskunft über das wissenschaftliche Personal in Personen, sondern in Vollzeitäquivalenten (VZÄ).

wissenschaftlichen Personals (OWP). Innerhalb dieser Gruppe ist der Anteil der wissenschaftlichen Mitarbeiterinnen und Mitarbeiter mit dem Tätigkeitsschwerpunkt Forschung (OWPOZ) zwischen 2005 und 2010 leicht angestiegen. Im Übrigen sind auch hier, wie bei der Gruppe der Hochschullehrenden (PROF, UHD, UD), die Zahlenverhältnisse relativ stabil geblieben.

Übersicht 8-2: Struktur des wissenschaftlichen Personals der niederländischen Universitäten, 1999, 2005, 2010 (in %)

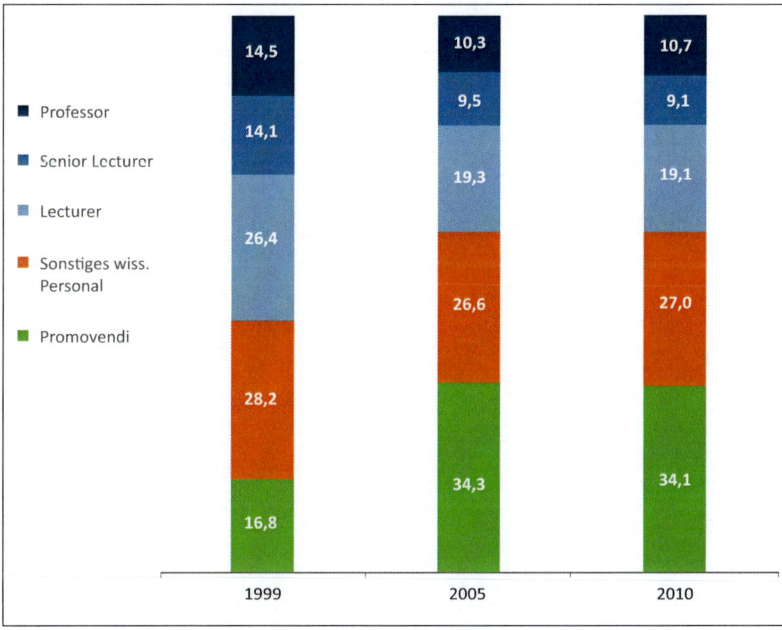

Quelle: Eigene Darstellung auf Grundlage der amtlichen Statistik in Übersicht 8-1, Angaben in VZÄ.[232]

Einzig die Gruppe der *Promovendi* hat deutlich zugenommen. An den niederländischen Universitäten haben die Promovierenden gleichzeitig Beschäftigten- und Studierendenstatus. Im Unterschied zu den wissen-

[232] In den Übersichten 8-1 und 8-2 wird die Vollzeitäquivalentrechnung der amtlichen niederländischen Hochschulstatistik übernommen. Dort wird auch die Kategorie der Promovendi, da es sich dabei um „Vollzeitdoktoranden" handelt, mit dem Faktor 1,0 berechnet. Unten in der Ländervergleichs-Übersicht 10-3 wurde hingegen der international übliche Multiplikator 0,2 verwendet, was zu einer gewissen Verschiebung der Größenordnungen führt.

schaftlichen Mitarbeiterinnen und Mitarbeitern in Deutschland werden sie jedoch nicht als vollgültiger Teil des Lehrkörpers angesehen. Ihr Status wird im Rahmen des so bezeichneten AiO- bzw. Promovendus-Systems geregelt und gilt als „*the standard route to enter the academic profession*“ (Enders/de Weert 2004: 295; de Weert/Boezerooy 2007: 27; zum AiO- bzw. Promovendus-System vgl. Kapitel 8.3.2). Der (in der Grafik zur Struktur des wissenschaftlichen Personals in der Übersicht 8-2) dargestellte starke Anstieg bei den Promovierenden sollte, trotz des tatsächlichen Anstiegs der Gruppe, nicht überinterpretiert werden: Er ist teilweise auf eine Änderung der Zählweise in der niederländischen Hochschulstatistik nach 2005 zurückzuführen.[233] Die grafische Darstellung der Personalstruktur in Übersicht 8-2 sollte im Zusammenhang mit Übersicht 8-1 gelesen werden, in der die Personalkategorien weiter aufgeschlüsselt sind.

8.2.2 Stellenkategorien und Ist-Situation an den niederländischen Fachhochschulen

Bis vor wenigen Jahren galten die HBOs als reine Lehreinrichtungen ohne eigene Forschungsaufgaben. Seit Anfang der 1990er Jahre begannen sie auch angewandte Forschung zu betreiben und Forschungsprojekte einzuwerben. Zugang zu den öffentlichen Forschungsfördermitteln wie die Universitäten und außeruniversitären Forschungsinstitute haben sie aufgrund ihrer Funktion für die berufsqualifizierende Hochschulausbildung allerdings nicht. Etwa zwei Drittel der staatlichen Zuwendungen erhalten die Fachhochschulen auf der Grundlage der Zahl der Studierenden. Das restliche Drittel kommt ca. je zur Hälfte aus Studiengebühren und aus Einnahmen von Dritten, einschließlich Dienstleistungen für Unternehmen, worunter sich auch drittmittelfinanzierte Forschungsprojekte befinden.[234] Drittmittelbeschäftigte waren an den HBOs bisher selten anzutreffen.

[233] Aus der starken Zunahme der Doktoranden zwischen 1999 und 2010 ergibt sich auch ein irreführender statistischer Effekt, weil die hier verwendete VZÄ-Berechnung der amtlichen niederländischen Hochschulstatistik folgt, die die Promovierenden mit dem vollen Gewichtungsfaktor 1,0 berechnet und nicht mit dem international üblichen Faktor 0,2. Unten in der international vergleichenden Übersicht 10-3 wurde mit dem international üblichen Faktor 0,2 gerechnet.

[234] Angaben nach HBO-Raad, Vereniging Hogescholen: http://www.hbo-raad.nl/bedrijfsvoering/financien-hbo (letzter Zugriff 13.11.2013). Zum Kollektivvertrag für die HBOs vgl. HBO-Raad 2010.

Die Beschäftigungsbedingungen für das wissenschaftliche (und nicht-wissenschaftliche) Personal der HBOs werden seit dem Jahr 1999 durch einen Flächentarifvertrag (Collectieve Arbeidsovereenkomst, CAO-HBO) geregelt. Für die aktuell 41 HBOs verzeichnet die amtliche Personalstatistik ca. 25.000 Personen in den Personalkategorien:

- HBO-Principal Lector und HBO-Senior Lecturer (Tarifgruppe 13 und höher),
- HBO-Lecturer (Tarifgruppe 12),
- Docent / Teacher (Tarifgruppe 11),
- Instructeur (Tarifgruppen 8 bis 10).

Aus der Übersicht 8-3 zur Struktur des wissenschaftlichen Personals der Fachhochschulen und in Übersicht 8-4 entlang der genannten Personalkategorien in Vollzeitäquivalenten (VZÄ) einzeln aufgeschlüsselt, ist zu ersehen, dass der Anteil der höher eingestuften *Principal und Senior Lecturers* (Tarifgruppe 13 und höher) seit 2005 mit vier bzw. fünf Prozent im Jahr 2010 stabil geblieben ist. Zu beobachten ist eine aufsteigende Tendenz bei der Kategorie *Docent / Teacher* zu ungunsten der *Instructeurs* und der *Lecturers* (vgl. die Übersichten 8-3 und 8-4).

Übersicht 8-3: Wissenschaftliches Personal der niederländischen Fachhochschulen, 2005, 2010

	2005		2010	
	VZÄ absolut	in %	VZÄ absolut	in %
HBO-Principal & Senior Lecturer (Tarifgr. 13 und höher)	519	4,1	975	5,5
HBO-Lecturer (Tarifgr. 12)	6.227	49,0	7.530	42,2
Docent / Teacher (Tarifgr. 11)	3.786	29,8	6.757	37,9
Instructeur (Tarifgr. 8 bis 10)	2.172	17,1	2.520	14,1
Wissenschaftliches Personal insgesamt	**12.704**	**100,0**	**17.832***	**100,0**

Quelle: HBO-Raad, Vereniging Hogescholen,[235] eigene Berechnungen, Angaben in VZÄ absolut und in %.

* In der Statistik des wissenschaftlichen Personals für 2010 gibt es 49 VZÄ Stellen, die keiner der Tarifgruppen zugeordnet wurden. Die Gesamtzahl der VZÄ beträgt folglich 17.782 VZÄ

[235] HBO-Raad, Vereniging Hogescholen: http://www.hbo-raad.nl/hbo-raad/feiten-en-cijfers/cat_view/60-feiten-en-cijfers/62-bedrijfsvoering/66-personeel (letzter Zugriff 13.11.2013).

Übersicht 8-4: Struktur des wissenschaftlichen Personals der niederländischen Fachhochschulen, 2005, 2010 (in %)

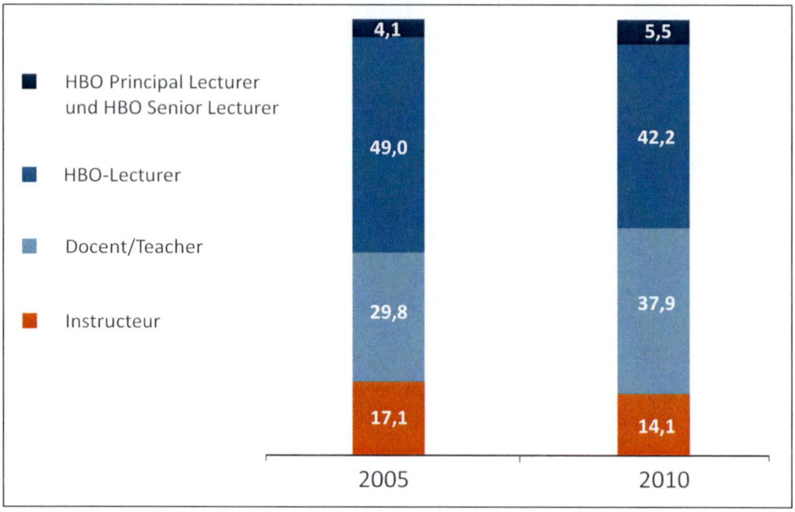

Quelle: Eigene Darstellung auf Grundlage der Daten in Übersicht 8-4, Angaben in VZÄ.

Stellen für *Docentes* und Stellen für *Instructeurs* werden in der jeweils untersten Tarifgruppe ausgeschrieben, zunächst auf ein Jahr befristet besetzt und mit anschließender Aussicht auf Festanstellung verbunden, die üblicherweise auch erfolgt.[236] Für die rein der Lehre dienenden HBO-Positionen (Lecturer, Docent, Teacher) ist die Promotion als Zugangsvoraussetzung nicht nötig. Es genügt ein HBO- oder Universitätsabschluss. Zusätzlich wird, ähnlich wie an deutschen Fachhochschulen, eine fünfjährige einschlägige Berufserfahrung erwartet (de Weert 2001: 212).

Lektoren neuer Art bzw. *Principal Lecturers* als eine der Professur ähnliche akademische Spitzenposition für HBOs wurden infolge des Hochschulgesetzes (WHW 1993) eingeführt (de Weert/Boezerooy 2007: 21). Ab 2001 wurde ein besonderes Förderprogramm der Regierung mit attraktiv ausgestatteten und gut bezahlten Lektorenstellen

[236] Die Tarifvereinbarung CAO-HBO (2005: Art. D-3) besagt, dass die Festanstellung in der Regel nach höchstens einem Jahr erfolgen muss, in Sonderfällen nach spätestens zwei Jahren (CAO-HBO 2005: 11). In der Tarifvereinbarung von 1993 wurde festgelegt, dass nicht mehr als 10 Prozent der HBO-Beschäftigten befristet beschäftigt sein sollen (de Weert 2001: 207).

aufgelegt.[237] Die Lektoren neuer Art sollten promovierte Wissenschaftler und Wissenschaftlerinnen mit Forschungs- und Praxiserfahrung sein, deren Hauptaufgabe es ist, einen *kenniskring* (Wissenszirkel) anzuleiten und andere Mitglieder des Lehrkörpers sowie industrielle Partnerunternehmen einzubinden, um regionale Forschungsnetzwerke in Gang zu bringen und an den HBOs ein Forschungsklima zu schaffen, wie an den als Muster zitierten deutschen Fachhochschulen und britischen New Universities. Im Jahr 2007 waren 270 solcher Spitzenpositionen eingerichtet (de Weert/Boezerooy 2007: 21). Ihre Zahl ist bis heute gering geblieben (de Wit 2012: 27). Die Einschätzungen des Erfolgs variieren. Einerseits wird eine zu geringe Effektivität und Isolation vom Lehrkörper kritisiert (ebd.), andererseits bescheinigen Evaluationen den Wissenszirkeln Erfolg sowohl hinsichtlich der Einbindung des Lehrpersonals und der Studierenden als auch der verstärkten Unternehmenskooperationen vor allem im regionalen Umfeld (de Weert/Boezerooy 2007: 21f.).

Insgesamt ist festzustellen, dass die neu eingerichteten Lektoratsstellen für einige Wissenschaftlerinnen und Wissenschaftler eine gute Chance bieten, dass die HBOs jedoch keine Karrierealternative für den forschungsorientierten akademischen Nachwuchs darstellen. Diese findet sich vor allem an den außeruniversitären Forschungsinstituten.

8.2.3 Außeruniversitäre akademische Forschung in den Niederlanden

Im Bereich der außeruniversitären akademischen Forschung ist die Niederländische Organisation für Wissenschaftliche Forschung (*Nederlandse Organisatie voor Wetenshappelijk Onderzoek,* NWO) die wichtigste.[238] Sie spielt im niederländischen Wissenschaftssystem eine doppelte Rolle: als Forschungsförder- und als Forschungseinrichtung. Im Auftrag des Ministeriums für Bildung, Kultur und Wissenschaft (MINOCW) und einiger anderer Ministerien vergibt sie staatliche Pro-

[237] In der Vergütung können die Lektoren das Gehaltsniveau von Universitätsprofessoren erreichen.

[238] Wie die Universitäten so finanzieren sich auch die außeruniversitären Forschungseinrichtungen über die drei Finanzierungsströme (vgl. 8.1): durch die direkte institutionelle Förderung (erster Finanzstrom), die indirekte Förderung im Rahmen von Forschungsprogrammen und -projekten (zweiter Finanzstrom) und durch Vertrags- bzw. Auftragsforschung (dritter Finanzstrom).

jektmittel im Rahmen von Forschungsförderprogrammen und fördert die projekt- bzw. personengebundene Forschung in den Universitäten und außeruniversitären Forschungsinstituten. In dieser Forschungsförderfunktion ist die NWO in den Niederlanden beispielsweise der DFG in Deutschland oder dem SNF in der Schweiz vergleichbar. Daneben betreibt die niederländische NWO Forschungsinstitute in eigener Regie.

Während der größte Teil der öffentlichen durch die NOW vergebenen Forschungsfördermittel traditionell an die Universitäten fließt (ca. 58 Prozent; vgl. Übersicht 8-5), wendete die NWO für ihre eigenen Forschungsinstitute im Jahr 2010 22,3 Prozent ihres vom MINOCW zugewiesenen Budgets auf (MINOCW 2012: 42).[239]

Übersicht 8-5: Forschungsförderung durch die NWO nach geförderten Einrichtungen in den Niederlanden, 2010

Empfänger	Fördersumme in Mio. €	Fördersumme in %
Universitäten	427.9	57,7
NWO Institute	165.0	22,3
Übrige	108.9	14,7
Verwaltungsausgaben	39.4	5,3
Fördersumme gesamt	**741.3**	**100**

Quelle: MINOCW 2012: 42.

Die NWO-Institute sind natur- und technikwissenschaftlich ausgerichtet. Von den insgesamt 1.420 (VZÄ) aus NWO-Mitteln finanzierten Personalstellen waren an den sieben (von neun) größten NWO-Instituten im Jahr 2010 gut die Hälfte als wissenschaftliche bzw. Forschungsstellen ausgewiesen, laut MINOCW (2012: 42) 742,2 VZÄ.[240]

[239] Im Jahr 2005 waren es 26 Prozent und 133 Mio. Euro des Gesamtbudgets. Eine präzise Auskunft über den Drittmittelanteil der NWO-Institute ist nicht möglich. Die amtliche Statistik nennt für den gesamten NWO-Haushalt 2004 einen Drittmittelanteil von 17,9 Prozent (MINOCW 2006: 151). Die veröffentlichten Angaben der einzelnen Institute sind unvollständig und variieren erheblich.

[240] Angaben zu den sieben NWO-Instituten entsprechend MINOCW (2012: 42f.): Institute for Astronomical Research in the Netherlands (ASTRON) 63.7 (VZÄ in 2010); Centre for Mathematics and Computer Science (CWI) 154.6 (VZÄ in 2010); Foundation for Fundamental Research on Matter (FOM) Institutes 294.2 (VZÄ in 2010); Institute for Dutch History (ING) 22.4 (VZÄ in 2010); Royal Netherlands Institute for Sea Research (NIOZ) 96.6 (VZÄ in 2010); Netherlands Institute for the Study of Crime

Die zweite wichtige außeruniversitäre Forschungseinrichtung mit akademischer Forschung ist die *Koninklijke Nederlands Akademie van Wetenschappen* (KNAW) mit mehreren Funktionen: Zum einen dient sie, als traditionelle (1808 gegründete) Nationale Akademie, der Außenrepräsentanz der niederländischen Wissenschaft international und national sowie der wissenschaftlichen Politikberatung. Zum anderen ist sie für institutionelle Forschungsevaluationen zuständig und unterhält (im Jahr 2010) 19 KNAW Akademie-Institute in eigener Regie. Die Kernaufgabe der Institute besteht, neben wissenschaftlicher Dokumentation und Infrastruktur, in der Durchführung besonders wichtiger (außerordentlicher) Forschungsvorhaben mit längerfristiger Perspektive. In diesem Rahmen betreiben sie eigene Forschung und Nachwuchsförderung „*in a large extent – free of teaching obligations*" (MINOCW 2012: 45).

Die KNAW-Institute teilen sich (im Jahr 2010) in elf geistes- und sozialwissenschaftliche Institute (Humanities and Social Sciences), darunter als größtes das *International Institute of Social History* (IISG) sowie in sechs biowissenschaftliche Institute (Life Sciences) wie das *Netherlands Institute of Ecology* (NIOO), das *Hubrecht Institute* in der biologischen und Stammzellforschung oder in den Neurowissenschaften NIN als größte Einrichtungen mit zwischen 156,6 bis 198,7 (VZÄ) Personalstellen im Jahr 2010.

Zusammen verfügten die KNAW-Institute im Jahr 2010 über insgesamt 1.160.5 VZÄ Personalstellen (MINOCW 2012: 47). Die offiziellen Angaben enthalten keine Informationen zum Anteil der wissenschaftlichen bzw. Forschungsstellen. Bei den NWO-Instituten waren, wie erwähnt, gut die Hälfte der VZÄ Personalstellen wissenschaftliche bzw. Forschungsstellen.

Aufgrund ihrer starken Grundlagenorientierung und engen Verzahnung mit den Universitäten wurden die Forschungsinstitute der KNAW und der NWO auch als *para-universitäre Forschungsinstitute* bezeichnet (Braun 2001:17; vgl. auch Boezerooy 2003: 28ff.). Als Einrichtungen der anwendungsnahen Forschung und Innovation in der Verzahnung bzw. mit dem Ziel der stärkeren Verzahnung mit privaten Wirtschaftsunternehmen ist hier insbesondere die *Netherlands Organisation for Applied Scientific Research* (Organisatie voor Toegepast Na-

and Law Enforcement (NSCR) 30.2 (VZÄ in 2010); SRON Netherlands Institute for Space Research 80.5 (VZÄ in 2010).

tuurwetenschappelijk Onderzoek, TNO) zu nennen,[241] sowie weitere vier Großforschungseinrichtungen (Grote Technologische Instituten, GTI)[242].

Zur Personalsituation und Statusgliederung sowie zum Verhältnis von festen und befristeten Stellen der Forschenden in der außeruniversitären nicht-industriellen akademischen Forschung sind empirisch exakte und damit verallgemeinerungsfähige Aussagen nur schwer zu treffen. Der Mangel an öffentlich zugänglichen Angaben und Statistiken liefert ein nur rudimentäres Bild. Etwas differenzierter ließ sich (mit Stand 2005) die Situation für die Akademie-Institute der KNAW erfassen (Kreckel 2008a: 270ff.). Es wurde deutlich, dass in den Instituten der KNAW der Anteil der befristet beschäftigten Promovierenden in einigen Instituten beträchtlich war. Rund ein Drittel des wissenschaftlichen Personals war im Rahmen des Promovendus- bzw. AiO-Systems (vgl. dazu Kapitel 8.3) mit befristeten Vier-Jahres-Verträgen tätig. Diese Stellen für Promovierende außer Acht gelassen, und nur die voll qualifizierten, in der Regel promovierten Forschenden in Betracht gezogen, ergab sich (für das Jahr 2005) für die KNAW-Institute, dass knapp 57 Prozent der Wissenschaftlerinnen und Wissenschaftler auf Dauerstellen beschäftigt waren und gut 43 Prozent befristete Drittmittel- bzw. Postdoc-Stellen inne hatten.

Ein im Durchschnitt ähnliches Zahlenverhältnis zwischen befristeten und unbefristeten Stellen ließ sich auch für eines der größeren Institute der NWO ermitteln.[243] Überschlägig kann somit im Hinblick auf das hauptberufliche wissenschaftliche Personal an niederländischen

---

241 Organisiert in „30 knowledge centres – centres of innovation" (MINOCW 2012: 49). Seit 2010 ist nicht mehr das Bildungs- sondern das Ministerium für Wirtschaft, Landwirtschaft und Innovation für die TNO-Einrichtungen zuständig.

242 Diese sind nicht (wie die TNO) in einer Dachorganisation zusammen gefasst, aber ebenfalls technik- und naturwissenschaftlich ausgerichtet, in der Nuclear- und sonstigen Energieforschung: „Energy Research Centre of the Netherlands (ECN), Maritime Research Institute Netherlands (MARIN): research on shipbuilding, offshore technology, and oceanography; die National Aerospace Laboratory (NLR): activities in the field of aeronautical and space technology und Deltares: Deltares is since January 2008 a new independent institute for applied research and specialist advice in the field of water and the subsurface (with a merger of different organisations)" (MINOCW 2012: 51). Weitere Technologische Institute kommen hinzu.

243 Für das damalige, inzwischen umbenannte Zentrum für Mathematik und Informatik (Centrum for Wiskunde en Informatica, CWI) mit dem damals größten Bestand an wissenschaftlichem Personal, und mit einer relativ guten Datenlage, die diese Analyse überhaupt ermöglichte vgl. CWI, Annual Reports 2005, 2006, 2011).

außeruniversitären Instituten (ohne Promovendi) im Durchschnitt von einem Verhältnis von etwa 55 auf Dauer zu 45 auf Zeit beschäftigtem wissenschaftlichen Personal ausgegangen werden (Kreckel 2008a: 274).

Unter Einbezug der Tarif- und Gehaltszuordnungen wird weiterhin als Karrieremuster in der außeruniversitären Forschung sichtbar: Die Position der Assistenten in Ausbildung (Promovendi) und das in Forschungsprojekten befristet beschäftigte Personal sowie Postdocs finden sich in den unteren Stufen (10 bis 12) des Tarifvertrags für Wissenschaftler und Wissenschaftlerinnen. In den unteren Gehaltstarifgruppen (vermutlich in der Mehrzahl in der Tarifgruppe 12) befinden sich auch die befristet Beschäftigten zu fast der Hälfte. Die dauerhaft Beschäftigten hingegen findet man in den darüber liegenden Gehaltstarifgruppen der Projektgruppenleitung, Abteilungsleitung, Direktion. Diese Positionen entsprechen in den Universitäten der Professur bzw. dem Senior Lecturer (UHD). Insbesondere an den größeren außeruniversitären Instituten bieten sie, zumindest formal, weitere Aufstiegspositionen neben der Universitätskarriere.

Die Beschäftigungsverhältnisse in den außeruniversitären Instituten und an den Universitäten sind kollektivvertraglich geregelt.[244] Für die Befristung der Beschäftigungsverhältnisse gelten dabei für die Universitäten und die außeruniversitären Institute ähnliche Grundsätze: Unbefristete, aber mit Sachgründen kündbare Beschäftigungsverhältnisse gelten als die Regel, befristete Verträge als die Ausnahme. Befristete Arbeitsverträge für Wissenschaftler dürfen (mit zweimaliger Verlängerung) eine Gesamtdauer von sechs Jahren nicht übersteigen und sollen danach automatisch als entfristet gelten. Als Ausnahmeregelung gilt unter anderem, dass Zeiten, die der Ausbildung und wissenschaftlichen Weiterqualifikation dienen, wie etwa bei den Promovendi, nicht auf die Sechsjahresfrist angerechnet werden. Der Kollektivvertrag für Forschungszentren sieht außerdem vor, dass bei einem Wechsel des Arbeitgebers die bis dahin absolvierten Fristen keine Anrechnung finden. Damit ist auch in den Niederlanden die Möglichkeit zur längerfristigen Aneinanderreihung von befristeten Beschäftigungsverhältnissen generell gegeben. Dies scheint auch in den Niederlanden durch eine zuneh-

[244] Für das Personal der meisten außeruniversitären Institute gilt der kollektive Tarifvertrag für Forschungszentren (CAO-OI), während sich die Institute der Königlichen Akademie der Wissenschaften (KNAW) 2005 dem Tarifabkommen der Universitäten (CAO-VSNU) angeschlossen haben.

mende Projektförmigkeit und Drittmittelfinanzierung der Forschung begünstigt zu werden.

Die Frage nach dem Verhältnis zwischen befristeter und unbefristeter Beschäftigung und seiner Entwicklung wird im Folgenden für die Universitäten detaillierter betrachtet.

8.2.4 Befristung und Drittmittelbeschäftigung an niederländischen Universitäten

Der nach Angaben des zuständigen Ministeriums (MINOCW 2012: 37) zusammengestellten Übersicht 8-6 ist zu entnehmen, wie viele VZÄ des wissenschaftlichen Personals an den Universitäten im Zeitverlauf zwischen 2000 und 2010 jeweils aus den (oben in 8.1. genannten) drei Finanzströmen finanziert wurden. Deutlich wird, dass sich der Anteil der staatlichen Mittel am Haushaltsvolumen sukzessive verringert hat (1. Finanzstrom), während der Anteil der Finanzierung aus öffentlichen Forschungsfördermitteln (2. Finanzstrom), wozu insbesondere die programm- und projektförmige Forschung zählt, mehr oder weniger gleich geblieben ist. Eine Aufwärtstendenz weist der Drittmittelanteil im 3. Finanzstrom auf, der als *third type* der öffentlichen Forschungsförderung zu den beiden ersten Finanzströmen hinzu kommt: Diese Form von staatlichem „*funding through contracts may be seen as a way of the government 'buying' a particular performance from the university*" (Jongbloed 2010: 23).

Übersicht 8-6: Forschungspersonal der niederländischen Universitäten nach Finanzierungsarten, 2000-2010

Finanzierungsart	2000	2002	2004	2006	2008	2010
Forschungspersonal insgesamt in VZÄ	14.586	15.203	15.667	16.579	16.729	17.768
Staatlicher Zuschuss: 1. Finanzstrom in %	52	50	48	47	47	45
Öffentliche Forschungsförderung: 2. Finanzstrom in %	21	23	24	25	24	23
Drittmittelfinanzierte Aufträge: 3. Finanzstrom in %	27	27	28	28	30	32

Quelle: MINOCW 2012: 37.

Unabhängig von der Finanzierungsform stellt sich das Verhältnis zwischen befristeter und unbefristeter Beschäftigung für die verschiedenen Personalkategorien des wissenschaftlichen Personals in Forschung und Lehre in den Universitäten recht unterschiedlich dar (vgl. Übersicht 8-7).

Übersicht 8-7: Befristete Beschäftigung an niederländischen Universitäten, 2005, 2010

	2005			2010		
	absolut	**davon befristet**	**Befristung in %**	**absolut**	**davon befristet**	**Befristung in %**
Professor (PROF)	2.238	150	6,7	2.608	169	6,5
Senior Lecturer (UHD)	2.071	62	3,0	2.211	65	2,9
Lecturer (UD)	4.196	717	17,1	4.638	1.217	26,2
Hochschullehrende gesamt	**8.505**	**929**	**10,9**	**9.457**	**1.451**	**15,3**
Sonstiges wiss. Pers. Lehre (OWPOW)	2.125	920	43,3	2.166	989	45,7
Sonstiges wiss. Pers. Forschug (OWPOZ)	3.077	2.412	78,4	3.879	3.297	85,0
Weiteres wiss. Personal (OWP)	590	399	67,6	522	435	83,3
Wiss. Mitarbeitende gesamt	**5.792**	**3.731**	**64,4**	**6.567**	**4.721**	**71,9**
Promovierende (PROM)	7.475	7.458	99,8	8.276	8.275	100,0
Wiss. Personal insgesamt	**21.772**	**12.118**	**55,7**	**24.300**	**14.447**	**66,4**

Quelle: WOPI, Personalinformationssystem der niederländischen Universitäten, Angaben in VZÄ.[245]

Zum Umfang der Stellenbefristung (in VZÄ) lässt sich zwischen den Jahren 2005 und 2010 eine Zunahme der Befristungen bei den *Lecturers* (UD) und bei den *Wissenschaftlich Mitarbeitenden* (gesamt) feststellen. Des Weiteren ist der (oben in 8.2.1 genannte) Anstieg bei den befristeten *Promovendi* (PROM) bzw. Assistent in Ausbildung (AiO) zu erkennen.

[245] WOPI (Wetenschappelijk Onderwijs Personeels Informatie) Personalinformationssystem der niederländischen Universitäten: http://www.vsnu.nl/f_c_personeel_downloads.html (letzter Zugriff 4.12.2013).

Die obligatorische Befristung zum Erwerb der Grundqualifikation für den Hochschullehrer-Beruf bei den Promovierenden (PROM) ist von anderen Befristungsformen zu unterscheiden:

- von der Befristung bereits qualifizierter Wissenschaftlerinnen und Wissenschaftler in Wartestellung, die sich für eine wissenschaftliche Dauerposition weiter qualifizieren (z.B. Postdocs) und
- von der Form der Befristung mit Aussicht auf eine anschließende Festanstellung (tenure track).

Letzteres trifft auf die Kategorie *University Lecturer* (UD) zu, die mit zu den regulären Hochschullehrerstellen zählt und cum spe ist, also mit Aussicht auf Festanstellung (tenure track). Hier ist wie erwähnt ein Anstieg befristeter Stellen für Lecturer ersichtlich. Im Jahr 2010 liegt der Anteil der befristeten Lectures bei über einem Viertel (26,2 Prozent).

Unterhalb der Ebene der regulären Hochschullehrerstellen (UH, UHD und Professuren) ist aus Übersicht 8-7 ein Anstieg der befristeten Beschäftigung bei den *Wissenschaftlich Mitarbeitenden* (gesamt) ersichtlich. Im Jahr 2010 lagen zu fast 72 Prozent befristete Beschäftigungsverhältnisse vor. Dies betrifft vor allem die im Bereich Forschung tätigen wissenschaftlichen Mitarbeiterinnen und Mitarbeiter (OWPOZ). Wird davon ausgegangen, dass sie vorwiegend in drittmittelfinanzierten Forschungsprojekten arbeiten und dass Postdocs solche Projektstellen nutzen, um sich auf eine Forscherkarriere vorzubereiten, dann gilt die befristete Beschäftigung vor allem für die OWPOZ mit steigender Tendenz: Zwischen 2005 und 2010 stieg der Befristungsanteil bei den Forschungsmitarbeiterinnen und -mitarbeitern von 78 auf 85 Prozent. Die steigende Tendenz und ein hoher Befristungsanteil gelten auch für das weitere wissenschaftliche Personal (OWP). Bei der Gruppe der in der Lehre tätigen wissenschaftlichen Mitarbeiterinnen und Mitarbeiter (OWPOW) ist der Befristungsanteil, im Vergleich dazu, mit knapp 46 Prozent im Jahr 2010 deutlich niedriger.

Zur Befristungsproblematik an den niederländischen Universitäten lässt sich festhalten, dass befristete Stellen im Ansteigen begriffen sind, insbesondere bei den Mitarbeitenden in Bereich Forschung (OWPOZ). Dieser Befund steht im Zusammenhang mit der gestiegenen absoluten Zahl der in der Regel (zu 100 Prozent) befristet beschäftigten Promovierenden (PROM bzw. Assistent in Ausbildung AiO). Letzteres lässt sich auch als ein Beleg dafür werten, dass der Hochschullehrernachwuchs an niederländischen Universitäten eindeutig als *Forscher*-nachwuchs verstanden wird und erst in zweiter Linie als künftiges *Lehr*personal. So gesehen kann die zunehmende Befristung im Bereich der Forschungsmitarbeiterinnen und -mitarbeiter auch als ein Erfolg der (verstärkten) Förderung von Doktorandinnen und Doktoranden im Rahmen des niederländischen AiO- bzw. Promovendus-Systems interpretiert werden.

8.3 Karrierewege in den Niederlanden

8.3.1 Das AiO- bzw. Promovendus-System in den Niederlanden

Wie verdeutlicht (vgl. Übersicht 8-2), ist der Anteil der Promovendi innerhalb der universitären Personalstruktur stark angestiegen: von 16,8 Prozent im Jahr 1999 auf einen Anteil von 34,1 Prozent im Jahr 2010. Diese Entwicklung lässt sich teilweise auf hochschulstatistische Veränderungen, teilweise aber auch auf politische Interventionen zurückführen. Im Jahr 2000 legte eine vom Wissenschaftsministerium einberufene Kommission den in der Folge einflussreichen Bericht („Talent voor de Toekomst, Toekomst voor Talent") vor. Darin wurde die mangelnde Anziehungskraft des niederländischen Nachwuchsqualifikationssystems, insbesondere auch für Frauen, moniert und eine Reihe von Maßnahmen zur Verbesserung der Position des Assistenten in Ausbildung (assistent in opleiding, AiO) sowie zur Stärkung der interuniversitären Research Schools vorgeschlagen (Enders/de Weert 2004: 304f.).

In dem in den Niederlanden adaptierten dreigliedrigen Bologna-Modell ist die Promotion der höchste akademische Abschluss. Der Master-Abschluss ist die Zugangsvoraussetzung zur Promotion. Im Rahmen des Promovendus-Systems stehen die Promovierenden mit einer Universität oder mit einem außeruniversitären Forschungsinstitut in einem Beschäftigungsverhältnis.[246] Zugleich haben sie Studie-

[246] Das AiO-System gibt es in den Niederlanden seit Mitte der 1980er Jahre, im Jahr 2005 wurde die Bezeichnung AiO (assistent in opleiding) durch promovendus (PROM) ersetzt; daher auch die Bezeichnung Promovendus-System anstatt AiO-System, wobei beide Bezeichnungen geläufig sind. Die Namensänderung steht im Zusammenhang mit der Einführung des universitair functieordenen, UFO, einem Klassifikationssystem (University Classification System) mit dem Ziel, die Tätigkeitsprofile des gesamten

rendenstatus und sind vielfach in eine der seit 1999 eingerichteten, im Jahr 2008 insgesamt 86 offiziell anerkannten (Vossensteyn 2011: 4) Research Schools (onderzoekschool) eingebunden. Beschäftigungsdauer und research training umfassen drei bzw. vier Jahre. Die Hauptaufgabe besteht in der Anfertigung der Dissertation (PhD thesis) unter Anleitung in Forschungsteams und unter der Verantwortung eines Professors bzw. einer Professorin (nur sie können den Doktorgrad verleihen) einer der niederländischen Universitäten, die sich durchweg als Forschungsuniversitäten verstehen.

Die Research Schools werden als nationale und internationale Exzellenzzentren verstanden. Sie verfügen über eigene Budgets und führen regelmäßig Evaluationen durch. Weiterhin gibt es einige sogenannte Top Research Schools, die besondere Qualitätskriterien erfüllen müssen und zunächst bis 2013 zusätzliche Förderungen von der Netherlands Organisation for Scientific Research (NWO) erhalten (Vossensteyn 2011: 5).

Ein neueres Phänomen ist die Einrichtung von Graduate Schools nach US-amerikanischem Muster (de Weert/Boezerooy 2007: 28). Sie sind eine Antwort auf die in der Kritik stehende intransparente Verteilung von Verantwortlichkeiten und Aufgaben zwischen den interuniversitären Research Schools (Vossensteyn 2011: 13).[247] Die auf universitärer Ebene angesiedelten Graduate Schools bieten auch Kurse für Postgraduierte (Master-Studierende) an, um PhD-Kandidatinnen und -Kanditaten zu gewinnen, zu qualifizieren und zu selektieren, damit sie den Voraussetzungen (einer hohen Forschungsorientierung) zur Erlangung des niederländischen PhD besser entsprechen. Dies rechtfertigt zugleich die Erhebung von Studiengebühren (Vossensteyn 2011: 5).

Personals neu zu definieren und damit die teilweise starre Stellenstruktur zu flexibilisieren. Leistungskriterien sollen an die Stelle des bloßen Gehaltszuwachses und Karriereaufstiegs auf Grund des Lebensaltersprinzips treten. Die akademischen Einrichtungen haben sich dem UFO-System inzwischen angeschlossen, das in der hochschulpolitischen Debatte weiterhin aktuell ist und u.a. als ein „Kompetenz Instrument" diskutiert wird; vgl. dazu z.B.: http://www.maastrichtuniversity.nl/web/Main/Staff/CareerAndDevelopment/UniversityJobClassification1/CompetenceInstrumentForDutchUniversities1.htm (letzter Zugriff 13.11.2013).

[247] Neben dem Promovendus-System gibt es in beträchtlichem Umfang „freie" Doktorandinnen und Doktoranden ohne Beschäftigtenstatus. Die Praxis der Einrichtung von Stipendien statt Stellen einiger Universitäten hat diesbezüglich zu Kontroversen geführt, etwa weil bei Stipendiaten ohne Beschäftigtenstatus bei Arbeitslosigkeit keine Kosten (Arbeitslosengeld) anfallen, die nach niederländischem Recht auf die Universitäten zukommen würden (de Weert 2004: 78f., Eurydice 2006: 6.18.2).

8.3.2 Berufungsvoraussetzungen für Professuren und Dozenturen in den Niederlanden

In den niederländischen Universitäten ist die aus Deutschland bekannte Leitvorstellung des Professors (*hoogleraar*) als Lehrstuhlinhaber und Vertreter des Faches in Forschung und Lehre „in seiner ganzen Breite“ durchaus geläufig. Ein formelles Habilitationsverfahren gibt es allerdings nicht. Auch die Idee des Hausberufungsverbotes ist in den Niederlanden nicht verankert.

Professuren werden überregional oder international ausgeschrieben, aber auch interne Besetzungen sind nicht ungewöhnlich. Bei der Berufung von Professorinnen und Professoren sind, neben der Promotion, dem höchsten Abschluss im niederländischen Higher Education System, publizierte Forschungsleistungen, Drittmittelerfahrung, akademische Reputation und Internationalität entscheidende Auswahlkriterien. Die Lehrqualifikation spielt in der Regel keine maßgebende Rolle. Das vielleicht wichtigste akademische Professorenprivileg in den Niederlanden ist die gesetzliche Bestimmung, dass nur Professorinnen und Professoren Mitglieder von Promotionskollegien sein können.

Neben dem Professor stehen im Lehrkörper der niederländischen Universität der in der Regel ebenfalls unbefristet beschäftigte hauptberufliche Senior Lecturer (*hoofddocent*, UHD) und der Lecturer (*docent*, UD). Für die akademische Position Hoofddocent (UHD) bzw. Senior Lecturer wird inzwischen auch der amerikanische Titel Associate Professor verwendet, für den Dozenten (UD) bzw. Lecturer der Titel Assistant Professor.

Die genauere Bedeutung von tenure und tenure track im niederländischen Universitätssystem war in den vergangen Jahren in der Diskussion befindlich. In der Präambel des bis 2007 gültigen Tarifvertrages für die Universitäten wurde die Frage des tenure track als ein zu bearbeitendes Thema hervorgehoben. Im anschließenden Tarifvertrag wurde eine tenure track-Politik begrüßt. Die Tarifparteien einigten sich auf allgemeine Rahmenvorgaben für tenure track als ein formales Verfahren mit dem Ziel der unbefristeten Beschäftigung des wissenschaftlichen Personals. Die Prozeduren, Kriterien und Konsequenzen sind von den Universitäten selbst festzulegen, abhängig vom Universitäts-

bzw. Fakultätsprofil und gegebenenfalls von Aushandlungen vor Ort.[248] Bisher war es unstrittig, dass für die Position des Lecturer (docent, UD) nach einer meist zwei bis dreijährigen Befristung im Normalfall die Festanstellung erfolgte und der Karriereaufstieg vom Lecturer zum Senior Lecturer bislang nahezu die Regel war. Die große Mehrzahl der Lecturers und Senior Lecturers sind daher unbefristet beschäftigt. Öffentliche Ausschreibungen von Stellen für Senior Lecturers finden sich selten. Aus der Position des Senior Lecturer in die Professur aufzusteigen ist generell möglich, aber die Bedeutung von externen, oft internationalen Berufungen nimmt zu.

Inzwischen sind an den meisten Universitäten neue Bestimmungen eingeführt worden, die vom Tenure-System nach britischem Muster abgehen und sich stattdessen stärker an das US-amerikanische Tenure Track-System anzulehnen versuchen. Ein Indikator dafür ist, dass in englischsprachigen Stellenanzeigen immer häufiger nicht mehr von Lecturer- und Senior Lecturer-Stellen, sondern von Assistant Professorships bzw. Associate Professorships die Rede ist. Dozenten bzw. Lecturers mit unbefristeter Lebenszeitstelle soll es demnach künftig nicht mehr geben, sondern nur noch den auf zweimal drei Jahre befristeten Assistant Professor mit Tenure Track-Perspektive. Erst nach erfolgreicher Evaluierung kann die Übernahme in ein unbefristetes Beschäftigungsverhältnis als Associate Professor bzw. in die traditionelle Hoof-docent-Position erfolgen, und schließlich auch der Aufstieg in die Professur.

Für die Berufung in alle Hochschullehrer-Positionen, also auch für den Lecturer bzw. Assistant Professor, gilt die Promotion (plus weitere wissenschaftliche Leistungen) als Regelvoraussetzung. Die Promotion als formelle Qualifikationsvoraussetzung berechtigt dann zur Wahrnehmung selbständiger Lehre und Forschung. Der Bezug zur Lehre ist während der Promotionsphase allerdings eher gering. Denn an den niederländischen Universitäten und außeruniversitären Forschungsinstituten ist die Promotion sehr stark auf die Forschungsqualifikation ausgerichtet. Dafür steht das so genannte AiO- bzw. Promovendus-System als „*the standard route to enter the academic profession*" (Enders/de Weert 2004: 295).

[248] Artikel 5.5a des Tarifvertrags 2007 bis 2010: Association of Universities in the Netherlands (VSNU) 2008: http://www.uu.nl/EN/informationfor/jobseekers/Documents/CAO%20Engels.pdf (letzter Zugriff 13.11.2013).

8.3.3 Zunehmende Internationalisierung der PhD Studierenden in den Niederlanden

Wie viele Wissenschaftlerinnen und Wissenschaftler aus dem Ausland an niederländischen akademischen Einrichtungen arbeiten oder einen PhD erwerben, ist statistisch nicht exakt zu ermitteln (ebd.: 6). Generell lässt sich sagen, dass die Zusammensetzung des Personals immer internationaler wird. Es wird geschätzt, dass circa 20 Prozent der Lehrenden und Forschenden (teachers and researchers) internationaler Herkunft sind. Ausländische PhD-Kandidatinnen und -Kandidaten finden sich insbesondere an den Technischen Universitäten (Delft, Eindhoven and Twente), schätzungsweise zu 50 Prozent, davon die meisten aus europäischen Ländern (61 Prozent) sowie aus Asien (25 Prozent) und Nordamerika (10 Prozent) (Vossensteyn 2011: 6; Nuffic 2012). Insgesamt darf das niederländische Hochschulsystem, schon aus historischen Gründen, als international offen bezeichnet werden. Bei den Studierenden aus dem Ausland kommen die mit Abstand meisten (ca. 40 Prozent) aber aus Deutschland (Nuffic 2012).

8.4 Fazit

Im akademischen Zieldreieck von Forschung, Lehre und Nachwuchsqualifikation steht im niederländischen Hochschul- und Wissenschaftssystem die Forschung ganz oben. Nachwuchsqualifikation ist in erster Linie Forschungsqualifikation. Die Universitäten haben bisher an der traditionellen Überzeugung festgehalten, dass das eigentliche Ziel des universitären Studiums ist, potenzielle Doktoranden und Doktorandinnen auszubilden. Das universitäre Hauptstudium wurde, bis zur Einführung des Bachelor-Master-Systems 2002, als doctoraal bezeichnet und damit als Vorstufe zur Doktorpromotion begriffen. In den meisten Fächern wurde das Grundstudium damals mit dem Grad des doctorandus (abgekürzt: drs.) abgeschlossen. Die niederländische Promotion ist somit de facto vor allem eine Forschungsqualifikation, gilt aber zugleich als Qualifikation für die akademische Lehre, und zwar primär für die Lehre an Universitäten.

Dass die niederländischen Universitäten eine starke Forschungsorientierung bis jetzt durchhalten konnten, liegt nicht zuletzt an der ausgeprägten binären Hochschulstruktur in den Niederlanden. Sie führt zwei Drittel der Studierenden in die praxisbezogenen HBOs. Die HBOs haben damit eine entlastende Funktion für die Universitäten. Im Ergebnis des Anstiegs der Studierendenzahlen bei gleichzeitigen Restrukturierungen des HBO-Sektors in den vergangenen Jahren stehen die niederländischen Universitäten heute vor allem unter dem Druck, die Qualität der Lehre zu verbessern und die Absolventenzahlen zu erhöhen (de Wit 2012). Letztere sind für sie besonders entscheidend für die Höhe der staatlichen Grundfinanzierung. An den HBOs sind promovierte Hochschullehrende eher die Ausnahme geblieben, abgesehen von den neuen Lectoren (Principal Lecturers) als Leiter und Leiterinnen der Wissenszirkel zur Förderung des Forschungsanteils der HBOs. Da sich dieses Modell nicht verbreitert hat und seine Effizienz ambivalent eingeschätzt wird, wird sich künftig an den HBOs wohl kein bedeutender alternativer Karriereweg für Promovierte eröffnen.

Im Unterschied zu Deutschland, wo die Fachhochschulprofessur eine ernst zu nehmende Karrieremöglichkeit für Promovierte ist, sind die Promovierten in den Niederlanden, die im akademischen Bereich arbeiten wollen, vor allem auf die Universitäten und auf die außeruniversitären Forschungsinstitute angewiesen. In den Forschungsinstituten sind Dauerstellen mit Aufstiegsmöglichkeiten zum UD, UHD und in die Professur bzw. Abteilungsleitung, Direktion, Prinicpal Investigator o.ä. vorhanden. Eine ähnlich formalisierte Statusstruktur wie in Frankreich gibt es an den niederländischen außeruniversitären akademischen Forschungsinstituten allerdings nicht.

Die entscheidende Hürde auf dem Weg in die akademische Laufbahn ist, nach der Promotion, die Festanstellung als Hochschullehrer bzw. -lehrerin bzw. als Forschungsmitarbeiterin bzw. -mitarbeiter. Dabei wird jetzt in den Niederlanden, ähnlich wie in Österreich, der Versuch unternommen, die Kategorie der Dozenten bzw. Lecturers in Lebenszeitpositionen durch befristete Assitenzprofessuren mit Tenure Track-Perspektive zu ersetzen. Unterhalb dieser Ebene steht auch an den niederländischen Universitäten der prototypische Postdoc, der auf einer bzw. auf wechselnden befristeten Forschungsstellen an einem universitären oder außeruniversitären Forschungsinstitut arbeitet und dessen angestrebtes Ziel die genuin akademische Karriere ist. Im Zuge des länderübergreifenden Trends zur Intensivierung der Drittmittelforschung ist damit auch in den Niederlanden die Frage des Umganges mit Befristungen für Promovierte in (drittmittelfinanzierten) Forschungsprojekten ein Schlüsselthema.

9 Ungarn[249]

9.1 Institutionelle Differenzierung des ungarischen Wissenschaftssystems

Mit Ungarn wird hier als Beispiel ein ostmitteleuropäisches Land vorgestellt, dessen Wissenschafts- und Hochschulsystem jahrzehntelang stark vom sowjetischen System geprägt worden ist. Man findet in Ungarn zum einen deutliche Spuren des in der sozialistischen Zeit dominierenden *Akademiemodells*, zum anderen eine bis in die Habsburgerzeit zurückgehende Orientierung am *Habilitationsmodell*. Beide Elemente sind nach dem Systemumbruch Anfang der 1990er Jahre angepasst und miteinander verbunden worden. Dies hat zu einem komplexen, außerhalb Ungarns nur wenig bekannten System von akademischen Titeln geführt. Darauf wird in der Länderstudie zu Ungarn im Folgenden etwas ausführlicher eingegangen.

Die institutionelle Differenzierung zwischen dem akademischen Bereich und dem nicht-akademischen Bereich im ungarischen Wissenschaftssystem stellt sich laut amtlicher Statistik heute folgendermaßen dar: Es gibt drei Sektoren des Wissenschaftssystems: (a) Hochschulen, (b) öffentliche Forschungsorganisationen (in erster Reihe die Institute der Ungarischen Akademie der Wissenschaften) und (c) forschungsaktive Unternehmen. In den Hochschulen arbeiteten im Jahr 2010 insgesamt 6.041 vollzeitäquivalente Forscherinnen und Forscher (28,3 Prozent der nationalen Gesamtzahl), die allerdings nur 19,9 Prozent der Bruttoinlandsausgaben (GERD)[250] erzeugten. Diese Werte können aber auch irreführend sein, denn im Hochschulbereich sind rund 20.000 Hochschullehrerinnen und -lehrer angestellt, die in der F&E-Statistik nur teilweise erfasst werden.

Im öffentlichen Forschungssektor, mit einem Anteil von 20,1 Prozent am GERD, waren im Jahr 2010 5.027 vollzeitäquivalente Forscherinnen und Forscher tätig (23,6 Prozent). Der numerisch größte

[249] Die Informationen für dieses Kapitel wurden von Péter Tibor Nagy (Budapest) und Robert Reisz (Timisora) erarbeitet.

[250] GERD: Bruttoinlandsausgaben für Forschung und Entwicklung (aus dem Englischen: Gross domestic expenditure on research & development; deutsche Abkürzung: BAFE).

Sektor war, mit einem Anteil von 59,8 Prozent am GERD, der Unternehmenssektor mit 10.274 (48,1 Prozent) vollzeitäquivalenten Beschäftigten (Havas 2012).

Der akademische Bereich hat, dem deutschen Hochschulsystem ähnlich, eine binäre Struktur aus Universitäten (egyetem), die Forschung und Lehre betreiben, und Fachhochschulen (föiskola), die auf berufsorientierte Lehre spezialisiert sind. Im akademischen Jahr 2012/2013 gab es in Ungarn laut den Angaben des Bildungsministeriums insgesamt 70 Hochschulen, davon 19 öffentliche und sieben private oder kirchliche Universitäten sowie 10 öffentliche und 34 private oder kirchliche Fachhochschulen, die alle über eine weitgehende akademische Autonomie verfügen (NEFMI 2012). Lange Zeit überwogen in Ungarn die öffentlichen Hochschulen. In den vergangenen Jahren war jedoch ein kontinuierliches Wachstum neuer privater und kirchlicher Studienangebote zu beobachten (Hrubos 2002).

Neben diesem dem deutschen Modell ähnlichen Hochschulsystem ist in Ungarn eine duale Struktur aus universitären und außeruniversitären Forschungseinrichtungen vorhanden. Die außeruniversitäre akademische Forschung wird von Ministerien, privaten Trägern und durch die Ungarische Akademie der Wissenschaften (MTA) repräsentiert. Die Akademie unterhält ein Netzwerk außerhochschulischer Forschungseinrichtungen, deren Struktur dem französischen CNRS nachempfunden ist.[251] Diesem Netzwerk gehören 15 Forschungszentren an, die alle akademischen Disziplinen einschliessen und in Forschungsinstitute eingeteilt sind. Laut Angaben der Ungarischen Akademie der Wissenschaften waren im akademischen Jahr 2012/2013 insgesamt 44 Akademieinstitute aktiv (MTA, 2012).

Nennenswerte Veränderungen, die die Personalstrukturen und die Karrierepfade im Hochschulbereich tangieren (vgl. Kapitel 9.3), sind im ungarischen Beispiel insbesondere auf die politische Wende seit Beginn der 1990er Jahre zurückzuführen. Vor allem sind hier das Hochschulbildungsgesetz aus dem Jahr 1993 (HG 1993, offizielle ungarische Bezeichnung: 1993. évi LXXIX. törvény a közoktatásról) und

[251] Die Ungarische Akademie der Wissenschaften hat eine streng festgelegte Anzahl von Mitgliedern: 200 Personen, die jünger als 70 Jahre sind. Die Altersgrenze wurde mit dem AWG 1994 eingeführt, um der Gefahr eines gerontokratischen Gremiums zu entgehen. Die Mitglieder der Akademie haben in der Regel eine Universitätsprofessur inne oder leiten eine der (Forschungs-)Organisationen. Neben den 200 Mitgliedern gibt es die korrespondierenden Mitglieder, die auf das Ausscheiden bisheriger Mitglieder warten, um vollständiges Akademiemitglied zu werden.

das Gesetz zur Ungarischen Akademie der Wissenschaften aus dem Jahr 1994 (AWG 1994, offizielle ungarische Bezeichung: 1994. évi XL. törvény a Magyar Tudományos Akadémiáról) von Bedeutung. Für das Verständnis von Neuerungen im ungarischen Hochschulbereich ist weiterhin die Reform der Studienstrukturen in Anpassung an den Bologna-Prozess wichtig. Die gestufte Studienstruktur (BA, MA, Promotion; felsöfoku alapkepzes, mesterkepzes, doktori kepzes) wurde in Ungarn im Jahr 2005 eingeführt. Alle drei Stufen werden sowohl an Universitäten als auch an Fachhochschulen angeboten (NEFMI 2008a). Eine „Massifizierung" des Hochschulsystems erfolgte bereits in der ersten Dekade nach der Wende 1990 (Ladányi 2002). Der Anteil der Studierenden an der Bevölkerung in der Altersgruppe der 20- bis 24-jährigen stieg von 15,5 Prozent im Jahr 1990 auf 44,7 Prozent im Jahr 2000, mit 349.000 Studierenden insgesamt.

Diese Expansion der Studierendenzahlen führte zu problematischen Entwicklungen bei den Betreuungsrelationen. Im Jahr 2000 lag das Verhältnis 1 (Lehrende) zu 21,2 (Studierende)[252]. Zu beobachten war weiterhin eine Abnahme des Anteils der an Universitäten Studierenden: Während in der ersten Dekade nach der 1990er Wende noch 58,2 Prozent aller Studierenden (VZÄ) an Universitäten immatrikuliert waren, studierten im letzten Studienjahr (2004/2005) vor der Einführung des Bologna-Systems nur noch 40,8 Prozent aller Studierenden an Universitäten.[253]

[252] Der Zugang zum Hochschulstudium ist von einem erfolgreichen Abschluss der Sekundärbildung abhängig. Im Jahr 2001 umfasste der Anteil der Hochschulzugangsberechtigten 53% der Kohorte der 20- bis 24-Jährigen. Eine Generation früher belief sich der Anteil auf 47%. Ungefähr die Hälfte der Studierenden finanziert ihr Hochschulstudium selbst (KSH 2001). Hochschulen können im Rahmen eines Finanzierungssystems eine Anzahl von Studienplätzen aus öffentlichen Mitteln finanzieren und weitere Studierende gegen Studiengebühren aufnehmen.

[253] Es wurden Vollzeitäquivalente berechnet, bei denen die Teilzeitstudierenden mit dem Faktor 0,5 gewichtet wurden. Die Zahl der Teilzeitstudierenden hat in Ungarn seit der Jahrtausenwende stark zugenommen, und zwar fast ausschließlich an den Fachhochschulen, an denen Teilzeitstudierende die große Mehrheit sind, während an Universitäten das Vollzeitstudium stark überwiegt. Berechnet nach http://www.ksh.hu/docs/hun/xstadat/xstadat_eves/i_zoi007a.html?62 (letzter Zugriff: 2.12.2013).

9.2 Stellenkategorien und Ist-Situation des ungarischen Hochschulpersonals

In der offiziellen ungarischen Hochschulstatistik finden sich keine neueren Angaben, die zwischen Lehrenden an Universitäten und Fachhochschulen unterscheiden. Deshalb muss auf Daten aus dem Jahr 2000 zurückgegriffen werden. Damals waren im Hochschulbereich in Ungarn insgesamt 16.089 Lehrende auf Vollzeitbasis angestellt, 60 Prozent davon auf akademischen Stellen an Universitäten und 31 Prozent an Fachhochschulen.[254] Weiterhin enthält die Statistik 6.774 Personen (5.160 VZÄ), die sich im Jahr 2000 in Teilzeitbeschäftigung befanden (KSH 2001; vgl. dazu auch Bukodi 1998).

Die Übersicht 9-1 gibt einen Überblick über die quantitativen Veränderungen im ungarischen Hochschulbereich insgesamt zwischen 1999 und 2010 (Angaben in VZÄ).

Übersicht 9-1: Lehrende an ungarischen Universitäten und Fachhochschulen, 1999-2010

1999	2000	2004	2005	2006	2007	2008	2009	2010
21.323	21.249	24.708	25.413	24.712	23.454	23.634	23.744	24.596

Quelle: OECD. StatExtracts: http://stats.oecd.org/Index.aspx?DatasetCode=RPERS# (letzter Zugriff 13.11.2013), Angaben in VZÄ.

9.2.1 Wissenschaftliches Personal an ungarischen Universitäten

Die im Folgenden dargestellte Systematik der akademischen Personalstellen findet sich an den Universitäten und fast deckungsgleich an den Fachhochschulen (vgl. Kapitel 9.2.2.).

Professoren und Professorinnen haben unbefristete Arbeitsverträge (Tenure, vgl. Nagy 2004; Nagy 2011).[255] Die Voraussetzung dafür ist der Doktortitel (mindestens PhD oder CSc.).[256] Für Stellen an Univer-

[254] Die restlichen 9% sind Lehrende in den Bereichen Sprachen sowie sonstige Lehrende ohne akademische Personalstelle.

[255] Die ungarische Bezeichnung für Professor ist tanár, die auch für Lehrende an Sekundarschulen verwendet wird. Umgangssprachlich wird auch die Bezeichnung egyetemi tanar (Universitätslehrer) verwendet. Die Mitglieder des Lehrpersonals werden im Ungarischen auch oktató (dt. Lehrer) genannt.

[256] CSc., Kandidat der Wissenschaften, Titel, der vor 1993 von der Ungarischen Akademie der Wissenschaften vergeben wurde.

sitäten, die nach 1993 besetzt wurden, ist eine Habilitation nötig, die weitgehend dem deutschen und österreichischen Muster gleicht. Der Titel *Universitätsprofessor* wird, nach einem hochschulinternen oder in einem in der ungarischen Akademie der Wissenschaften stattfindenden Verfahren, vom ungarischen Staatspräsidenten auf Lebenszeit verliehen (ausführlich zu den Qualifikationsvoraussetzungen und akademischen Titeln vgl. Kapitel 9.3.2. und 9.3.3.).

Dozenten und Dozentinnen sind unbefristet angestellt und müssen an Universitäten, nicht aber an Fachhochschulen, einen Doktortitel vorweisen. Manche Hochschulen bestehen auch auf einer Habilitation als Voraussetzung für die Berufung zum Dozenten. Die ungarische Bezeichnung für Dozent ist *docens* und wird in englischsprachigen Quellen meist mit Reader oder mit der US-amerikanischen Bezeichnung Associate Professor übersetzt. Dozentinnen und Dozenten halten in der Regel Vorlesungen und weisen eine unabhängige Forschungstätigkeit auf.

Lektoren und Lektorinnen (ungar.: adjunktus, engl.: Senior Lecturer und Assistant Professor) sind in der Regel für die Dauer von vier Jahren befristet, mit zwei möglichen Verlängerungen, angestellt. Unbefristete Beschäftigungen sind gesetzlich möglich. An Universitäten müssen Lektoren und Lektorinnen meistens einen Doktortitel haben, nicht an Fachhochschulen. Die genauen Konditionen werden von der jeweiligen Hochschule bestimmt und sind dadurch von Organisation zu Organisation unterschiedlich. Lektorinnen und Lektoren führen in der Regel Seminare und Laboratorien, können aber auch Vorlesungen halten. Es wird erwartet, dass sie eine unabhängige wissenschaftliche Tätigkeit vorweisen.

Assistenten und Assistentinnen (tanársegéd; engl.: Teaching Assistent, Instructor) sind in der Regel befristet eingestellt, auf eine Dauer von vier Jahren mit nur einer möglichen Verlängerung. Nur in seltenen Fällen ist eine unbefristete Beschäftigung möglich. Assistentinnen und Assistenten führen Seminare und Laboratorien. Sie dürfen keine Vorlesungen halten.[257]

In der folgenden Übersicht 9-2 ist die Personalstruktur der ungarischen Universitäten dargestellt, um am Beispiel des Stichjahres 2000

[257] Weitere akademische Stellen in der Lehre (für Sprachen, Sport, Kunst, Pädagogik) sind der aus der deutschen Systematik bekannten Gruppe der Lehrkräfte für besondere Aufgaben ähnlich. Darüber hinausgehend gibt es sogenannte Forschungsstellen, also Stellen für Personal, das nur bzw. vorwiegend in der akademischen Forschung tätig ist.

die Gewichte zwischen den Personalkategorien sowie die Anteile der Vollzeitbeschäftigten zu verdeutlichen. Die Vollzeitbeschäftigung überwiegt durchweg. Der Anteil der Vollzeitbeschäftigten liegt bei den Assistentinnen und Assistenten sogar geringfügig höher als in der Kategorie Professoren.

Was die Verteilung zwischen den Personalkategorien betrifft, so sind die beiden oberen Kategorien (Professor/Professorin und Dozent/Dozentin) in der Regel unbefristet. Als selbständige Wissenschaftlerinnen und Wissenschaftler bilden sie zusammen die Ebene des *Senior Staff*. Sie umfasst insgesamt nahezu die Hälfte des Lehrkörpers an ungarischen Universitäten. Die Lektoren und Lektorinnen befinden sich – teils befristet, teils unbefristet angestellt – überwiegend in einer Qualifikations- und Warteposition für einen potentiellen Aufstieg. Der Anteil der unselbständigen Assistentinnen und Assistenten ist – im Vergleich zu den drei mitteleuropäischen Habilitationsländern Deutschland, Österreich und Schweiz – niedrig.

Übersicht 9-2: Voll- und Teilzeitbeschäftigung des wissenschaftlichen Personals nach Personalkategorien an ungarischen Universitäten, 2000

	Vollzeit	Voll- und Teilzeit	%-Anteil Vollzeit	%-Verteilung (VZ + TZ)
Professoren/Professorinnen	1.645	1.979	83,1%	17,8%
Dozenten/Dozentinnen	2.680	3.165	84,7%	28,4%
Lektoren/Lektorinnen	2.814	3.349	84,0%	30,0%
Assistenten/Assistentinnen	2.340	2.652	88,2%	23,8%
insgesamt	**9.479**	**11.145**	**85,0%**	**100,0%**

Quelle: Nagy 2004: 220.

9.2.2 Wissenschaftliches Personal an ungarischen Fachhochschulen

In der folgenden Übersicht 9-3 sind die Personalstruktur und der Anteil der Vollzeitangestellten für die Fachhochschulen dargestellt, wegen fehlender neuerer Daten wiederum für das Jahr 2000. Ersichtlich ist, dass die Struktur der Personalstellen an den Fachhochschulen identisch ist mit der Struktur an den Universitäten. Ein Unterschied zu den Universitäten besteht aber in den Qualifikationsvoraussetzungen: Professoren und Professorinnen an Fachhochschulen müssen nicht habilitiert und Fachhochschuldozentinnen und -dozenten nicht promoviert sein.

Allgemein ist der Anteil in den Kategorien *Dozent* und *Assistent* signifikant anders als an den Universitäten: Der Dozenten-Anteil ist an den Fachhochschulen höher, der Anteil der Assistenten niedriger. Im Vergleich zu Deutschland, Österreich oder der Schweiz ist der Anteil der Assistenen besonders niedrig.

Auch an den Fachhochschulen überwiegt die Vollzeitanstellung. Der Vollzeit-Anteil liegt bei den Fachhochschulen insgesamt etwas niedriger als bei den Universitäten und zeigt sich besonders bei den Professuren: 83 Prozent der Universitätsprofessorinnen und -professoren sind vollzeitangestellt, aber nur knapp 73 Prozent der Fachhochschulprofessoren und -professorinnen (vgl. Übersicht 9-3).

Übersicht 9-3: Voll- und Teilzeitbeschäftigung des wissenschaftlichen Personals nach Personalkategorien an ungarischen Fachhochschulen, 2000

	Vollzeit	Voll- und Teilzeit	%-Anteil Vollzeit	%-Verteilung (VZ + TZ)
Professoren/Professorinnen	772	1.060	72.8%	16.9%
Dozenten/Dozentinnen	1.756	2.090	84.0%	33.4%
Lektoren/Lektorinnen	1.712	2.108	81.2%	33.7%
Assistenten/Assistentinnen	806	991	81.3%	15.9%
insgesamt	**5.046**	**6.249**	**80.7%**	**100%**

Quelle: Nagy 2004: 220.

9.2.3 Personal an außeruniversitären akademischen Forschungseinrichtungen in Ungarn

Die außeruniversitäre Forschung wird in den Instituten der Ungarischen Akademie der Wissenschaften, in Ressortforschungseinrichtungen der Ministerien und in Instituten mit privater Trägerschaft betrieben. In der öffentlichen außeruniversitären Forschung waren im Jahr 2010 z.B. insgesamt 5.027 vollzeitäquivalente Forschende tätig, im Unternehmenssektor ca. doppelt so viele (10.274 Vollzeitäquivalente) (Havas 2012).

Die formale Personalstruktur der öffentlichen außeruniversitären Forschungseinrichtungen ist der Personalstruktur der Hochschulen relativ ähnlich und enthält die folgenden Kategorien (Gesetz CCIV./2011):

- *Forschungsprofessur* (ung. kutatóprofesszor): Sie kann nur bekleidet werden, wenn ein zweiter Doktortitel (Ph.D. oder CSc.) in einem zweiten Forschungsfeld, eine Habilitation an einer Universität oder ein DSc. (entsprechend der Regelung vor 1993; vgl. dazu Kapitel 9.1) erworben wurden;
- *Forschungsberater, -beraterinnen* (ung. tudományos tanácsadó) sind verdienstmäßig den Professoren gleichgestellt;
- *Wissenschaftliche Mitarbeiter und Mitarbeiterinnen*: Hier sind zwei Kategorien zu unterscheiden: die höhere wird ins englische als Senior Researcher (ung. tudományos főmunkatárs), die niedrigere als Research Fellow (ung. tudományos munkatárs) übersetzt;
- *Forschungsassistenten, -assistentinnen* (ung. tudományos segédmunkatárs): Hier handelt es sich um befristete Stellen für wissenschaftliche Hilfskräfte.

Diese Personalstruktur wurde durch das Akademiegesetz (AWG 1994; vgl. Kapitel 9.1) festgelegt. Über die faktische Personalverteilung an der Akademie der Wissenschaften Ungarns liegen keine öffentlich zugänglichen Daten vor.

9.3 Karrierepfade an ungarischen Universitäten und Fachhochschulen

9.3.1 Vorgaben und Aushandlungen der Arbeitsbedingungen an ungarischen Hochschulen

Seit 1993 werden die Struktur der akademischen Personalstellen und die Vorgaben für ihre Besetzung durch das Hochschulbildungsgesetz HG 1993 geregelt (zu den Personalstellen im Einzelnen vgl. Kapitel 9.2.1.). Faktisch jedoch sind die Arbeitsbedingungen, die Fragen der sozialen Absicherung, der Anteil an der Lehre sowie die Besetzung der Stellen selbst von einem Verhandlungsprozess abhängig. Die wichtigsten Rahmenbedingungen wurden innerhalb des Gesetzgebungsprozesses zum Hochschulgesetz 1993 geklärt, in dem eine Einkommensregelung für das Hochschulpersonal festgelegt wurde. Während die Regierung einen einfachen Zusammenhang zwischen Einkommen, Qualifikation und Personalstelle bevorzugt hatte, konnten die Gewerkschaften altersbezogene Kriterien durchsetzen. Die bedeutendsten Akteure in diesem Verhandlungsprozess waren bzw. sind:

- Die *Gewerkschaft der Hochschulangestellten* (die das akademische und nicht-akademische Personal vertritt)[258] und die *Gewerkschaft des Forschungspersonals* (die das Forschungspersonal in den Hochschulen und in der außeruniversitären Forschung vertritt)[259] sowie verschiedene *Organisationen von Studierenden und Post-Graduierten,* die oft politischen Parteien nahestehen oder zu solchen gehören.
- Verschiedene Pufferorganisationen des Bildungssystems, wie die *Konferenz der Universitätsrektoren und der Fachhochschuldirektoren,*[260] der *Akkreditierungsrat*[261] und der *Hochschul- und Wissenschaftsrat.*[262]
- Das *Bildungsministerium* und andere Ministerien, die in Fragen der Hochschulbildung eine Rolle spielen wie das Gesundheits-, Verteidigungs- und Landwirtschaftsministerium etc.[263]
- Das *Wirtschaftsministerium,* welches auch für den Haushalt zuständig ist.[264]
- Das *Hochschulbildungskomitee des Parlamentes* sowie formelle und informelle Bildungsexperten der politischen Parteien.[265]
- Die *Hochschulleitung:* Rektoren, Senat, Dekane usw.
- Die *Ungarische Akademie der Wissenschaften*, die eigentlich eine Nicht-Regierungsorganisation ist, aber vom Ungarischen Staat finanziert wird, das bedeutendste Netzwerk zwischen Forschungseinrichtungen knüpft und zugleich als repräsentatives Gremium der Wissenschaftler und Wissenschaftlerinnen agiert.[266]

---

[258] Siehe: http://www.fdsz.hu/?q=hu/en (letzter Zugriff 13.11.2013).

[259] Siehe: http://www.tudosz.hu/portal/index.php (letzter Zugriff 13.11.2013).

[260] Siehe: http://www.mrk.hu/en/ (letzter Zugriff 13.11.2013).

[261] Siehe: http://www.mab.hu/web/index.php?lang=hu (letzter Zugriff 13.11.2013).

[262] Siehe: http://www.ftt.hu/ (Zugriff 10.09.2012).

[263] Siehe: http://www.nefmi.gov.hu/main.php (letzter Zugriff 13.11.2013).

[264] Siehe: http://www.kormany.hu/en/ministry-for-national-economy (letzter Zugriff 13. 11.2013).

[265] Siehe: http://www.mkogy.hu/internet/plsql/ogy_biz.biz_adat_uj?P_Ckl=37&P_Biz =A230 (letzter Zugriff 13.11.2013).

[266] Siehe: http://mta.hu/english/ (letzter Zugriff 13.11.2013).

- Weitere *akademische Nicht-Regierungsorganisationen*, die teilweise über 100 Jahre alt sind und über ein hohes Prestige im Bildungs- und Forschungsbereich verfügen.

Faktisch relevant für die Einstellung von Personal sind, neben der Aushandlung und Ausgestaltung der Arbeitsbedingungen zwischen den Akteuren, auch die Betreuungsrelationen in Abhängigkeit von der Finanzierung der Hochschulen. Über die Hochschulfinanzierung wird jährlich auf Basis eines sogenannten *Normativs* verhandelt: In Vereinbarungen mit den Hochschulen entscheidet das Ministerium über die aus öffentlichen Geldern zu finanzierenden Studienfächer und über die Anzahl der Studienplätze. Als ein Verhandlungsprozess in diesem Zusammenhang können auch die Akkreditierungsverfahren für die Universitäten und Fachhochschulen sowie für die Graduiertenkollegs (im ungarischen: doktori iskola, deutsch etwa: Doktoranden- oder Promotionsschulen) gesehen werden, die mit dem *Akkreditierungsrat* ausgehandelt werden. Der ungarische Hochschulakkreditierungsrat (ung. Magyar Felsőoktatási Akkreditációs Bizottság) wurde durch das HG 1993 errichtet. Er ist laut Gesetz ein nationales Expertengremium, das für die Kontrolle, Sicherung und Evaluation der wissenschaftlichen Qualität von Bildung, Forschung und künstlerischen Aktivitäten an Hochschulen verantwortlich ist. Studienprogramme werden sowohl ex ante wie auch ex post in Fünfjahresintervallen evaluiert. Der Akkreditierungsrat evaluiert seit 2006 auch BA- und seit 2009 MA-Studiengänge.

Neben den genannten gesetzlichen Vorgaben und Akteuren unterliegen die Verhandlungsfragen zur Finanzierung der Fachrichtungen und die Einstellung von Personal etc. vielfältigen weiteren formellen und informellen Einflussfaktoren. Das bedeutet, dass die hier dargestellte formelle gesetzliche Struktur sich im hochschulpolitischen und im akademischen Alltagsleben des ungarischen Hochschulsystems nur teilweise bzw. langsam durchsetzt. Dies gilt ähnlich für den Erwerb und den Stellenwert der akademischen Titel, die im akademischen Kontext ebenso wie in der ungarischen Alltagskultur eine hohe Bedeutung haben.

9.3.2 *Akademische Titel und ihr gesetzlicher Status in Ungarn*

Auch das ungarische System akademischer Qualifizierungs- und Karrierewege ist hierarchisch gegliedert. Dabei sind die einzelnen Qualifikationsstufen mit einer stark prestigegebundenen und komplexen symbolischen Struktur verknüpft, die historisch bedingt und bis heute wirksam ist. Dies gilt insbesondere für die vielfältigen, im Folgenden erläuterten akademischen Titel.

Zunächst können nach Kozma (2002) aus historischer Perspektive zwei hierarchisch geordnete Ebenen hinsichtlich der Vergabe des Doktortitels unterschieden werden. In der mehr oder weniger dem sowjetischen Modell folgenden Struktur gab es zwischen 1949 und dem Jahr 1993 in Ungarn ein doppeltes Promotionssystem: Die Universitäten vergaben den Titel *dr. univ.*, die Ungarische Akademie der Wissenschaften den Titel *CSc.* (Kandidat der Wissenschaften) und den höherwertigen *DSc.* (Doktor der Wissenschaften). Nur wer über den Titel *Doktor der Wissenschaften* verfügte, konnte (korrespondierendes bzw. volles) Mitglied der Ungarischen Akademie der Wissenschaften werden. Im Jahr 1993 wurde der PhD eingeführt, der bis 2005 nur von den Universitäten vergeben wurde. Mit der Einführung der Promotion als dritte Stufe im Bologna-Studien-System steht seit 2005 auch den Fachhochschulen das Promotionsrecht zu. Es ist mit einem Akkreditierungsverfahren als Graduiertenkolleg (doktori iskola) verbunden. Im Gesetz der Ungarischen Akademie der Wissenschaften (AWG) 1994 wurde auch der Grad Doktor der Wissenschaften gesetzlich geregelt. Bereits im Jahr 1993 war die Habilitation wieder eingeführt worden, die es bereits im alten Österreich-Ungarn gegeben hatte. Die Habilitation ist seitdem (wieder) die Qualifikationsvoraussetzung für die Berufung auf eine Universitätsprofessur.

Im Einzelnen finden sich im ungarischen System die folgenden akademischen Titel, die für das Verständnis der Karrierewege und Qualifikationsvoraussetzungen einer weiteren Charakterisierung bedürfen:

- Zum Titel *dr. univ.* – der bis 1993 von den Universitäten vergeben wurde und im alten System als akademisch weniger anspruchsvoll galt als die von der Ungarischen Akademie der Wissenschaften vergebenen Promotionen – wurde mit der Reform des Hochschulbildungsgesetzes (HG 1993) bestimmt, dass alle nach 1984 vergebenen *dr. univ.* als PhD gelten sollten, sofern diese mit einem summa cum laude bewertet worden waren. Problematisch im Rahmen der

Neuanerkennung dieser früher erworbenen universitären Promotionen war insbesondere, dass sie teilweise zwar den qualitativen Voraussetzungen zur Neuanerkennung genügten, aber die Universität, an der der Titel erworben worden war, nach der Reform nicht mehr über ein akkreditiertes Promotionsrecht in dem entsprechenden Fachgebiet verfügte. Solche dr. univ.-Titel wurden nicht als PhD anerkannt. Die Bedeutung des Titels (dr. univ., alltagssprachlich auch abgekürzt als dr.) ist noch immer groß, da viele Dozenten und Dozentinnen diesen Titel tragen.

- Der Titel *CSc: Kandidat der Wissenschaften* bezeichnet die niedrigere Stufe (auch als kleine Promotion bezeichnet) der beiden Promotionen, die bis 1994 von der Ungarischen Akademie der Wissenschaften vergeben wurden. Das (im Jahr 1949) eingerichtete nationale *Komitee für Wissenschaftliche Qualifikationen*, zusammengesetzt aus Mitgliedern der Hochschulelite, Forschungseinrichtungen und Ministerien nahm die Promotion an oder lehnte sie ab und setzte mit dem CSc-System nationale Standards. Letztere wurden mit der Einführung des PhD-Systems nach 1993 abgebaut und der CSc. i.d.R. ohne weitere Bedingungen automatisch in einen PhD konvertiert, wobei die Titel CSc. und PhD von 1993 bis 1994 parallel vergeben wurden. Mit dem Gesetz der Ungarischen Akademie der Wissenschaften (AWG 1994) wurde hier der neue Titel *DSc.: Doktor der Wissenschaften* eingeführt, der ebenfalls dem PhD gleichgesetzt ist.
- Der frühere *DSc.: Doktor der Wissenschaften* war eine seltene und höchst prestigeträchtige Qualifikation im akademischen Leben. Sie wurde meistens erst nach einer längeren akademischen Laufbahn in gehobener Position verliehen. So waren Anfang der 2000er Jahre über 90 Prozent der Träger des DSc.-Titels Universitätsprofessoren (Nagy 2004). Den DSc. erwarben ungefähr ein Fünftel der CSc.-Promovierten (Kandidaten der Wissenschaft). Als 1993 und 1994 das Hochschulgesetz und das Gesetz zur Ungarischen Akademie der Wissenschaften vorbereitet wurden, gab es zwar Stimmen, die das gesamte DSc.-System abschaffen wollten, u.a. da dieses in der westlichen akademischen Welt keine Parallele besaß. Der entsprechende englische Ehrentitel Doctor of Letters (D.Litt.) war weitgehend außer Gebrauch gekommen, das französische Doctorat d'État gab es bereits seit 1984 nicht mehr. Letztlich wurde der Titel Doktor der Wissenschaften doch beibehalten. Er ist noch immer eine

bedeutende Voraussetzung, um ein Promotionskolleg zu leiten. Er ist zwar keine Voraussetzung zur Berufung auf eine Professur, kann allerdings eine Bedeutung im Berufungsverfahren haben, insofern ihm automatisch die maximale Punktzahl zuerkannt wird, die von anderen Bewerberinnen bzw. Bewerbern auf eine Professur mit Publikationen, Zitierungen usw. erreicht werden muss. Zurzeit wie auch früher ist der Titel nur sehr aufwändig zu erreichen und das Prozedere in der Akademie der Wissenschaften langwierig.

- Als wichtigste Neuerung im ungarischen System wurde mit dem HG 1993 der Titel und das *PhD-System* nach angelsächsischem Muster eingeführt, und die älteren akademischen Qualifikationen (dr. univ., CSc. Und DSc.) wurden, wie beschrieben, in PhDs konvertiert.[267] Heute sind die Promotionskollegs (auch PhD-Schulen genannt) an den Universitäten bedeutende Orte der akademischen Qualifizierung des künftigen Hochschulpersonals. Laut der gesetzlichen Vorgaben ist die Promotion (PhD) die Voraussetzung für eine Dozentenstelle an den Hochschulen und gilt auch für Fachhochschulprofessuren. Manche Universitäten haben die Promotion (PhD) qua autonomer Entscheidung auch zu einer Voraussetzung für Lektoren- bzw. Assistentenstellen erhoben.
- Die *Habilitation* ist in Ungarn eine akademische Prozedur nach einem PhD oder einem CSc. Sie schließt die eigenständige wissenschaftliche Arbeit ein und ist eine Voraussetzung für den Erwerb einer Universitätsprofessur. Wie in Deutschland sind auch in Ungarn oft habilitierte Dozenten (ung.: habilitált docens) zu finden, die keine Professur erhalten haben. Anders als beim deutschen Privatdozenten sind die habilitierten Dozenten und Dozentinnen in Ungarn, die am besten mit dem englischen Reader zu vergleichen sind, aber unbefristetet beschäftigt.

Die Übersicht 9-4 bezieht sich auf soziologische, nicht auf formalrechtliche Zusammenhänge. Ihr ist die in Ungarn geltende Normvorstellung über den Zusammenhang zwischen akademischen Qualifikationen und Stellen an Universitäten, Fachhochschulen und in der außeruniversitären akademischen Forschung zu entnehmen. Im Unterschied zur Übersicht 9-4 zeigt die folgende Übersicht 9-5 statistische

[267] In den Künsten wird der Titel DLA mit dem PhD gleichgestellt. Der DLA ist der Doctor Liberalium Artium, ein Doktortitel, der in Ungarn bildenden Künstlern an Hand ihrer Arbeiten vergeben werden kann. Diesen Doktortitel gibt es gesetzlich seit 2005 (ungarische offizielle Bezeichnung des Gesetzes: 2005. évi CXXXIX. törvény a felsőoktatásról).

Übersicht 9-4: Akademische Qualifikationen und Stellen an wissenschaftlichen Einrichtungen in Ungarn

Von der Akademie vergebene Titel	Von Universitäten vergebene Titel	Stellen an Universitäten	Stellen an Fachhoch-schulen	Stellen in der außeruniversitären Forschung
Mitglied der Akademie				
DSc	Habilitation	Professor		Forschungsprofessor
CSc	PhD/DLA	Dozent	Professor	Wissenschaftlicher Mitarbeiter (2) (Senior researcher)
	Dr. univ.*	Lektor	Dozent	Wissenschaftlicher Mitarbeiter (1) (Research fellow)
	MA	Assistent	Lektor, Assistent	Forschungsassistent

Quelle: Nagy 2004: 209.

*Dieser Titel wird seit 1993 nicht mehr vergeben (vgl. Nagy 2004)

Übersicht 9-5: Statistische Zusammenhänge zwischen höchster akademischer Qualifikation und Position in Ungarn

	Universitäts-professor	Univer-sitäts-dozent	Univer-sitätslektor	Univer-sitäts-assistent	
Anteil der DSC.	49,3%	2,2%	0,8%	0%	
Anteil der PhD (oder equivalente: CSc., DLA)	44,2%	92,3%	29,2%	5,6%	
	Fachhoch-schul-professor	**Fachhoch-schul-dozent**	**Fachhoch-schullektor**	**Fachhoch-schul-assistent**	
Anteil der DSc.	1%	0%	0,1%	0%	
Anteil der PhD (oder equivalente: CSc., DLA)	84,7%	10,7%	1,9%	0,2%	
	Sprach-lehrer	**Sport-lehrer**	**Pädagogen**	**Andere Lehrer**	**Lehrkräfte f. bes. Aufgaben**
Anteil der DSc.	0,4%	0,7%	0%	2%	5,6%
Anteil der PhD (oder equivalente: CSc., DLA)	0,5%	0,7%	1,8%	4,4%	31,5%

Quelle: Eigene Darstellung auf Basis von Angaben des Ungarischen Statistischen Nationalamts.

Zusammenhänge zwischen akademischen Qualifikationen und Stellen auf. Dabei zeigt sich der vergleichsweise hohe Anteil der DSc. an Universitäten im Vergleich zu den Fachhochschulen. Andererseits ist auch bemerkenswert, dass die faktische Qualifikation der Assistenten/Assistentinnen und Lektoren/Lektorinnen sogar an Universitäten deutlich niedriger ist als es die Normvorstellung erwarten ließe. Nur rund 30 Prozent der Lektoren und Lektorinnen und weniger als 6 Prozent der Assistenten und Assistentinnen der Universitäten haben einen Doktortitel, bei den Fachhochschulen sind es nur 2 Prozent der Lektoren und Lektorinnen und 0,2 Prozent der Assistenten und Assistentinnen.

9.3.3 Berufungsvoraussetzungen und Berufungsverfahren in Ungarn

Universitäten können habilitierten Personen, die keine Stelle an der Hochschule haben, den Titel *Privatdozent* verleihen, Fachhochschulen den Titel eines *ehrenamtlichen Fachhochschulprofessors*, der keine Habilitation voraussetzt. Die Habilitation als Voraussetzung für die Privatdozentur und für die Professur kann nur an Universitäten erworben werden. Universitäten sind befugt, Habilitationsverfahren in all jenen Fachgebieten durchzuführen, in denen sie auch Promotionsverfahren durchführen können. Um ein Habilitationsverfahren zu eröffnen, benennt die Universität einen Habilitationsausschuss, wobei in großen Universitäten mehrere Habilitationsausschüsse pro Fachgebiet oder Fakultät eingerichtet werden können. Die Mehrheit der Mitglieder eines Habilitationsausschusses müssen Universitätsprofessoren bzw. -professorinnen sein. Die promovierten Bewerber und Bewerberinnen, die sich habilitieren wollen, müssen Nachweise für ihre wissenschaftlichen und professionellen Aktivitäten hinsichtlich Lehre und Forschung, praktische und kreative Leistungen, einschließlich Fremdsprachenkompetenz für die Phase nach der Promotion erbringen.

Die gesetzlich geregelten Voraussetzungen für die Berufung auf eine Professur an einer Universität oder an einer Fachhochschule sind die Promotion (mit dem Titel PhD oder CSc.), die Habilitation (nur bei Universitätsprofessuren), der Nachweis hervorragender wissenschaftlicher bzw. künstlerischer Leistungen sowie nationale und internationale fachliche Anerkennung und Fremdsprachenkompetenzen (z.B. Vorträge auch in einer Fremdsprache, i.d.R. Englisch, halten zu können). Erwartet werden zudem Persönlichkeiten, die eine wissenschaftliche Schule aufbauen und die Fähigkeit und Bereitschaft zu lehren und zu forschen signalisieren und nachweisen können. Dabei spielt die Betreuung von Promotionen als Qualitätskriterium für die Berufung auf eine Professur eine besondere Rolle, die z.B. auch in der Gesetzgebung zum Hochschulbildungsgesetz von 1993 problematisiert wurde.[268] Die Betreuung von Promovierenden ist besonders dort problematisch, wo die Universität in bestimmten Fachrichtungen keine PhD-Programme hat. Da in Ungarn akademische Karieren in der Regel an einer einzigen Universität durchlaufen werden, baut sich dadurch fast ein Teufelskreis auf: Um ein PhD-Programm zu entwickeln, sind Professoren und Professorinnen erforderlich; um eine Professur zu besetzen, muss der Bewerber/die Bewerberin schon zuvor bei der Betreuung von Promovierenden mitgewirkt haben. Mit der Expansion des Hochschulsystems scheint sich im Zusammenhang mit der Promotionsbetreuung eine Kluft aufzutun einerseits zwischen Hochschullehrern und -lehrerinnen, die einer PhD-Schule angehören bzw. Gründungsmitglieder von PhD-Schulen sind, und andererseits den Hochschullehrenden, die lediglich in der undergraduate-Lehre involviert sind. Das heute an Universitäten und an Fachhochschulen übliche Berufungsverfahren wurde mit dem Hochschulbildungsgesetz (HG 1993) mit dem Ziel eingeführt, der universitären Elite Entscheidungsfreiheit und Unabhängigkeit in allen akademischen und Personalfragen zu sichern.[269] Über die Berufung von Professoren und Professorinnen entscheidet zunächst ein hochschulinterner Berufungsausschuss. Die formelle Berufungsentscheidung wird vom Bildungsministerium und dem Hochschulpräsidium ausgesprochen. Nach der Novellierung des Hochschulbildungsgesetzes im Jahr 1999 müssen Berufungsentscheidungen auch vom Akkreditierungsrat geprüft werden.

[268] Außerdem wurde die internationale Anerkennung im Fachgebiet als ein kritischer Punkt besonders für Fachhochschulen diskutiert, da hier traditionell keine Forschung betrieben wurde und wird. Ein anderer an die Fachhochschulen adressierter Kritikpunkt war die Fremdsprachenkompetenz.

[269] Zu Beginn der 1990er Jahre war die Rolle der Studierenden in den Berufungsverfahren und -ausschüssen ein besonders diskutierter Punkt, da die Organisationen der Studierenden in der Regel zwischen einem Viertel und einem Drittel der Entscheidungsgremien der Universitäten besetzten und aufgrund des studentischen Einflusses Bewerber aus politischen Gründen z.T. nicht berufen werden konnten. Inzwischen wird die Rolle der studentischen Organisationen seitens der Professoren und Professorinnen vielfach als wissenschafts- bzw. organisationsfremd angesehen.

9.4 Fazit

Die wichtigsten Neuerungen im ungarischen Karrieresystem wurden durch das Hochschulbildungsgesetz (HG 1993) und die gesetzlichen Neubestimmungen der Aufgaben der Ungarischen Akademie der Wissenschaften (AW 1994) induziert. Der politische Systemwechsel von 1989/90 sowie die Anpassung der Studien- und Promotionsstruktur im Rahmen des Bologna-Prozesses seit 2005 gaben dazu die wichtigsten Anstöße.

Sowohl Professuren wie auch Dozenturen an Universitäten wie an Fachhochschulen sind sehr sichere unbefristete Arbeitsstellen, mit einem besonderen rechtlichen Schutz. Obwohl in der Regel die Lektoren- und Assistentenstellen befristet sind, können laut dem Bildungsgesetz auch diese Verträge unbefristet sein. Hinzu kommt, dass die zu erzielenden Einkommen im ungarischen Bildungs- und Hochschulsystem z.T. wesentlich geringer sind als in der ungarischen Industrie, im Finanzsektor oder in der öffentlichen Verwaltung etc. Dies führt im Hochschulbereich zu einem „Markt für Zweiteinkommen“.[270] Dennoch gilt das soziale und politische Prestige einer Tätigkeit im Hochschulbereich als relativ hoch. Aus einer Kombination aus Zweiteinkommensmöglichkeiten und individuellen Karriereentscheidungen bzw. -entwicklungen lassen sich, wenn auch für die einzelnen Hochschulangehörigen unterschiedlich, durchaus Vorteile ziehen. Zum Beispiel können sich durch die Einwerbung ausländischer Stipendien und Drittmittel die Einkommensmöglichkeiten verbessern, wenn andererseits ein eventuell damit verbundener langsamerer Fortschritt im Karriereverlauf im eigenen, ungarischen Hochschulsystem in Kauf genommen wird. Auch die Übernahme von mehreren Tätigkeiten oder von Lehraufträgen an privaten Hochschulen ist eine mögliche Strategie. Vorübergehende Projektbeteiligungen im Ausland sind nicht nur zur Aufbesserung der Bezüge geeignet, sondern können gleichzeitig für den Aufbau eines internationalen Netzwerkes genutzt werden und damit zur Erhöhung des eigenen Prestiges beitragen. Insgesamt ist die internationale Orientierung für Wissenschaftlerinnen und Wissen-

[270] Die aktuellen Einkommenskategorien für das ungarische Hochschulpersonal wurden im Jahr 2009 festgelegt (laut Regierungsentscheidung Nr. 84/2011 (V.26)). Das Monatseinkommen eines Universitätsprofessors in der ersten (von drei Gehaltsstufen) liegt bei ca. € 1.600, das einer Assistentin bei ca. € 620: http://www.xe.com/ucc/convert?language=de&Amount=1&From=HUF&To=EUR (letzter Zugriff 13.11.2013).

schaftler aus einem kleinen Land wie Ungarn schon immer ein wichtiges Qualifikationsmerkmal gewesen.

10 International vergleichende Übersichten und tabellarisches Glossar

10.1 Varianten der strukturellen Differenzierung des Hochschulsektors

Seit den 1960er Jahren sind alle modernen Hochschulsysteme mit einem exponentiellen Wachstum der Studierendenzahlen konfrontiert. Sie alle stehen seither vor dem Problem, wie sie die Anforderungen der „mass higher education" mit ihren Aufgaben in Forschung, Lehre und Nachwuchsförderung vereinbaren sollen. Es gibt dabei mehrere Lösungswege, die wir beobachten.[271]

Den ersten Lösungsweg haben die meisten der von uns betrachteten Länder gewählt: Die binäre institutionelle Differenzierung zwischen einem lehrintensiven und kostengünstigeren Fachhochschulsektor einerseits, der einen möglichst großen Teil der Studierenden aufnehmen soll, und einem genuin universitären Sektor andererseits, dem dadurch der Rücken für die Aufgaben in Forschung und Nachwuchsförderung freigehalten werden soll.

Betrachten wir in der Übersicht 10-1 zunächst die Länder genauer, die diesen ersten Lösungsweg gehen, so wird sichtbar, dass es nur in einem Fall, in den Niederlanden, gelungen ist, den Großteil der Studierenden in die Fachhochschulen zu lenken. In den Niederlanden studieren rund 63 Prozent aller Studierenden an Fachhochschulen und 37 Prozent an Universitäten. Die anderen Länder sind auf halbem Wege stehen geblieben. Darunter Deutschland. Hier verhält es sich gerade umgekehrt wie in den Niederlanden: Nur etwa 32 Prozent der Studierenden sind in Fachhochschulen und 65 Prozent in Universitäten zu finden, neben geringen etwa drei Prozent in Pädagogischen, Theologischen oder Kunst- und Musikhochschulen.

In Ländern mit einer schwach ausgeprägten binären Differenzierung des Hochschulsektors stehen die Universitäten angesichts steigender Studierendenzahlen und knapper Finanzmittel verstärkt vor

[271] Vgl. zum Folgenden die jeweils im ersten Teil der Länderkapitel enthaltenen Angaben über die institutionelle Differenzierung der Wissenschaftssysteme.

Übersicht 10-1: Varianten der strukturellen Differenzierung des Hochschulsektors im internationalen Vergleich

	Typus	Studierendenanteile (in %) Universitäten (mit Promotionsrecht)	Fachhochschulen u. vergleichbare	Sonstige Hochschulen	Anmerkungen
Deutschland (2011)	binär	Universitäten: **65**	FH + Verw.-FH: **32**	PH, Theol., Kunst-H: **3**	Berufsakademien und Duale Hochschulen sind nicht berücksichtigt
USA (2010)	stratifiziert	Res. & Doct. Univ.: **28**	MA-Colleges: **22** BA-Colleges: **7**	2-Year-Colleges: **40** Special Focus: **3**	**PhD:** 297 Universitäten mit regelmäßigen Promotionen **MA:** 727 Unis u. Colleges, nur Master u. BA **BA:** 809 Four-Year-Colleges, nur BA **2–Year**: 1.920 Two-Year-Colleges, Associate Degrees **Spec.:** 850 Special Focus Institutions, Profess. Degrees
Großbritannien	stratifiziert	Pre-1992-Univers.: **(55)**	Post-1992-Univ: **(41)**	HE Colleges: **(4)**	Zum Vergleichszweck ist hier die binäre Struktur aus der Zeit vor 1992 in die heutige stratifizierte Verteilung hineinprojiziert worden
Frankreich (2006)	komplex	Gr.Écoles, Grds. Établ.: **7** Universités: **61**	IUT: **5** STS: **10**	CPGE: **3** Ècoles Spécialisées: **14**	Zum Vergleichszweck werden die universitären **IUT**s und die gymnasialen **STS**-Klassen dem Fachhochschulsektor zugeordnet. **CPGE**-Klassen sowie die große Vielfalt von „Écoles Spécialisées" (**ES**) den „sonstigen Hochschulen"
Österreich (2010)	binär	Universitäten: **83**	FH: **12**	PH, Kollegs etc.: **5**	Fachhochschulen erst seit 1993
Schweiz (2010)	binär	Univ. Hochschulen: **64**	FH: **36**		Fachhochschulen erst seit 1997
Schweden (2011)	binär	Universities: **68**	Colleges: **32**		University Colleges verfügen teilweise nur über ein eingeschränktes Promotionsrecht
Niederlande (2010)	binär	Universities: **37**	HBO: **63**		
Ungarn (2004/5)	binär	Universities: **41**	Colleges: **56**	Higher Vocational Programmes: **3**	Die Colleges verfügen über ein eingeschränktes, akkreditierungsgebundenes Promotionsrecht. Die Ungarische Akademie der Wissenschaften hat ebenfalls das Promotionsrecht

Quellen: Siehe die Angaben in den Länderstudien und die dort genannten Veröffentlichungen der amtlichen Statistik, sowie Kreckel 2008b: Tafel IV-2.3.

dem Problem, ein international wettbewerbsfähiges Forschungsniveau zu erreichen oder zu erhalten.

Ein zweiter zu beobachtender Weg ist charakteristisch für Großbritannien. Auch dort war zunächst in den 1960er Jahren mit den Polytechnics ein binäres System eingeführt worden. Die erhoffte Entlastungswirkung für die Universitäten blieb aber aus. Ab dem Jahr 1992 wurde mit der Integration der Polytechnics als New Universities in den universitären Teil des Hochschulsektors ein neuer hochschulpolitischer Kurs eingeschlagen. Seither wird auf das Prinzip des Leistungswettbewerbs zwischen allen Universitäten gesetzt und zusätzlich auf immer höhere Studiengebühren als Finanzierungsquelle. Auf diese Weise hat sich in Großbritannien die binäre in eine stratifikatorische Differenzierung des Hochschulsektors transformiert. Typisch dafür ist eine hierarchische Ordnung zwischen den Hochschulen, in der die forschungs- und drittmittelstarken (Forschungs-)Universitäten an der Spitze stehen, während die primär lehrenden Hochschulen am unteren Ende der Skala platziert sind, die Regionaluniversitäten in der Mitte.

Anders in den USA, die ein binäres System im Prinzip nie kannten. Der US-amerikanische Hochschulsektor weist bereits seit langer Zeit eine stratifikatorische Differenzierung auf. Nur im oberen Bereich gibt es dort Forschungsuniversitäten. Der größte Teil der Studierenden in den USA ist an Hochschulen ohne Forschungsauftrag eingeschrieben. Um die USA-Hochschulen mit den binär (bzw. ehemals binär) strukturierten Hochschulsystemen der anderen Länder vergleichen zu können, wurde in Übersicht 10-1 das Promotionsprivileg als Differenzierungskriterium herangezogen. Das Promotionsrecht ist bekanntlich auch eine entscheidende Demarkationslinie zwischen Universitäten und Fachhochschulen in Europa. Demgemäß wurde nur der Teil der amerikanischen Universitäten, die regelmäßig Promotionen durchführen, in die Rubrik der Universitäten aufgenommen, während sich der US-amerikanische Hochschulsektor z.B. mit seinen Colleges etc. weitaus differenzierter darstellt.

Ein dritter und (noch) komplexerer Lösungsweg wird durch das französische Hochschulsystem repräsentiert. Wie im Länderkapitel zu Frankreich beschrieben, gehörte die Forschung traditionellerweise nicht zu den Kernfunktionen der französischen Hochschulen. Vielmehr ist das akademische System in Frankreich seit langem durch eine ausgeprägte duale Struktur gekennzeichnet, bei der die akademische Forschungsfunktion weitgehend in außeruniversitäre akademische

Forschungsorganisationen (wie CNRS, INSERM, INRA) ausgelagert ist.[272] Die zweite französische Besonderheit ist die Existenz der Grandes Écoles, denen es gelungen ist, den Universitäten als akademischen Bildungsstätten den ersten Rang abzulaufen. In Frankreich sind es eher die Universitäten, die als Auffangbecken für den studentischen Massenandrang fungieren, während die Grandes Écoles und Grands Établissements davon entlastet sind und als hoch selektive Elitehochschulen agieren können. Ironischerweise sind auch die fachhochschulartig funktionierenden Instituts Universitaires de Technologie (IUT) sehr viel selektiver als die Universitäten, obwohl sie einen niedrigeren Status haben. Erst in den letzten Jahren wurde auch in Frankreich begonnen, sich dem internationalen und europäischen Leitbild der Universität als Einrichtung von Lehre *und* Forschung anzunähern und auch das Forschungspotential der Grandes Écoles zu fördern und zu nutzen.

Auf der Grundlage unserer typologischen Zuordnung wird sichtbar, dass von den neun in der Übersicht 10-1 vergleichend dargestellten Hochschulsystemen zur Zeit neben den USA wohl das niederländische System die günstigsten strukturellen Voraussetzungen dafür mitbringt, dass an den (Forschungs-)Universitäten ein ausgewogenes Verhältnis zwischen Forschung, Lehre und Aufgaben der Nachwuchsqualifizierung entstehen kann. In Großbritannien wird versucht, dieses Ziel durch das Aufbrechen der aus dieser Sicht dysfunktional gewordenen, aber weiter wirkenden binären Struktur zu erreichen. Im Übrigen setzt man dort, wie auch in den USA, immer mehr darauf, die Hochschulbildung kostenpflichtig zu machen und damit deren Bedeutung als öffentliches Gut zu relativieren. Die kontinentaleuropäischen Länder bleiben davon nicht unbeeinflusst, suchen aber aufgrund ihrer stärkeren sozialstaatlichen Prägung nach anderen Lösungen.

Zusammenfassend ist das entscheidende Charakteristikum binärer Hochschulsysteme festzuhalten. Es besteht darin, die akademische Forschung und die dafür erforderlichen Ressourcen ausschließlich bzw. weitgehend auf die (Forschungs-)Universitäten zu konzentrieren. Sie sollen dadurch in die Lage versetzt werden, ohne studentische Überlast Forschung und Lehre miteinander zu verbinden und sich auch der Aufgabe der Förderung und Qualifizierung des wissenschaft-

[272] In Deutschland ist die duale Strukturierung der akademischen Landschaft weniger stark ausgeprägt. Zwar gibt es auch hier die außeruniversitären akademischen Forschungseinrichtungen der MPG, HGF, WGL und FhG. Aber die Forschung, insbesondere auch die Grundlagenforschung, ist immer auch eine zentrale Aufgabe der deutschen Universitäten gewesen.

lichen Nachwuchses zu widmen. Umgekehrt gilt: Ist der Umfang des Fachhochschulsektors zu klein, kann sich der Entlastungs-Effekt nur schwer einstellen.

So ist nachvollziehbar, dass überall mit Exzellenzinitiativen, Research Assessment Exercises, Forschungspakten oder ähnlichem versucht wird, die Universitäten unter Wettbewerbsdruck zu bringen und eine verstärkte stratifikatorische Differenzierung zwischen ihnen herbeizuführen. Eines der wichtigsten Instrumente ist dabei die verstärkte Drittmittelorientierung der akademischen Forschungsförderung. Die Nebenwirkung erkennen wir in der zunehmenden Befristung und Projektförmigkeit der Forschungstätigkeit an den Universitäten. Diese Entwicklungstendenz zieht sich wie ein roter Faden durch die hier erstellten Länderstudien. In Hochschulsystemen, in denen traditionell stark auf befristete Nachwuchsstellen gesetzt wird und vollgültige Hochschullehrerpositionen knapp gehalten werden, ist die Konsquenz der befristeten Beschäftigung des wissenschaftlichen Personals besonders spürbar.

10.2 International vergleichende Typologie der wissenschaftlichen Personalstellen an Universitäten – Tabellarisches Glossar

Als der traditionelle Kern des Hochschulsystems sollen nunmehr die (Forschungs-)Universitäten international vergleichend in den Blick genommen werden. Trotz historisch und politisch bedingter Unterschiede zwischen den verschiedenen nationalen Wissenschafts- und Hochschulsystemen bestehen gemeinsame Bezugspunkte zwischen ihnen, die den synoptischen Ländervergleich von universitären Personalstrukturen und Karrieren möglich machen, der im tabellarischen Glossar der Übersicht 10-2 vorgenommen wird:

(1) In allen Ländern gibt es in der Regel an der Spitze des tertiären Bildungssystems universitäre Einrichtungen mit Promotionsrecht, die als Forschungsuniversitäten im Sinne der Übersicht 10-1 verstanden werden können. Charakteristisch für sie ist, dass ihre zentrale Aufgabe in der Verbindung von Forschung, Lehre und Nachwuchsqualifizierung liegt. Diese universitären Einrichtungen stehen im Mittelpunkt der im Folgenden erläuterten typologischen

Übersicht 10-2: International vergleichende Typologie der wissenschaftlichen Personalstellen an Universitäten – Tabellarisches Glossar

Kategorie	Positionen	Deutschland	USA	England	Frankreich	Schweiz	Österreich	Schweden	Niederlande	Ungarn
I. Senior Staff	(a) „Chair" (Tenure/auf Dauer)	**C4/W3-Professor**	**Full Professor**	**Professor**	**Professeur des Universités:** **- classe exceptionelle** **- première classe** **- seconde classe**	**ordentlicher Professor**	**ordentlicher Professor Univ.-Professor**	**Professor**	**Hoogleraar** (Professor)	**Tanár** (Professor)
	(b) sonstige arrivierte Hochschullehrer (Tenure/auf Dauer)	**C3/W2-Professor C2-Professor, auf Dauer Gastprofessor (Vollzeit)**	**Associate Professor**	**"Senior Academic":** **- Reader** **- Senior Lect** **- Principal Lect.** **- Senior Researcher u.ä.**		**außerordentlicher Professor**	**Assoziierter Professor**	**Lektor** (Senior Lecturer/(Associate Professor, Docent)	**Hoofddocent** (Senior Lecturer, Associate Professor)	**Docens** (Dozent, Associate Professor, Reader)
II. Junior Staff	Anfangspositionen für Hochschullehrer	**C2-Professor, auf Zeit Univ.-Dozent, auf Zeit /auf Dauer W1-Juniorprof., auf Zeit**	**Assistant Professor, auf Zeit (i.d.R. Tenure Track)**	**"Academic":** **- Lecturer B** **- Lecturer A** **(i.d.R. auf Dauer)**	**Maître de Conférences:** **- hors classe** **- classe nomale** **(auf Dauer)**	**Assistenzprof. auf Zeit Förderprof. (NSF) auf Zeit**	**außerordentlicher Professor/ Dozent, auf Dauer Assistenz-Professor, Tenure Track**	**Adjunkt** (Junior Lecturer/ Assistant Professor) **(auf Dauer)**	**Docent** (Lecturer, Assistant Professor) **(überwiegend auf Dauer)**	**Adjunktus,** (Lektor, Assistant Professor, Senior Lecturer) **(auf Zeit / auf Dauer)**
III. Assistant Staff	(a) Funktionalstellen	**Akademischer Rat/ Oberrat/ Direktor Wiss. Mitarbeiter, Lehrkraft für besondere Aufgaben (auf Dauer)**	**- Instructor (full-time)** **- Lecturer (full-time)** **- Other/No Rank (f.-t.)** **(i.d.R. befristet)**	**Assistant Academic (auf Dauer)**	**Enseignant du Secondaire (auf Dauer)**	**Übrige Dozierende** („oberer Mittelbau") **z.B.: außerordentlicher Professor auf Zeit/auf Dauer, Dozent auf Zeit / auf Dauer, Lektor auf Zeit /auf Dauer, Lehrbeauftragte**	**Senior Lecturer auf Dauer, Senior Scientist auf Dauer, Assistent/ wiss. Mitarbeiter auf Dauer (altes Recht)**		**Overig Wetenschapepelijk Personeel (OWP) auf Dauer** (Sonstiges wissenschaftliches Personal; meist mit Schwerpunkt Lehre/ OWPOW)	

Kategorie	Positionen	Deutschland	USA	England	Frankreich	Schweiz	Österreich	Schweden	Niederlande	Ungarn
III. Assistant Staff	(b) Qualifikationsstellen (auf Zeit)	**Wiss. Assistent, auf Zeit** **Wiss. Mitarbeiter auf Zeit** **Lehrkraft für besondere Aufgaben auf Zeit (Haushaltsstellen)**	Postdoc auf **Zeit:** **- Research Associate** **- Research Fellow, etc.**	**Assistant Academic (fixed-term contract) z.B.: Postdoctoral Fellow, Research Associate/Assistant/ Officer**	**ATER, auf Zeit** (Attaché temp. de. rech.) **CDC, AHU, PHU, auf Zeit** (Medizin)	**Oberassistent auf Zeit** **Assistent auf Zeit** **wiss. Mitarb. auf Zeit (Haushaltsstellen)**	**Wiss. Mitarbeiter auf Zeit** **Univ.-Assistent auf Zeit**	**Annan Forskande och Undervisande Personal** (Other Teaching and Research Staff) - Postdoc, Postdoc Fellow - Forskarassist. (Forschungsassistent) **(auf Zeit)**	**Overig Wetenschapepelijk Personeel (0WP) auf Zeit**	**Tanársegéd auf Zeit** (Assistent)
	(c) Projektstellen (auf Zeit)	**Wiss. Mitarb., auf Zeit (Drittmittel)**				**Wiss. Mitarb. auf Zeit (Drittmittel)**	**Wiss. Mitarb. auf Zeit (Drittmittel)**		**OWP (Schwer-Punkt Forschung/OW-POZ) auf Zeit**	
IV. Nebenberuflich	(a) Ergänzendes wiss. Personal (Teilzeit, auf Zeit)	**Professor em./i.R., Gastdozent/ Gastprofessor, Lehrbeauftragter/ Honorar-Professor**	**Instructor** **Lecturer** **Other/No Rank** **(alle Teilzeit)** **Adjunct Faculty (Teilzeit)**	**Atypical staff with academic role**	**Professor associé** **Me de Conf. associé** **Professor invité** **Lecteur** **M^e de langue**		**Lektor** **Gastprofessor**	**Timlärare** (Part-time Teacher) **Göstlärare** (Guest Teacher)		
	(b) Examiniertes Hilfspersonal (Teilzeit, auf Zeit)	**Wiss. Hilfskraft** **Tutor**	**Graduate Student Employee**		**Moniteur, Tuteur, Vacataire**			**Doktorander** (Postgraduate Students)	**Promovendus auf Zeit** (früher: AiO/ Assistent in Ausbildung)	

auf Zeit: Beschäftigungsverhältnis auf Zeit, mit definitiver Befristung

auf Dauer: Beschäftigungsverhältnis auf unbestimmte Dauer bzw. mit Tenure-Regelung, ohne Befristung

Tenure Track: Befristetes Beschäftigungsverhältnis mit der Zusage, nach erfolgreicher Evaluation in eine Dauerstellung überführt zu werden

Zu den benutzten Quellen, empirischen Grundlagen und Klassifikationskriterien: siehe Anhang, Übersicht 10-7 (A).

Zuordnung der Personalstellen in Übersicht 10-2 (vgl. dazu die einzelnen Länderkapitel, insbesondere jeweils Unterpunkt 2).

(2) Was die Definition der Positionen für das wissenschaftliche Personal in den universitären Einrichtungen anbetrifft, so steht der Bezug auf die *akademische Lehrfunktion* im Allgemeinen im Vordergrund. Etwa wenn vom Lehrkörper, von Hochschullehrern oder von Dozierenden die Rede ist bzw. von der Instructional Faculty (USA) oder von den Enseignants du Supérieur (Frankreich).

(3) Ein weiteres gemeinsames Charakteristikum in allen Länderstudien ist, dass überall an der Spitze der universitären Laufbahn bzw. Karriere die alteuropäische Institution des *Lehrstuhls* (Lehrkanzel, Chair, ordentliche Professur u.ä.) steht, die ihren Inhabern und Inhaberinnen eine besondere Unabhängigkeit in Forschung und Lehre sowie hohen sozialen Status und akademisches Prestige verleiht.

Diese akademische Spitzenposition wird für die vergleichende Einordnung der sehr unterschiedlichen akademischen Positionen unterhalb der Lehrstuhlebene als Angelpunkt gewählt. Auf sie bezieht sich die *Kategorie I-a* in der länderübergreifenden Übersicht 10-2.

Unterhalb der *ordentlichen Professur* der *Kategorie I-a* gibt es fast überall weitere Positionen für etablierte Hochschullehrerinnen und Hochschullehrer. Sie werden in der großen Mehrzahl der Fälle unbefristet und in Vollbeschäftigung wahrgenommen und verleihen professorale Unabhängigkeit in Lehre und Forschung. Sie setzen, ebenso wie die Lehrstuhlebene, einen formellen Akt der Berufung voraus. Sie sind allerdings nicht in allen Ländern mit dem Professorentitel verbunden, sie zählen aber eindeutig zum *Senior Staff* der *Kategorie I-b*.

Komplexer, und hier von besonderem Interesse, ist die *Kategorie II* des *Junior Staff*, die in Deutschland kaum ausgeprägt ist. Auch dabei handelt es sich in der Regel um berufene, hauptberuflich und selbständig lehrende und forschende Hochschullehrerinnen und -lehrer, die (noch) nicht zum Senior Staff gehören. In Ländern mit Habilitationssystem ist für den Übergang auf die Senior-Ebene typischerweise der Nachweis der Habilitation oder eines Äquivalentes die Voraussetzung, in Tenure- und Tenure Track-Systemen sind dafür besondere Berufungs- oder Evaluierungsverfahren üblich.

Unterhalb der Hochschullehrerebene findet sich überall, wenn auch mit höchst unterschiedlicher Ausgestaltung, die Ebene der „übrigen wissenschaftlichen Mitarbeiter“ des *Assistant Staff* der *Kategorie III*, die in der Regel keine vollgültigen Fakultätsmitglieder sind und weisungsgebunden arbeiten. Zu unterscheiden ist hier zwischen dauerhaft beschäftigtem Personal (*Kategorie III-a*), befristet beschäftigtem Personal auf Haushaltsstellen, vielfach Qualifikations- oder Rotationsstellen (*Kategorie III-b*) und Personal, das aus befristet bewilligten Drittmitteln oder sonstigen temporären Einnahmen finanziert wird (*Kategorie III-c*).

Hinzu kommt das nebenberuflich und befristet tätige wissenschaftliche „Ergänzungspersonal" der *Kategorie IV*. Es handelt sich dabei entweder um Lehrbeauftragte, Adjunct Faculty u.ä. (*Kategorie IV-a*) oder um examinierte wissenschaftliche Hilfskräfte, Tutoren, Graduate Assistants, Moniteurs u.ä. (*Kategorie IV-b*).

10.3 Personalstrukturen an Universitäten im internationalen Vergleich

Um die akademischen Laufbahnen in unterschiedlichen Universitätssystemen verstehen und vergleichen zu können, sind Kenntnisse darüber erforderlich, wie viele Personen auf die in Übersicht 10-2 unterschiedenen Personalkategorien jeweils entfallen. Da wir dabei auf die amtliche Hochschulpersonalstatistik der einzelnen Länder angewiesen sind, die jeweils eigenen, oft inkompatiblen Prinzipien folgen, sind Abstriche und Rückgriffe auf Näherungswerte unvermeidlich. Die mit der Übersicht 10-2 gelieferte vergleichende Typologie der wissenschaftlichen Personalstellen kann daher nicht eins zu eins in eine empirische Verteilung umgesetzt werden. Die vergleichende Typologie der wissenschaftlichen Personalstellen ist aber die Richtschnur für die Berechnung der empirischen Verteilung der Personalstellen, und diese ist die Grundlage für die Darstellung der Strukturen des universitären Personals im Ländervergleich in der folgenden Übersicht 10-3.

Dabei ist die Verwendung von reinen Personenzahlen für den Ländervergleich nur beschränkt aussagekräftig. Insbesondere kann dann der – je nach Land und Personalkategorie höchst unterschiedliche – Einsatz von Teilzeitkräften nicht angemessen berücksichtigt werden. Um zu realistischeren Aussagen über Personalstrukturen kommen zu können, wird daher mit Vollzeitäquivalenten (VZÄ) gerechnet.

Einige nationale Hochschulpersonalstatistiken (Frankreich, Österreich, Schweiz) liefern VZÄ-Angaben systematisch mit, die direkt

Übersicht 10-3: Personalstrukturen an Universitäten: Deutschland im internationalen Vergleich (in %)

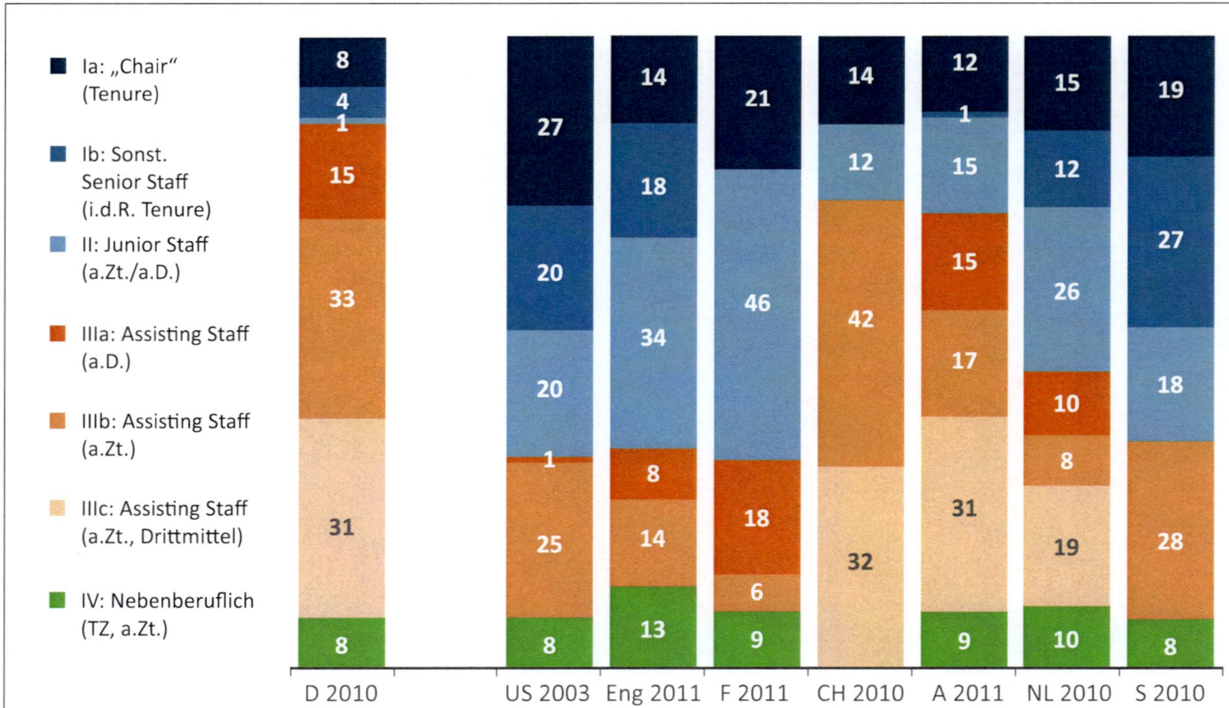

Quellen: Siehe unten, Anhang Übersicht 10-7 (A).

übernommen werden können. Bei anderen Ländern wird die gängige Faustformel angewendet, dass Teilzeitbeschäftigte im akademischen Kernbereich (die Kategorien I bis III) mit dem Faktor 0,5 gewichtet werden, nebenberuflich Tätige mit Ergänzungsfunktionen (der Kategorie IV) mit dem Faktor 0,2.

Aus mehreren Gründen stößt aber auch dieses Verfahren an seine Grenzen:

- Nahezu jede nationale Statistik definiert die Zugehörigkeit zum wissenschaftlichen Hochschulpersonal anders. So wird z.B. in den USA und in England das über Drittmittel finanzierte Forschungspersonal in der amtlichen Hochschulpersonalstatistik nicht systematisch mitberücksichtigt. In diesen Fällen musste auf anderweitige statistische Quellen zurückgegriffen werden, um per Interpolation zumindest zu näherungsweisen Angaben über Größenordnungen zu gelangen. Konkret musste im Falle der USA auf teilweise veraltete Daten (von 2003) ausgewichen werden, weil die US-Hochschulpersonalstatistik seither keine Daten über teilzeitbeschäftigtes wissenschaftliches Personal mehr ausweist, die die Berechnung der VZÄ ermöglichen würden. In anderen Fällen müssen einzelne Kategorien unbesetzt bleiben, so die Kategorie III-c im Falle der USA, Englands, Frankreichs und Schwedens, da dort keine verwertbaren Daten über drittmittelfinanziertes Personal vorliegen.[273]
- Besonders stark weicht die Hochschulpersonalstatistik der Schweiz von der in anderen Ländern üblichen Verfahrensweise ab. Es können zwar die VZÄ-Angaben übernommen werden, aber über Befristungen und über nebenberuflich Tätige erfährt man kaum etwas. Auch sind die Grenzen zwischen der Ebene der wissenschaftlichen Mitarbeiterinnen und Mitarbeiter und der Hochschullehrerebene fließend, so dass in solchen Fällen auch mit Zusatzannahmen gearbeitet werden muss.
- Insbesondere zur Kategorie IV – dem nebenberuflichen wissenschaftlichen Personal, das gerade im Rahmen der überall geführten Diskussion über Präkarisierungstendenzen eine wichtige Rolle spielt – sind verlässliche statistische Informationen in vielen Ländern kaum zu bekommen. Im Falle Ungarns erwiesen sich die verfügbaren Daten insgesamt als zu disparat, so dass sie nicht in die

[273] Siehe dazu die detaillierten Angaben über Quellen, Zuordnungen und Berechnungsverfahren im Anhang, Übersicht 10-7 (A).

vergleichende Darstellung der Personalstrukturen in Übersicht 10-3 aufgenommen werden konnten.

Somit gibt die in der Übersicht 10-3 zusammengefasste Personalstrukturanalyse empirisch begründete Informationen über Größenverhältnisse wieder. Die Datenquellen, Berechnungsgrundlagen und Erläuterungen zu den Berechnungen für die einzelnen Personalkategorien (I bis IV) der jeweiligen Länder finden sich in der Übersicht 10-7 (A) im Anhang.

10.4 Gehaltsstrukturen an Universitäten im internationalen Vergleich

Sowohl im internationalen Vergleich als auch innerhalb von nationalen Hochschulsystemen lässt sich die Bedeutung und Attraktivität der unterschiedlichen Positionen für wissenschaftliches Personal nicht zuletzt an ihrer Bezahlung bemessen. Aufgrund der von Land zu Land höchst unterschiedlichen Entgeltsysteme (Verhältnis zwischen Grundgehalt und anderen geldwerten Vergütungen, z.B. Leistungszuschläge, Alterssicherung, steuerliche Begünstigungen oder Belastungen, Nebenverdienstmöglichkeiten, Wechselkursschwankungen etc.) sind Einkommensdaten nur beschränkt direkt vergleichbar. Außerdem muss man sich weitgehend mit Durchschnittsangaben begnügen, da über akademische Spitzenbezüge nur wenig bekannt wird. Auch die unterschiedlichen Lebenshaltungskosten lassen sich – selbst mit kaufkraftbereinigten Einkommensindikatoren (PPP-US-Dollars) – nur schwer erfassen.

Gibt man sich jedoch auch hier mit Aussagen über Größenordnungen und Mittelwerte zufrieden und nimmt Unsicherheiten in Kauf, so lassen sich dennoch gewisse empirische Erkenntnisse gewinnen. Im letzten Jahr ist erstmals eine 28 Länder umfassende international vergleichende Studie über „Academic Salaries and Contracts“ an Universitäten erschienen (Altbach et al. 2012), in der auch Deutschland, die USA, Großbritannien, Frankreich und die Niederlande vertreten sind. In Übersicht 10-4a sind die in der Studie von Altbach et al. (2012) ermittelten Ergebnisse in das Personalstrukturschema dieser Länderstudie übertragen worden. Die Angaben beziehen sich auf die durchschnittlichen monatlichen Bruttobezüge von Vollbeschäftigten der unterschiedlichen Personalkategorien an öffentlichen Universitäten in den Jahren 2009/2010, ausgedrückt in kaufkraftbereinigten US-Dollars.[274]

In Frankreich und in Deutschland sind die Gehälter gesetzlich geregelt, da das wissenschaftliche Hochschulpersonal dort dem öffentlichen Dienst angehört. In Großbritannien und den Niederlanden spielen die Kollektivverträge eine analoge Rolle. Deshalb dürften die von Altbach et al. (2012) übernommenen Befunde die durchschnittlichen Bruttobezüge der einzelnen Personalkategorien an (Forschungs-)Universitäten dieser vier Länder relativ zuverlässig abbilden.

Für die USA, wo die durchschnittlichen Bruttogehälter der Full Professors und der anderen Personalkategorien sich je nach Hochschultypus sehr stark unterscheiden, ist das nicht der Fall. Denn es wurden in der Altbach-Studie neben den Research & Doctoral Universities auch die Masters Colleges & Universities und die Bachelors Colleges einbezogen, während unser Interesse hauptsächlich den Forschungsuniversitäten gilt. Deshalb werden in Übersicht 10-4b die von der American Association of University Professors regelmäßig erhoben Daten über private Research & Doctoral Universities gesondert dargestellt. Zu ihnen gehören die 20 US-Spitzenuniversitäten gemäß der Carnegie Classification. Die an den privaten Research & Doctoral Universities gezahlten Professorengehälter liegen im Durchschnitt um 20-25 Prozent höher als in den öffentlichen Research & Doctoral Universities der USA.

Diese US-Daten werden in Übersicht 10-4b mit den Einkommensdaten (Brutto-Monatsgehälter bei Professuren für das Jahr 2011 in US-Dollars-PPP) der Schweizer Universitäten verglichen, wo bekanntlich besonders hohe Professorengehälter gezahlt werden. Obwohl die Schweiz nicht in die Altbach-Studie einbezogen wurde, hat die Neue Zürcher Zeitung kürzlich in Anlehnung an diese Studie Daten für die Schweiz erheben lassen, so dass die Ergebnisse weitgehend vergleichbar sind.[275] Der Erhebungszeitpunkt für die Übersicht 10-4b ist das Jahr 2011. Die etwas unterschiedlichen Erhebungszeitpunkte der beiden Übersichten (2009 und 2011) sollten beim Vergleich beachtet werden, dürften aber nicht allzu sehr ins Gewicht fallen.

---

[274] Berechnungsgrundlage ist die Penn World Table of Purchasing Power Parity (PWT): https://pwt.sas.upenn.edu/php_site/pwt_index.php (letzter Zugriff 13.11.2013).

[275] Imhasly, Patrick, Zahltag an der Uni. In: Neue Zürcher Zeitung (NZZ) am Sonntag, 20.5.2012, S. 49-50.

Übersicht 10-4a: Brutto-Monatsgehälter des wissenschaftlichen Personals an Universitäten im internationalen Vergleich, 2009, 2010

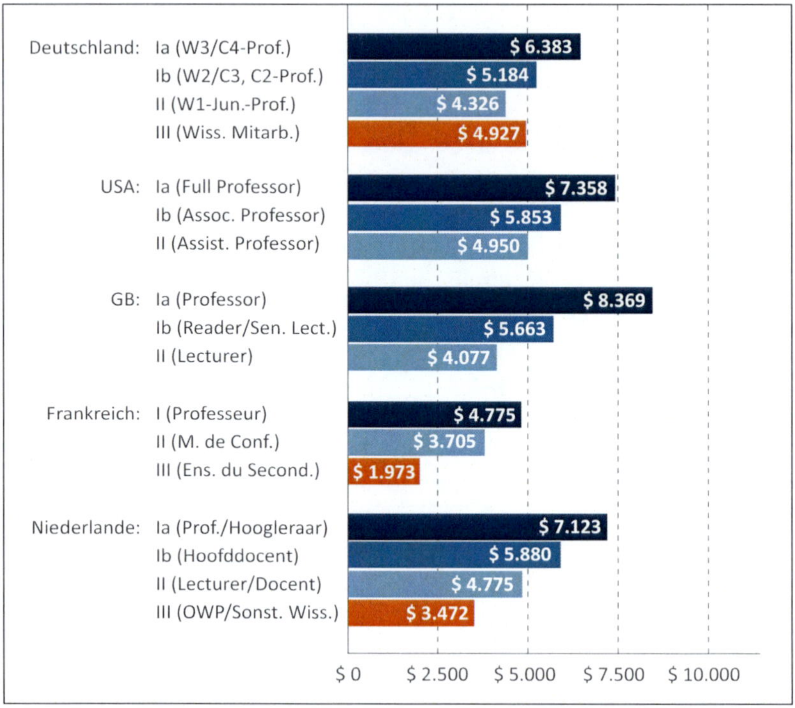

Quelle: Altbach et al. 2012.

Insgesamt kann man zu dem Schluss kommen, dass die durchschnittlichen Bruttobezüge für wissenschaftliches Personal an den Forschungsuniversitäten in den hier verglichenen sechs Ländern, die zu den international führenden Wissenschaftsnationen gehören, erhebliche Unterschiede aufweisen: Für alle Personalkategorien sind die durchschnittlichen Vergütungen in Frankreich eindeutig die niedrigsten.[276] Die durchschnittlichen Bruttobezüge der Lehrstuhlinhaber liegen auch in Deutschland deutlich unten denen in den Niederlanden, Großbritannien, den USA und vor allem denen der Schweiz. Für den akademischen Mittelbau (Kategorie III) ist dagegen in Deutschland die Bezah-

[276] Es ist allerdings zu bedenken, dass an den privaten Hochschulen in Frankreich, insbesondere an den Hautes Écoles de Commerce, die zum Teil zu den Grandes Écoles gezählt werden, zum Teil sehr hohe Professorengehälter gezahlt werden, die dem Schweizer Niveau entsprechen (vgl. Altbach et al. 2012: Table A.3).

lung relativ hoch, wie übrigens auch in der Schweiz, für die aber hier keine systematisch vergleichbaren Daten vorgelegt werden können. Aussagen über Spitzengehälter sind in diesem Zusammenhang nicht möglich.

Übersicht 10-4b: Brutto-Monatsgehälter bei Universitätsprofessuren, USA und Schweiz, 2011

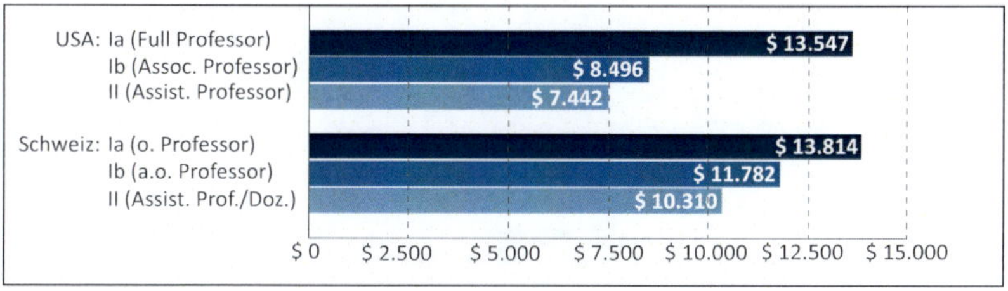

Berechnet nach: AAUP 2012: Table 4; NZZ vom 20.5.2012.

10.5 Frauenanteile bei Promotionen und Professuren im internationalen Vergleich

Angaben über die Geschlechtszugehörigkeit des wissenschaftlichen Personals sind nicht nur wichtige Indikatoren der Gleichstellung an Hochschulen. Sie geben auch wichtige Hinweise darauf, welche Karrierechancen für den weiblichen wissenschaftlichen Nachwuchs in den Hochschul- und Wissenschaftssystemen der einzelnen Länder gegeben sind.

Die Gleichstellungsthematik konnte hier nicht berücksichtigt werden und hätte eine eigene empirische Untersuchung erfordert.[277] Interessant sind hier zwei Kennzahlen, die in Übersicht 10-5 verwendet werden: Zum einen sind es Daten über die Geschlechterzusammensetzung am Eingangstor zur akademischen Laufbahn, der Promotion. In allen hier betrachteten Ländern ist auf dieser Ebene die Geschlech-

[277] Ländervergleichende Darstellungen liefert zum Beispiel die regelmäßig erscheinende Datensammlung „She Figures“ der Europäischen Kommission (zuletzt EC 2012). Für Beiträge des Verfassers und der Verfasserin dieses Buches zum Thema Gleichstellung an Hochschulen vgl. z.B. Kreckel 2008; Zimmermann et al. 2008; Zimmermann 2012; Matthies/Zimmermann 2010 für eine Überblicksdarstellung zum Stand der Geschlechterforschung und Gleichstellungspolitik in der Bundesrepublik.

tergleichstellung fast erreicht worden. Zum anderen werden aktuelle Daten über die Situation bei den Spitzenpositionen der akademischen Karriere dargestellt, bei der Besetzung von Lehrstühlen.

Übersicht 10-5: Frauenanteile bei Promotionen und Professuren im Ländervergleich

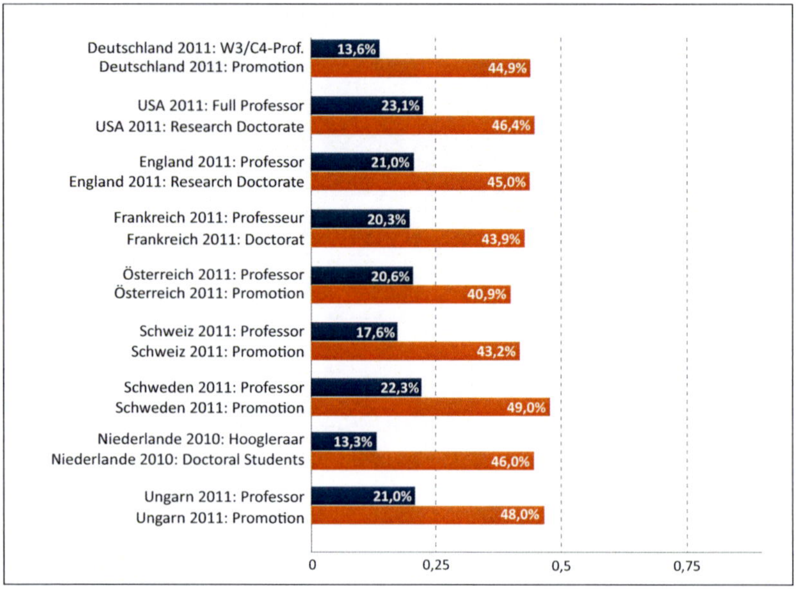

Quellen: siehe Anhang 10-7 (B).

Die überall feststellbaren deutlichen empirischen Diskrepanzen zwischen dem Frauenanteil an den Promotionen und den Vollprofessuren sind keineswegs nur auf einen Alterskohorteneffekt zurückzuführen (GKW 2012). Sie machen sichtbar, dass in den hier betrachteten Ländern – trotz aller nationalen Unterschiede und trotz aller in den letzten Jahrzehnten erkennbaren Steigerungen des Frauenanteils auf allen Ebenen – auch heute für den weiblichen wissenschaftlichen Nachwuchs die Chancen auf eine erfolgreiche akademische Karriere im Durchschnitt noch immer deutlich ungünstiger sind als für ihre männlichen Kollegen (vgl. z.B. EC 2009, EC 2012).

10.6 Ausländeranteile bei Promotionen und Professuren im internationalen Vergleich

Ebenso wie die Geschlechtszugehörigkeit ist auch die nationale Herkunft des wissenschaftlichen Personals ein wichtiger Indikator für die Offenheit von Hochschulen. Auch sie geben wichtige Hinweise darauf, welche Karrierechancen für den wissenschaftlichen Nachwuchs in einzelnen Ländern gegeben sind.

Auch dieses Thema konnte in den Länderstudien nicht in seiner ganzen Komplexität behandelt werden. Es werden in Übersicht 10-6 wiederum zwei zentrale Kennzahlen verwendet: Daten über den Ausländeranteil bei der Promotion und bei der Besetzung von Lehrstühlen.

Übersicht 10-6: Ausländeranteile bei Promotionen und Professuren im Ländervergleich

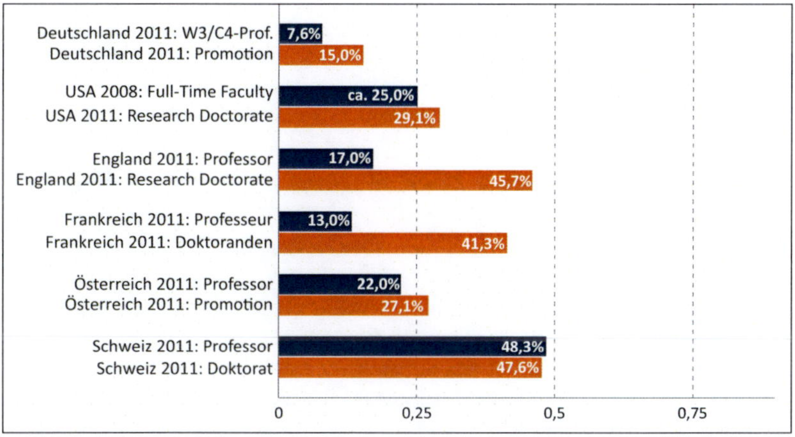

Quellen: siehe Anhang 10-7 (C).

Trotz der heterogenen Qualität des verfügbaren Datenmaterials ist es unverkennbar, dass die betrachteten Universitätssysteme hinsichtlich ihres Internationalisierungsgrades ganz erhebliche Unterschiede aufweisen.

Für die Universitäten in England, Frankreich[278] und – mit leicht rückläufiger Tendenz – in den USA lassen die Ausländer-Promoti-

[278] Die Angabe für die Professeurs des Universités bezieht sich auf den durchschnittlichen Ausländeranteil bei den Neuberufungen der Jahre 2002-2010, berechnet nach:

onsraten erkennen, dass diese Länder in erheblichen Maße als Stätten der Weiterqualifizierung für internationalen wissenschaftlichen Nachwuchs fungieren, die ihre Karriere später im eigenen oder einem anderen Land fortsetzen. Denn auf der Spitzenebene der Vollprofessuren ist der Internationalisierungsgrad in allen drei Ländern weitaus moderater.[279]

In der Schweiz und Österreich erklären sich die hohen Ausländerzahlen teilweise dadurch, dass diese Länder wegen ihrer ähnlichen Universitätskulturen und -strukturen mit dem sehr viel größeren Nachbarland Deutschland eine gemeinsame Wissenschaftslandschaft bilden. Aber gerade für die Schweiz ist es unverkennbar, dass die Universitäten sich bis in die Spitzenpositionen hinein für ausländische Bewerber und Bewerberinnen weit geöffnet haben. In Deutschland ist das – trotz erkennbarer Weiterentwicklungen in den letzten Jahrzehnten – bis jetzt noch nicht zu konstatieren. Auch die Unterschiedlichkeit der Vergütungen und die Gehaltsstruktur beeinflusst die internationale Anziehungskraft in nicht unerheblichem Maße.

DRGH, Origine des enseignants chercheurs, versch. Jahrgänge: http://www.recherche.gouv.fr/cid22708/bilans-et-statistiques.html (letzter Zugriff 13.11.2013). Anstelle des Ausländeranteils bei den Promotionen musste im Falle Frankreichs der Ausländeranteil bei den eingeschriebenen Doktoranden als Indikator gewählt werden.

[279] Allerdings sind gerade für die in dieser Hinsicht besonders interessanten Research & Doctoral Universities der USA keine wirklich aussagekräftigen Daten verfügbar (vgl. dazu Kreckel 2013). Immerhin findet man für den SEH-Bereich (Science, Engineering, Health) an US-Hochschulen auf den Full-time Faculty Positions 17,1% Ausländer und 27% im Ausland Geborene, die in den USA promoviert haben. Über aus dem Ausland stammende Professoren und Professorinnen, die sich nicht in den USA qualifiziert haben und für Fächer außerhalb der Bereiche Science, Engineering-Health, Social Science, liegen keine belastbaren Angaben vor, so dass hier als vorsichtige, vermutlich eher niedrige Schätzung, ein Ausländeranteil von ca. 25% genannt wird (NSF 2012d: http://www.nsf.gov/statistics/seind12/c5/c5s3.htm; letzter Zugriff 13.11.2013).

Anhang

Übersicht 10-7: (A) Quellen, Zuordnungen und Berechnungsgrundlagen für die international vergleichende Personalstrukturanalyse in den Übersichten 10-2 und 10-3

Kategorie	Deutschland: nur Universitäten (ohne gleichgestellte Hochschulen, ohne FH), 2010, VZÄ
I (a)	C4-Professor („alten Rechts"); W3-Professor und vergleichbare; i.d.R. Beamte, unbefristet
I (b)	C3-Professor + C2-Professor auf Dauer; W2-Professor; Gastprofessor (hauptamtlich); i.d.R. Beamte, unbefristet
II	W1-Juniorprofessor, C2-Professor auf Zeit, Universität/Hochschul-Dozent, Oberassistent, Oberingenieur (insg. 89% von Kategorie II auf Zeit, 11% auf Dauer beschäftigt)
III (a)	Akademischer Rat/Oberrat/Direktor auf Dauer; Lektor auf Dauer; Lehrkraft für besondere Aufgaben auf Dauer; wissenschaftlich/künsterlische Mitarbeiter auf Dauer; Studienrat/-direktor im Hochschuldienst; unbefristet
III (b)	Hochschul-Assisitent; wissenschaftlicher Assistent; wissenschaftlich/künsterlisch Mitarbeitende auf Zeit, Akademischer Rat/Oberrat/Direktor auf Zeit; Lehrkraft für besondere Aufgaben auf Zeit – aus *Haushaltsmitteln* finanziert; auf Zeit
III (c)	Wie III (b), aber aus *Drittmitteln* (bzw. Studiengebühren) finanziert
IV	Nebenberuflicher Professor/Honorarprofessor; sonstige nebenberuflich Lehrende/Lehrbeauftragte; examinierte Hilfskräfte/Tutoren (alle befristet und in Teilzeit beschäftigt)
	Datenquelle: Statistisches Bundesamt (2011): Sonderauswertung des Statistischen Bundesamts zur Hochschulpersonalstatistik für 2010 (unveröffentlichter Datensatz)
	Berechnung der Vollzeitäquivalente (VZÄ) nach der Formel Vollzeit = 1,0; Teilzeit = 0,5; Nebenberuflich = 0,2
Kategorie	**USA:** Research & Doctoral Universities, 2003, VZÄ
I (a)	Full Professor (i.d.R.Tenure)
I (b)	Associate Professor (überwiegend Tenure)
II	Assistant Professor (i.d.R. Tenure Track)
III (a)	Instructor, Lecturer, „Other"/No Rank, full-time und unbefristet (Schätzung)
III (b)	wie III (a), jedoch full-time befristet plus part-time befristet (Befristungsanteil geschätzt)
III (c)	entfällt (Drittmittelpersonal ist in der US-Hochschulpersonalstatistik nicht systematisch einbezogen; vgl. dazu Kreckel 2013)
IV	Graduate Student Assistants (Teilzeit, befristet)
	Berechnet nach: NCES, Digest of Education Statistics 2011: Table 267 (full-time and part-time instructional faculty 2003); AFT 2009, The State of the Higher Education Workforce 1997–2007 (für den Anteil der Graduate Student Assistants)
	Berechnung der VZÄ nach der Formel 1,0/0,5/0,2

	Da die VZÄ nur auf dem Weg der Interpolationen unterschiedlicher Datensätze mit nicht völlig kongruenten Grundgesamtheiten bestimmt werden konnten, verstehen sie sich nur als Aussagen über Größenordnungen. Das gilt insbesonder für die Aufteilung zwischen III (a) und III (b). Neuere Daten, die die Berechnung von VZÄ an US-Research & Doctoral Universities ermöglichen, sind nicht verfügbar.
Kategorie	**Großbritannien:** Nur „old" Universities (pre-1992), Academic Year 2010-11, VZÄ
I (a)	Professor; i.d.R. unbefristet
I (b)	Senior Academic (Senior Lecturer, Reader, Senior Researcher etc.), i.d.R. unbefristet
II	Academic (Lecturer A, Lecturer B), nach Probezeit i.d.R. unbefristet
III (a, b)	Assistant Academic (Research Assistant, Research Associate etc.), befristet oder unbefristet
	Angaben über den Anteil der befristeten Assistant Academics (65%) liegen nur undifferenziert für alle englischen Hochschularten vor. Sie wurden dennoch als Berechnungsgrundlage für die Unterscheidung zwischen Ebene III (a) und III (b) der Assistant Academics an Pre-1992-Universities verwendet.
III (c)	Entfällt, da die Unterscheidung zwischen haushalts- und drittmittelfinanzierten Assistant Academics nicht möglich ist
IV	Atypical Staff with Academic Role (zur Erläuterung vgl. Kapitel 3.2.1)
	Berechnet nach: HEFCE 2012a (Staff employed at HEFCE-funded HEIs. Trends and Profiles 1995-96 to 2010-11)
	Berechnung der VZÄ nach der Formel 1,0/0,5/0,2
Kategorie	**Frankreich:** Dem Ministère de l'Éducation Nationale unterstehende Hochschulen, ohne klinische Disziplinen, 2011, VZÄ
I (a)	Professeur des Universités; Beamter, unbefristet
I (b)	Die drei Professorenränge „deuxième classe, première classe, classe exceptionelle" sind statistisch nicht getrennt ausgewiesen, deshalb entfällt die Kategorie I (b)
II	Maître de Conférences, Beamter, unbefristet (die beiden Rangstufen „classe normale" und „hors classe" sind nicht differenziert ausgewiesen
III (a)	Enseignant du Secondaire; Beamter, unbefristet
III (b)	ATER (befristete Qualifikationsstellen, i.d.R. für Promovierte)
III (c)	Drittmittelpersonal ist nicht zu ermitteln, spielt in Frankreich keine bedeutende Rolle
IV	Professeur associé, Maître de Conférences associé, Professeur invité, Lecteur, Me de Langue; Moniteur/Tuteur (Teilzeit, befristet) Die Gruppe der Vacataires (Aushilfskräfte) ist in der französischen Hochschulpersonalstatistik nicht erfasst
	Berechnet nach: MENESR 2011c, 2013b: Tables 1 u. 2; zur Erläuterung vgl. Übersicht 4-2
	Berechnung der VZÄ nach dem dort beschriebenen Verfahren der amtlichen französischen Hochschulstatistik
Kategorie	**Schweiz:** Universitäre Hochschulen (ohne FH/PH), 2010, VZÄ
I (a)	Ordentlicher Professor (statistische Eingruppierung SHIS I); Außerordentlicher Professor, z.T. auch Assistenz-Professor (SHIS II). Die amtliche Schweizer Hochschulstatistik weist diese Unterscheidungen nicht differenziert aus, deshalb entfällt die Kategorie I (b), i.d.R. unbefristet
I (b)	Entfällt, da in der amtlichen Statistik nicht separat ausgewiesen

II III (a)	Die beiden Kategorien II u. III (a) mussten zusammengelegt werden, da die Schweizer Hochschulstatistik unter der Rubrik SHIS III-VI („übrige Dozierende", inoffiziell auch als „oberer Mittelbau" bezeichnet) unterschiedlichste Tätigkeitsgruppen zusammenfasst, die selbstständig lehren, i.d.R. promoviert oder habilitiert sind, aber einen sehr unterschiedlichen Beschäftigungsumfang (zwischen 5% und über 90%) aufweisen und zu ca. 50% befristet tätig sind
	Die Titel und die Zuordnungen sind in der Schweiz von Universität zu Universität verschieden. So finden sich unter den „übrigen Dozierenden" auch Titularprofessoren, Privatdozenten und Assistenzprofessoren, Dozenten und Maîtres d'Enseignement et de Recherche, z.T. auch Oberassistenten, Lektoren, Lehrbeauftragte und Gastprofessoren.
III (b)	Assistierende und wissenschaftliche Mitarbeitende (SHIS VII-X): Assistent, z.T. Oberassistent, Wissenschaftlicher Mitarbeiter, Hilfsassistent u.ä. (befristet) – aus *Haushaltsmitteln* finanziert
III (c)	Wie III (b), aber aus *Drittmitteln* finanziert
IV	Entfällt, da die die Schweizer Hochschulpersonalstatistik nicht zwischen neben- und hauptberuflich Beschäftigten unterscheidet, sondern nur unterschiedliche Beschäftigungsumfänge ausweist
	Berechnet nach: BFS, Portal Statistik Schweiz, Universitäre Hochschulen. Personal nach Finanzquelle und Personalkategorie (http://www.pxweb.bfs.admin.ch/Dialog/Saveshow.asp (Zugriff 01/2013)
	Die VZÄ-Angaben wurden aus der offiziellen Schweizer Hochschulstatistik übernommen
Kategorie	**Österreich:** Universitäten (ohne FH und PH), 2010, VZÄ
I (a)	Ordentlicher Universitäts-Professor („alten Rechts"), Universitäts-Professor, i.d.R. unbefristet
I (b)	Assoziierter Professor (kleine Gruppe, da erst 2009 eingeführt), i.d.R. unbefristet
II	Außerordentlicher Professor („alten Rechts", unbefristet); Assistenzprofessur (auf Zeit, mit Tenure Track)
III (a)	Universitätsassistent alten Rechts (unbefristet); Senior Lecturer, Senior Scientist (beide unbefristet, erst seit 2009 eingeführte Positionen)
III (b)	Universitäts-Assistent (auf Zeit), Wissenschaftlicher Mitarbeiter (auf Zeit), aus *Haushaltsmitteln* finanziert
III (c)	Wie III (b), aber aus *Drittmitteln* finanziert
IV	Nebenberuflicher Gastprofessor; Lektor (auf Zeit). Examinierte Hilfskräfte/Tutoren nicht erfasst
	Berechnet nach: BMBWK, UNIDATA_PROD.PU Personal nach Verwendung: http://eportal.bmbwk.gv.at/discoverer/viewer?&cn=cf_a104&nlsl=de-at&fm=p://eportal.bmbwk.gv.at/discoverer/viewer?&_po=1000000000110011101100&wbr=1245462&wbk=ELEMENT5111121142 (Zugriff 11/2011)
	Die VZÄ-Angaben wurden aus der offiziellen österreichischen Hochschulpersonalstatistik übernommen
Kategorie	**Niederlande:** Forschungsuniversitäten (ohne „Fachhochschulen" = HBO; ohne Medizin), 2010, VZÄ
I (a)	Professor/Hoogleraar, i.d.R. unbefristet
I (b)	Senior Lecturer/Associate Professor/Universitair Hoofddocent (UHD), i.d.R. unbefristet
II	Lecturer/Assistant Professor/Universitätsdozent/Universitair Docent (UD), ca. 75% unbefristet

III (a)	Sonstiges Wissenschaftliches Personal, unbefristet, überwiegend OWPOW (Schwerpunkt Lehre)
III (b)	Sonstiges Wissenschaftliches Personal, auf Zeit (ohne Personal mit Schwerpunkt Forschung)
III (c)	Sonstiges Wissenschaftliches Personal, auf Zeit mit Schwerpunkt Forschung (OWPOZ)
IV	Promovendus/Trainee Research Assistant (PROM), auf Zeit
	Berechnet nach: WOPI (Wetenschappelijk Onderwijs Personeels Informatie): http://www.vsnu.nl/Universiteiten/Feiten-Cijfers/Personeel/Downloadbare-tabellen.htm (Zugriff 11/2012)
	Die VZÄ-Angaben für die Kategorien I-III wurden aus der niederländischen Hochschulstatistik übernommen
	Neben der Kategorie IV (Promovendus) werden in der niederländischen Hochschulstatistik keine weiteren nebenberuflich Tätigen erfasst. Bei der Kategorie IV (Promovendus) wird hier – im Unterschied zu den Übersichten 8-1, 8-2 und 8-7 sowie abweichend von der offiziellen niederländischen Hochschulstatistik, die die Doktoranden mit dem VZÄ-Faktor 1,0 gewichtet – mit dem bei den anderen Ländern benutzten, international üblichen Gewichtungsfaktor von 0,2 für nebenberuflich Tätige gerechnet, um den Ländervergleich zu ermöglichen.
Kategorie	**Schweden (Universitäten)**
I (a)	Professor, unbefristet
I (b)	Lektor (Senior Lecturer, Associate Professor), unbefristet
II	Adjunkt (Junior Lecturer, Assistant Professor), i.d.R. unbefristet
III (a, b, c)	Annan Forskande och Undervisande Personal (Other Research and Teaching Staff) Darunter: Postdocs & Postdoctoral Fellows; Research Assistants (i.d.R. auf Zeit)
	Beim „Sonstigen Forschungs- und Lehrpersonal" gestattet die schwedische Hochschulpersonalstatistik keine eindeutige Unterscheidung zwischen befristet und unbefristet Beschäftigten sowie zwischen Haushalts- und Drittmittelstellen. Diese Kategorie wurde gänzlich, für den Ländervergleich, dem befristeten wissenschaftlichen Personal der Kategorie III-b zugeordnet.
IV	Doktorander (Postgraduate Students); Timlärare (Part-time Teachers); Göstlärare (Guest Teachers), in Teilzeit und befristet
	Berechnet nach: Statistik om högskolan (Personalstatistik): http://www.hsv.se/statistik/statistikomhogskolan/personal.4.6df71dcd1157e43051580001770.html (letzter Zugriff 13.11.2013)
	Die VZÄ-Angaben für die Kategorien I-III wurden aus der schwedischen Hochschulpersonalstatistik übernommen
	Bei der Kategorie IV (für Doktoranden, Gastdozenten und Lehrbeauftragte) wird hier – im Unterschied zu Übersicht 7-1 und abweichend von der offiziellen schwedischen Hochschulstatistik, die die Doktoranden und Teilzeitlehrenden mit einem sehr hohen VZÄ-Faktor gewichtet – mit dem bei den anderen Ländern benutzten, international üblichen Gewichtungsfaktor von 0,2 für nebenberuflich Tätige gerechnet, um den Ländervergleich zu ermöglichen.

Übersicht 10-7: (B) Quellennachweise zu Übersicht 10-5: Frauenanteile bei Promotionen und Professuren im internationalen Vergleich

Deutschland	Universitäten: Statistisches Bundesamt (2012c), Fachserie 11, Reihe 4.2 (Berichtszeitraum 2011); Statistisches Bundesamt (2012b), Fachserie 11, Reihe 4.4 (Berichtszeitraum 2011)
USA	Research & Doctoral Universities, AAUP (2012: Table 12); NSF (2012b: Table 14): http://www.nsf.gov/statistics/sed/2011/pdf/tab14.pdf (letzter Zugriff 13.11.2013); Professoren: ohne Hochschulmedizin
Großbritannien	Universities, Quelle: HESA (2012: Table 17), HEFCE (2012a: Table 29)
Frankreich	Enseignement Supéreur Public, MENESR (2012e, 2012b)
Österreich	Staatliche Universitäten, BMBWK (2011); BMBWK, E-Portal: http://eportal.bmbwk.gv.at/portal/page?_pageid=93,499528&_dad=portal&_schema=PORTAL (Zugriff 01/2013)
Schweiz	Universitäre Hochschulen, BFS, Portal Statistik Schweiz, Personal der universitären Hochschulen am 31.12.2011, Tab. 5d; Abschlüsse der universitären Hochschulen: http://www.pxweb.bfs.admin.ch/Dialog/Saves how.asp (Zugriff 01/2013)
Schweden	Universities, Statistics Sweden, Yearbook of Educational Statistics 2013, Tab. 14.17 und 15.5
Niederlande	Research Universities (Professuren ohne Hochschulmedizin), MINOCW 2012: 183
Ungarn	Hochschulen: EC, She Figures 2012

Übersicht 10-7: (C) Quellennachweise zu Übersicht 10-6: Ausländeranteile bei Promotionen und Professuren im internationalen Vergleich

Deutschland	Universitäten: Statistisches Bundesamt (2012c), Fachserie 11, Reihe 4.2 (Berichtszeitraum 2011); Statistisches Bundesamt (2012b), Fachserie 11, Reihe 4.4 (Berichtszeitraum 2011)
USA	Higher Education Institutions, NSF (2012d: Table 19): http://www.nsf.gov/statistics/seind12/c5/c5s3.htm (letzter Zugriff 13.11.2013)
Großbritannien	Universities, HESA (2012: Table 17), HEFCE (2012a: Table 34)
Frankreich	Enseignement Supéreur Public, MENESR (2012e: 197); DRGH, Origine des enseignants chercheurs, verschiedene Jahrgänge: http://www.recherche.gouv.fr/cid22708/bilans-et-statistiques.html (letzter Zugriff 13.11.2013)
Österreich	Staatliche Universitäten, BMBWK (2012: 160); Özkan (2010)
Schweiz	Universitäre Hochschulen, BFS, Portal Statistik Schweiz, Personal der universitären Hochschulen am 31.12.2011, Tab. 6e; Abschlüsse an universitären Hochschulen vgl.: http://www.pxweb.bfs.admin.ch/Dialog/Saveshow.asp (Zugriff 01/2013)

Literatur und Quellen

AAUP, Association of American University Professors: Annual Report on the Economic Status of the Profession. http://www.aaup.org/AAUP/comm/rep/Z/default.htm (letzter Zugriff 6.11.2013).

AAUP, Association of American University Professors: Recommended Institutional Regulations on Academic Freedom and Tenure. http://www.aaup.org/AAUP/pubsres/policy docs/contents/RIR.htm?PF=1 (letzter Zugriff 6.11.2013).

AAUP, Association of American University Professors. Trends in Instructional Staff Employment Status, 1975-2009. http://www.aaup.org/NR/rdonlyres/7C3039DD-EF79-4E75-A 20D-6F75BA01BE84/0/Trends.pdf (letzter Zugriff 6.11.2013).

AAUP, Association of American University Professors (2006): Contingent Faculty Index. http://www.aaup.org/sites/default/files/files/AAUPContingentFacultyIndex2006.pdf (letzter Zugriff 6.11.2013).

AAUP, American Association of University Professors (2012): A Very Slow Recovery. The Annual Report on the State of the Profession 2011-12. http://www.aaup.org/reports-publications/2011-12salarysurvey (letzter Zugriff 6.11.2013).

Ackers, Louise (2005): Academic Career Trajectories: Identifying the 'Early Stage' in Research Careers. CSLPE Working Paper 2005-1. Leeds: CSLPE. www.law.leeds.ac.uk/cslpe (letzter Zugriff 6.11.2013).

Ackers, Louise; Oliver, Liz (2007): From Flexicurity to Flexequality? The Impact of the Fixed-term Contract Provisions on Employment in Science Research. In: International Studies of Management and Organisation 37 (1): 53-79. Armonk, NY : Sharpe.

AESR, Assises de l'enseignement supérieur et de la recherche (2012): Rapport au Président de la République. http://cache.media.enseignementsup-recherche.gouv.fr/file/Assises_esr/24/0/Assises-ESR-Rapport-Vincent-Berger-_237240.pdf (letzter Zugriff 6.11.2013).

AFT, American Federation of Teachers (2009): American Academic. The State of the Higher Education Workforce 1997-2007. http://www.aft.org/pdfs/highered/aa_highedworkforce0209.pdf (letzter Zugriff 6.11.2013).

AIT, Austrian Institute of Technology: Über uns. http://www.ait.ac.at/ueber-uns/ (letzter Zugriff 6.11.2013).

Aktionsrat Bildung (2012): Internationalisierung der Hochschulen. Eine institutionelle Gesamtstrategie. Gutachten. Münster: Waxmann.

Altbach, Philip G.; Reisberg, Liz; Yudkevich, Maria; Androushchak, Gregory; Pacheco, Ivan F. (2012): Paying the Professoriate. A Global Comparison of Compensation and Contracts. New York, London: Routledge.

Althaus, Marco (2009): Die Anti-Harvards. Wie Bildungskonzerne Amerikas Hochschulwesen revolutionieren. Reihe Bildungsökonomie, Bd. 1. Münster: LIT Verlag.

ANR, Agence Nationale de la Recherche (2012): Rapport annuel 2011. Paris: ANR. http://www.agence-nationale-recherche.fr/fileadmin/user_upload/documents/2012/ANR-rapport-annuel-2011.pdf (letzter Zugriff 6.11.2013).

Askling, Berit (2000): Academic Staff in Sweden. In: Enders, Jürgen (Hg.): Employment and Working Conditions of Academic Staff in Europe. Frankfurt/M., S. 210-222.

AUT, Association of University Teachers (2002): UK academic staff casualisation 1994-95 to 2000-2001. http://www.aut.org.uk/media/html/academiccasual94to011.html (letzter Zugriff 6.11.2013).

AUT, Association of University Teachers (2004): The Unequal Academy. UK academic staff 1995-96 to 2002-03. http://www.aut.org.uk/media/pdf/aut_unequalacademy.pdf (letzter Zugriff 6.11.2013).

Barry, Jim; Berg, Elisabeth; Chandler, John (2012): Movement and Coalition in Contention: Gender, Management and Academe in England and Sweden. In: Gender, Work and Organization, Vol. 19, No. 1, S. 52-70.

Belhoste, Bruno (2003): La formation d'une technocratie. L'École polytechnique et ses élèves de la Révolution au Second Empire. Paris: Belin.

Berg, Elisabeth (2010): Grasping the poisoned chalice. Higher education and managerial identities in Sweden. In: Riegraf; Aulenbacher; Kirsch-Auwärter; Müller (Hg.): Gender Change in Academia: Re-mapping the fields of work, knowledge, and politics from a gender perspective. Wiesbaden: VS-Verlag, pp.: 137-147.

BFS, Bundesamt für Statistik: Tertiärstufe: Hochschulen – Personal. http://www.bfs.admin.ch/bfs/portal/de/index/themen/15/06/data/blank/03.html (letzter Zugriff 6.11.2013).

BFS, Bundesamt für Statistik: Tertiärstufe: Hochschulen – Personal. Personal der universitären Hochschulen. http://www.bfs.admin.ch/bfs/portal/de/index/themen/15/06/data/blank/03.html#parsys_11325 (letzter Zugriff 6.11.2013).

BFS, Bundesamt für Statistik: Tertiärstufe: Hochschulen – Studierende. http://www.bfs.admin.ch/bfs/portal/de/index/themen/15/06/data.html (letzter Zugriff 6.11.2013).

BFS, Bundesamt für Statistik (2006): Bildung und Wissenschaft. Personal der Fachhochschulen 2005. Neuchâtel.

BFS, Bundesamt für Statistik (2006a): Bildung und Wissenschaft. Personal der universitären Hochschulen 2005. Neuchâtel.

BFS, Bundesamt für Statistik (2006b): Finanzen der Fachhochschulen 2005. Neuchâtel.

BFS, Bundesamt für Statistik (2010): Panorama der Hochschulen 2010. Neuchâtel. http://www.bfs.admin.ch/bfs/portal/de/index/themen/15/22/publ.html?publicationID=3937 (letzter Zugriff 6.11.2013).

BFS, Bundesamt für Statistik (2011): Bildung und Wissenschaft. Personal der universitären Hochschulen 2010. Neuchâtel.

BFS, Bundesamt für Statistik (2011a): Bildung und Wissenschaft. Studierende an den universitären Hochschulen 2010/11. Neuchâtel.

BFS, Bundesamt für Statistik (2012): Bildung und Wissenschaft. Personal der Fachhochschulen 2010. Neuchâtel.

BFS, Bundesamt für Statistik (2012a): Öffentliche Finanzierung der Forschung in der Schweiz 2000-2010. Neuchâtel.

Blijderfeld, Ruud H.T. (2005): Von der Gremienuniversität zum Hochschulunternehmen. Die Organisationsform der Universität Amsterdam. In: Die Hochschule. Journal für Wissenschaft und Bildung, 1/2005, S. 171-196.

BLK, Bund-Länder-Kommission (2006): Frauen in Hochschulen und außerhochschulischen Forschungseinrichtungen, 10. Fortschreibung des Datenmaterials, Heft 136, Bonn. http://www.pedocs.de/volltexte/2008/290/pdf/heft136.pdf (letzter Zugriff 6.11.2013).

Bloch, Roland; Burkhardt, Anke; Franz, Anja; Kieslich, Claudia; Kreckel, Reinhard; Schuster, Robert; Trümpler, Doreen; Schulze, Henning; Zimmermann, Karin (2011): Personalreform zwischen föderaler Möglichkeit und institutioneller Wirklichkeit. In: Pasternack (Hg.): Hochschulen nach der Föderalismusreform. Leipzig: Akademische Verlagsanstalt, S. 155-214.

BMBF, Bundesministerium für Bildung und Forschung (2006): Bundesbericht Forschung 2006. http://www.bmbf.de/pub/bufo2006.pdf (letzter Zugriff 6.11.2013).

BMBF, Bundesministerium für Bildung und Forschung (2010): Bundesbericht Forschung und Innovation 2010. Kurzfassung. http://www.bmbf.de/pub/bufi_2010_kurzfassung.pdf (letzter Zugriff 6.11.2013).

BMBF, Bundesministerium für Bildung und Forschung (2012): Bundesbericht Forschung und Innovation 2012. http://www.bmbf.de/pub/bufi_2012.pdf (letzter Zugriff 6.11.2013).

BMWF, Bundesministerium für Wissenschaft und Forschung (2011): Universitätsbericht 2011. http://www.bmwf.gv.at/uploads/tx_contentbox/Universitaetsbericht2011.pdf (letzter Zugriff 6.11.2013).

BMWF, Bundesministerium für Wissenschaft und Forschung (2012): Österreichischer Forschungs- und Technologiebericht 2012. http://www.bmvit.gv.at/service/publikationen/innovation/forschungsberichte/downloads/ftbericht2012.pdf (letzter Zugriff 6.11.2013).

BMVIT, Bundesministerium für Verkehr, Innovation und Technologie (2004): FEMtech Gender booklet Außeruniversitäre Forschung. Zweiter Monitoringbericht zur Chancengleichheit von Frauen und Männern in außeruniversitären naturwissenschaftlich-technischen Forschungseinrichtungen für das Jahr 2004. http://www.femtech.at/fileadmin/downloads/Wissen/FEMtech_Publikationen/Publikationen_ueberarbeitet/GenderBooklet_2004_screen.pdf (letzter Zugriff 6.11.2013).

BMVIT, Bundesministerium für Verkehr, Innovation und Technologie (2008): FEMtech Gender booklet Außeruniversitäre Forschung. Sechster Monitoringbericht zur Chancengleichheit von Frauen und Männern in außeruniversitären naturwissenschaftlich-techni schen Forschungseinrichtungen für das Jahr 2008. http://www.bmvit.gv.at/service/publikationen/innovation/humanpotenzial/downloads/genderbooklet08.pdf (letzter Zugriff 6.11.2013).

BMVIT, Bundesministerium für Verkehr, Innovation und Technologie (2012): Abstract zur Publikation: Forschungs- und Technologiebericht 2012. http://www.bmvit.gv.at/service/publikationen/innovation/forschungsberichte/ft_bericht12.html (letzter Zugriff 6.11.2013).

Bochow, Michael; Joas, Hans (1987): Wissenschaft und Karriere. Der berufliche Verbleib des akademischen Mittelbaus. Frankfurt/M., New York: Campus.

Böhmer, Susan (2010): Der Preis der Freiheit. Die Bedeutung hoher Forschungsautonomie für Arbeitsalltag und Karriere von Nachwuchsgruppenleitern. In: Die Hochschule. Journal für Wissenschaft und Bildung, 1/2010, S. 64-76.

Böhmer, Susan; Hornbostel, Stefan (2009): Postdocs in Deutschland. Nachwuchsgruppenleiterprogramme im Vergleich. iFQ-Working paper No. 6, Bonn. http://www.forschungsinfo.de/Publikationen/Download/working_paper_6_2009.pdf (letzter Zugriff 6.11.2013).

Boezerooy, Petra (2003): Higher Education in the Netherlands. Country Report. Twente: CHEPS.

Boockmann, Hartmut (1999): Wissen und Widerstand. Geschichte der deutschen Universität. Berlin: Siedler.

Bourdieu, Pierre (1984): Homo academicus. Paris: Minuit.

Bourdieu, Pierre (1989): La noblesse d'État. Grandes écoles et esprit de corps. Paris: Minuit.

Braun, Dietmar (1997): Die politische Steuerung der Wissenschaft. Ein Beitrag zum ‚kooperativen Staat'. Frankfurt/M., New York: Campus.

Braun, Dietmar (2001): Staatliche Förderung außeruniversitärer Forschungseinrichtungen am Beispiel der Niederlande und Deutschlands. Kritische Begutachtung eines Förderinstruments. Bern: Centre d'études de la science et de la technologie (CEST).

Buch, Florian; Landfester, Katharina; Linden, Pia; Rössel, Jörg; Schmitt, Tassilo (2004): Zwei Jahre Juniorprofessur. Analysen und Empfehlungen. http://hsdbs.hof.uni-halle.de/documents/t956.pdf (letzter Zugriff 6.11.2013).

Buchholz, Kai; Gülker, Silke; Knie, Andreas; Simon, Dagmar (2009): Attraktivität von Arbeitsbedingungen in der Wissenschaft im internationalen Vergleich: Wie erfolgreich sind die eingeleiteten wissenschaftspolitischen Initiativen und Programme? Studie 12-2009 für die Expertenkommission für Forschung und Innovation. http://www.e-fi.de/innovationsstudien_2009.html (letzter Zugriff 28.11.2013).

Bundesgesetz über die Eidgenössischen Technischen Hochschulen (ETH-Gesetz) vom 4. Oktober 1991 (Stand 1. Januar 2013). http://www.admin.ch/ch/d/sr/4/414.110.de.pdf (letzter Zugriff 6.11.2013).

Bundesgesetz über die Fachhochschulen (Fachhochschulgesetz, FHSG) vom 6. Oktober 1995 (Stand 1. Januar 2013). http://www.admin.ch/ch/d/sr/4/414.71.de.pdf (letzter Zugriff 6.11.2013).

Bundesgesetz über die Förderung der Universitäten und über die Zusammenarbeit im Hochschulbereich (Universitätsförderungsgesetz, UFG) vom 8. Oktober 1999 (Stand 1. Januar 2013). http://www.admin.ch/ch/d/sr/4/414.20.de.pdf (letzter Zugriff 6.11.2013).

Bundesgesetz über Fachhochschul-Studiengänge (Fachhochschul-Studiengesetz - FHStG) vom 01.02.2004 (Stand Februar 2012). http://www.ris.bka.gv.at/GeltendeFassung.wxe?Abfrage=Bundesnormen&Gesetzesnummer=10009895&FassungVom=2004-02-01 (letzter Zugriff 6.11.2013).

Bundesgesetz über die Organisation der Pädagogischen Hochschulen und ihre Studien (Hochschulgesetz, HG) vom 07. Dezember 2005. http://www.ris.bka.gv.at/GeltendeFassung.wxe?Abfrage=Bundesnormen&Gesetzesnummer=20004626 (letzter Zugriff 6.11.2013).

Bundesgesetz über die Organisation der Universitäten und ihre Studien (Universitätsgesetz, UnivG) vom 11. Juli 2002. http://www.jusline.at/Universitaetsgesetz_(UnivG).html (letzter Zugriff 6.11.2013).

Bukodi, Erzsebet (1998): A tudományos fokozattal rendelkezők, Központi Statisztikai Hivatal (Ungarisches Statistisches Nationalamt). Budapest: KSH.

Burkhardt, Anke (2008): Länderkapitel Schweden. In: Kreckel (Hg.): Zwischen Promotion und Professur. Das wissenschaftliche Personal in Deutschland im Vergleich mit Frankreich, Großbritannien, USA, Schweden, den Niederlanden, Österreich und der Schweiz. Leipzig: Akademische Verlagsanstalt, S. 135-161.

Burris, Val (2004): The Academic Caste System: Prestige Hierarchies in PhD Exchange Networks. In: American Sociological Review 69/2004, pp. 239-264.

Campus France: Finanzierung. Studiengebühren in Frankreich. http://www.allemagne.campusfrance.org/node/64895 (letzter Zugriff 6.11.2013).

Carnegie Foundation for the Advancement of Teaching: Basic Classification. Classification Description. http://classifications.carnegiefoundation.org/descriptions/basic.php (letzter Zugriff 6.11.2013).

Carnegie Foundation for the Advancement of Teaching: The Carnegie Classification of Institutions of Higher Education. http://classifications.carnegiefoundation.org/ (letzter Zugriff 6.11.2013).

Carnegie Foundation for the Advancement of Teaching (2010): Basic Classification. Summary Tables. http://classifications.carnegiefoundation.org/summary/basic.php (letzter Zugriff 6.11.2013).

CGE, Conférence des Grandes Écoles (2012): Rapport d'activité 2012. http://www.cge.asso.fr/document/liste/271/rapport-activite (letzter Zugriff 6.11.2013).

Christian Doppler Forschungsgesellschaft: Zahlen, Daten, Fakten zum CD-Modell. http://www.cdg.ac.at/ueber-uns/zahlen-daten-fakten/ (letzter Zugriff 6.11.2013).

CJC, Confédération des Jeunes Chercheurs: Présentation de la CLC. http://cjc.jeunes-chercheurs.org/presentation/ (letzter Zugriff 6.11.2013).

Clark, Burton R. (1995): Places of Enquiry. Research and Advanced Education in Modern Universities. Berkeley, Los Angeles, London: University of California Press.

Clark, Burton R. (1998): Creating Entrepreneurial Universities: Organizational Pathways of Transformation. Oxford: Emerald Group.

Clark, Tony (2006): OECD Thematic Review of Higher Education. Country Report: United Kingdom. DES - Research Report 767. London: Department of Education and Skills.

CNRS, Centre National de Recherche Scientifique: Bilan social. Paris: CNRS. http://bilansocial.dsi.cnrs.fr/page/download (letzter Zugriff 6.11.2013).

CNRS, Centre National de Recherche Scientifique (2012): Bilan social 2011. Paris: CNRS. http://www.dgdr.cnrs.fr/drh/omes/documents/pdf/bilan-social/bilan-social-2011.pdf (letzter Zugriff 6.11.2013).

Cole, Jonathan C. (2009): The Great American University. Its Rise to Preeminence, Its Indispensable National Role, and Why It Must Be Protected. New York: Public Affairs.

College Board Advocacy & Policy Center: Trends in Higher Education. Trends in College Pricing. Percentage of Instructional Faculty Employed Full-Time over Time. http://trends.collegeboard.org/college-pricing/figures-tables/percentage-instructional-faculty-employed-full-time-over-time (letzter Zugriff 6.11.2013).

Cross, John G.; Goldenberg, Edie N. (2009): Off-Track Profs. Non-tenured Teachers in Higher Education. Cambridge (Mass.) / London: MIT Press.

Csernyák, Mariann (2012): Felsöfoku oktatas 1990-2012, Központi Statisztikai Hivatal (Ungarisches Statistisches Nationalamt). Budapest: KSH. http://www.ksh.hu/docs/hun/xstadat/xstadat_eves/i_zoi007b.html (letzter Zugriff 6.11.2013).

CWI, Centrum voor Wiskunde en Informatica (2006): Annual Report 2005. http://oai.cwi.nl/oai/asset/15894/15894D.pdf (letzter Zugriff 6.11.2013).

CWI, Centrum voor Wiskunde en Informatica (2007): Annual Report 2006. http://oai.cwi.nl/oai/asset/15889/15889D.pdf (letzter Zugriff 6.11.2013).

CWI, Centrum voor Wiskunde en Informatica (2012): Annual Report 2011. http://oai.cwi.nl/oai/asset/19913/19913D.pdf (letzter Zugriff 6.11.2013).

Dachverband der Universitäten (2011): Kollektivvertrag für die ArbeitnehmerInnen der Universitäten vom 01.01.2011, 2. Nachtrag. http://brwup.univie.ac.at/fileadmin/user_upload/betriebsrat/KV/KollV_2011.01_Kunstext.pdf (letzter Zugriff 6.11.2013).

Deen, Jarno (2007): Higher Education in Sweden. IHM Country report. Cheps Center for Higher Education Polica Studies, Universät Twente. https://www.utwente.nl/cheps/higher_education_monitor (letzter Zugriff 6.11.2013).

Detmer, Hubert; Metzler, Moritz (2012): Berufungspraxis Deutschland. Ergebnisse einer aktuellen Auswertung. In: Forschung & Lehre, 19. Jg., S. 898-899.

DFG, Deutsche Forschungsgemeinschaft/BMBF, Bundesministerium für Bildung und Forschung (2006): Karrierewege in Wissenschaft und Forschung. Konferenz, 4. und 5. Oktober 2006. In: Beilage zur duz – das unabhängige Hochschulmagazin, duz Special, 15.12.2006. http://www.dfg.de/download/pdf/dfg_im_profil/geschaeftsstelle/publikationen/karrierewege_beilage_duz_06.pdf (letzter Zugriff 6.11.2013).

DFG, Deutsche Forschungsgemeinschaft (2012): Förderatlas 2012. Kennzahlen zur öffentlich finanzierten Forschung in Deutschland. Weinheim: Wiley-VHC. http://www.dfg.de/download/pdf/dfg_im_profil/evaluation_statistik/foerderatlas/dfg-foerderatlas_2012.pdf (letzter Zugriff 6.11.2013).

DFG, Deutsche Forschungsgemeinschaft (2012a): Jahresbericht 2011. Aufgaben und Ergebnisse. http://www.dfg.de/download/pdf/dfg_im_profil/geschaeftsstelle/publikationen/dfg_jb2011.pdf (letzter Zugriff 6.11.2013).

Deutscher Bundestag (2010): Stenografischer Bericht 78. Sitzung. Berlin, Donnerstag, den 2. Dezember 2010. Berlin (BT-Plenarprotokoll 17/78). http://dipbt.bundestag.de/dip21/btp/17/17078.pdf (letzter Zugriff 6.11.2013).

EC, European Commission: Platform on Research and Innovation policies and systems, ERAWATCH. Country Page Sweden. http://erawatch.jrc.ec.europa.eu/erawatch/opencms/information/country_pages/se/country (letzter Zugriff 6.11.2013).

EC, European Commission: Platform on Research and Innovation policies and systems, ERAWATCH. Country Page United States. http://erawatch.jrc.ec.europa.eu/erawatch/opencms/information/country_pages/us/country (letzter Zugriff 6.11.2013).

EC, European Commission (2009): She Figures 2009: Statistics and Indicators on Gender Equality in Science. http://ec.europa.eu/research/science-society/document_library/pdf_06/she_figures_2009_en.pdf (letzter Zugriff 6.11.2013).

EC, European Commission (2012): She Figures 2012. Gender in Research and Innovation. Statistics and Innovations. http://ec.europa.eu/research/science-society/index.cfm?fusea ction=public.topic&id=1282 (letzter Zugriff 6.11.2013).
Education Colleges: Colleges. National University Rankings. http://colleges.usnews.rankings andreviews.com/best-colleges/rankings/national-universities/ (letzter Zugriff 6.11.2013).
Ehrenberg, Ronald G. (2012): American Higher Education in Transition. In: Journal of Economic Perspectives 26, pp. 193-216.
Enders, Jürgen (1996): Die wissenschaftlichen Mitarbeiter. Ausbildung, Beschäftigung und Karriere der Nachwuchswissenschaftler und Mittelbauangehörigen an den Universitäten. Frankfurt/M., New York: Campus.
Enders, Jürgen (1998): Berufsbild der Hochschullehrer. In: Teichler, Ulrich; Daniel, Hans-Dieter; Enders, Jürgen (Hg.): Brennpunkt Hochschule: Neuere Analysen zu Hochschule, Beruf und Gesellschaft. Frankfurt/M., New York: Campus, S. 55-78.
Enders, Jürgen; Bornmann, Lutz (2002): Internationale Mobilität bundesdeutscher Promovierter – eine Sekundäranalyse der Kasseler Promoviertenstudie. In: Mitteilungen aus der Arbeitsmarkt- und Berufsforschung MittAB Jg. 35 H. 1/2002, Stuttgart, Berlin, Köln, Mainz: Kohlhammer, S. 60-71.
Enders, Jürgen; Schimank, Uwe (2001): Faule Professoren und vergreiste Nachwuchswissenschaftler? Einschätzungen und Wirklichkeit. In: Stölting, Erhard; Schimank, Uwe (Hg.): Die Krise der Universitäten. Leviathan, Sonderheft 20, Wiesbaden: VS-Verlag, S. 159-178.
Enders, Jürgen; Weert, Egbert de (Hg.) (2004): The International Attractiveness of the Academic Workplace in Europe. Frankfurt/M.: GEW.
Engwall, Lars (2007): Universities, the State and the Market: Changing Patterns of University Governance in Sweden and Beyond. In: Higher Education Management and Policy, Vol. 19, No. 3, pp. 87-104.
Engwall, Lars; Nybom, Thorsten (2006): Die Entwicklung des schwedischen Hochschul- und Forschungssystems seit 1945. In: Nordeuopaforum, Zeitschrift für Politik, Wirtschaft und Kultur, 16. Jg., 1/2006, S. 49-73.
Eurydice, Datenbank Eurybase des Europäischen Informationsnetzes (2006): The Information Database on Education Systems in Europe. The Education System in the Netherlands - 2005/06. http://www.eurydice.org/portal/page/portal/Eurydice/DB_Eurybase_ Home (letzter Zugriff 6.11.2013).
Fachhochschulrat (2010): Bericht des Fachhochschulrats 2010 (FHR-Jahresbericht 2010). http://www.fhr.ac.at/fhr_inhalt/00_dokumente/Jahresbericht/FHR_JB2010_Bericht.pdf (letzter Zugriff 6.11.2013).
FDSZ, Felsőoktatási Dolgozók Szakszervezete/Trade Union of Employees in Higher Education. http://www.fdsz.hu/?q=hu/en (letzter Zugriff 6.11.2013).
Federkeil, Gero; Buch, Florian (2007): Fünf Jahre Juniorprofessur. Zweite CHE-Befragung zum Stand der Einführung. CHE-Arbeitspapier 90. Gütersloh: CHE.
FFG, Östereichische Forschungsförderungsgesellschaft: Das Förderangebot. COMET Competence Centers for Excellent Technologies. http://www.ffg.at/comet-competence-cent ers-excellent-technologies (letzter Zugriff 6.11.2013).
FH Guide Fachhochschulen: Das gesamte Angebot. Studienangebot. http://www.fachhoch schulen.ac.at/de/studienangebot (letzter Zugriff 6.11.2013).
Forschung Austria: Österreichs Dachverband der außeruniversitären, anwendungsorientierten Forschung und technologischen Entwicklung. Informationsbroschüre. http://forschung austria.ac.at/fileadmin/user_upload/FA_Folder_2011.pdf (letzter Zugriff 6.11.2013).
Forschung Austria: Startseite. http://www.forschungaustria.ac.at/ (letzter Zugriff 6.11.2013).
Forschungs-Kollektivvertrag für die Arbeitnehmer und Arbeitnehmerinnen in der außeruniversitären Forschung (Forschungs-KV) in der Fassung vom 01.01.2011. http:// www.gpa-djp.at/servlet/BlobServer?blobcol=urldokument&blobheadername1=conten

t-type&blobheadername2=content-disposition&blobheadervalue1=application%2Fpdf&blobheadervalue2=inline%3B+filename%3D%22Kollektivvertrag_2011.pdf%22&blobkey=id&root=GPA&blobnocache=false&blobtable=Dokument&blobwhere=1300445571460 (letzter Zugriff 6.11.2013).

Fulton, Oliver; Holland, Chris (2001): Profession or Proletariat: Academic Staff in the United Kingdom after two Decades of Change. In: Enders (Hg.): Academic Staff in Europe. Changing Contexts and Conditions. Westport, London: Greenwood Press, pp. 301-322.

FWF der Wissenschaftsfonds: Förderungsprogramme. Schwerpunkt-Programme, Spezialforschungsbereiche (SFB). http://www.fwf.ac.at/de/projects/sfb.html (letzter Zugriff 6.11.2013).

Gaillard, Jean-Michel (1999): L'E.N.A., mirroir de l'État. De 1945 à nos jours. Bruxelles: Complexe.

GöD, Gewerkschaft Öffentlicher Dienst (2013): Kollektivvertrag für die Arbeitnehmer/innen der Universitäten. 3. aktualisierte Auflage. In: Broschürenreihe der GÖD, Wien: http://goed.at/index.php?eID=tx_nawsecuredl&u=0&g=0&t=1385912131&hash=84fbcc3c3f24f4b49ba807b81c23130fbb8d8d01&file=fileadmin/user_upload/Publikationen/Uni-KV_2013.pdf (letzter Zugriff 6.11.2013).

Gülker, Silke (2010): Autonomer, aber weiter unsicher. Neue Führungspositionen haben das Karrieresystem in der deutschen Wissenschaft nur wenig verändert. WZBrief Arbeit 05/01/2010. http://bibliothek.wzb.eu/wzbrief-arbeit/WZBriefArbeit052010_guelker.pdf (letzter Zugriff 6.11.2013).

GWK, Gemeinsame Wissenschaftskonferenz (2011): Chancengleichheit in Wissenschaft und Forschung, 15. Fortschreibung des Datenmaterials (2009/2010) zu Frauen in Hochschulen und außerhochschulischen Forschungseinrichtungen, Heft 22, Bonn. http://www.gwk-bonn.de/fileadmin/Papers/GWK-Heft-22-Chancengleichheit.pdf (letzter Zugriff 6.11.2013).

HAC, Hungarian Accreditation Committee: Startseite. http://www.mab.hu/web/index.php?lang=hu (letzter Zugriff 6.11.2013).

Hartmann, Michael (2002): Der Mythos von den Leistungseliten. Spitzenkarrieren und soziale Herkunft in Wirtschaft, Politik, Justiz und Wissenschaft. Frankfurt/M., New York: Campus.

Havas, Attila (2012): Country Pages: Hungary. In European Research Area, ERAWATCH. http://erawatch.jrc.ec.europa.eu/erawatch/opencms/information/country_pages/hu/country?section=ResearchPerformers (letzter Zugriff 6.11.2013).

HBO-Raad, Vereniging Hogescholen: Bedrijfsvoering. Financiën HBO. http://www.hbo-raad.nl/bedrijfsvoering/financien-hbo (letzter Zugriff 6.11.2013).

HBO-Raad, Vereniging Hogescholen: Bedrijfsvoering. Personeel. http://www.hbo-raad.nl/hbo-raad/feiten-en-cijfers/cat_view/60-feiten-en-cijfers/62-bedrijfsvoering/66-personeel (letzter Zugriff 6.11.2013).

HBO-Raad, Vereniging Hogescholen: HBO-sectoren. http://www.hbo-raad.nl/hbo-sectoren (letzter Zugriff 6.11.2013).

HBO-Raad, Vereniging Hogescholen: Onderwijs. Beleid. http://www.hbo-raad.nl/onderwijs/beleid (Zugriff 06.11.2013).

HBO-Raad, Vereniging Hogescholen: Startseite. http://www.hbo-raad.nl/english (letzter Zugriff 06.11.2013).

HBO-Raad, Vereniging Hogescholen: (2010): Collective Employment Agreement for the Higher Professional Education Sector. 1 August 2010 to 31 January 2012.

HEFCE, Higher Education Funding Council for England (2006): Staff Employed at HEFCE Funded HEIs: Update. Trends and Profiles. Issues Paper 2006/31. London: HEFCE.

HEFCE, Higher Education Funding Council for England (2008): Funding Higher Education in England. How HEFCE allocates its Funds. Guide 2008/33. London: HEFCE.

HEFCE, Higher Education Funding Council for England (2010): Staff employed at HEFCE-funded HEIs: Trends and profiles 1995-96 to 2008-09. http://www.hefce.ac.uk/pubs/year/2010/201006/ (letzter Zugriff 6.11.2013).

HEFCE, Higher Education Funding Council for England (2012): Financial Health of the Higher Education Sector. 2011-12 to 2014-15 Forecasts. Issues Paper 2012/30. London: HEFCE.

HEFCE, Higher Education Funding Council for England (2012a): Staff Employed at HEFCE Funded HEIs. Trends and Profiles 1995-96 to 2010-11. Issues Paper 2012/14. London: HEFCE.

HESA, Higher Education Statistics Agency (2010): Students in Higher Education. Download 2009-10. http://hesa.ac.uk/index.php?option=com_rss&feed=RSS1.0&n0_html=1 (letzter Zugriff 6.11.2013).

HESA, Higher Education Statistics Agency (2012): Staff in Higher Education Institutions in the United Kingdom 2010/11. Cheltenham: HESA. http://www.hesa.ac.uk/index.php?option=com_content&task=view&id=2368&Itemid=161 (letzter Zugriff 6.11.2013).

HM Treasury (2004): Science and Innovation Investment Framework 2004 – 2014. http://www.hm-treasury.gov.uk/spending_review/spend_sr04/associated_documents/spending_sr04_science.cfm (Zugriff 03/2007).

Högskoleverket (Swedish National Agency for Higher Education): Laws and Regulations. http://www.hsv.se/lawsandregulations.4.5161b99123700c42b07ffe3904.html (Zugriff 21.09.2012).

Högskoleverket (Swedish National Agency for Higher Education): Startseite. http://english.hsv.se/ (Zugriff 02.02.2012).

Högskoleverket (Swedish National Agency for Higher Education): Statistik om högskolan. Personal (Personalstatistik). http://www.hsv.se/statistik/statistikomhogskolan/personal.4.6df71dcd1157e43051580001770.html (Zugriff 21.09.2012).

Högskoleverket (Swedish National Agency for Higher Education): The Higher Education Ordinance. http://www.hsv.se/lawsandregulations/thehighereducationordinance.4.5161b99123700c42b07ffe3981.html (Zugriff 21.09.2012).

Högskoleverket (Swedish National Agency for Higher Education) (2011): Swedish Universities & University Colleges. Short Version of Annual Report 2011. http://www.hsv.se/download/18.7dac986013389229f6e80002786/1115R-swedish-universities-annual-report-2011.pdf (Zugriff 21.09.2012).

Högskoleverket (Swedish National Agency for Higher Education) (2012): Swedish Universities & University Colleges. Short Version of Annual Report 2012. http://www.hsv.se/download/18.485f1ec213870b672a680003125/1218R-swedish-universities-annual-report-2012.pdf (Zugriff 29.10.2012).

HRC, Hungarian Rectors' Conference (Konferenz der Universitätsrektoren und der Fachhochschuldirektoren): Startseite. http://www.mrk.hu/en/ (letzter Zugriff 6.11.2013).

Hrubos, Ildiko (2002): A „bolognai folyamat". Budapest: Oktatáskutató Intézet.

Hug, Annette (2013): Karrierewege und Zusammenarbeit an Schweizer Fachhochschulen. Chancen und Probleme eines Aufbruchs. In: Keller, Andreas; Pöschl, Dorren; Schütz, Anna (Hg.): Baustelle Hochschule. Attraktive Karrierewege und Beschäftigungsbedingungen gestalten. GEW Materialien aus Hochschule und Forschung 120. Bielefeld: wbv, S. 53-60.

Imhasly, Patrick (2012): Zahltag an der Uni. In: Neue Zürcher Zeitung (NZZ) am Sonntag, 20.5.2012, S. 49-50.

IST Austria, Institute of Science and Technology Austria: Startseite. http://ist.ac.at/de/ueber-ist-austria/ (letzter Zugriff 6.11.2013).

IUT, Instituts Universitaires de Technologie: Startseite: (http://www.iut.fr/ (letzter Zugriff 8.11.2013).

Jacob, Anna Katharina; Teichler, Ulrich (2011): Der Wandel des Hochschullehrerberufs im internationalen Vergleich. Ergebnisse einer Befragung in den Jahren 2007/08. Bonn, Berlin: BMBF.

Jaksztat, Steffen; Schindler, Nora; Briedis, Kolja (2010): Wissenschaftliche Karrieren. Beschäftigungsbedingungen, berufliche Orientierungen und Kompetenzen des wissenschaftlichen Nachwuchses, Hannover (Forum Hochschule, 14/2010): http://www.his.de/pdf/pub_fh/fh-201014.pdf (letzter Zugriff 8.11.2013).

Janson, Kerstin; Schomburg, Harald; Teichler, Ulrich (2007): Wege zur Professur. Qualifizierung und Beschäftigung an Hochschulen in Deutschland und den USA. Münster: Waxmann.

JNCHES, Joint Negotiating Committee for Higher Education Staff (2003): Framework Agreement for the Modernization of Pay Structures. London: JNCHES.

JNCHES, Joint Negotiating Committee for Higher Education Staff (2008): Review of Higher Education Finance and Pay Data. Final Report. London: JNCHES.

JNCHES, New JNCHES Pay Framework and Data Research Group (2011): Pay Framework and Data Research Overview Report. London: UCEA.

Jongbloed, Ben (2010): Modern European Platform. Higher Education Modernisation. Funding Higher Education: A View across Eruope. CHEPS. http://www.utwente.nl/mb/cheps/publications/Publications%202010/MODERN_Funding_Report.pdf (letzter Zugriff 8.11.2013).

Kaiser, Frans (2007): Higher Education in France. CHEPS – Higher Education Monitor. Enschede: CHEPS.

Kasparovsky, Heinz; Wadsack, Ingrid (2004): Das österreichische Hochschulsystem. Wien: bm:bwk.

Kleinwächter, Claudia (2006): Die Zukunft der Hochschulen in einer föderalisierten Bildungslandschaft. Dokumentation der hochschulpolitischen Fachtagung der Hans-Böckler-Stiftung. Materialien und Dokumente: Hochschule und Forschung 112. Frankfurt/M.: GEW.

Központi Statisztikai Hivatal (KSH – Ungarisches Statistisches Nationalamt) (2001): Kutatás és fejlesztés. Budapest.

Korecky, Peter (2013): Tenure Track durch Kollektivvertrag – Karrierewege in Österreich. In: Keller, Andreas; Pöschl, Dorren; Schütz, Anna (Hg.): Baustelle Hochschule. Attraktive Karrierewege und Beschäftigungsbedingungen gestalten. GEW Materialien aus Hochschule und Forschung 120. Bielefeld: wbv, S. 61-66.

Kozma, Tamas (2002): "Homo Academicus". In: Educatio, vol.11. no 2, pp. 313-316.

Kreckel, Reinhard (2008): Aufhaltsamer Aufstieg. Karriere und Geschlecht in Bildung, Wissenschaft und Gesellschaft. In: Löw, Martina (Hg.): Geschlecht und Macht. Analysen zum Spannungsfeld von Arbeit, Bildung und Familie. Wiesbaden: VS-Verlag, S. 97-120.

Kreckel, Reinhard (Hg.) (2008a): Zwischen Promotion und Professur. Das wissenschaftliche Personal in Deutschland im Vergleich mit Frankreich, Großbritannien, USA, Schweden, den Niederlanden, Österreich und der Schweiz. Leipzig: Akademische Verlagsanstalt.

Kreckel, Reinhard (2008b): Länderkapitel Niederlande. In: Ders. (Hg.): Zwischen Promotion und Professur. Das wissenschaftliche Personal in Deutschland im Vergleich mit Frankreich, Großbritannien, USA, Schweden, den Niederlanden, Österreich und der Schweiz. Leipzig: Akademische Verlagsanstalt, S. 239-276.

Kreckel, Reinhard (2009): Zur Kooperation verpflichtet. Daten und Fakten zur universitären und außeruniversitären Forschung. In: Forschung & Lehre 16, Heft 5, S. 328-331.

Kreckel, Reinhard (2010): Karrieremodelle an Universitäten im internationalen Vergleich. In: Borgwardt, Angela (Hg.): Der lange Weg zur Professur. Berufliche Perspektiven für Nachwuchswissenschaftler/innen. Publikation zur Konferenz der Friedrich-Ebert-Stiftung vom 7. Juni 2010. Berlin: Friedrich-Ebert-Stiftung, S. 33-44.

Kreckel, Reinhard (2012): Die Forschungspromotion. Internationale Norm und nationale Realisierungsbedingungen. In: iFQ-Working Paper 12/2012, S. 141-160.

Kreckel, Reinhard (2013): „It would be a good idea". Der US-amerikanische Tenure Track als Importmodell. In: Forschung & Lehre, Heft 1/2013, S. 10-12.

KTH, Royal Institute of Technology: About KTH. Facts and Figures. www.kth.se/en/om/fakta (Zugriff 03.02.2013).

Ladányi, Andor (2002): A diplomások száma és összetétele. In: Educatio, Vol.11, No. 2, pp. 179-190.

Le Déaut, Jean-Ives (2013): Refonder l'université, dynamiser la recherche. Mieux coopérer pour réussir. Paris: AESR. http://cache.media.enseignementsup-recherche.gouv.fr/file/Assises_esr/69/2/Rapport_JYLD_vf_238692.pdf (letzter Zugriff 8.11.2013).

Legifrance (1984): Décret n°84-431 du 6 juin 1984 fixant les dispositions statutaires communes applicables aux enseignants-chercheurs et portant statut particulier du corps des professeurs des universités et du corps des maîtres de conférences. Version consolidée au 01 septembre 2009. http://www.legifrance.gouv.fr/affichTexte.do?cidTexte=LEGITEXT000006064492 (letzter Zugriff 8.11.2013).

Legifrance (2000): Décret n°2000-497 du 5 juin 2000 fixant les dispositions applicables aux personnels enseignants de l'Ecole polytechnique. NOR: DEFP0001403D. Version consolidée au 04 décembre 2011. http://www.legifrance.gouv.fr/affichTexte.do?cidTexte=JORFTEXT000000400226 (letzter Zugriff 8.11.2013).

Legifrance (2003): Décret n°2003-142 du 21 février 2003 modifiant le décret n° 84-135 du 24 février 1984 portant statut des personnels enseignants et hospitaliers des centres hospitaliers et universitaires. NOR: MENX0300004D. Version consolidée au 22 février 2003. http://www.legifrance.gouv.fr/affichTexte.do?cidTexte=LEGITEXT000005633992 (letzter Zugriff 8.11.2013).

Legifrance (2012): JORF n°0062 du 13 mars 2012 page 4498 texte n° 4. Loi n° 2012-347 du 12 mars 2012 relative à l'accès à l'emploi titulaire et à l'amélioration des conditions d'emploi des agents contractuels dans la fonction publique, à la lutte contre les discriminations et portant diverses dispositions relatives à la fonction publique. NOR: MFPF1116839L. http://www.legifrance.gouv.fr/affichTexte.do?cidTexte=JORFTEXT000025489865&dateTexte=&categorieLien=id (letzter Zugriff 8.11.2013).

Leisyte, Liudvika; Boer, Harry de; Enders, Jürgen (2007): England – the Prototype of the 'Evaluative State'. In: Kehm, Barbara M.; Lanzendorf, Ute (Hg.): Reforming University Governance. Changing Conditions for Research in Four European Countries. Bonn: Lemmens, S. 59-96.

Lenhardt, Gero (2005): Hochschulen in Deutschland und in den USA. Deutsche Hochschulpolitik in der Isolation. Wiesbaden: VS-Verlag.

Les Carrières Hospitalo-Universitaires. http://www.med.univ-rennes1.fr/cerf/edicerf/guidemetho/008.html (letzter Zugriff 8.11.2013).

Ludwig-Boltzmann Gesellschaft: Institute und Cluster. http://www.lbg.ac.at/de/institute-cluster (letzter Zugriff 8.11.2013).

Maastricht University: Staff. Career and development. University Job Class. Competence instrument for Dutch Universities. http://www.maastrichtuniversity.nl/web/Main/Staff/CareerAndDevelopment/UniversityJobClassification1/CompetenceInstrumentForDutchUniversities1.htm (letzter Zugriff 8.11.2013).

Magyar Tudomanyos Akademia (MTA – Ungarische Akademie der Wissenschaften): Verzeichnis der Forschungseinrichtungen. http://mta.hu/english/ (letzter Zugriff 8.11.2013).

Marginson, Simon (2006): The Anglo-American University at its Global High Tide. In: Minerva 44, pp. 65-87.

Matthies, Hildegard; Zimmermann, Karin (2010): Gleichstellungspolitik. In: Hornbostel, Stefan; Knie, Andreas; Simon, Dagmar (Hg.): Handbuch Wissenschaftspolitik. Wiesbaden: VS-Verlag, S. 193-209.

MENESR, Ministère de l'Éducation Nationale, de l'Éducation Supérieure et de la Recherche (2002-2011): Bilans des origines des enseignants-chercheurs recrutés. Campagnes 2002 – 2011 . http://www.recherche.gouv.fr/cid22708/bilans-et-statistiques.html (letzter Zugriff 8.11.2013).

MENESR, Ministère de l'Éducation Nationale, de l'Éducation Supérieure et de la Recherche (s.d.): Le doctorat. http://www.enseignementsup-recherche.gouv.fr/cid20185/le-doctorat.html (letzter Zugriff 8.11.2013).

MENESR, Ministère de l'Éducation Nationale, de l'Éducation Supérieure et de la Recherche (s.d.): Les personnels enseignants non-permanents. http://www.enseignementsup-recherche.gouv.fr/pid24589/les-personnels-enseignants-non-permanents.html (letzter Zugriff 8.11.2013).

MENESR, Ministère de l'Éducation Nationale, de l'Éducation Supérieure et de la Recherche (2002): Les personnels enseignants de l'enseignement supérieur 2000-2001. Note d'information 02.42. Paris: MENESR. ftp://trf.education.gouv.fr/pub/edutel/dpd/ni0242.pdf (letzter Zugriff 8.11.2013).

MENESR, Ministère de l'Éducation Nationale, de l'Éducation Supérieure et de la Recherche (2003): La situation des personnels non-permanents affectés dans l'éducation supérieure hors disciplines médicales et odontoloqiques. Année universitaire 2002-2003. Paris: MENESR. http://cache.media.enseignementsup-recherche.gouv.fr/file/statistiques/30/0/nonperm2003_197300.pdf (Zugriff 12/2012).

MENESR, Ministère de l'Éducation Nationale, de l'Éducation Supérieure et de la Recherche (2005): Les personnels enseignants de l'enseignement supérieur 2004-05. Note d'information 05.35. Paris: MENESR. ftp://trf.education.gouv.fr/pub/edutel/dpd/ni/ni2005/ni0535.pdf (Zugriff 12/2012).

MENESR, Ministère de l'Éducation Nationale, de l'Éducation Supérieure et de la Recherche (2007): La situation des personnels non-permanents affectés dans l'éducation supérieure hors disciplines médicales et odontoloqiques. Année universitaire 2007-2008. Paris: MENESR. http://cache.media.enseignementsup-recherche.gouv.fr/file/statistiques/30/0/nonperm2007_197300.pdf (Zugriff 12/2012).

MENESR, Ministère de l'Éducation Nationale, de l'Éducation Supérieure et de la Recherche (2008): Ingénieur de recherche. http://www.enseignementsup-recherche.gouv.fr/cid23194/ingenieur-de-recherche.html (letzter Zugriff 8.11.2013).

MENESR, Ministère de l'Éducation Nationale, de l'Éducation Supérieure et de la Recherche (2009): Les établissements d'enseignement supérieur privés. http://www.enseignementsup-recherche.gouv.fr/cid49085/les-etablissements-enseignement-superieur-prives.html (letzter Zugriff 8.11.2013).

MENESR, Ministère de l'Éducation Nationale, de l'Éducation Supérieure et de la Recherche (2010): Avancement de grade des maîtres de conférences et des professeurs des universités. Bilan des promotions prononcées dans la voie spécifique de l'avancement 2002 – 2009. http://media.enseignementsup-recherche.gouv.fr/file/statistiques/76/2/Etude_de_l_avancement_specifique_des_enseignants-chercheurs_2002-2009_154762.pdf (letzter Zugriff 8.11.2013).

MENESR, Ministère de l'Éducation Nationale, de l'Éducation Supérieure et de la Recherche (2010a): L'état des lieux de l'emploi scientifique en France. Rapport 2009. http://cache.media.enseignementsup-recherche.gouv.fr/file/2010/93/8/Etat_des_lieux_emploi_scientifique_rapport_2009_136938.pdf (letzter Zugriff 8.11.2013).

MENESR, Ministère de l'Éducation Nationale, de l'Éducation Supérieure et de la Recherche (2011): L'état de l'enseignement supérieur et de la recherche en France (n°5 - décembre 2011). Paris: MENESR. http://cache.media.enseignementsup-recherche.gouv.fr/file/Etat_du_Sup_Rech/18/3/EESR_2011_209183.pdf (letzter Zugriff 8.11.2013).

MENESR, Ministère de l'Éducation Nationale, de l'Éducation Supérieure et de la Recherche (2011a): Les personnels enseignants de l'enseignement supérieur 2009-2010. Note d'information 11.06. Paris: MENESR. http://media.enseignementsup-recherche.gouv.fr/file/2011/56/7/NIMESR1106_176567.pdf (letzter Zugriff 8.11.2013).

MENESR, Ministère de l'Éducation Nationale, de l'Éducation Supérieure et de la Recherche (2011b): Répartition par qualification des chercheurs titulaires ou en CDI des universités, des EPST et des EPIC. http://cisad.adc.education.fr/reperes/telechar/stat/statc3/adm/adm6ter.xls (Zugriff 12/2012).

MENESR, Ministère de l'Éducation Nationale, de l'Éducation Supérieure et de la Recherche (2011c): Situation des personnels enseignants non permanents affectés dans l'enseignement supérieure hors disciplines médicales et odontoloqiques. Année universitaire 2010-2011. Paris: MENESR. http://media.enseignementsup-recherche.gouv.fr/file/statistiques/30/0/nonperm2011_197300.pdf (letzter Zugriff 8.11.2013).

MENESR, Ministère de l'Éducation Nationale, de l'Éducation Supérieure et de la Recherche (2012): Campagne de recrutement et d'affectation des maîtres de conférences et des professeurs des universités. Bilan de la session 'synchronisé' 2011. Paris: MENESR. http://cache.media.enseignementsup-recherche.gouv.fr/file/statistiques/74/8/bilan_recrutement_2011_etude_version_def_211748.pdf (letzter Zugriff 8.11.2013).

MENESR, Ministère de l'Éducation Nationale, de l'Éducation Supérieure et de la Recherche (2012a): Les étudiants inscrits dans les universités publiques françaises en 2011-2012. Note d'information 12.13. Paris: MENESR. http://cache.media.enseignementsup-recherche.gouv.fr/file/2012/06/2/NI_MESR_12_13._effectifs_universites_238062.pdf (letzter Zugriff 8.11.2013).

MENESR, Ministère de l'Éducation Nationale, de l'Éducation Supérieure et de la Recherche (2012b): Les personnels enseignants de l'enseignement supérieur 2010-2011. Note d'information 12.08. Paris: MENESR. http://cache.media.enseignementsup-recherche.gouv.fr/file/2012/36/8/NI_MESR_12_082012_221368.pdf (letzter Zugriff 8.11.2013).

MENESR, Ministère de l'Éducation Nationale, de l'Éducation Supérieure et de la Recherche (2012c): Origine des enseignants-chercheurs recrutés lors de la campagne 2010. Session synchronisée. Paris: MENESR. http://cache.media.enseignementsup-recherche.gouv.fr/file/statistiques/89/0/orig2010_192890.pdf (letzter Zugriff 8.11.2013).

MENESR, Ministère de l'Éducation Nationale, de l'Éducation Supérieure et de la Recherche (2012d): PRES: pôles de recherche et d'enseignement supérieur. Liste des 26 pôles de recherche et d'enseignement supérieur: http://www.enseignementsup-recherche.gouv.fr/cid20724/les-poles-de-recherche-et-d-enseignement-superieur-pres.html (letzter Zugriff 8.11.2013).

MENESR, Ministère de l'Éducation Nationale, de l'Éducation Supérieure et de la Recherche (2012e): Repères et références statistiques sur les enseignements, la formation et la recherche (RERS 2012). Paris: MENESR. http://www.education.gouv.fr/cid57096/reperes-et-references-statistiques.html (letzter Zugriff 8.11.2013).

MENESR, Ministère de l'Éducation Nationale, de l'Éducation Supérieure et de la Recherche (2013a): L'état de l'enseignement supérieur et de la recherche en France (n°6 - février 2013). Paris: MENESR. http://cache.media.enseignementsup-recherche.gouv.fr/file/Etat_du_Sup_Rech/18/3/EESR_2013_250416.pdf (letzter Zugriff 8.11.2013).

MENESR, Ministère de l'Éducation Nationale, de l'Éducation Supérieure et de la Recherche (2013b): Situation des personnels enseignants non permanents affectés dans l'enseignement supérieure hors disciplines médicales et odontoloqiques. Année universitaire 2011-2012. Paris: MENESR http://www.enseignementsup-recherche.gouv.fr/cid22708/bilans-et-statistiques.html (letzter Zugriff 28.11.2013).

Metcalf, Hilary; Rolfe, Heather; Stevens, Philip; Weale, Martin (2005): Recruitment and Retention of Academic Staff in Higher Education. Research Report 658. London: Department for Education and Skills.

Meyerhofer, Ursula (2009): Governance der Fachhochschulen in der Schweiz und Auswirkungen auf das Hochschulmanagement. Empirische Resultate und Perspektiven. Masterarbeit eingereicht an der Universität Bern. http://www.kpm.unibe.ch/content/aus__weiter bildung/executive_mpa/dateien/e13794/e13832/MeyerhoferUrsula.pdf (letzter Zugriff 8.11.2013).

Ministry of Education and Research (2007): Policy Areas. Education and research. Research funding in Sweden: Government Offices of Sweden. http://www.government.se/sb/d/6949/a/88149 (letzter Zugriff 8.11.2013).

Ministry of Education and Research (2010): Academia for this day and age - greater freedom for universities and other higher education institutions. March 2010. http://www.govern ment.se/content/1/c6/14/30/93/ab3e7fc2.pdf (letzter Zugriff 8.11.2013).

MINOCW, Ministerie von Onderwijs, Culturen en Wetenshap (2006): Ministerie von Onderwijs, Culturen en Wetenshap: Key Figures 2001 – 2005. Education, Culture and Science in the Netherlands. Den Haag: OCW.

MINOCW, Ministerie von Onderwijs, Culturen en Wetenshap (2012): Ministerie von Onderwijs, Culturen en Wetenshap: The science system in the Nretherlands. An organisational overview. http://www.government.nl/documents-and-publications/leaflets/2012/04/17/the-science-system-in-the-netherlands.html (letzter Zugriff 8.11.2013).

MOW, Ministerie van Onderwijs en Wetenschappen (1985): Hoger onderwijs: Autonomie en kwaliteit, Zoetermeer 1985.

Münch, Richard (2007): Die akademische Elite. Zur sozialwissenschaftlichen Konstruktion wissenschaftlicher Exzellenz. Frankfurt/M.: Suhrkamp.

Mugabushaka, Alexis-Michel; Rahlf, Thomas; Güdler, Jürgen (2006): Antragsaktivität und -erfolg von Juniorprofessoren bei der Deutschen Forschungsgemeinschaft. In: DFG infobrief 1/2006, S. 1-12.

Musselin, Christine (2005): Le marché des universitaires. France, Allemagne, Etats-Unis. Paris: Presses de la Fondation Nationale des Sciences Politiques.

Musselin, Christine (2006): France. In: Forest, James J. F.; Altbach, Philip G. (Hg.): International Handbook of Higher Education, Bd. 1. New York: Springer 2006, pp. 711-728.

Musselin, Christine (2010): Foreword to the English Edition. In: Dies.: The Market of Academics. New York – London: Routledge: XI-XV.

Nagy, Péter Tibor (2004): The Academic Workplace. Country Report Hungary. In: Enders; de Weert (Hg.): The International Attractiveness of the Academic Workplace in Europe: Frankfurt/M: GEW, S. 204-230.

Nagy, Péter Tibor (2011): Az oktatásról szóló tudomány kettős nyitottsága. In: Magyar Tudomany, September, 2011, pp. 1077-1089.

NAS, National Academy of Sciences (2000): Enhancing the Postdoctoral Experience for Scientists and Engineers. http://www.nap.edu/catalog.php?record_id=9831 (letzter Zugriff 8.11.2013).

NCES, National Center for Education Statistics: Tables Library. http://nces.ed.gov/datalab/tableslibrary/searchresults.aspx?type=search&keywords=&datasource=0&releaseyear=2009-2011&showlike=no&type_get=get (letzter Zugriff 8.11.2013).

NCES, National Center for Education Statistics (2002): Digest of Education Statistics 2001. http://nces.ed.gov/pubs2002/2002130.pdf (letzter Zugriff 8.11.2013).

NCES, National Center for Education Statistics (2012): Digest of Education Statistics 2011. http://nces.ed.gov/pubs2012/2012001.pdf (letzter Zugriff 8.11.2013).

NEFMI, Nemzeti Erröforras Minisztérium (Ungarisches Bildungsministerium): Government links. http://www.nefmi.gov.hu/main.php (letzter Zugriff 8.11.2013).

NEFMI, Nemzeti Erröforras Minisztérium (Ungarisches Bildungsministerium) (2008): The Bologna System. http://www.nefmi.gov.hu/english/the-hungarian-higher/the-bologna-system (letzter Zugriff 8.11.2013).

NEFMI, Ministry of Education and Culture of the Republic of Hungary (2012): Key Data on Education 2010/2011. http://www.nefmi.gov.hu/main.php (Zugriff 10.09.2012).

NGM: Nemzetgazdasági Minisztérium (Ungarisches Wirtschaftsministerium). Startseite. http://www.kormany.hu/en/ministry-for-national-economy (letzter Zugriff 8.11.2013).

NPA, National Postdoctoral Association (2012): Fact Sheet. http://www.nationalpostdoc.org (letzter Zugriff 8.11.2013).

NRC, National Research Council of the National Academies (2012): Research Universities and the Future of America. Ten Breakthrough Actions Vital to Our Nation's Prosperity and Security. Washington, D.C.: National Academic Press.

NSF, National Science Foundation (2012): Doctorate recipients from US-Universities 2011. Science and Engineering Doctorates: 2011. http://www.nsf.gov/statistics/sed/2011/data_table.cfm (letzter Zugriff 8.11.2013).

NSF, National Science Foundation (2012a): National Patterns of Research and Development Resources. In: Dies.: Doctorate recipients from US-Universities 2011. http://www.nsf.gov/statistics/natlpatterns/ (letzter Zugriff 8.11.2013).

NSF, National Science Foundation (2012b): Table 14: Frauenanteile bei Promotionen. In: Dies.: Doctorate recipients from US-Universities 2011. http://www.nsf.gov/statistics/sed/2011/pdf/tab14.pdf (letzter Zugriff 8.11.2013).

NSF, National Science Foundation (2012c): Table 16: Forschungspromotion (Kategorie „temporary visa holders"). In: Dies.: Doctorate recipients from US-Universities 2011. http://www.nsf.gov/statistics/nsf11306/appendix/pdf/tab16.pdf (letzter Zugriff 8.11.2013).

NSF, National Science Foundation (2012d): Table 19: Ausländeranteil in Faculty Positions, Full-Time Faculty. In: Dies.: Doctorate recipients from US-Universities 2011. http://www.nsf.gov/statistics/seind12/c5/c5s3.htm (letzter Zugriff 8.11.2013).

NSF, National Science Foundation (2012e): Table 27: Forschungsfördermittelausgaben. In: Dies.: Doctorate recipients from US-Universities 2011. http://www.nsf.gov/statistics/nsf11313/pdf/tab27.pdf (letzter Zugriff 8.11.2013).

NSF, National Science Foundation (2012f): Tables 70, 71: Graduates Students and Postdoctorates in S&E. In: Dies.: Doctorate recipients from US-Universities 2011. http://www.nsf.gov/statistics/gradpostdoc/ (letzter Zugriff 8.11.2013).

NSF, National Science Foundation (2012g): Table 77: Forschungsausgaben an US-Hochschulen. In: Dies.: Doctorate recipients from US-Universities 2011. http://www.nsf.gov/statistics/nsf11313/pdf/tab77.pdf (letzter Zugriff 8.11.2013).

NSF, National Science Foundation (2012h): Tables 301, 304: Bachelor- und Masterabschluss (Kategorie: „nonresident aliens").In: Dies.: Doctorate recipients from US-Universities 2011. http://www.nsf.gov/statistics/nsf11306/data_table.cfm (letzter Zugriff 8.11.2013).

Nuffic, Netherlands Organisation for International Cooperation in Higher Education (2012): Mobility in Higher Education in the Netherlands. Overview 2012. http://www.nuffic.nl/bibliotheek/mobility-in-higher-education-in-the-netherlands-overview-2012.pdf (letzter Zugriff 8.11.2013).

Observatoire de l'emploi scientifique en France (2010): L'état des lieux de l'emploi scientifique en France. Rapport 2009. http://www.enseignementsup-recherche.gouv.fr/cid50438/l-etat-des-lieux-de-l-emploi-scientifique-en-france-rapport-2009.html (Zugriff 11/2011).

ÖAW, Österreichische Akademie der Wissenschaften (2009): Zahlen und Fakten 1999 bis 2008. http://www.oeaw.ac.at/shared/news/2009/pdf/oeaw_1999-2008.pdf (letzter Zugriff 8.11.2013).

ÖAW, Österreichische Akademie der Wissenschaften (2013): Wissenschaft als Beruf. Bestandsaufnahme – Diagnosen – Empfehlungen. Hrsg. v. Max Haller: ÖAW. Wien.

ÖAW, Österreichische Akademie der Wissenschaften: Startseite. www.oeaw.ac.at (letzter Zugriff 8.11.2013).

OECD, Organisation for Economic Co-Operation and Development: StatExtracts. Educational personnel. http://stats.oecd.org/Index.aspx?DatasetCode=RPERS#http://stats.oecd.org/Index.aspx?DatasetCode=RPERS# (letzter Zugriff 8.11.2013).

OECD, Organisation for Economic Co-Operation and Development (2003): The Measurement of Scientific and Technological Activities. Proposed Standard Practice for Surveys on Research and Experimental Development. Frascati Manual 2002. Paris: OECD.

OECD, Organisation for Economic Co-Operation and Development (2011): Bildung auf einen Blick 2011. OECD-Indikatoren. Bielefeld: Bertelsmann.

OECD, Organisation for Economic Co-Operation and Development (2013): Education at a Glance 2013. OECD-Indicators. OECD Publishing. http://dx.doi.org/10.1787/eag-2013-en (letzter Zugriff 8.11.2013).

Oktatási és tudományos bizottság (Ungarisches Hochschulbildungskomitee des Parlaments): Startseite. http://www.parlament.hu/internet/plsql/ogy_biz.biz_adat_uj?P_Ckl=37&P_Biz=A230 (letzter Zugriff 8.11.2013).

Österreichischer Wissenschaftsrat (2012): Fachhochschulen im österreichischen Hochschulsystem. Analysen, Perspektiven, Empfehlungen. Wien, Mai 2012. http://www.wissenschaftsrat.ac.at/news/Empfehlung_Fachhochschulen.pdf (letzter Zugriff 8.11.2013).

Österreichischer Wissenschaftsrat (2012a): Grundlagenforschung in Österreich. Bedeutung, Status quo und Empfehlungen. Wien, Juni 2012. http://www.wissenschaftsrat.ac.at/news/Empfehlung_Grundlagenforschung_2012.pdf (letzter Zugriff 8.11.2013).

Özkan, Duygu (2010): Ausländische Professoren: Willkommen, aber „nicht heimisch". In: Die Presse (Wien), 10.5.2010.

Orr, Dominic (2005): Hochschulsteuerung und Autonomie englischer Universitäten. Hochschulfinanzierung und Qualitätssicherung aus einer Verfahrensperspektive. Münster: Waxmann.

Pädagogische Hochschulen: Gemeinschafts-Homepage aller Pädagogischen Hochschulen in Österreich: Alle Pädagogischen Hochschulen. http://www.paedagogischehochschulen.at/allehochschulen/index.html (letzter Zugriff 8.11.2013).

Park, Sangchan; Sine, Wesley, D.; Tolbert, Pamela S. (2011): Professions, Organizations and Institutions: Tenure Systems in Colleges and Universities. In: Work and Occupations 38 (3), pp. 340-371.

Pasternack, Peer (2008): Länderkapitel Schweiz. In: Kreckel, Reinhard (Hg.): Zwischen Promotion und Professur. Das wissenschaftliche Personal in Deutschland im Vergleich mit Frankreich, Großbritannien, USA, Schweden, den Niederlanden, Österreich und der Schweiz. Leipzig: Akademische Verlagsanstalt, S. 302-322.

Pasternack, Peer; Schulze, Henning (2011): Gestärkter Bund und selbstbewusste Kantone. Wissenschaftssystem und Föderalismus in der Schweiz. In: Die Hochschule. Journal für Wissenschaft und Bildung, 1/2011, S. 73-94.

Pasternack, Peer; Schulze, Henning (2011a): Wissenschaftliche Wissenschaftspolitikberatung. Fallstudie Schweizerischer Wissenschafts- und Technologierat (SWTR). HoF-Arbeitsbericht 7'2011. Hrsg. v. Institut für Hochschulforschung (HoF) an der Martin-Luther-Universität. Halle-Wittenberg.

Pechar, Hans (2006): Vom Vertrauensvorschuss zur Rechenschaftspflicht. Der Paradigmenwechsel in der britischen Hochschul- und Forschungspolitik seit 1980. In: Österreichische Zeitschrift für Politikwissenschaft 35, S. 57-73.

Perkin, Harold (1987): The Academic Profession in the United Kingdom. In: Clark, Burton (Hg.): The Academic Profession. National, Disciplinary, and Institutional Settings. Berkeley / Los Angeles / London: University of California Press, S. 13-59.

PWT, Penn World Table of Purchasing Power Parity. About PWT. https://pwt.sas.upenn.edu/php_site/pwt_index.php (letzter Zugriff 8.11.2013).

RCUK, Research Councils UK: Excellence with Impact. About the individual Research Councils. http://www.rcuk.ac.uk/aboutrcs/funding/dual/default.htm (letzter Zugriff 8.11.2013).

RCUK, Research Councils UK (2012): Research Councils UK Research Careers and Diversity Strategy. http://www.rcuk.ac.uk/cmsweb/ResearchCareers/Pages/home.aspx (Zugriff 12/2012).

RCUK, Research Councils UK (2013): Report on the RCUK Academic Fellowships Scheme. http://www.rcuk.ac.uk/documents/researchcareers/acfellow/acfellowschemereport.pdf (letzter Zugriff 8.11.2013).

Regeringens proposition 1996/97:141 (1997): Högskolans ledning, lärare och organisation. http://www.regeringen.se/content/1/c6/02/51/67/63d97981.pdf (letzter Zugriff 8.11.2013).

Roberts, Gareth (2002): SET for Success: The Supply of People with Science, Technology, Engineering and Mathematic Skills – The Report of Sir Gareth Roberts' Review. London: HM Treasury. http://webarchive.nationalarchives.gov.uk/+/http:/www.hm-treasury.gov.uk/d/robertsreview_introch1.pdf (letzter Zugriff 8.11.2013).

Rössel, Jörg; Landfester, Katharina (2003): Perspektiven der Umsetzung der Juniorprofessur in den Bundesländern und an den Hochschulen. In: Die Hochschule. Journal für Wissenschaft und Bildung, 2/2003, S. 158-174.

Rössel, Jörg; Landfester, Katharina (2004): Die Juniorprofessur und das Emmy-Noether-Programm. Eine vergleichende Evaluationsstudie. http://www.diejungeakademie.de/fileadmin/user_upload/Literatur/pdf/Juniorprofessur_%20und_Emmy_Noether.pdf (letzter Zugriff 8.11.2013).

Roos, Ursula (2005): Das System der Forschungsförderung in Großbritannien. http://www.britischebotschaft.de/de/embassy/r&t/wissenschaftssystem_GB.pdf (Zugriff 08/2007).

Ronnäng, Bernt (2005): Chalmers University of Technology – the Foundation-owned University in Göteborg. In: Sprecherkreis der Universtätskanzler. Arbeitsgruppe Fortbildung: Vergütung im Wissenschaftssystem: Risiken und Nebenwirkungen. Weimar: Universitätsverlag, S. 33-42.

Rüegger, Hans-Ulrich; Kahmen, Stefanie (2006): Auf dem Weg zur Wissenschaft. Anforderungen an die Nachwuchsförderung. Zürich: Universität Zürich.

Russel Delivering Excellence Group: Research at Russell Group universities. http://www.russellgroup.ac.uk/research/ (letzter Zugriff 8.11.2013).

Sanders, Claire (2005): Calls to Change Contract Culture. In: The Times Higher Education Supplement, 28.1.2005.

Schibany, Andreas; Gassler, Helmut (2010): Nutzen und Effekte der Grundlagenforschung. Joanneum Research. Institut für Technologie- und Regionalpolitik, Research Report 98-2010.

Schlosser, Irmtraud; Jähne, Matthias; Clement, Wolfgang (2006): Arbeits- und Lebenssituation von Lehrbeauftragten. Ergebnisse einer Umfrage. Berlin: GEW.

SNF, Schweizerischer Nationalfonds zur Förderung der wissenschaftlichen Forschung: Förderung. Karrieren. ProDoc. http://www.snf.ch/D/foerderung/personen/prodoc/Seiten/default.aspx (letzter Zugriff 8.11.2013).

SNF, Schweizerischer Nationalfonds zur Förderung der wissenschaftlichen Forschung: Förderung. Karrieren. SNF-Förderungsprofessuren. http://www.snf.ch/D/foerderung/personen/Foerderungsprofessuren/Seiten/default.aspx (letzter Zugriff 8.11.2013).

Schreiterer, Ulrich (2008): Traumfabrik Harvard. Warum amerikanische Hochschulen so anders sind. Frankfurt/M., New York: Campus.

Schuster, Jack H.; Finkelstein, Martin J. (2006): The American Faculty: The Restructuring of Academic Work and Careers. Baltimore: The Johns Hopkins University Press.

Sondermann, Michael; Simon, Dagmar; Scholz, Anne-Marie; Hornbostel, Stefan (2008): Die Exzellenzinitiative: Beobachtungen aus der Implementierungsphase. Bonn, iFQ-Working Paper No. 5. http://www.forschungsinfo.de/Publikationen/Download/working_paper_5_2008.pdf (letzter Zugriff 8.11.2013).

Statistics Sweden (2012): Yearbook of Educational Statistics 2013, Tab. 14.17 und 15.5. http://www.scb.se/Pages/PublishingCalendarViewInfo____259924.aspx?PublObjId=17090 (letzter Zugriff 8.11.2013).

Statistisches Bundesamt (2006): Bildung und Kultur. Personal an Hochschulen 2005. Fachserie 11, Reihe 4.4. Wiesbaden: Statistisches Bundesamt. https://www.destatis.de/DE/

Publikationen/Thematisch/BildungForschungKultur/Hochschulen/PersonalHochschulen2110440057004.pdf?__blob=publicationFile (letzter Zugriff 8.11.2013).

Statistisches Bundesamt (2011): Bildung und Kultur. Personal an Hochschulen 2010. Fachserie 11, Reihe 4.4. Wiesbaden: Statistisches Bundesamt. https://www.destatis.de/DE/Publikationen/Thematisch/BildungForschungKultur/Hochschulen/PersonalHochschulen2110440107004.pdf?__blob=publicationFile (letzter Zugriff 8.11.2013).

Statistisches Bundesamt (2011a), Bildung und Kultur. Studierende an Hochschulen. Vorbericht WS 2010/2011. Fachserie 11, Reihe 4.1. Wiesbaden: Statistisches Bundesamt. https://www.destatis.de/DE/Publikationen/Thematisch/BildungForschungKultur/Hochschulen/StudierendeHochschulenVorb2110410118004.pdf?__blob=publicationFile (letzter Zugriff 8.11.2013).

Statistisches Bundesamt (2011b): Sonderauswertungen des Statistischen Bundesamts zur Hochschulpersonalstatistik für die Jahre 1998, 2005 und 2010 (unveröffentlichte Datensätze).

Statistisches Bundesamt (2012): Bildung und Kultur. Monetäre hochschulstatistische Kennzahlen 2010. Fachserie 11, Reihe 4.3.2. Wiesbaden: Statistisches Bundesamt. https://www.destatis.de/DE/Publikationen/Thematisch/BildungForschungKultur/BildungKulturFinanzen/KennzahlenMonetaer2110432107004.pdf?__blob=publicationFile (letzter Zugriff 8.11.2013).

Statistisches Bundesamt (2012a): Bildung und Kultur. Nichtmonetäre hochschulstatistische Kennzahlen 1980-2010. Fachserie 11, Reihe 4.3.1. Wiesbaden: Statistisches Bundesamt. https://www.destatis.de/DE/Publikationen/Thematisch/BildungForschungKultur/Hochschulen/KennzahlenNichtmonetaer2110431107004.pdf?__blob=publicationFile (letzter Zugriff 8.11.2013).

Statistisches Bundesamt (2012b): Bildung und Kultur. Personal an Hochschulen 2011. Fachserie 11, Reihe 4.4. Wiesbaden: Statistisches Bundesamt. https://www.destatis.de/DE/Publikationen/Thematisch/BildungForschungKultur/Hochschulen/PersonalHochschulen2110440117004.pdf?__blob=publicationFile (letzter Zugriff 8.11.2013).

Statistisches Bundesamt (2012c): Bildung und Kultur. Prüfungen an Hochschulen 2011. Fachserie 11, Reihe 4.2. Wiesbaden: Statistisches Bundesamt. https://www.destatis.de/DE/Publikationen/Thematisch/BildungForschungKultur/Hochschulen/PruefungenHochschulen2110420117004.pdf?__blob=publicationFile (letzter Zugriff 8.11.2013).

Statistisches Bundesamt (2012d): Finanzen und Steuern. Ausgaben, Einnahmen und Personal der öffentlichen und öffentlich geförderten Einrichtungen für Wissenschaft, Forschung und Entwicklung. Berichtszeitraum 2010. Fachserie 14, Reihe 3.6. Wiesbaden: Statistisches Bundesamt. https://www.destatis.de/DE/Publikationen/Thematisch/BildungForschungKultur/Forschung/AusgabenEinnahmenPersonal2140360107004.pdf?__blob=publicationFile (letzter Zugriff 8.11.2013).

Statistisches Bundesamt (2013): Bildung und Kultur. Prüfungen an Hochschulen 2012. Fachserie 11, Reihe 4.2. Wiesbaden: Statistisches Bundesamt. https://www.destatis.de/DE/Publikationen/Thematisch/BildungForschungKultur/Hochschulen/PruefungenHochschulen2110420127004.pdf?__blob=publicationFile (letzter Zugriff 8.11.2013).

Straumann, Felix (2005): Schneller Professor werden. In: Unijournal der Universität Zürich, 4/2005. S.1-2. http://www.kommunikation.uzh.ch/publications/journal/archiv/unijournal-2005-4.pdf (letzter Zugriff 8.11.2013).

Suleiman, Ezra N. (1979): Les élites en France. Grands corps et grandes écoles. Paris: Seuil.

SULF, Sveriges Universitetslärarförbund: Startseite. In English. http://www.sulf.se/In-English/ (letzter Zugriff 8.11.2013).

Swedish Council for Higher Education, Doktorandhandboken: Degrees. Post-docs. Post-doctoral positions in Sweden. http://www.doktorandhandboken.nu/engelska/english/de

grees/postdocs/postdoctoralpositionsinsweden.4.24cc9d95134182bfa4a8000789.html (letzter Zugriff 8.11.2013).

SWTR, Schweizerischer Wissenschafts- und Technologierat (2001): Förderung des akademischen Nachwuchses an Schweizer Hochschulen. Bern. http://www.swtr.ch/ablage/dokumentation/publikationen/swtrschrift12001D.pdf (letzter Zugriff 8.11.2013).

SWTR, Schweizer Wissenschafts- und Technologierat (2010): Forschung an Fachhochschulen in der Schweiz – Einblicke in den Entwicklungsstand. Empfehlungen des Schweizerischen Wissenschafts- und Technologierats SWTR (SWTR Schrift 2/2010). http://www.swtr.ch/images/stories/pdf/de/swtr_forschung%20an%20fachhochschulen_de_%202010.pdf (letzter Zugriff 8.11.2013).

Teuteberg, Frank (2006): Die Junior-Professur – Teil 1: Situationsanalyse und Erfahrungen. In: Das Hochschulwesen 2/2006, S. 52 –56.

Teichler, Ulrich (2005): Was ist Qualität? In: Das Hochschulwesen 4/2005, S. 130-136.

The Guardian (2008): News. Education. RAE. RAE 2008: results for UK universities. http://www.guardian.co.uk/education/table/2008/dec/18/rae-2008-results-uk-universities (letzter Zugriff 8.11.2013).

The Guardian (2009): News. Education. University funding. Hefce university funding tables for 2009-10: Higher Education funding council for England: Summary of 2009-10 grants. http://www.guardian.co.uk/education/table/2009/mar/05/university-funding-research-england-table (letzter Zugriff 8.11.2013).

The Guardian (2011): News. Datablog. Tuition fees 2012: what are the universities charging?. http://www.guardian.co.uk/news/datablog/2011/mar/25/higher-education-universityfunding#data (letzter Zugriff 8.11.2013).

Torka, Mark (2009): Die Projektförmigkeit der Forschung. Baden-Baden: Nomos.

Theisens, Henno (2003): Higher Education in the United Kingdom. Enschede: CHEPS Higher Education Monitor.

TUDOSZ, Tudományos és Innovációs Dolgozók Szakszervezete (Gewerkschaft des Forschungspersonals): Startseite. http://www.tudosz.hu/portal/index.php (letzter Zugriff 8.11.2013).

TUM, Technische Universität München: TUM – Berufs- und Karrieresystem. Statut zum Qualitätsmanagement. München 2012. http://www.tum.de/die-tum/stellenangebote/tum-faculty-tenure-track/ (Zugriff 17.8.2012).

UCU, Universities and Colleges Union (2007): Higher Education Employment Data. Academic staff. http://www.ucu.org.uk/media/pdf/5/a/hedata_academicstaff.pdf (letzter Zugriff 8.11.2013).

UNESCO, United Nations Educational, Scientific and Cultural Organization (2010): UNESCO Science Report 2010. The Current Status of Science Around the World, Second Revised Edition. Paris: UNESCO.

UNIDATA, Datawarehouse Hochschulbereich: PU Personal nach Verwendung. http://eportal.bmbwk.gv.at/discoverer/viewer?&cn=cf_a104&nlsl=de-at&fm=p://eportal.bmbwk.gv.at/discoverer/viewer?&_po=100000000011001110110000&wbr=1245462&wbk=ELEMENT5111121142 (Zugriff 29.06.2012).

UNIDATA, Datawarehouse Hochschulbereich: Personal an Fachhochschul-Studiengängen, Zeitreihe Studienjahr. http://eportal.bmbwk.gv.at/discoverer/viewer?&cn=cf_a104&nlsl=de-at&fm=p://eportal.bmbwk.gv.at/discoverer/viewer?&_po=10000000001100111011000&wbr=1245446&wbk=PFH_PERSONAL_AN_FACHHOCHSCHULEN_PROD22 (Zugriff 03.07.2012).

UNIDATA, Datawarehouse Hochschulbereich/BMBWK, Bundesministerium für Bildung, Wissenschaft und Kultur. E-Portal. https://oravm13.noc-science.at/apex/f?p=103:36 (Zugriff 01/2013).

Universität Basel: Forschung. SNF-Förderungsprofessuren an der Universität Basel. SNF-Förderungsprofessuren. http://www.unibas.ch/index.cfm?uuid=C1526714A93FFFD0CEEB882F1302FF75&&IRACER_AUTOLINK&& (Zugriff 12.12.2012).

UniversitiesUK: Higher Education Institutions. http://universitiesuk.ac.uk/UKHESektor/Pages/Overview (Zugriff 12/2012).

UniversitiesUK: Mitgliederlisten. http://www.universitiesuk.ac.uk/UKHESector/Pages/OverviewSector.aspx#Q5 (Zugriff 12/2012).

UniversitiesUK: Studienbeiträge. http://www.universitiesuk.ac.uk/PolicyAndResearch/PolicyAreas/Data-Analysis/International-student-tuition-fees/Pages/Survey-Results-2012-2013.aspx (Zugriff 12/2012).

Vossensteyn, Hans (2011): The PhD system, policies and infrastructure of the Netherlands. A critical analysis. Report for the EMUNI PhD Policy Group. CHEPS (Center vor Higher Education Policy Studies), University of Twente. http://www.utwente.nl/mb/cheps/publications/Publications%202011/C11HV151%20Publicatie%20Hans%20Vossensteyn%20-%20The%20PhD%20system%2C%20policies%20and%20infrastructure%20of%20the%20Netherlands%2C%20A%20critical%20analysis.pdf (letzter Zugriff 8.11.2013).

VSNU, Vereniging van Samenwerkende Nederlandse Universiteiten: Startseite. http://www.vsnu.nl/ (letzter Zugriff 8.11.2013).

VSNU, Vereniging van Samenwerkende Nederlandse Universiteiten (2008): Collective Labour Agreement Dutch Universities, 1 September 2007 to 1 March 2010. Association of Universities in the Netherlands (VSNU). http://www.uu.nl/EN/informationfor/jobseekers/Documents/CAO%20Engels.pdf (letzter Zugriff 8.11.2013).

VSNU, Vereniging van Samenwerkende Nederlandse Universiteiten (2012): Feiten & Cijfers. Personeel. Downloads. WOPI (Wetenschappelijk Onderwijs Personeels Informatie/Education Personal Information). http://www.vsnu.nl/Universiteiten/Feiten-Cijfers/Personeel/Downloadbare-tabellen.htm (Zugriff 12.11.2012).

Weert, Egbert de (2001): The End of Public Employment in Dutch Higher Education? In: Enders, Jürgen (Hg.): Academic Staff in Europe. Changing Contexts and Conditions. Westport, London: Greenwood Press, S. 195-216.

Weert, Egbert de (2004): The Netherlands. In: Sadlak, Jan (Hg.): Doctoral Studies in Europe and the United States. Status and Prospects. Bucharest: UNESCO, S. 77-97.

Weert, Egbert, de; Boezerooy, Petra (2007): Higher education in the Netherlands. Country report. http://doc.utwente.nl/60259/1/Weert07netherlands.pdf (letzter Zugriff 8.11.2013).

Wald, Chelsea (2008): Structuring Academic Careers in Europe. In: Science, May 02, 2008. http://sciencecareers.sciencemag.org/career_magazine/previous_issues/articles/2008_05_02/caredit.a0800063 (letzter Zugriff 8.11.2013).

Weber, Karl; Tremel, Patricia; Balthasar, Andreas; Fässler, Sarah (2010): Programmatik und Entwicklung der Schweizer Fachhochschulen. Bern: Universität Bern, Zentrum für universitäre Weiterbildung.

Weber, Max (1988): Wissenschaft als Beruf (1919). In: Ders.: Gesammelte Aufsätze zur Wissenschaftslehre. 8. Auflage. Tübingen: Mohr, S. 583-613.

Wissenschaftsrat (1999): Empfehlungen zur Struktur der Hochschulmedizin. Aufgaben, Organisation, Finanzierung. Köln: Wissenschaftsrat.

Wissenschaftsrat (2001): Personalstruktur und Qualifizierung: Empfehlungen zur Förderung des wissenschaftlichen Nachwuchses. Drs. 4756/01, Berlin, 19. Januar 2001. http://www.wissenschaftsrat.de/download/archiv/4756-01.pdf (letzter Zugriff 8.11.2013).

Wissenschaftsrat (2004): Empfehlungen zu einem Wissenschaftstarifvertrag und zur Beschäftigung wissenschaftlicher Mitarbeiter. Drs. 5923/04, Berlin, 30. Januar 2004. http://www.wissenschaftsrat.de/download/archiv/5923-04.pdf (letzter Zugriff 8.11.2013).

Wissenschaftsrat (2007): Empfehlungen zu einer lehrorientierten Reform der Personalstruktur an Universitäten. Drs. 7721/07, Berlin, 26. Januar 2007. http://www.wissenschaftsrat.de/download/archiv/7721-07.pdf (letzter Zugriff 8.11.2013).

Wissenschaftsrat (2010): Trends der Hochschulmedizin in Deutschland. Bericht des Vorsitzenden zu aktuellen Themen des deutschen Wissenschaftssystems, Berlin, 02.07.2010. http://www.wissenschaftsrat.de/download/archiv/VS_Bericht_Juli_2010.pdf (letzter Zugriff 8.11.2013).

WOPI, Wetenschappelijk Onderwijs Personeels Informatie, Personalinformationssystem der niederländischen Universitäten: http://www.vsnu.nl/f_c_personeel_downloads.html (letzter Zugriff 4.12.2013).

XE-Währungsrechner: Startseite. http://www.xe.com/ucc/convert?language=de&Amount=1&From=HUF&To=EUR) (letzter Zugriff 8.11.2013).

Xie, Yu; Killewald, Alexandra A. (2012): Is American Science in Decline? Cambridge, London: Harvard University Press.

Young, Chris; Curty, Philipp; Hirt, Matthias; Wirth Bürgel, Katja (2009): Zur Lage des akademischen Mittelbaus. Befragung an den kantonalen Universitäten und ETH. Bern: SBF.

Zimmermann, Karin (2012): Bericht zur Evaluation des „Professorinnenprogramm des Bundes und der Länder". HoF-Arbeitsbericht 6'12. Hrsg. v. Institut für Hochschulforschung (HoF) an der Martin-Luther-Universität. Halle-Wittenberg. http://www.hof.uni-halle.de/dateien/ab_6_2012.pdf (letzter Zugriff 8.11.2013).

Zimmermann, Karin; Metz-Göckel, Sigrid; Kamphans, Marion (Hg.) (2008): Perspektiven der Hochschulforschung. Wiesbaden: VS-Verlag.

Zölch, Martina; Greiwe, Stephanie; Semling, Corinna (2005): Die Situation von Assistierenden und wissenschaftlichen Mitarbeitenden an Schweizer Fachhochschulen. Ergebnisse einer schweizweiten Befragung. Olten: Fachhochschule Nordwestschweiz.

Abkürzungsverzeichnis

AAUP:	Association of American University Professors (USA)
AESR:	Assises de l'Enseignement Supérieure et de la Recherche (Konferenz für Hochschule und Forschung, F)
AFT:	American Federation of Teachers (USA)
AiO:	Assistent in Opleiding (Assistent in Ausbildung, ältere Bezeichnung, heute: Promovendus, NL)
AIT:	Austrian Institute of Technology (A)
ANR:	Agence Nationale de la Recherche (Nationale Agentur für Forschung, F)
AUT:	Association of University Teachers (GB)
ATER:	Attaché Temporaire d' Enseignement et de Recherche (Befristet Beschäftigter Mitarbeiter für Lehre und Forschung, F)
AWG:	Gesetz zur Ungarischen Akademie der Wissenschaften aus dem Jahr 1994 (Akademiegesetz, H)
BAFE:	Bruttoinlandsausgaben für Forschung und Entwicklung (vgl. englisch GERD: Gross Domestic Expenditure on Research & Development)
BFS:	Bundesamt für Statistik (CH)
BLK:	Bund-Länder-Kommission für Bildungsplanung und Forschungsförderung, heute GWK: Gemeinsame Wissenschaftskonferenz (D)
BMBF:	Bundesministerium für Bildung und Forschung (D)
BMBWK:	Bundesministerium für Bildung, Wissenschaft und Kultur (A; seit 2007: BMWF)
BMVIT:	Bundesministerium für Verkehr, Innovation und Technologie (A)
BMWF:	Bundesministerium für Wissenschaft und Forschung (A)
CA:	Conseil d'Administration (Verwaltungsrat, F)
CAO:	Collectieve Arbeidsovereenkomst (Kollektivvertrag, Flächentarifvertrag, NL)
CGE:	Conférence des Grandes Écoles (Verband der Grandes Écoles, F)
CHEPS:	Center for Higher Education Policies (NL)
CJC:	Confédération des Jeunes Chercheurs (Vereinigung junger Forscher, F)
CNRS:	Centre National de Recherche Scientifique (Nationales Zentrum für wissenschaftliche Forschung, F)
CNU:	Conseil National des Universités (Nationaler Universitätsrat, F)
COMET:	Competence Centers for Excellent Technologies (von der FFG geförderte Technologiezentren, A)
CRUS:	Conférence des Recteurs des Universités Suisses (Rektorenkonferenz der Schweizer Universitäten, CH)
CWI:	Centrum voor Wiskunde en Informatica (Zentrum für Mathematik und Informatik, NL)
DELNI:	Department of Employment and Learning (Arbeits- und Bildungsministerium, GB)
DFG:	Deutsche Forschungsgemeinschaft (D)
DHV:	Deutscher Hochschulverband (D)
DRGH:	Direction Générale des Ressources Humaines (Generaldirektion für Humanresourcen, F)
EC:	European Commission
EPST:	Établissements Publics à Caractère Scientifique et Technologique (Öffentliche Einrichtungen für Wissenschaft und Technologie, F): • CEMAGREF/IRSTEA (Agrartechnik),

	• INED (Demografie), • INRA (Landwirtschaft), • INRETS (Verkehr), • INRIA (Informatik), • INSERM (Medizin), • IRD (Entwicklungsökonomie), • LCPC (Hoch- und Tiefbau)
ETH:	Eidgenössische Technische Hochschule (CH)
Eurydice:	Datenbank Eurybase des Europäischen Informationsnetzes
FAS:	Swedish Council for Working Life and Social Research (S)
F&E:	Forschung und Entwicklung
F&L:	Forschung und Lehre
FDSZ:	Felsőoktatási Dolgozók Szakszervezete (Gewerkschaft der Hochschulangestellten, H)
FEMtech:	Initiative des österreichischen BMVIT zur Förderung von Vorhaben in Forschung, Technologie und Innovation mit Genderrelevanz (A)
FFG:	Österreichische Forschungsförderungsgesellschaft (A)
FhG:	Fraunhofer-Gesellschaft zur Förderung der angewandten Forschung e.V. (D)
FHSG:	Fachhochschulgesetz (CH)
FHStG:	Fachhochschul-Studiengesetz (A)
Formas:	Swedish Research Council for Environment, Agricultural Sciences and Spatial Planning (S)
FWF:	Österreichischer Wissenschaftsfonds (A)
GERD:	Gross Domestic Expenditure on Research & Development (vgl. deutsch BAFE: Bruttoinlandsausgaben für Forschung und Entwicklung)
GWK:	Gemeinsame Wissenschaftskonferenz (D)
HAC:	Hungarian Accreditation Committee (Akkreditierungsrat, H)
HBO:	Hogeschool voor Hoger Beroepsonderwijs (Hochschule für höhere Berufsbildung, NL)
HBO-Raad:	Vereniging Hogescholen / The Netherlands Association of Universities of Applied Sciences, NL)
HEFCE:	Higher Education Funding Council for England (GB)
HEFCW:	Higher Education Funding Council for Wales (GB)
HESA:	Higher Education Statistics Agency (GB)
HGF:	Helmholtz-Gemeinschaft Deutscher Forschungszentren (D)
HM Treasury:	Her/His Majesty's Treasury (Schatzministerium; das britische Finanz- und Wirtschaftsministerium, GB)
HNSO:	Hungarian National Statistical Office (vgl. KSH, H)
HOAK-Papier:	Programmschrift des niederländischen Bildungs- und Wissenschaftsministeriums: „Hochschulwesen: Autonomie und Qualität", 1985 (NL)
HRC:	Hungarian Rectors' Conference (Konferenz der Universitätsrektoren und der Fachhochschuldirektoren, H)
IST Austria:	Institute of Science and Technology Austria (A)
IUFM:	Institut Universitaire de Formation de Maîtres (Universitäres Institut für Lehrerbildung , F)
IUT:	Institut Universitaire de Technologie (Universitäres Institut für Technologie, F)
JNCHES:	Joint Negotiating Committee for Higher Education Staff (GB)
KI:	Karolinska Institutet (S)

KNAW:	Koninklijke Nederlands Akademie van Wetenschappen (Königliche Niederländische Akademie der Wissenschaften, NL)
KSH :	Központi Statisztikai Hivatal (Ungarisches Statistisches Nationalamt, H)
KTH:	Kungliga Tekniska Högskolan/Royal Institute of Technology (Stockholm, S)
KV:	Kollektivvertrag (A)
MENESR:	Ministère de l'Éducation Nationale, de l'Éducation Supérieure et de la Recherche (Nationales Ministerium für Erziehung, Hochschule und Forschung, F)
MINOCW:	Ministerie von Onderwijs, Culturen en Wetenshap (Ministerium für Bildung, Kultur und Wissenschaft, NL)
MOW:	Ministerie van Onderwijs en Wetenschappen (Ministerium für Unterricht und Forschung, frühere Bezeichnung des MINOCW, NL)
MPG:	Max-Planck-Gesellschaft (D)
MTA:	Magyar Tudományos Akadémia (Ungarische Akademie der Wissenschaften, H)
NAS:	National Academy of Sciences (USA)
NCES:	National Center for Education Statistics (USA)
NEFMI:	Nemzeti Eröforrás Minisztérium/Ministry of Education and Culture of the Republic of Hungary (Bildungs- und Kulturministerium, H)
NGM:	Nemzetgazdasági Minisztérium/Ministry for National Economy (Wirtschaftsministerium, H)
NPA:	National Postdoctoral Association (USA)
NRC:	National Research Council of the National Academies (USA)
NSF:	National Science Foundation (USA)
NWO:	Nederlandse Organisatie voor Wetenshappelijk Onderzoek/ Netherlands Organisation for Scientific Research (NL)
NZZ:	Neue Zürcher Zeitung (CH)
ÖAW:	Österreichische Akademie der Wissenschaften (A)
OECD:	Organisation for Economic Co-Operation and Development
OWP:	Overig wetenschappelijk personeel (sonstiges wissenschaftliches Personal, NL)
OWPOW:	Overig wetenschappelijk personeel onderwijs (sonstiges wissenschaftliches Personal – Lehre, NL)
OWPOZ:	Overig wetenschappelijk personeel onderzoek (sonstiges wissenschaftliches Personal – Forschung, NL)
PNP-Sektor:	privater Non-Profit-Sektor
PRES:	Pôles de Recherche et d'Enseignement Supéreur (staatlich geförderte Kooperationsverbünde zwischen Hochschulen und außeruniversitären Forschungseinrichtungen, F)
PROM:	Promovendus (Promovierender; vgl. AiO, NL)
PWT:	Penn World Table of Purchasing Power Parity
R&D:	Research and Development (wie F&E)
RCUK:	Research Councils UK (GB)
S&E:	Science and Engineering (USA)
SEH-Bereich:	Science, Engineering, Health (USA)
SHEFC:	Higher Education Funding Council for Scotland (GB)
SHIS:	Schweizerisches Hochschulinformationssystem (CH)
SNF :	Schweizerischer Nationalfonds zur Förderung der wissenschaftlichen Forschung (CH)
SULF:	Sveriges Universitetslärarförbund (Schwedischer Hochschullehrerverband, S)

SWTR:	Schweizerischer Wissenschafts- und Technologierat (CH)
TNO:	Organisatie voor Toegepast Natuurwetenschappelijk Onderzoek (Organisation für Angewandte Naturwissenschaftliche Forschung, NL)
TUDOSZ:	Tudományos és Innovációs Dolgozók Szakszervezete (Gewerkschaft des Forschungspersonals, H)
TUM:	Technische Universität München (D)
UCU:	Universities and Colleges Union, vormals AUT (GB)
UD:	Universitair Docent/University Lecturer (Universitätsdozent, NL)
UFG:	Universitätsförderungsgesetz (CH)
UFO:	Universitair Functieordenen/University Classification System (NL)
UG:	Universitätsgesetz (A)
UH:	Universitäre Hochschule (CH)
UHD:	Universitair Hoofddocent/University Senior Lecturer (Universitäts-Hauptdozent, NL)
UNESCO:	United Nations Educational, Scientific and Cultural Organization
VINNOVA:	Swedish Governmental Agency for Innovation Systems (S)
VSNU:	Vereniging van Samenwerkende Nederlandse Universiteiten/ Association of Universities in the Netherlands (NL)
VZÄ:	Vollzeitäquivalent
WGL:	Wissenschaftsgemeinschaft Gottfried Wilhelm Leibniz, kurz: Leibniz-Gemeinschaft (D)
WOPI:	Wetenschappelijk Onderwijs Personeels Informatie (Hochschulpersonalstatistik, NL)

Verzeichnis der Übersichten

Schriftenreihe „Hochschulforschung Halle-Wittenberg"

Peer Pasternack (Hg.): *Jenseits der Metropolen. Hochschulen in demografisch herausgeforderten Regionen,* Akademische Verlagsanstalt, Leipzig 2013, 571 S.

Daniel Hechler / Peer Pasternack: *Traditionsbildung, Forschung und Arbeit am Image. Die ostdeutschen Hochschulen im Umgang mit ihrer Zeitgeschichte*, Akademische Verlagsveranstalt, Leipzig 2013, 505 S.

Peer Pasternack (Hg.): *Hochschulen nach der Föderalismusreform,* Akademische Verlagsanstalt, Leipzig 2011, 368 S.

Peer Pasternack (Hg.): *Relativ prosperierend. Sachsen, Sachsen-Anhalt und Thüringen: Die mitteldeutsche Region und ihre Hochschulen,* Akademische Verlagsanstalt, Leipzig 2010, 547 S.

Eva Bosbach: *Von Bologna nach Boston? Perspektiven und Reformansätze in der Doktorandenausbildung anhand eines Vergleichs zwischen Deutschland und den USA*, Akademische Verlagsanstalt, Leipzig 2009, 182 S.

Roland Bloch: *Flexible Studierende? Studienreform und studentische Praxis,* Akademische Verlagsanstalt, Leipzig 2009, 336 S.

Reinhard Kreckel (Hg.): *Zwischen Promotion und Professur. Das wissenschaftliche Personal in Deutschland im Vergleich mit Frankreich, Großbritannien, USA, Schweden, den Niederlanden, Österreich und der Schweiz,* Akademische Verlagsanstalt, Leipzig 2008, 400 S.

Anke Burkhardt (Hg.): *Wagnis Wissenschaft. Akademische Karrierewege und das Fördersystem in Deutschland,* Akademische Verlagsanstalt, Leipzig 2008, 691 S.

Peer Pasternack (Hg.): *Stabilisierungsfaktoren und Innovationsagenturen. Die ostdeutschen Hochschulen und die zweite Phase des Aufbau Ost,* Akademische Verlagsanstalt, Leipzig 2007, 471 S.

Robert D. Reisz / Manfred Stock: *Inklusion in Hochschulen. Beteiligung an der Hochschulbildung und gesellschaftlichen Entwicklung in Europa und in den USA (1950-2000).* Lemmens Verlag, Bonn 2007, 148 S.

Peer Pasternack: *Qualität als Hochschulpolitik? Leistungsfähigkeit und Grenzen eines Policy-Ansatzes.* Lemmens Verlag, Bonn 2006, 558 S.

Anke Burkhardt / Karsten König (Hg.): *Zweckbündnis statt Zwangsehe: Gender Mainstreaming und Hochschulreform.* Lemmens Verlag, Bonn 2005, 264 S.

Reinhard Kreckel: *Vielfalt als Stärke. Anstöße zur Hochschulpolitik und Hochschulforschung.* Lemmens Verlag, Bonn 2004, 203 S.

Irene Lischka / Andrä Wolter (Hg.): *Hochschulzugang im Wandel? Entwicklungen, Reformperspektiven und Alternativen.* Beltz Verlag, Weinheim/Basel 2001, 302 S.

Jan-Hendrik Olbertz / Peer Pasternack / Reinhard Kreckel (Hg.): *Qualität – Schlüsselfrage der Hochschulreform.* Beltz Verlag, Weinheim/Basel 2001, 341 S.

Barbara M. Kehm / Peer Pasternack: *Hochschulentwicklung als Komplexitätsproblem. Fallstudien des Wandels,* Deutscher Studien Verlag, Weinheim 2001, 254 S.

Peer Pasternack (Hg.): *DDR-bezogene Hochschulforschung. Eine thematische Eröffnungsbilanz aus dem HoF Wittenberg.* Deutscher Studien Verlag, Weinheim 2001, 315 S.

Peter Altmiks (Hg.): *Gleichstellung im Spannungsfeld der Hochschulfinanzierung.* Deutscher Studien Verlag, Weinheim 2000, 107 S.

Peer Pasternack: *Hochschule & Wissenschaft in SBZ/DDR/Ostdeutschland 1945-1995. Annotierte Bibliographie für den Erscheinungszeitraum 1990-1998.* Deutscher Studien Verlag, Weinheim 1999, 567 S.

Jan-Hendrik Olbertz / Peer Pasternack (Hg.): *Profilbildung – Standards – Selbststeuerung. Ein Dialog zwischen Hochschulforschung und Reformpraxis,* hrsg. unt. Mitarb.

v. Gertraude Buck-Bechler und Heidrun Jahn. Deutscher Studien Verlag, Weinheim 1999, 291 S.

Peer Pasternack: *Demokratische Erneuerung. Eine universitätsgeschichtliche Untersuchung des ostdeutschen Hochschulumbaus 1989-1995. Mit zwei Fallstudien: Universität Leipzig und Humboldt-Universität zu Berlin.* Deutscher Studien Verlag, Weinheim 1999, 427 S.

Heidrun Jahn / Jan-Hendrik Olbertz (Hg.): *Neue Stufen – alte Hürden? Flexible Hochschulabschlüsse in der Studienreformdebatte.* Deutscher Studien Verlag, Weinheim 1998, 120 S.

Weitere Buchveröffentlichungen aus dem Institut für Hochschulforschung (HoF)

Peer Pasternack / Reinhold Sackmann (Hg.): *Vier Anläufe: Soziologie an der Universität Halle-Wittenberg. Bausteine zur lokalen Biografie des Fachs vom Ende des 19. bis zum Beginn des 21. Jahrhunderts,* Mitteldeutscher Verlag, Halle (Saale) 2013, 256 S.

Sebastian Bonk / Florian Key / Peer Pasternack (Hg.): *Rebellion im Plattenbau. Die Offene Arbeit in Halle-Neustadt 1977–1983. Katalog zur Ausstellung,* Institut für Hochschulforschung (HoF), Halle-Wittenberg 2013, 48 S.

Klaus Friedrich / Peer Pasternack (Hg.): *Demographischer Wandel als Querschnittsaufgabe. Fallstudien der Expertenplattform „Demographischer Wandel" beim Wissenschaftszentrum Sachsen-Anhalt,* Universitätsverlag Halle, Halle (Saale) 2012, 312 S.

Peer Pasternack: *Zwischen Halle-Novgorod und Halle-New Town. Der Ideenhaushalt Halle-Neustadts* (Der Hallesche Graureiher 2/12), Institut für Soziologie der Martin-Luther-Universität Halle-Wittenberg, Halle (Saale) 2012, 112 S.

Peer Pasternack / Thomas Erdmenger: *Hochschulen, demografischer Wandel und Regionalentwicklung. Der Fall Sachsen-Anhalt,* WZW Wissenschaftszentrum Sachsen-Anhalt, Wittenberg 2011, 134 S.

Daniel Hechler / Peer Pasternack: *Scharniere & Netze. Kooperationen und Kooperationspotenziale zwischen Universitäten und außeruniversitären Forschungseinrichtungen in Sachsen-Anhalt,* unt. Mitarb. v. Reinhard Kreckel und Martin Winter, WZW Wissenschaftszentrum Sachsen-Anhalt, Wittenberg 2011, 107 S.

Johannes Keil / Peer Pasternack: *Qualifikationsprofile in Arbeitsfeldern der Pädagogik der Kindheit. Ausbildungswege im Überblick,* unt. Mitarb. v. Yvonne Anders, Andrea Binder, Hans Gängler, Klaus Fröhlich-Gildhoff, Anne Levin, Manfred Müller-Neuendorf, Iris Nentwig-Gesemann, Monika Pfaller-Rott, Volker Pudzich, Simone Stelzmüller u. Mathias Tuffentsammer, Robert Bosch Stiftung, Stuttgart 2011, 114 S.

Uwe Grelak / Peer Pasternack (Red.): *Zukunftsgestaltung im demographischen Umbruch. Impulse und Handlungsoptionen aus Sicht der WZW-Expertenplattform „Demographischer Wandel in Sachsen-Anhalt",* WZW Wissenschaftszentrum Sachsen-Anhalt, Wittenberg 2011, 68 S.

Enrique Fernández Darraz / Gero Lenhardt / Robert D. Reisz / Manfred Stock: *Hochschulprivatisierung und akademische Freiheit. Jenseits von Markt und Staat: Hochschulen in der Weltgesellschaft,* Transcript Verlag, Bielefeld 2010, 200 S.

Yvonne Anger / Oliver Gebhardt / Karsten König / Peer Pasternack: *Das Wissenschaftszentrum Sachsen-Anhalt (WZW) im Schnittpunkt von Anspruchsgruppen aus Wissenschaft, Politik, Wirtschaft und Öffentlichkeit,* WZW Wissenschaftszentrum Sachsen-Anhalt, Wittenberg 2010, 111 S.

Peer Pasternack / Carsten von Wissel: *Programmatische Konzepte der Hochschulentwicklung in Deutschland seit 1945,* Hans-Böckler-Stiftung, Düsseldorf 2009, 83 S. URL http://www.boeck ler.de/pdf/p_arb p_204.pdf.

Daniel Hechler / Jens Hüttmann / Ulrich Mählert / Peer Pasternack (Hg.): *Promovieren zur deutsch-deutschen Zeitgeschichte. Handbuch,* Metropol Verlag, Berlin 2009, 292 S.

Nicolai Genov / Reinhard Kreckel (Hg.): *Soziologische Zeitgeschichte. Helmut Steiner zum 70. Geburtstag,* Edition Sigma, Berlin 2007, 334 S.

Peer Pasternack: *Wissenschafts- und Hochschulgeschichte der SBZ, DDR und Ostdeutschlands 1945–2000. Annotierte Bibliografie der Buchveröffentlichungen 1990–2005,* CD-ROM-Edition, unt. Mitarb. v. Daniel Hechler, Stiftung zur Aufarbeitung der SED-Diktatur/Institut für Hochschulforschung, Berlin/Wittenberg 2006.

Manfred Stock: *Arbeiter, Unternehmer, Professioneller. Eine theorievergleichende Analyse zur sozialen Konstruktion von Beschäftigung in der Moderne,* VS-Verlag für Sozialwissenschaften, Wiesbaden 2005, 398 S.

Peer Pasternack / Roland Bloch / Claudius Gellert / Michael Hölscher / Reinhard Kreckel / Dirk Lewin / Irene Lischka / Arne Schildberg: *Die Trends der Hochschulbildung und ihre Konsequenzen. Wissenschaftlicher Bericht für das Bundesministerium für Bildung, Wissenschaft und Kultur der Republik Österreich,* bm:bwk, Wien 2005, 227 S.

Peer Pasternack / Arne Schildberg / Ursula Rabe-Kleberg / Kathrin Bock-Famulla / Franziska Larrá: *Entwicklungspotenziale institutioneller Angebote im Elementarbereich,* Verlag Deutsches Jugendinstitut, München 2005.

Peer Pasternack / Falk Bretschneider: *Handwörterbuch der Hochschulreform,* UniversitätsVerlag Webler, Bielefeld 2005, 221 S.

Barbara M. Kehm (Hg.): *Mit SOKRATES II zum Europa des Wissens. Ergebnisse der Evaluation des Programms in Deutschland,* Wissenschaftliches Zentrum für Berufs- und Hochschulforschung der Universität Kassel & HoF Wittenberg – Institut für Hochschulforschung, Kassel/Wittenberg 2005, 404 S.

Peer Pasternack: *Politik als Besuch. Ein wissenschaftspolitischer Feldreport aus Berlin,* UniversitätsVerlag Webler, Bielefeld 2005, 253 S.

Manfred Stock / Helmut Köhler: *Bildung nach Plan? Bildungs- und Beschäftigungssystem in der DDR 1949 bis 1989,* Leske + Budrich, Opladen 2004, 153 S.

Jens Hüttmann / Peer Pasternack / Ulrich Mählert (Hg.): *DDR-Geschichte vermitteln. Ansätze und Erfahrungen in Unterricht, Hochschullehre und politischer Bildung,* Metropol-Verlag, Berlin 2004, 310 S.

Jens Hüttmann / Peer Pasternack (Hg.): *Wissensspuren. Bildung und Wissenschaft in Wittenberg nach 1945,* Drei-Kastanien-Verlag, Wittenberg 2004, 414 S.

Barbara M. Kehm / Dirk Lewin / Sergej Stoetzer: *Förderung ausländischer Gastdozenten zu Lehrtätigkeiten an deutschen Hochschulen. Programmstudie,* Deutscher Akademischer Austauschdienst, Bonn 2003, 91 S.

Peer Pasternack: *177 Jahre. Zwischen Universitätsschließung und Gründung der Stiftung Leucorea: Wissenschaft und Höhere Bildung in Wittenberg 1817–1994,* Stiftung Leucorea an der Martin-Luther-Universität Halle-Wittenberg, Wittenberg 2002, 122 S.

Martin Winter / Thomas Reil (Hg.): *Qualitätssicherung an Hochschulen. Theorie und Praxis,* W. Bertelsmann-Verlag, Bielefeld 2002, 192 S.

Peer Pasternack (Hg.): *Flexibilisierung der Hochschulhaushalte. Handbuch,* Schüren Verlag, Marburg 2001, 336 S.

Peer Pasternack / Thomas Neie (Hg.): *stud. ost 1989–1999. Wandel von Lebenswelt und Engagement der Studierenden in Ostdeutschland,* Akademische Verlagsanstalt, Leipzig 2000, 464 S.

Monika Gibas / Peer Pasternack (Hg.): *Sozialistisch behaust & bekunstet. Hochschulen und ihre Bauten in der DDR,* Leipziger Universitätsverlag, Leipzig 1999, 246 S.

Barbara M. Kehm: *Higher Education in Germany. Developments Problems, Future Perspectives,* CEPES, Bucarest 1999, 145 S.

Peer Pasternack (Hg.): *Eine nachholende Debatte. Der innerdeutsche Philosophenstreit 1996/97,* Leipzig 1998, 234 S.

Gertraude Buck-Bechler / Hans-Dieter Schaefer / Carl-Hellmut Wagemann (Hg.): *Hochschulen in den neuen Ländern der Bundesrepublik Deutschland. Ein Handbuch zur Hochschulerneuerung,* Deutscher Studien-Verlag, Weinheim 1997, 698 S.

HoF-Handreichungen

Online unter http://www.hof.uni-halle.de/journal/handreichungen.htm

Peer Pasternack / Steffen Zierold: *Überregional basierte Regionalität. Hochschulbeiträge zur Entwicklung demografisch herausgeforderter Regionen. Kommentierte Thesen,* unt. Mitarb. v. Thomas Erdmenger, Jens Gillessen, Daniel Hechler, Justus Henke und Romy Höhne, Halle-Wittenberg 2014, 120 S.

Peer Pasternack / Johannes Keil: *Vom ‚mütterlichen' Beruf zur differenzierten Professionalisierung. Ausbildungen für die frühkindliche Pädagogik,* Halle-Wittenberg 2013, 107 S.

Peer Pasternack (Hg.): *Regional gekoppelte Hochschulen. Die Potenziale von Forschung und Lehre für demografisch herausgeforderte Regionen,* Halle-Wittenberg 2013, 99 S.

Peer Pasternack / Daniel Hechler: *Hochschulzeitgeschichte. Handlungsoptionen für einen souveränen Umgang,* Halle-Wittenberg 2013, 99 S.

Daniel Hechler / Peer Pasternack: *Hochschulorganisationsanalyse zwischen Forschung und Beratung*, Halle-Wittenberg 2012, 99 S.

die hochschule. journal für wissenschaft und bildung

Herausgegeben für das Institut für Hochschulforschung (HoF) von Peer Pasternack. Redaktion: Daniel Hechler

Ältere Hefte online unter http://www.hof.uni-halle.de/journal/archiv.htm

Themenhefte:

Jens Gillessen / Johannes Keil / Peer Pasternack (Hg.): *Berufsfelder im Professionalisierungsprozess. Geschlechtsspezifische Chancen und Risiken* (2013, 198 S., € 17,50)

Martin Winter / Carsten Würmann (Hg.): *Wettbewerb und Hochschulen. 6. Jahrestagung der Gesellschaft für Hochschulforschung in Wittenberg* (2012; € 17,50).

Karsten König / Rico Rokitte: *Weltoffen von innen? Wissenschaft mit Migrationshintergrund* (2012, 210 S.; € 17,50)

Edith Braun / Katharina Kloke / Christian Schneijderberg (Hg.): *Disziplinäre Zugänge zur Hochschulforschung* (2011, 212 S.; € 17,50)

Peer Pasternack (Hg.): *Hochschulföderalismus* (2011, 217 S.; € 17,50)

Carsten Würmann / Karin Zimmermann (Hg.): *Hochschulkapazitäten – historisch, juristisch, praktisch* (2010, 216 S.; € 17,50)

Georg Krücken / Gerd Grözinger (Hg.): *Innovation und Kreativität an Hochschulen* (2010, 211 S.; € 17,50)

Daniel Hechler / Peer Pasternack (Hg.): *Zwischen Intervention und Eigensinn. Sonderaspekte der Bologna-Reform* (2009, 215 S.; € 17,50)

Peer Pasternack (Hg.): *Hochschulen in kritischen Kontexten. Forschung und Lehre in den ostdeutschen Regionen* (2009, 203 S.; € 17,50)

Robert D. Reisz / Manfred Stock (Hg.): *Private Hochschulen – Private Higher Education* (2008, 166 S.; € 17,50)

Martin Winter: *Reform des Studiensystems. Analysen zum Bologna-Prozess* (2007, 218 S.; € 17,50)

Peer Pasternack: *Forschungslandkarte Ostdeutschland,* unt. Mitarb. v. Daniel Hechler (Sonderband 2007, 299 S., € 17,50)

Reinhard Kreckel / Peer Pasternack (Hg.): *10 Jahre HoF* (2007, 197 S., € 17,50)

Karsten König (Hg.): Verwandlung durch Verhandlung? Kontraktsteuerung im Hochschulsektor (2006, 201 S.; € 17,50)

Georg Krücken (Hg.): Universitäre Forschung im Wandel (2006, 224 S.; € 17,50)

Konjunkturen und Krisen. Das Studium der Natur- und Technikwissenschaften in Europa (2005, 246 S.; € 17,50)

Peer Pasternack (Hg.): *Konditionen des Studierens* (2004, 244 S.; € 17,50)

Martin Winter (Hg.): *Gestaltung von Hochschulorganisation. Über Möglichkeiten und Unmöglichkeiten, Hochschulen zu steuern* (2004, 254 S.; € 17,50)

Anke Burkhardt / Uta Schlegel (Hg.): *Warten auf Gender Mainstreaming. Gleichstellungspolitik im Hochschulbereich* (2003, 282 S.; € 17,50)

Barbara Kehm (Hg.): *Grenzüberschreitungen. Internationalisierung im Hochschulbereich* (2003, 268 S.; € 17,50)

Peer Pasternack / Martin Winter (Hg.): *Szenarien der Hochschulentwicklung* (2002, 236 S.; € 17,50)

HoF-Arbeitsberichte 2011-2013

Online unter http://www.hof. uni-halle.de/publikationen/hof_arbeitsberichte.htm

4'13 Gunter Quaißer / Anke Burkhardt: *Beschäftigungsbedingungen als Gegenstand von Hochschulsteuerung. Studie im Auftrag der Hamburger Behörde für Wissenschaft und Forschung*, 89 S.

3'13 Jens Gillessen / Peer Pasternack: *Zweckfrei nützlich: Wie die Geistes- und Sozialwissenschaften regional wirksam werden. Fallstudie Sachsen-Anhalt*, 127 S.

2'13 Thomas Erdmenger / Peer Pasternack: *Eingänge und Ausgänge. Die Schnittstellen der Hochschulbildung in Sachsen-Anhalt*, 99 S.

1'13 Sarah Schmid / Justus Henke / Peer Pasternack: *Studieren mit und ohne Abschluss. Studienerfolg und Studienabbruch in Sachsen-Anhalt*, 75 S.

7'12 Martin Winter / Annika Rathmann / Doreen Trümpler / Teresa Falkenhagen: *Entwicklungen im deutschen Studiensystem. Analysen zu Studienangebot, Studienplatzvergabe, Studienwerbung und Studienkapazität*, 177 S.

6'12 Karin Zimmermann: *Bericht zur Evaluation des „Professorinnenprogramm des Bundes und der Länder"*, 53 S.

5'12 Romy Höhne / Peer Pasternack / Steffen Zierold: *Ein Jahrzehnt Hochschule-und-Region-Gutachten für den Aufbau Ost (2000-2010). Erträge einer Meta-Analyse*, 91 S.

4'12 Peer Pasternack (Hg.): *Hochschul- und Wissensgeschichte in zeithistorischer Perspektive. 15 Jahre zeitgeschichtliche Forschung am Institut für Hochschulforschung Halle-Wittenberg (HoF)*, 135 S.

3'12 Karsten König / Gesa Koglin / Jens Preische / Gunter Quaißer: *Transfer steuern – Eine Analyse wissenschaftspolitischer Instrumente in sechzehn Bundesländern*, 107 S.

2'12 Johannes Keil / Peer Pasternack / Nurdin Thielemann: *Männer und Frauen in der Frühpädagogik. Genderbezogene Bestandsaufnahme*, 50 S.

1'12 Zierold, Steffen: *Stadtentwicklung durch geplante Kreativität? Kreativwirtschaftliche Entwicklung in ostdeutschen Stadtquartieren*, 63 S.

7'11 Peer Pasternack / Henning Schulze: *Wissenschaftliche Wissenschaftspolitikberatung. Fallstudie Schweizerischer Wissenschafts- und Technologierat (SWTR). 96 S.*

6'11 Robert D. Reisz / Manfred Stock: *Wandel der Hochschulbildung in Deutschland und Professionalisierung*. 45 S.

5'11 Peer Pasternack: *HoF-Report 2006 – 2010. Forschung, Nachwuchsförderung und Wissenstransfer am Institut für Hochschulforschung Halle-Wittenberg*. Unter Mitarbeit von Anke Burkhardt und Barbara Schnalzger. 90 S.

4'11 Anja Franz / Monique Lathan / Robert Schuster: *Skalenhandbuch für Untersuchungen der Lehrpraxis und der Lehrbedingungen an deutschen Hochschulen. Dokumentation des Erhebungsinstrumentes*. 79 S.

3'11 Anja Franz / Claudia Kieslich / Robert Schuster / Doreen Trümpler: *Entwicklung der universitären Personalstruktur im Kontext der Föderalismusreform*, 85 S.

2'11 Johannes Keil / Peer Pasternack: *Frühpädagogisch kompetent. Kompetenzorientierung in Qualifikationsrahmen und Ausbildungsprogrammen der Frühpädagogik*, 139 S.

1'11 Daniel Hechler / Peer Pasternack: *Deutungskompetenz in der Selbstanwendung. Der Umgang der ostdeutschen Hochschulen mit ihrer Zeitgeschichte*, 225 S.

Daniel Hechler / Peer Pasternack

Traditionsbildung, Forschung und Arbeit am Image
Die ostdeutschen Hochschulen im Umgang mit ihrer Zeitgeschichte

Akademische Verlagsanstalt, Leipzig 2013, 507 S.
ISBN 978-3-931982-75-1. € 29,00.

Den 54 ostdeutschen Hochschulen wird häufig attestiert, sich nur unzureichend mit ihrer eigenen Vergangenheit in der DDR auseinanderzusetzen. Nicht nur während der politischen Umbrüche 1989 hätten sie abseits gestanden. Vielmehr sei auch in den Jahren danach kaum etwas unternommen worden, um ihre Rolle in der DDR glaubhaft und kritisch aufzuklären. Durchweg fehle der Wille zur Aufarbeitung. Solche Kritiken formulieren Eindrücke, nicht die Ergebnisse von Analysen. Eine solche wird hier vorgelegt.

Die genauere Prüfung ergibt ein differenzierteres Bild. So haben die Hochschulen seit 1990 über 500 Bücher zu ihrer DDR-Geschichte veröffentlicht und fast einhundert Ausstellungen veranstaltet. Angesichts dessen lässt sich kaum davon sprechen, dass eine allgemeine zeitgeschichtliche Inaktivität grassiere. Probleme gibt es gleichwohl.

Die häufigsten Anlässe für entsprechende Initiativen sind Hochschuljubiläen, Skandalisierungen mit zeitgeschichtlichem Bezug und starkes persönliches Engagement einzelner Akteure. Das ist ein Teil der Erklärung, warum die Kontinuität zeithistorischer Aktivitäten wenig ausgeprägt ist. Eine weitere Erklärung ist, dass Darstellungen der Hochschulgeschichte typischerweise als Bestandteil der Imagebildung aufgefasst werden. Daher werden Konfliktthemen häufig abgeblendet. Ein dritter Teil der Erklärung schließlich liegt im Organisationscharakter der Hochschulen.

Peer Pasternack (Hg.)

Jenseits der Metropolen
Hochschulen in demografisch herausgeforderten Regionen

Akademische Verlagsanstalt, Leipzig 2013, 571 S.
ISBN 978-3-931982-83-6. € 33,00

Einerseits demografische Schrumpfung, fragmentierte Entwicklungen der Regionen und die Verminderung finanzieller Spielräume, andererseits die beiden zentralen politischen Ziele „selbsttragende Entwicklung" und „gleichwertige Lebensverhältnisse": So lassen sich die zentralen Rahmenbedingungen der Regionalentwicklung in Ostdeutschland – alsbald aber auch in anderen Regionen – beschreiben. Fragt man vor diesem Hintergrund nach den Entwicklungschancen dieser Regionen, sind zwei zentrale Komponenten einzubeziehen: wirtschaftliche Stabilität und soziale Stabilität. Die wirtschaftliche Stabilität erfordert eine Steigerung des technisch-technologischen Innovationsgeschehens, und die gesellschaftliche Stabilität erfordert soziale Innovationen.

Diese Innovationen werden wesentlich über wissensgesellschaftliche Entwicklungsfaktoren und vornehmlich über endogene Entwicklungspotenziale zu erschließen sein. Die regionalen Hochschulen sind die institutionell stabilsten Agenturen der Wissensgesellschaft. Indem sie sich auf die Herausforderungen ihres Umfeldes einlassen, können sie zu einem zentralen Verödungshemmnis in den demografisch herausgeforderten Regionen werden.

Im Mittelpunkt des HoF-Forschungsprogramms stehen seit einigen Jahren raumbezogene Fragen der Hochschul- und Bildungsentwicklung in demografisch herausgeforderten Regionen. Im Zuge der Entfaltung dieser Forschungslinie sind zahlreiche Einzeluntersuchungen realisiert worden. Deren verstreut oder bisher noch nicht publizierte Ergebnisse werden nun in diesem Sammelband kompakt zusammengefasst.